Procès-verbaux de l'Académie royale de peinture et de sculpture, 1648-1793. Publiés pour la Société de l'histoire de l'art français d'après les registres originaux conservés à l'École des beaux-arts

Académie royale de peinture et de sculpture (France), Société de l'histoire de l'art français, Paris, Anatole de Montaiglon, Paul Cornu

PROCÈS-VERBAUX

DE

L'ACADÉMIE ROYALE

DE PEINTURE ET DE SCULPTURE

1648-1793

PUBLIÉS POUR LA

SOCIÉTÉ DE L'HISTOIRE DE L'ART FRANÇAIS

D'après les registres originaux conservés à l'École
des Beaux-Arts

PAR

M. Anatole de MONTAIGLON

TOME VI

1745-1755

PARIS

CHARAVAY FRÈRES, LIBRAIRES DE LA SOCIÉTÉ

4, RUE DE FURSTENBERG

1885

PROCÈS-VERBAUX

DES SÉANCES

DE

L'ACADÉMIE DE PEINTURE ET DE SCULPTURE

ANNÉE 1745.

Aujourd'hui, samedi 9ᵉ Janvier, et conformément à la dernière délibération, l'Académie s'est assemblée, par convocation générale, et a commencé ses fonctions par la lecture des Statuts, ainsi qu'il est d'usage.

M. le Directeur a raporté à l'assemblée que M. *De Largillierre* l'avoit chargé de témoigner à la Compagnie le chagrin qu'il ressentoit de ne pouvoir venir lui-même l'assurer de ses respects au commencement de cette année.

La Compagnie, sensible à son attention, a chargé M. le Directeur et M. le Professeur en exercice de l'en remercier de sa part.

Le Secrétaire a fait lecture d'une lettre de M. *de La Datte*, et d'une pièce de vers de M. *Dandré-Bardon*, au sujet de la nouvelle année.

Cazes — *J. Restout* — *Galloche* — *Adam l'ainé* — *Coustou fils* — *G. Duchange* — *J. B.*

Massé — Cars — Cochin — Masse — Huil-
liot — Leblanc — De Lettre — J. N Ladey
— Lépicié.

———

Aujourd'hui, samedi 30ᵉ Janvier, l'Académie s'est assemblée à l'ordinaire.

Rapport de la Députation. — Conformément à la délibération du 31 Décembre dernier, Mʳˢ les députés ont rapporté à l'assemblée qu'ils avoient eu à Paris, le 14 du
present mois, audience de M. le Controleur Général, Protecteur, au sujet de la nouvelle année, et que ce Ministre
les avoit reçu avec autant de bienveillance que de politesse

Le Secrétaire a fait lecture des lettres de Mʳˢ *Vanloo* le
père et *Schmidt* sur le même sujet.

M *Parrocel*, Adjoint à Professeur, a remercié la Compagnie du tableau de feu M son père, qu'Elle a fait placer
dans la salle d'assemblée

M le Directeur et M *Restout* ont raportez que M *De
Largilherre* les avoit chargez de remercier la Compagnie
de la visite qu'Elle lui a fait faire au sujet de la nouvelle
année.

M *Tardieu*, Graveur et Académicien, a présenté quatre
épreuves de deux planches, qu'il a gravées d'après *Rubens*,
dont les sujets représentent « la défaite de Maxence par
Constantin. » L'examen fait, la Compagnie a aprouvé lesdites planches, pour faire jouir l'exposant des privilèges
accordés à l'Académie par l'Arrest du Conseil d'Estat du
28 Juin 1714

L'Académie a nommé Mʳˢ *Restout* et *Le Moyne* le fils,
Professeurs, pour aller visiter M *Galloche*, qui est malade.

Cazes — Coustou — J. Restout — C. De
Vermont — Jeaurat — Le Moyne fils —
C Parrocel — Pierre — Poitreau — G Du-
change — Droüais — Vinache — Lépicié

———

Aujourd'hui, samedi 6e Février, l'Académie s'est assemblée à l'ordinaire pour les Conférences.

Présent fait à M de Blamont — Sur les représentations qui ont été faites à l'assemblée, la Compagnie a résolu, par reconnoissance de la façon noble et généreuse dont M. de Blamont, Sur-Intendant de la Musique du Roy[1], a agi pour l'exécution du *Te Deum* chanté au sujet de la convalescence de Sa Majesté, de lui faire présent du Prix de feu M. de S. Paul, représentant le Déluge[2], auquel on fera mettre une bordure, qui sera remis à M. *De Vermont*, son père, de la part de l'Académie, avec une suite des Portraits gravés.

Mrs *Restout* et *Le Moine* le fils, Professeurs, ont rendu compte à l'assemblée que M *Galloche* se portoit mieux et qu'il les avoit chargé de remercier la Compagnie de son attention, en attendant que lui-même il le pût faire

Ensuitte le Secrétaire a continué la lecture des Conférences de feu M *Coypel*, Ecuyer, Premier Peintre du Roy, ce qui a fini la séance

> *Cazes* — *Coustou* — *Natoire* — *J Restout* — *Lemoyne fils* — *Coustou fils* — *Pierre* — *Jeaurat* — *Vinache* — *Leblanc* — *Lépicié.*

———

Aujourd'hui, samedi 27e Février, l'Académie s est assemblée à l'ordinaire

Réception de M. Bouchardon — Le Sieur *Edme Bouchardon*, Sculpteur, natif de Chaumont en Bassigny, a présenté à la Compagnie l'ouvrage qui lui avoit été ordonné pour sa réception, dont le sujet représente un Christ tenant sa croix, qu'il a exécuté, en marbre de ronde-bosse, suivant le modèle qu'il a fait voir à l'Académie, et qu'Elle a aprouvé Les voix prises à l'ordinaire, la Compagnie a reçu et reçoit

———

1. Voir les procès-verbaux des 29 Août et 26 Septembre 1744
2. Claude Simpol, deuxième Prix du concours de 1687. Voir le Procès-verbal du 30 Août et du 31 Octobre, II, 359 et 362

ledit Sieur *Bouchardon* Académicien, pour avoir séance dans les assemblées et jouir des privilèges, honneurs et prérogatives attribués à cette qualité, en observant par lui les Statuts et Règlemens d'icelle Académie, ce qu'il a promis en prêtant serment entre les mains de M. *Cazes*, Directeur [1].

Le Secrétaire a fait lecture d'une lettre de M *Vanloo* fils au sujet de la nouvelle année, et dans laquelle il fait part en même tems à la Compagnie que le Roy d'Espagne l'a nommé son Premier Peintre

M *Coypel*, qui a écrit la vie de feu M son père, a proposé à la Compagnie d'en faire lecture à la première assemblée du mois prochain, ce qui a été agréé unanimement.

Suppression du droit pécunier — L'Académie, après avoir délibéré, est convenu, à la pluralité des voix, de supprimer, pour toujours et sans aucune réception, le présent pécunier, comme contraire à la décence et à la gloire de la Compagnie.

Cazes — Coustou — Natoire — J. Christophe — De Jullienne — Lemoyne — Le Clerc — Coypel — De Favanne — J. Du Mont le Rom — J Restout — Carle Vanloo — Lemoyne fils — Coustou fils — C Parrocel — Pierre — Drouais — Cochin — Boucher — Jeaurat — J. B Oudry — Adam l'ainé — G. Duchange — J B. Massé — J. C Roettiers — Chardin — Tocqué — Aved — Frontier — Leblanc — Pigalle — Vinache — E Bouchardon

---

Aujourd'hui, samedi 6ᵉ Mars, l'Académie étant assemblée pour les Conférences,

1 A la suite on trouve dans le Registre cette ligne « Le droit pécunier réglé à cent francs, » qui est raturée et remplacée, à la marge, par la mention . « Droit pécunier supprimé. »

Lecture de M Coypel[1]. — M Coypel, qui a écrit la vie de feu M son père, Ecuyer, Premier Peintre du Roy, en a fait la lecture à la Compagnie

Cet ouvrage, aussi intéressant qu'honorable pour la Peinture et qui réunit la clarté de l'élocution et l'exactitude et la vérité des faits, a été approuvé par toute l'assemblée,

M Coypel, prie la Compagnie de lui permettre de retirer son morceau de réception et d'en donner un autre. — Que M Coypel a prié ensuite, par un discours poli et modeste, de lui permettre d'ôter son tableau de réception et d'en substituer à la place un nouveau, ce que la Compagnie lui a accordé, en le félicitant sur sa délicatesse de penser et sur l'intérêt réel qu'il prend à l'Académie.

M De Jullienne fait présent du portrait de M Vleughls, peint par M. Pesne. — M. De Julienne, Chevalier de l'Ordre de S. Michel et Amateur, toujours atentif à prouver son estime et son attachement à la Compagnie, lui a fait présent d'un excellent Portrait de M Vleughls, peint par M. *Pesne*, dont il a été remercié unanimement

Avant de clore la séance, il a été résolu que, le samedi 27e du présent mois, Mrs les Directeur, Recteurs, Adjoints à Recteur, Professeur en exercice, et, à tour de rôle, dans les Anciens Professeurs M *Le Clerc*, dans les Professeurs M *Oudry*, dans les Adjoints M. *Coustou* fils, dans les Conseillers Mrs *Massé*, *Duchange* et le Secrétaire, et, dans les Académiciens, M. *Cochin*, s'assembleront, à huit heures précises du matin, pour régler la répartition de la capitation de la présente année 1745, et pour examiner et arrêter les comptes de 1744

1 On trouve de plus dans la marge cette seconde analyse « M *Coypel* fait la lecture de la vie de feu M *Coypel*, son père » — Elle a été imprimée dans les *Vies des Premiers Peintres du Roi depuis M. Le Brun jusqu'à présent*, Paris, Durand et Pissot, 1752, petit in-8°, II, p 1-41, et se termine précisément par la prière de retirer le morceau de réception qu'il avait fait à vingt et un ans. — Voir le Procès-verbal du 1er Octobre 1746

*Cazes — Coustou — Carle Vanloo — Gal-
loche — De Jullienne — Lemoyne — Coypel
— J. Restout — J Du Mont le Rom — Na-
toire — C. De Vermont — Jeaurat — Adam
l'aîné — G Duchange — J. B Massé — J C
Roëttiers — L. Surugue — Poitreau —
E Bouchardon — Vinache — Cars — Drouais
— Coustou fils — Tocqué — Leblanc — Lépicié.*

———

Aujourd'hui, samedi 27e Mars, l'Académie s'est assemblée, par convocation générale, pour la relevée du quartier
et pour la lecture des délibérations prises pendant ce tems,
ainsi que le rôle de la capitation de 1746, réglé dans le
comité du matin.

Reddition des comptes. — Mrs les Directeur, Recteurs et
Oficiers, nommez pour regler la répartition de la capitation et pour examiner et arrêter les comptes de l'année 1744,
s'étant assemblés le matin dans la salle de l'Académie, le
Sieur Reidelet, Concierge et Receveur, chargé, par délibération du 1er Décembre 1736, de recevoir la capitation des
Oficiers et Academiciens, et autorisé par la même délibération à recevoir de Mrs les Trésoriers des Bâtimens du
Roy les sommes accordées par Sa Majesté à l'Académie
pour son entretien, a présenté l'état de la Recette et Dépense
par lui faites durant le cours de l'année 1744, suivant les
ordres de Mrs les Directeur et Recteurs, lequel compte
s'étant trouvé juste, après l'examen fait des quittances et
mémoires, il a été aprouvé, et le Sieur Reidelet déchargé
par les Directeur et Recteurs et Oficiers, et la décharge
dudit Sieur confirmée et signée par l'Académie

La Compagnie a nommé M *Le Moine* le père, Adjoint
à Recteur, pour faire les fonctions de Recteur pendant le
quartier d'Avril prochain, à la place de M *De Largillierre*,
qui est hors d'état d'y satisfaire.

· M *Moireau*, Graveur et Académicien, a présenté à l'assemblée deux épreuves d'une planche qu'il a gravée d'après *Vovremans*, dont le sujet représente la défaite des Sarrazins L'examen fait, la Compagnie a aprouvé ladite planche, pour faire jouir l'exposant des privilèges accordés à l'Académie par l'Arrest du Conseil d'Etat du 28 Juin 1714.

> *Cazes — Coustou — Carle Vanloo — J*
> *Christophe — Galloche — Lemoyne — De*
> *Favanne — J. Restout — J. Du Mont le Rom*
> *— Natoire — C. De Vermont — Jeaurat —*
> *J B Oudry — Adam l'ainé[1] — Coustou fils*
> *— Pierre — G. Duchange — J. B. Massé —*
> *Tocqué — Aved — Vinache — Leblanc —*
> *Francisque — J. Moyreau — Poitreau —*
> *E. Bouchardon — Cars — Lépicié*

Aujourd'hui, samedi 3e Avril, la Compagnie s'est assemblée à l'ordinaire pour les Conférences.

Le Secrétaire a fait la lecture des Statuts, ainsi qu'il est d'usage au commencement de chaque quartier

La Compagnie, après avoir examiné les différentes épreuves faites par les Etudiants pour être admis à travailler aux grands Prix, n'a jugé de capable à y concourir que les nommés *Le Sueur, Guérin, De Sève, Barbeau, Durand et Canot*, pour la Peinture, et *Gillet et L'Archevesque*, pour la Sculpture

M Vanloo d'Espagne nommé Ancien Professeur, M. Bouchardon élu Adjoint à Professeur — Sur les représentations de M *Cazes*, Directeur, l'Académie, voulant répondre à l'honneur que Sa Majeste Catholique a fait à M *Vanloo*, le fils, de le nommer son Premier Peintre, l'a placé unanimement dans la Classe des Anciens Professeurs, et a juge nécessaire, pour le service actuel de l'Ecole, de disposer de la charge d'Adjoint, qu'occupoit cy devant mondit Sieur *Van-*

---

1 Il y a de lui une seconde signature au bas de la page.

loo, en faveur de M *Bouchardon*, Sculpteur, qui a monté
à ce rang par scrutin et suivant la forme ordinaire.

M *De L'armessin*, Graveur et Académicien, a présenté
à l'assemblée huit épreuves de quatre planches qu'il a gravées d'après feu M *Lancret*, dont les sujets représentent
les quatre Saisons, l'examen fait, la Compagnie a aprouvé
lesdites planches, pour faire jouir l'exposant des privilèges
accordés à l'Académie par l'Arrest du Conseil d'Etat du
28 Juin 1714

> *Cazes — De Favanne — Coustou — J. Chris-*
> *tophe — Coypel — Le Clerc — J Restout —*
> *Jeaurat — Adam l'ainé — Natoire — J. B.*
> *Massé — Pierre — De L'armessin — Leblanc*
> *— Tocqué — Pigalle — Lemoyne — Coustou*
> *fils — E Bouchardon — G. Duchange — J. C.*
> *Roëttiers — Lépicié.*

———

Aujourd'hui, samedi 24ᵉ Avril, l'Académie s'est assemblée à l'ordinaire

*La Compagnie fait part à M Vanloo d'Espagne qu'on
lui a donné le rang d'Ancien Professeur* — Le Secrétaire
a fait lecture d'un projet de lettre à M *Vanloo* le fils, pour
lui faire part que l'Académie lui a accordé le rang d'Ancien Professeur, lequel projet a été aprouvé.

La Compagnie a nommé M *Le Moine*, Adjoint à Recteur en exercice, et M *De Favanne*, Professeur, pour aller
visiter M. *Coustou*, qui est malade

A la fin de la séance, on est convenu que, le premier
samedi du mois prochain tombant sur la fête de S Jacques
et de S. Philippe, l'assemblée seroit remise à huitaine

> *Cazes — Lemoyne — De Favanne — Pierre*
> *— C De Vermont — E. Bouchardon — Cars*
> *— Drouais — Lépicié.*

Aujourd'hui, samedi 8e May, et conformément à la dernière délibération, l'Académie s'est assemblée pour les Conférences

Le Secrétaire a continué la lecture de celles de feu M Coypel, Ecuyer, Premier Peintre du Roy, ce qui a occupé la séance

> Cazes — J. Du Mont le Rom — Lemoyne — Galloche — J Restout — Natoire — C de Vermont — Lemoyne fils — E Bouchardon — G. Duchange — Adam l'ainé — Cars — Lépicié.

———

Aujourd'hui, samedi 29e May, l'Académie s'est assemblée à l'ordinaire

Remerciment de M Vanloo d'Espagne — Le Secrétaire a fait lecture d'une lettre de M Vanloo le fils, Premier Peintre de S M C, par laquelle il remercie la Compagnie du grade d'Ancien Professeur qu'Elle lui a donné

M Dargenville fait présent de la Vie des Peintres — Ensuitte il a présenté à la Compagnie, de la part de M Dargenville, Maître des comptes, un abiégé qu'il a fait de la vie des plus fameux Peintres, en deux volumes in-quarto, ornés de portraits, et dédié à M. le Contrôleur Genéral, Protecteur Ce présent est accompagné d'une lettre extrêmement polie, adressée à la Compagnie, et dont il a été fait lecture

Lettre de remerciemens de M de Blamont. — M De Blamont, Sur-Intendant de la Musique du Roy, a aussi écrit une lettre à la Compagnie, par laquelle il la remercie dans des termes aussi polis que reconnoissans, du tableau et de la suitte des Portraits gravés, dont Elle lui a fait present

Le Secrétaire a terminé la séance en faisant part que Mr De Favanne, Professeur, avoit donné à l'Académie son portrait peint par lui-même. La Compagnie l'en a remercié unanimement.

*Cazes — Lemoyne — J Du Mont le Rom
— Le Clerc — Jeaurat — De Favanne —
J Restout — Natoire — C. De Vermont —
J B Massé — Adam l'ainé — Lemoyne fils
— Drouais — P Slodtz — Cars —Lépicié*

Aujourd'hui, samedi 5e Juin, l'Académie s'est assemblée à l'ordinaire pour les Conférences

Le Secrétaire a continué la lecture de celles de feu M *Coypel*, Ecuyer, Premier Peintre du Roy, ce qui a occupé la séance

Ensuitte il a rendu compte à la Compagnie que, conformément à ses ordres, il avoit été, de sa part, remercier M. Dargenville des deux volumes de la Vie des Peintres. dont il a fait présent à l'Académie

Cazes — Lemoyne — Adam l'ainé — De Jullienne — Le Clerc — J Restout — Coustou fils — Pierre — Leblanc — Cars — Lépicié.

Aujourd'hui, samedi 26e Juin, l'Académie s'est assemblée par convocation générale, pour la relevée du quartier. Les délibérations, prises pendant ce tems, ont été lues ainsi qu'il est d'usage.

Le Directeur continué — L'article IX des Statuts portant que le Directeur sera changé tous les ans, si ce n'est que l'Académie trouve à propos de le continuer, l'affaire mise en délibération, la Compagnie a été unanimement pour la continuation.

La Compagnie a nommé M *Le Moine*, le père, Adjoint à Recteur en exercice, et M *Adam*, Professeur, pour aller visiter M *Coustou*, qui est malade.

Cazes — Lemoyne — Adam l'ainé — J Christophe — Galloche — Le Clerc — De Favanne — J Restout — J Du Mont le Rom

*— C. De Vermont — Jeaurat — Lemoyne
fils — Coustou fils — Pierre — E Bouchardon — J B. Massé — Geuslain — Poitreau
— Cars — Vinache — Cochin — Leblanc —
Lépicié.*

Aujourd'hui, samedi 3e de Juillet, l'Académie s'est assemblée à l'ordinaire pour les Conférences et pour la lecture
des Statuts, ainsi qu'il est d'usage au commencement de
chaque quartier

Lettre de M Vanloo, Premier Peintre du Roy d'Espagne
Ensuitte le Secrétaire a lu une lettre de M *Vanloo* le fils,
Premier Peintre du Roy d'Espagne, adressée à la Compagnie, par laquelle il lui marque que, S. M C voulant fon-
der une Académie de Peinture, Sculpture et Architecture à
Madrid, Elle lui avoit accordé deux ans pour voir s'il étoit
possible d'en faire l'etablissement ; que, lui ayant aussi fait
l'honneur de l'en nommer Directeur, il prioit la Compagnie, en cette qualité, de lui envoyer tous les Réglemens qui
la conserne[nt], sans rien obmettre de ce qui s'observe
pour la reception des Académiciens, l'élection des Officiers
et le jugement des Prix, étant bien aise de s'y conformer
pour remplir dignement les vœux de S. M. C.

L'esquisse du Sr Hutin aprouvée — Le Sieur *Hutin*,
Agréé, a fait voir à l'Académie un petit modele en cire,
représentant le nocher Caron, pour servir à son morceau
de réception. La Compagnie, après avoir aprouvé le sujet
à la pluralité des voix, lui a ordonné de le faire en grand
dans l'Académie.

A la fin de la séance, la Compagnie a chargé le Secrétaire
de faire toutes les recherches qui concernent la demande
de mondit Sieur *Vanloo* et de les lui envoyer

*Cazes — J B. Oudry — Leclerc — J Res-
tout — J. Du Mont le Rom. — Carle Vanloo
— Boucher — J. B Massé — Natoire —*

Lemoyne fils — Chaufourier — Droiiais —
P Slodtz — Cars — Nonnotte — Lépicié.

———

Aujourd'hui, samedi 24e de Juillet, l'Académie s'est
assemblée à l'ordinaire et huit jours plus tôt à cause de la
fête de S. Germain

Exposition des ouvrages dans le Salon. — Le Secrétaire
a fait lecture d'une lettre de M. le Controlleur Général
adressée à M *Cazes*, Directeur, par laquelle il lui marque
que, conformément aux ordres de Sa Majesté, l'Académie
ait à se préparer pour une exposition de Tableaux dans le
même lieu que les précédentes, et qu'à l'égard du commencement de la durée de ladite exposition, la Compagnie en
agira comme Elle le jugera convenable pour la gloire des
arts et la satisfaction du public.

Ensuitte il a été réglé que l'on apporteroit les ouvrages
le 17 du mois prochain, avant midi, dans le salon, et que
l'ouverture s'en feroit le 25 du même mois et continueroit
le temps ordinaire.

L'esquisse du morceau de réception du S. Falconnet
approuvée — Le Sr *Falconnet*, Sculpteur et Agréé, a fait
voir à l'assemblée l'esquisse de son morceau de réception,
dont le sujet représente le Génie de la Sculpture, la Compagnie, après l'avoir examinée, l'a aprouvée à la pluralité
des voix, et Elle lui a ordonné d'en faire le modèle dans
l'Académie.

' Le Sieur *Moireau*, Graveur et Académicien, a présente à
l'assemblée deux épreuves d'une planche qu'il a gravée
d'après *Vovremens*, dont le sujet représente les chasseurs
sortant de la forest L'examen fait, la Compagnie a aprouvé
ladite planche, pour faire jouir l'exposant des privileges
accordés à l'Académie par l'Arrest du Conseil d'Etat du
28 Juin 1714

La Compagnie a nommé M *Galloche*, Adjoint à Recteur,
et M *Oudry*, Professeur en exercice, pour aller visiter, de
sa part, M. *Coustou*, qui est dangereusement malade.

> *Cazes — J B Oudry — J Christophe —*
> *Galloche — Le Clerc — De Favanne — Le-*
> *moyne — J Restout — J Du Mont le Rom.*
> *— Natoie — Jeaurat — Adam l'ainé — Le-*
> *moyne fils — Pierre — G Duchange — J. B*
> *Massé — Fc Jouvenet — De Lettre — Tocqué*
> *— Tardieu — Cochin — Masse — Courtin —*
> *Vinache — Lépicié*

Aujourd'hui, samedi 7e Aoust, l'Académie s'est assemblée à l'ordinaire pour les Conférences

Le Secrétaire a continué la lecture des Conférences de feu M. *Coypel*, Ecuyer, Premier Peintre du Roy, ce qui a occupé une partie de la séance.

Ensuitte il a été arrêté que le samedi, 21 du présent mois, la Compagnie s'assemblera pour voir les tableaux et bas-reliefs faits par les Elèves pour les grands Prix, lesquels seront exposés à l'ordinaire le jour de S Louis

Le Secrétaire rapporte qu'il a envoyez à M. Vanloo d'Espagne tous les éclaircissemens qu'il a demandés. — Le Secrétaire a raportez à l'assemblée qu'il avoit envoyez à M. *Vanloo*, Premier Peintre du Roy d'Espagne, tous les éclaircissemens qu'il avoit demandez au sujet de l'Académie

M Cochin nommé pour faire imprimer les Portraits gravés de l'Académie. — Sur les représentations de M le Directeur, la Compagnie a nommé M *Cochin* le pere pour faire imprimer toutes les planches dont on pourroit avoir besoin par la suitte, M *Duchange*, qui en etoit chargé précédemment, aiant fait raport à l'assemblée qu'il n'y avoit plus de presse chez lui.

> *Cazes — Lemoyne fils — J. Christophe —*
> *Coypel — Le Clerc — De Favanne — J Res-*
> *tout — Jeaurat — C Parrocel — Droüais —*
> *Leblanc — Pierre — De Lettre — Cochin —*
> *Vinache*

Aujourd'hui, samedi 21e Aoust, l'Académie s'est assemblée extraordinairement pour voir les tableaux et bas-reliefs faits par ses Elèves pour les grands Prix Après les avoir vûs, Elle a résolu que ces ouvrages seront exposés pour le public le jour de S. Louis, et jugez le dernier samedi, 28 du présent mois, par Messieurs les Officiers et Académiciens, lesquels ne donneront leurs sufrages que le jour de l'Assemblée, conformément aux précédentes délibérations, ce qui sera indiqué sur les billets

Arrête que l'on nommera des Officiers pour examiner les ouvrages du Salon — A la fin de la séance, il a été arreté que doresnavant la Compagnie nommeroit Mrs les Officiers en exercice, et un de chaque Classe pour suprimer tout ce qui ne seroit pas digne de paroître au Salon, ce que l'Académie a exécuté aujourd'hui

Cazes — Lemoyne fils — Galloche — Gabriel — De Jullienne — J Restout — Carle Vanloo — Natoire — Jeaurat — Adam l'aîné — E. Bouchardon — Lépicié.

————

Aujourd'hui, samedi 28e Aoust, l'Académie s'est assemblee, par convocation générale, à 10 heures du matin pour juger les grands Prix, faits par ses Elèves sur deux sujets tirés de l'Ancien Testament, dont l'un représente la construction des murs de Jérusalem, l'autre Salomon qui fait transporter l'arche dans le Temple, et aussi pour saluer et accompagner M le Protecteur que la Compagnie a sçu devoir venir au Salon

Jugement des grands Prix Arrêté que l'on ne donnera que les deux grands Prix de Sculpture et le second de Peinture — L'Académie, après avoir délibéré, a décidé de ne donner que les deux grands Prix de Sculpture et le second de Peinture. les tableaux étant trop foibles pour en mériter un premier, lequel Prix sera réservé pour l'année prochaine, et conservera sa datte avant celui de 1746, pour le voyage de Rome

La Compagnie aiant fait l'ouverture des boètes, les voix prises et comptées à l'ordinaire,

Le S *Larchevesque*, qui a fait le bas-relief marqué G, s'est trouvé mériter le premier Prix de Sculpture,

Et le S. *Gillet*, qui a fait le bas-relief marqué F, le second ;

Et le S *Le Sueur*, qui a fait le tableau marqué A, a eu les sufrages pour le second de Peinture.

Ensuitte M. le Directeur a dit à la Compagnie que la Distribution ne s'en feroit qu'après qu'on auroit eu l'honneur de voir à ce sujet M. le Protecteur[1]

> *Cazes — Lemoyne fils — Galloche — J. Christophe — Coypel — Gabriel — De Favanne — Le Clerc — J. Restout — J Du Mont le Rom. — Natoire — Carle Vanloo — Pierre — J. C. Roettiers — Chardin — Tocqué — Aved — Lemoyne — C. De Vermont — Jeaurat — J B Oudry — Adam l'ainé — Coustou fils — C Parrocel — E Bouchardon — G Duchange — J. B. Massé — Fc Jouvenet — Courtin — Allegrain — Geuslain — Poitreau — Massé — Huilliot — Vinache — De Lettre — Francisque — Audran — Nicolas Tardieu — Nonnotte — Droüais — Lépicié*

Aujourd'hui, samedi 4ᵉ Septembre, l'Académie s'est assemblée à l'ordinaire pour les Conférences

Le Secrétaire a continué la lecture de celles de feu M *Coypel*, Ecuier, Premier Peintre du Roy, ce qui a occupé la séance.

> *Cazes — Jeaurat — J. Christophe — Le Clerc — De Favanne — J. Restout — Carle Vanloo — C. de Vermont — Lemoyne fils*

[1] Elle ne fut faite que trois ans après ; voir le Procès-verbal du 22 Juin 1748. •

— *De Letire* — *Coustou fils* — *Pierre* —
Cars — *Vinache* — *J F Collombat* — *Lépicié*

Aujourd'hui, samedi 25e Septembre, l'Académie s'est
assemblée, par convocation générale, pour la relevée du
quartier Les délibérations prises pendant ce tems ont été
lues, ainsi qu'il est d'usage.

L'Académie a nommé M. *Pierre* pour exercer, à son rang
comme Adjoint, le mois d'Octobre prochain à la place de
M *Vanloo* le père, qui est absent

Mort de M Le Gros, Académicien — Le Secrétaire a
notifié à l'Assemblée la mort de M. *Le Gros*, Académicien,
Peintre de portraits, arrivée à S. Germain-en-Laye, le
27 Janvier 1745, âgé de 74

Avant de lever le siège, la Compagnie a nommé Mrs les
Officiers en exercice pour aller faire compliment à M *Coustou* sur sa convalescence

> *Cazes* — *Jeaurat* — *Lemoyne* — *J Chris-*
> *tophe* — *Galloche* — *Le Clerc* — *De Jullienne*
> — *Carle Vanloo* — *Adam l'aîné* — *H. Col.*
> *de Vermont* — *Lemoyne fils* — *C Parrocel*
> — *Pierre* — *G. Duchange* — *Cars* — *J B*
> *Massé* — *Tocqué* — *Courtin* — *Drouais* —
> *Vinache* — *Lépicié*

Aujourd'hui, samedi 2e Octobre, l'Académie s'est assemblée pour les Conferences et pour la lecture des Statuts,
ainsi qu'il est d'usage au commencement de chaque quartier.

Mort de M. Vanloo le père — Le Secrétaire a notifié à
la Compagnie la mort de M *Vanloo* le père, Professeur,
arrivée à Aix, le 19e Septembre dernier, âgé d'environ
60 ans.

Ensuitte il a été résolu de remplir la place, vacante par
cette mort, à la dernière assemblée de ce mois, conformément à la délibération du samedi 28 Septembre 1743.

Cazes — J. Christophe — Pierre — Lemoyne — Le Clerc — Jeaurat — De Favanne — Adam l'aîné — Lemoyne fils — Coustou fils — C Parrocel — J B Massé — Tocqué — Cars — Leblanc — Frontier — Lépicié

———

Aujourd'hui, samedi 30e Octobre, l'Académie s'est assemblée, par convocation, pour remplir la place vacante de Professeur par le décèds de M Vanloo, le père

Mutation d'Officiers — Conformément à la dernière délibération et à celle du samedi 28e Septembre 1743, la Compagnie, après avoir délibéré et pris les voix par scrutin, M. *Parrocel*, Adjoint, a monté à la place de Professeur, et M. *Pigalle*, Académicien, a remplacé M *Parrocel* dans le grade d'Adjoint à Professeur.

Réception de M. L'Enfant, Peintre à talent — Ensuitte le S. *Pierre L'Enfant*, Peintre à talent, natif d'Anet près Dreux, a présenté à l'Académie le tableau qui lui avoit été ordonné pour sa réception, dont le sujet représente un Marché de Campagne Les voix prises à l'ordinaire, la Compagnie a reçu et reçoit ledit Sieur *L'Enfant* Académicien, pour avoir séance dans les assemblées et jouir des privilèges, honneurs et prérogatives attribuées à cette qualité, en observant par lui les Statuts et Règlemens d'icelle Académie, ce qu'il a promis en prêtant serment entre les mains de M. *Cazes*, Directeur et Recteur

Les modèles des Srs Hutin et Falconnet approuvés — Les Sieurs *Hutin* et *Falconnet*, Agréés, aiant présenté à la Compagnie les modèles, qu'ils ont faits dans l'Académie pour leurs ouvrages de réception et dont les sujets représentent le nocher Caron et le Génie de la Sculpture, les voix prises en conséquence, l'Académie les a approuvés, et a accordé auxdits Sieurs un an pour les exécuter en marbre

Cazes — J Christophe — Pierre — Galloche — Caylus — De Jullienne — Lemoyne

— Coypel — D'Ulin — Le Clerc — De Favanne — J Restout — J. Du Mont le Rom — De Lettre — Jeaurat — Carle Vanloo — Cars — Parrocel — Coustou fils — Boucher — C De Vermont — E Bouchardon — Leblanc — Natoire — Pigalle — J M. Ladey — P. L'Enfant — G. Duchange — Masse — J. C Roettiers — Chardin — Tocqué — Lemoyne fils — Aved — Frontier — Droüais — Huilliot — Cochin — Lépicié.

Aujourd'hui, samedi 6e Novembre, l'Académie s'est assemblée à l'ordinaire pour les Conférences

Célébration du service aux Augustins — La Compagnie a déterminé que la célébration du service aux Augustins pour les Officiers et Académiciens, décédés dans le courant de l année et les précédentes, se feroit le samedi 27e Novembre prochain L'Académie y sera invitée par billets, auquel jour se tiendra aussi l'assemblée

Cazes — J. Christophe — Boucher — Le Clerc — Lemoyne fils — G Coustou — Pierre — Pigalle — J B Massé — Natoire — C. De Vermont — Lépicié.

Aujourd'hui, samedi 27e Novembre, l'Académie s'est assemblée à l'ordinaire[1]

Conformément à la dernière délibération, l'Académie a fait célébrer ce matin, aux Grands-Augustins, un service solennel pour tous les Officiers et Académiciens défunts, où toute la Compagnie a été invitée par billets.

Cazes — Boucher — Lemoyne — Le Clerc

---

1 La fin de la phrase « *pour les Conférences* » est raturée dans le registre.

*— J. Restout — J. Du Mont le Rom. — Na-
toire — Carle Vanloo — C De Vermont —
Jeaurat — Lemoyne fils — C. Parrocel —
E. Bouchardon — Pierre — Coustou fils —
Pigalle — J B Massé — Tocqué — Cochin
— Lépicié*

Aujourd'hui, samedi 4ᵉ Décembre, l'Académie s'est assemblée à l'ordinaire pour les Conférences.

Le Secrétaire a continué la lecture de celles de feu M *Coypel*, Ecuier, Premier Peintre du Roy, ce qui a occupé une partie de la séance

Avant de la finir on est convenu que, le dernier samedi du mois tombant sur la fête de Noel, l'assemblée seroit remise au vendredi suivant, 31 et dernier du présent mois.

*Cazes — J Christophe — C De Vermont
— Carle Vanloo — Pierre — E Bouchardon
— Pigalle — Drouais — Lépicié.*

Aujourd'hui, 31 décembre, l'Académie s'est assemblée, par convocation génerale, pour la relevée du quartier et pour la lecture des délibérations prises pendant ce tems

Députation pour la nouvelle année — Suivant l'usage, la Compagnie a résolu d'aller en députation, au sujet de la nouvelle année, saluer M le Protecteur, et Elle a nommé à cet effet : M *Cazes*, Directeur ; Mˑ *De Largillière*, Chancelier et Recteur ; M. *Coustou*, Recteur en quartier, M *Christophe*, Recteur ; Mʳˢ *Galloche* et *Le Moine*, Adjoints à Recteurs ; M *Restout*, Professeur en exercice, dans les Anciens Professeurs, M *D'Ulin*, dans les Professeurs, M *Jeaurat*, dans les Adjoints, M. *Pierre*; dans la Classe des Conseillers, M. *Roettiers* et le Secrétaire ; dans celle des Académiciens, M *Geuslain*

Ensuitte il a été réglé que, comme M le Protecteur

n'est point à Paris, la Compagnie lui écriroit, et qu'à son retour, on feroit la députation

Les mêmes Députés nommés pour aller saluer M. de Tournehem, nouvellement nommé Directeur-Général des Bâtimens — Il a été aussi résolu que les mêmes Députés iroient saluer M de Tournehem, nouvellement nommé Directeur Général des Bâtimens.

Lettre de compliment à M le Protecteur — En finissant la séance, le Secrétaire a fait la lecture de la lettre de complimens pour M le Protecteur

Cazes — J Christophe — Galloche — C. De Vermont — De Favanne — Coypel — J Restout — Boucher — Natoire — Jeaurat — J. B Oudry — Adam l'aîné — Lemoyne fils — C Parrocel — G Coustou — E Bouchardon — Pierre — J. B Massé — De Lettre — J C Roettiers — Tocqué — Droüais — Leblanc — Lépicié

1746.

Aujourd'hui, samedi 8e Janvier, l'Academie s'est assemblée, par convocation générale, et a commencé ses fonctions par la lecture des Statuts, ainsi qu'il est d'usage

La Compagnie a nommé M *Galloche*, Adjoint à Recteur,
pour faire les fonctions de Recteur, pendant le quartier de
Janvier, à la place de M *Coustou*, qui a prié la Compagnie
de l'en dispenser

Lecture des lettres de complimens — Le Secrétaire a fait
la lecture des lettres de Mrs *Dandré-Bardon* et *De La Datte*,
au sujet de la nouvelle année

La Compagnie a nommé, pour le même sujet, M. le Directeur et M. *Galloche* pour aller visiter, de sa part, M. *De
Largillière* et M. *Coustou*

> *Cazes — Galloche — J. Restout — D'Ulin
> — Le Clerc — Carle Vanloo — Natoire —
> C De Vermont — Lemoyne fils — Coustou
> fils — Pigalle — G Duchange — J. B Massé
> — Tocqué — Aved — Cars — Huilliot —
> Frontier — De L'armessin — Lépicié*

Aujourd'hui, samedi 29e Janvier, l'Academie s'est assemblée à l'ordinaire

Rapport de la Députation à M. de Tournehem. — Conformément à la délibération du 31 Décembre dernier,
M^rs les Députés ont raporté à l'assemblée que le lundi,

10ᵉ du présent mois, ils avoient été saluer M. de Tournehem, Directeur Général des Bâtimens, qu'après les politesses requises en pareille occasion, il leur avoit dit qu'il
étoit extrêmement sensible à l'honneur que la Compagnie
lui faisoit, qu'il la prioit de lui donner le tems de s'instruire
de son travail, que, d'abord qu'il le connoitroit, Elle poû-
voit compter qu'il feroit tous ses efforts pour faire fleurir
les Arts et donner à une Académie si distinguée l'encouragement qu'Elle méritoit.

Agrément du Sʳ Antoine Lebel, peintre de marines. —
Le Sieur *Antoine Le Bel*, natif d'Arc en Barrois, Peintre
de marines, aiant fait aporter de ses ouvrages, les voix
prises à l'ordinaire, la Compagnie a agréé sa présentation,
et ledit Sieur *Le Bel* ira chez M le Directeur, qui lui
ordonnera les sujets de ses deux morceaux de reception

M *Duchange*, Graveur et Conseiller, a présenté à l'assemblée deux suittes de trois planches, qu'il a gravées
d'après M. *Jeaurat*, Professeur, dont les sujets représentent
les Mystères de la Trinité, de l'Incarnation et de la Rédemp-
tion, sous le Symbole de la Foi, de l'Espérance et de la
Charité, et dédiées à M. l'Archevesque de Paris[1]. L'examen
fait, la Compagnie a aprouvé lesdites planches pour faire
jouir l'exposant des privileges accordés à l'Académie par
l'Arrest du Conseil d'État du 28 Juin 1714

M. le Directeur et M. *Galloche* ont aussi raporté qu'ils
avoient été, de la part de la Compagnie, visiter M. *De Largillierre* et M. *Coustou*, et que ces dignes Oficiers les
avoient chargés de témoigner à l'Académie leur sensibilité
et leur reconnoissance

Le Secrétaire a terminé la séance par la lecture d'une
lettre de M *Smits*[2] au sujet de la nouvelle année.

       Cazes — Galloche — J Restout — J Chris-

1. Charles-Gaspard-Guillaume de Vintimille du Luc, archevêque de Paris du 6 septembre 1726 au 13 mars 1746
2 C'est-à-dire *Schmidt*.

*tophe — J. Du Mont le Rom — Boucher —
C. De Vermont — Lemoyne — Jeaurat —
Natoire — J B Oudry — Adam l'aîné —
Pierre — Lemoyne fils — Coustou fils — Bou-
chardon — Pigalle — G Duchange — J B.
Massé — Chardin — Tocqué — Aved — Fron-
tier — Droüais — P. Slodtz — Le Bas —
Cars — Lépicié*

Aujourd'hui, samedi 5ᵉ Février, l'Académie s'est assemblée pour les Conférences

Le Secrétaire a fait la lecture d'une lettre de M de Piles
sur le vrai de la Peinture, qui a occupé une partie de la
séance

Rapport de la Députation à M. le Protecteur — Mʳˢ les
Députés nommés, dans la Délibération du 31 Décembre
dernier, pour aller saluer M. le Protecteur, ont raporté à
l'assemblée qu'ils en avoient été reçus avec beaucoup de
bienveillance et de politesse[1]

Ouvrage de réception ordonné au S Le Bel. — M le
Directeur a dit à l'assemblée qu'il avoit ordonné au S *Le
Bel*, pour sa[2] réception, une marine, qui fera pendant au
tableau de M. *L'Enfant* pour la grandeur

Accordé un an pour l'exécution de ce morceau

*Cazes — Natoire — Adam l'aîné — Le-
moyne — Coustou fils — Pierre — Bouchardon — Tocqué — Aved — J B Massé —
Nonnotte — Lépicié*

Aujourd'hui, samedi 26ᵉ Février, l'Académie s'est assemblée à l'ordinaire.

Mort de M. Coustou, Recteur et Ancien Directeur. —

1. En marge . « Dimanche, 30 Janvier, à 10 heures du matin. »
2. Ms. « la »

Le Secrétaire a notifié à la Compagnie la mort de M. *Coustou*, Recteur et Ancien Directeur, arrivée à Paris, le 22 du présent mois, âgé de 69 ans

Ensuitte il a été résolu que l'on ne procéderoit à remplir ladite place de Recteur vacante qu'à la dernière assemblée du mois prochain.

M. *Restout* a raporte que M. le Lieutenant-Civil l'avoit chargé de témoigner à la Compagnie combien il avoit été sensible à la visite qu'Elle lui avoit fait faire, et mortifié en même tems de ne s'y être pas trouvé

Estampe présentée. — M. *Moireau*, Graveur et Académicien, a présenté à l'assemblée deux épreuves d'une planche qu'il a gravée d'après *Vovremens*, aiant pour titre « le Boufon des chasseurs » L'examen fait, la Compagnie a aprouvé ladite planche pour faire jouir l'exposant des privilèges accordez à l'Académie par l'Arrest du Conseil d'Etat du 28 Juin 1714.

> *Cazes — Galloche — Natoire — J. Restout — Le Clerc — Carle Vanloo — Jeaurat — Adam l'aîné — Lemoyne fils — C. Parrocel — Pierre — E Bouchardon — Pigalle — Tocqué — J C Frontier — Drouais — Geuslain — Vinache — Lépicié*

Aujourd'hui, samedi 5ᵉ Mars, l'Académie s'est assemblée pour les Conférences.

Le Secrétaire a fait lecture de la vie de M. *Le Sueur*, ce qui a occupé une partie de la séance.

Ensuitte la Compagnie a résolu que, le samedi 26ᵉ du présent mois, Mʳˢ les Directeur, Recteurs et Adjoints à Recteur, Professeurs en exercice, et, à tour de rôle dans les Anciens Professeurs, M. *De Tournière*, dans les Professeurs, M. *Adam*, dans les Adjoints, M. *Pierre*, dans les Conseillers, Mʳˢ *Roëttiers*, *Duchange* et le Secrétaire, et,

dans les Académiciens, M *Cars*, s'assembleront à huit
heures précises du matin, pour régler la repartition de la
capitation de la présente année 1746, et examiner et arrè-
ter les comptes de 1745

Le Secrétaire a raporté à l'assemblée, qu'il avoit fait, de
la part de la Compagnie, réponce aux lettres de Mrs *Dandré*, *La Datte* et *Schmitt*, au sujet de la nouvelle année

       *Cazes — Galloche — Carle Vanloo — De
       Favanne — De Jullienne — Adam l'ainé —
       P. Slodtz — Pigalle — Lépicié*

———

Aujourd'hui, samedi 26e Mars, l'Académie s'est assemblée
par convocation génerale, pour la lecture des déliberations
du quartier, du compte de 1745, du rôle de la capitation
de 1746, et aussi pour remplir les places vacantes par le
déceds de MM *Coustou* et *De Largillierre*

Reddition des comptes — Mort de M De Largillierre.
— M^rs les Directeur, Recteurs et Officiers, nommez pour
régler la répartition de la capitation et pour examiner et
arrêter les comptes de l'année 1745, s'étant assemblés le
matin dans la salle de l'Académie, le Sr Reidellet, Concierge
et Receveur, chargé, par délibération du 1er Décembre 1736,
de recevoir la capitation des Officiers et Académiciens, et
autorisé par la même delibération à recevoir de M^rs les
Trésoriers des Bâtimens du Roy les sommes accordées par
Sa Majesté à l'Académie pour son entretien, a présenté
l'état de la Recette et Dépense par lui faites durant le
cours de l'année 1744, suivant les ordres de M^rs les Directeur et Recteurs, lequel compte s'étant trouvé juste, après
l'examen fait des quittances et mémoires, il a été aprouvé
et le Sieur Reidellet déchargé par lesdits Directeur, Recteurs et Officiers, et la décharge dudit Sieur confirmée et
signée par l'Académie, à qui le Secrétaire a notifié en même
tems la mort de M *De Largillierre*, Chancelier et Recteur,

né en 1656, arrivée le 20 du présent mois, âgé de 80 ans
et demie[1].

*Mutation d Officiers, M Cazes, Chancelier, M Cazes,
dans la même séance, élu Adjoint à Recteur et Recteur —*
Sur ce raport la Compagnie a décidé que, l'assemblée étant
générale, Elle rempliroit aussi ces deux places, et, en con-
séquence de ce résultat les voix prises par scrutin, M. *Cazes*,
Directeur, a été élu Chancelier; M. *Galloche* a remplacé
M. *Coustou* dans la dignité de Recteur, M. *Coypel*, Ancien
Professeur, a monté au rang d'Adjoint à Recteur. M. *Le
Moine* a été élu Recteur à la place de M *de Largilierre*,
et M. *de Favanne*, Professeur, a passé au grade d'Adjoint à
Recteur

M Le Moine, le père, nommé Ancien Recteur — M *Le
Moine*, qui vient d'être nommé Recteur, a prié la Compagnie de lui accorder le titre d'Ancien Recteur, et de disposer de sa place, ce qui lui ayant été octroyé et le scrutin
repris, M. *Coypel* a passé successivement de la charge
d'Adjoint à Recteur à celle de Recteur, et M. *Restout*, Professeur, a succédé à M. *Coypel* dans le rang d'Adjoint à
Recteur

Ensuitte, et de la même manière, Mrs *Bouchardon* et
Coustou ont été faits Professeurs et Mrs *Nattier* et *Slodtz*,
Adjoints à Professeur

Le tout en conformité de la délibération du samedi
28e Septembre 1743.

Il a été décidé que M. *Le Moine*, ayant la qualité d'ancien Recteur, auroit rang, dans les séances, après le Chancelier, ainsi que sur la liste, sans cependant tirer à conséquence

M. *Tardieu*, Graveur et Académicien, a présenté à
l'assemblée six épreuves de trois planches qu'il a gravées

1 Il y avait d'abord « 89 ans et demie ». En marge : « *Nicolas de Largilierre*, de Paris, ancien Directeur, Chancelier et
Recteur, mort le 20 Mars 1746, né en 1656. »

d'après *Rubens*, faisant partie de l'histoire de Constantin
l'examen fait, la Compagnie a aprouvé lesdites planches
pour faire jouir l'exposant des privilèges accordés à l'Académie par l'Arrest du Conseil d'Etat du 28 Juin 1714.

> *Cazes — Galloche — De Favanne — J Res-*
> *tout — De Jullienne — Le Moyne — Carle*
> *Vanloo — J Christophe — J. Du Mont le*
> *Rom — Boucher — C. De Vermont — Jeau-*
> *rat — J B Oudry — Adam l'aîné — Le-*
> *moyne fils — C. Parrocel — Pierre — Bou-*
> *chardon — Coustou — Nattier — Pigalle —*
> *P. Slodtz — G. Duchange — Huilliot —*
> *Massé — J. C Roëttiers — Chardin — Toc-*
> *qué — Aved — Poitreau — Francisque —*
> *Drouais — Frontier — Nicolas Tardieu —*
> *De Lettre — Cochin — Lépicié*

Aujourd'hui, samedi 2ᵉ Avril, l'Académie s'est assemblée
à l'ordinaire pour les Conférences

Le Secrétaire a fait la lecture des Statuts, ainsi qu'il est
d'usage au commencement de chaque quartier.

Arrêté qu'on ne donneroit point de prix cette année —
Les épreuves faites par les Étudians pour concourir aux
grands Prix s'étant trouvés trop faibles, l'Académie a décide
qu'Elle n'en donneroit point cette année, et Elle a ajouté
qu'Elle n'admettroit dans la suitte que des sujets en état de
profiter des bontés du Roy, et de faire honneur à l'Académie.

> *Cazes — J. Christophe — G. Coustou — Gal-*
> *loche — Coypel — De Favanne — J Restout*
> *— Le Clerc — J Du Mont le Rom. — Carle*
> *Vanloo — Boucher — C. De Vermont —*
> *Adam l'aîné — Le Moyne fils — E. Bouchar-*
> *don — Pierre — Pigalle — Nattier — P.*
> *Slodtz — J. B Massé — J. C Roettiers —*
> *Tocqué — Drouais*

Aujourd'hui, samedi 30ᵉ Avril, l'Académie s'est assemblée à l'ordinaire

Agrément du S Loir, Peintre en pastel — Le Sieur *Alexis Loir*, Peintre en pastel, ayant fait apporter de ses ouvrages, la Compagnie, après avoir pris les voix à l'ordinaire, l'a agréé dans ce genre, en considération aussi de ses talens pour modeler, dont il a fait preuve par le buste de M *Vanloo* et une figure de Marsias qu'il a fait voir à l'assemblée, lesquels morceaux resteront à l'Académie.

Ensuitte la Compagnie a ordonné au Sʳ *Loir* de faire, pour sa réception, le portrait de M. *De Vermont* et celui de M *Jeaurat*.

Cazes — J. Christophe — Coustou — Galloche — J. Restout — De Jullienne — Lemoyne — J Du Mont le Rom — Carle Vanloo — Natoire — Jeaurat — Adam l'ainé — Lemoyne fils — C. Parrocel — C. De Vermont — Bouchardon — Pierre — Pigalle — Nattier — P Slodtz — Sarrau — G. Duchange — J B Massé — Chardin — Tocqué — Aved — Cochin — Leblanc — Poitreau — Frontier — Boizot — Droüais — Lépicié

Aujourd'hui samedi 7ᵉ May, l'Académie s'est assemblée pour les Conférences.

Lecture de la vie de M. de la Fosse. — Le Secrétaire a fait une seconde lecture de M *de la Fosse*, ce qui a occupé la séance

Cazes — J. Christophe — J Du Mont le Rom. — De Favanne — Le Clerc — Carle Vanloo — Natoire — Adam l'ainé — C Parrocel — Coustou fils — Pierre — Pigalle — P. Slodtz — G. Duchange — Tocqué — Lépicié.

Aujourd'hui, samedi 28e May, l'Académie s'est assemblée
à l'ordinaire

Lettre de M Tournehem pour l'ouverture du Salon. —
M. Ca{es, Directeur, a fait part à la Compagnie d'une
lettre de M le Directeur Général des Bâtimens, par laquelle
il lui marque que, conformément à l'intention de Sa Majesté,
l'Académie ait à se préparer pour un Salon, qui commencera au tems accoutumé et continuera à l'ordinaire.

*Ca{es — J. Christophe — J. Du Mont le
Rom — Lemoyne — Galloche — Coypel —
De Favanne — J Restout — Natoire — Ga-
briel — C. De Vermont — Jeaurat — Adam
l'ainé — E Bouchardon — J B. Massé —
Tocqué — Aved — Cars.*

Aujourd'hui, samedi 4e Juin, l'Académie s'est assemblée
pour les Conférences

Lettre à M Orry, Protecteur, au sujet d'un escalier —
Le Secrétaire a fait lecture d'un projet de lettre à M le
Protecteur, au sujet d'un escalier, lequel projet ayant été
aprouvé, la Compagnie a ordonné qu'il seroit, après la présente délibération, transcrit sur le registre pour servir de
minutte

*Ca{es — J. Christophe — Adam l'ainé —
Lemoyne — Galloche — Coypel — De Fa-
vanne — J Restout — Le Clerc — J Du
Mont le Rom. — Natoire — Pierre — C De
Vermont — Jeaurat — Coustou — Nattier —
P. Slodt{ — J. B Massé — J. C Roettiers
— Tocqué — Cochin — Lépicié.*

Copie de la lettre écrite à M. le Protecteur

Monseigneur, — l'Académie Royale de Peinture et de Sculpture,
— qui a eue l'honneur de vous faire ses très humbles représenta-

tions au sujet de son escalier, aussi étroit que dangereux, prend la liberté de vous rapeller le projet que vous aviez aprouvé et que voici

Il y a deux pièces qui appartenoient anciennement à la Compagnie, et qui ne sont séparées de la Salle d'assemblée que par une cloison ; en lui remettant ces deux pièces, Elle s'ouvriroit un passage dans le salon, et jouiroit du grand escalier, dont on ne feroit usage que pour les assemblées, et pour le public le jour de la S Louis

On aura l'honneur de vous observer, Monseigneur, que, le jour de cette fête, la foule est si tumultueuse, pour voir ce lieu consacré à la Peinture et à la Sculpture, qu'indépendament des insolences qui se commettent dans notre escalier par rapport aux Dames, il est rare qu'il n'y ait toujours quelques particuliers de blessés, ce qui nous fait espérer, Monseigneur, qu'ayant égard à ces motifs, vous voudrez bien nous aider de votre Protection pour la réussite de notre demande

La Compagnie croit aussi devoir vous informer qu'Elle a reçu de M le Directeur Général des Bâtimens les ordres du Roy pour une exposition de tableaux

Nous sommes avec un très profond respect, Monseigneur, vos très humbles, etc

A l'Académie, ce samedi 4e Juin 1746.

———

Aujourd'hui, samedi 25e Juin, l'Académie s'est assemblée par convocation générale, pour la relevee du quartier, les delibérations prises pendant ce tems ont été lues, ainsi qu'il est d'usage.

Réponse de M Orry, Protecteur — Ensuitte le Secrétaire a fait la lecture de la réponce de M Orry à la lettre de la Compagnie, insérée dans la précédente delibération Elle est adressée à M. *Cazes*, Directeur, et porte ce qui suit .

A La Chapelle, ce 8 Juin 1746.

Je me rappelle parfaitement, Monsieur, le projet que l'Académie a depuis longtemps de changer son entrée, pour éviter de monter par un escalier extrêmement petit et fort incommode. Il me semble même que M. Bachelier avoit fait espérer qu'il se

prêteroit à ce nouvel arrangement que l'on se proposoit. Je ver-
ray avec plaisir, dès que je seray à Paris, a faire les démarches
qui conviendront pour procurer, s'il est possible, à l'Académie
la satisfaction qu'Elle desire. Comme l'incomodité dont elle se
plaint dure depuis des temps infinis, je ne vois point de raison
de presser aujourd'hui plus vivement le changement qu'Elle
désire qu'Elle ne l'a fait dans les temps

Je suis, Monsieur, très parfaitement votre très humble serviteur,

Signé ORRY

Agrément du S Hallé — Le Sieur *Noël Hallé*, Peintre
d'Histoire, fils de feu M. *Hallé*, ancien Directeur et Recteur, ayant fait aporter de ses ouvrages, l'Académie, après
avoir pris les voix à l'ordinaire, a agreé sa présentation, et
ledit Sieur *Hallé* ira chez M. le Directeur, qui lui donnera
le sujet de son morceau de réception

En marge A pris séance comme fils d'Officier.

Le Directeur continué. — L'article IX des Statuts portant que le Directeur sera changé tous les ans, si ce n'est
que l'Académie juge à propos de le continuer et la chose
ayant été proposee, la Compagnie, après avoir délibéré, a
décidé unanimement pour la continuation.

> *Cazes — J Christophe — Adam l'aîné —*
> *Lemoyne — Galloche — Coypel — De Fa-*
> *vanne — J. Restout — De Jullienne — J. Du*
> *Mont le Rom. — Le Clerc — Carle Vanloo —*
> *Natoire — C. De Vermont — Jeaurat — Le-*
> *moyne fils — E. Bouchardon — Coustou —*
> *Pigalle — P. Slodtz — Nattier — G Du-*
> *change — J B Massé — Chardin — Tocqué*
> *— Aved — Droüais — Cochin — Poitreau —*
> *Boizot — Frontier — Huilliot — Lépicié.*

Aujourd'hui, samedi 2e Juillet, l'Académie s'est assemblée pour les Conférences.

Le Secrétaire a fait la lecture des Statuts, ainsi qu'il est
d'usage au commencement de chaque quartier

L'Académie a nommé M *Aved*, Conseiller, et M *Frontier*, Académicien, pour aller visiter M. *Jouvenet* qui est malade [1].

> *Cazes* — *De Favanne* — *J Restout* — *Le Clerc* — *Jeaurat* — *Coustou* — *Pigalle* — *P Slodtz* — *G Duchange* — *Aved* — *Lépicié.*

———

Aujourd'hui, samedi 30ᵉ Juillet, l'Académie s'est assemblée à l'ordinaire

La Compagnie a réglé que l'on aporteroit les ouvrages pour le Salon le 17 du mois prochain, avant midi, et que l'ouverture s'en feroit le 25 et continueroit à l'ordinaire

Examen des ouvrages du Salon [1]. — Ensuitte, et conformément à la délibération du samedi 21ᵉ Aoust dernier, Elle a indiqué une assemblée le 18 Aoust prochain, à 10 heures précises du matin, pour suprimer tous les morceaux qui ne seront pas dignes de paroître aux yeux du public.

Le Sʳ *Moyreau*, Graveur et Académicien, a présenté à l'assemblée deux épreuves d'une planche, qu'il a gravée d'après *Vovremens*, ayant pour titre « Les Bohémiens. » L'examen fait, la Compagnie a aprouvé ladite planche pour faire jouir l'Exposant des privilèges accordés à l'Académie par l'Arrest du Conseil d'Etat du 28 Juin 1714

Mʳˢ *Aved* et *Frontier* ont raporté à l'assemblée qu'ayant été, suivant les ordres de l'Académie, voir M. *Jouvenet* au sujet de sa maladie, il les avoit chargés de témoigner à la Compagnie combien il étoit sensible à son attention

> *Cazes* — *J B Oudry* — *Galloche* — *Natoire* — *Jeaurat* — *Adam l'aîné* — *Pigalle* — *Pierre* — *Cars* — *De Favanne* — *J. Restout* — *Carle Vanloo* — *Boucher* — *C. De Ver-*

———

1 Ce sommaire, à cause des signatures, est sur la marge du procès-verbal suivant, avec l'indication . « De l'autre part »

mont — Le Moyne fils — Nattier — P Slodtz
— G Duchange — J. B. Massé — Tocqué —
Aved — Droüais — Frontier — Lépicié

———

Aujourd'hui, samedi 6e Aoust, l'Académie s'est assemblée pour les Conférences

Agrément du Sr Vernet, natif d'Avignon — Le Sieur *Joseph Vernet,* Peintre de Marines, établi à Rome, ayant fait voir de ses ouvrages, la Compagnie, apres avoir pris les voix à l'ordinaire et reconnu sa capacité, a agréé sa présentation, et Elle a chargé le Secrétaire de lui en faire part au nom de l'Académie, avec ordre aussi d'exécuter, dans l'espace d'un an, son morceau de réception, dont la grandeur et le sujet seront à son choix.

Cazes — Lemoyne fils — J. Christophe —
Lemoyne — Coypel — De Favanne — De
Jullienne — Natoire — J. Restout — Le Clerc
— Jeaurat — Carle Vanloo — Boucher —
Coustou — J. B. Oudry — Adam l'ainé —
Pierre — Pigalle — Nattier — P Slodtz —
J B Massé — Tocqué — Aved — Cochin —
Frontier — Lépicié.

———

Aujourd'hui, samedi 27e Aoust, l'Académie s'est assemblée à l'ordinaire

Réception du S. Antoine Le Bel[1]. — Le Sieur *Antoine Le Bel,* Peintre de Marines, a présenté à l'Académie le tableau qui lui avoit été ordonné pour sa réception, dont le sujet représente une colline avec un soleil couchant[2]

1. A cause des signatures, ce sommaire et les trois suivants sont sur la marge du procès-verbal du 3 Septembre, avec l'indication « De l'autre part »

2 En marge « A retiré son tableau de réception et en a donné deux autres, représentant une marine et des rochers »

Les voix prises en conséquence, la Compagnie a reçu et reçoit ledit Sieur *Le Bel*, Académicien, pour avoir séance dans les assemblées et jouir des privileges, honneurs et prérogatives attribuées à cette qualité en observant par lui les Statuts et Règlemens d'icelle Académie, ce qu'il a promis en prêtant serment entre les mains de M Ca*z*es, Directeur, Chancelier et Recteur.

Agrément du S. Peronneau, Peintre de Portraits — Ensuitte le Sieur *Jean-Baptiste Peronneau*, de Paris, Peintre de Portraits, ayant fait aporter de ses ouvrages, l'Académie, après avoir pris les voix à l'ordinaire et reconnu sa capacité, a agréé sa présentation, et ledit Sieur ira chez M le Directeur, qui lui ordonnera les portraits qu'il doit faire pour sa réception.

M. Le Moine le père fait présent du buste[1] *de M. De Largillierre.* — M. *Le Moine*, le père, Sculpteur et Ancien Recteur, a donné à l'Académie le buste qu'il a fait de M. *de Largillierre*, comme un monument de l'amitié qu'il avoit pour ce grand homme et afin d'en perpétuer la mémoire

En finissant la séance, M le Directeur a raporté à l'assemblée qu'ayant été hier matin, avec M *Le Moine* le fils, Professeur en exercice, faire part à M. de Tournehem de l'ouverture du Salon, il leur avoit témoigné combien il étoit sensible aux attentions de la Compagnie.

*Ca*z*es — Lemoyne fils — J Christophe — Lépicié — Coypel — De Favanne — Lemoyne — J. Restout — De Jullienne — Le Clerc — Pigalle — J. Du Mont le Rom — Carle Vanloo — Boucher — Natoire — Adam l'aîné — Droüais — Poitreau — Antoine Lebel — Cochin — De L'armessin — E. Bouchardon — Coustou — Pierre — Nattier — P. Slodtz — J. B. Massé — Chardin — Tocqué — Aved — Leblanc — Frontier — Cars.*

---

1 Il y avait d'abord « du buste en terre. »

Aujourd'hui, samedi 3e Septembre, l'Académie s'est assemblée pour les Conferences

M. de Tournehem, Directeur Genéral, vient au Salon — M *Cazes*, Directeur, a raporte à l'assemblée qu'hier, après midi, M de Tournehem, Directeur Général des Bâtimens, étoit venu voir le Salon, dont il avoit paru très satisfait, qu'après en avoir témoigné son contentement à la Compagnie, il lui avoit dit qu'il alloit ordonner plusieurs tableaux pour le Roy, afin d'exciter l'émulation et de connoître par là ceux qui sont en état d'être utiles à Sa Majesté.

Qu'ensuitte M le Directeur Général étant passé dans les salles de l'Académie, il avoit examiné par lui-même l'endroit par lequel, en ouvrant un passage dans le Salon, on pourroit faire jouir l'Académie du grand escalier, qu'ayant trouvé l'exécution de ce sujet facile et de nulle dépense, il l'avoit aprouvé et promis d'y faire travailler incessament.

Ensuitte M. *Cazes* a ajouté qu'ayant été ce matin l'en remercier avec Mrs les Officiers en exercice, il les avoit chargez d'assurer la Compagnie de toute son estime et des dispositions favorables où il étoit pour Elle

> *Cazes — Jeaurat — Galloche — De Favanne — J. Restout — Le Clerc — Carle Vanloo — C De Vermont — J B Oudry — Adam l'aîné — Pigalle — G. Duchange — Lépicié*

Aujourd'hui, samedi 24e Septembre, l'Académie s'est assemblée par convocation générale, pour la relevée du quartier. Les délibérations prises pendant ce temps ont été lues, ainsi qu'il est d'usage

Réception de M De la Tour, Peintre en pastel[1]. — Le Sieur *Maurice-Quentin de La Tour*, Agréé, natif de S Quentin, Peintre en pastel, a présenté à l'assemblée le portrait de M. *Restout*, Adjoint à Recteur, qui lui avoit été

---

1 Même observation qu'à la note précédente

ordonné pour sa réception Les voix prises en conséquence,
la Compagnie a reçu et reçoit ledit Sieur *de La Tour,*
Académicien, pour avoir séance dans les assemblées et
jouir des privilèges, honneurs et prérogatives attribuées à
cette qualité en observant par lui les Statuts et Règlemens
d'icelle Académie, ce qu'il a promis en prêtant serment entre
les mains de M Cazes, Directeur, Chancelier et Recteur.

M. Portail, agréé et reçu dans la même séance — Le
Sieur *Jacques André Portail,* natif de Brest, garde des
plans et tableaux du Roy, ayant fait voir de ses dessins et
autres ouvrages de sa composition, la Compagnie, par
estime pour ses talens et en considération des soins qu'il se
donne pour l'Académie, dans les différentes expositions
ordonnées par Sa Majesté, a agréé sa présentation, et l'a
reçu, dans la même séance, Académicien, sans cependant
tirer à conséquence, et ledit Sieur a prêté serment entre
les mains de M. Cazes, Directeur, Chancelier et Recteur.

En finissant la séance, la Compagnie a nommé M. *Pigalle,*
Adjoint, pour exercer à son rang les fonctions de Professeur, au mois d'Octobre prochain, à la place de M *Parrocel,* qui a prié la Compagnie de l'en dispenser, attendu les
ouvrages qu'il a à faire pour le Roy.

Cazes — Jeaurat — Antoine Lebel — Gal-
loche — J Christophe — Coypel — Cars —
De Favanne — Restout — C. De Vermont —
De Jullienne — Adam l'aîné — J. B Massé
— Chardin — Tocqué — Frontier — Boizot —
d Ulin — De Lettre — Le Clerc — Tournière
— J. Du Mont le Rom — Carle Vanloo —
Boucher — Natoire — Lemoyne fils — C.
Parrocel — E Bouchardon — Coustou — Le-
blanc — Pigalle — Vinache — Droüais —
Nattier — G. Duchange — Huilliot — De la
Tour — Poitreau — Lemoyne — A Portail
— P Slodtz — Sarrau — Lépicié

Aujourd'hui, samedi 1ᵉʳ Octobre, l'Académie s'est assemblée pour la lecture des Statuts, ainsi qu'il est d'usage au commencement de chaque quartier

Lettre de M. Vernet — Le Secrétaire a fait lecture d'une lettre qu'il a reçue de M. *Vernet*, Agréé, établi à Rome, par laquelle il le prie de témoigner à l'Académie sa vive reconnoissance, et de vouloir bien l'assurer qu'il tâchera de répondre au nouvel honneur dont il est décoré, par son exactitude à satisfaire à son morceau de réception.

M Coypel retire son tableau de réception et en donne un autre. — Conformément à la délibération du samedi 6ᵉ Mars 1745, M *Coypel*, Recteur, a retiré son tableau de réception, représentant la mort de Créuse, femme de Jason, et en a donné un autre, qui a pour sujet le moment qu'Abraham embrasse son fils Isac, après que l'Ange lui a annoncé que le Seigneur est content de son obéissance et de l'épreuve où il a mis sa foy.

Ce tableau a été reçu avec plaisir de la Compagnie, à qui M. *Coypel* a aussi fait présent de son portrait, peint par lui-même, et dont il a été remercié unani[me]ment.

M *Jeaurat*, Professeur, a raporté à l'assemblée qu'ayant eu l'honneur, lundi dernier, de voir M. de Tournehem au sujet de l'escalier, il l'avoit chargé de dire à la Compagnie qu'au retour de M. *De Cotte* à Paris, il termineroit cette affaire

Cazes — Galloche — Pigalle — J Restout — Le Clerc — Jeaurat — Adam l'ainé — Coustou — P Slodtz — J. B Massé — Lépicié.

———

Aujourd'hui, samedi 29ᵉ Octobre, l'Académie s'est assemblée à l'ordinaire

Agrément du Sʳ Allegrain, Sculpteur. — Le Sieur *Gabriel Christophe Allegrain*, Sculpteur, fils de M. *Allegrain*, Académicien, ayant fait voir de ses ouvrages, l'Académie, après avoir pris les voix à l'ordinaire, a agréé sa présentation et luı a ordonné d'exécuter en marbre, pour son morceau de réception, le modèle qu'ıl a faıt voir, représentant Narcısse

Accordé un an pour l'exécution de ce morceau.

M *Moıreau*, Graveur, a présenté à l'assemblée deux épreuves d'une planche, qu'il a gravée d'après *Vovremens*, aıant pour tıtre « Le travaıl du Maréchal » L'examen faıt, la Compagnıe a aprouvé ladıte planche, pour faire jouır l'exposant des prıvılèges accordez à l'Académıe par l'Arrest du Conseıl d'Etat du 28 Juın 1714.

> *Caꝣes — Galloche — Pıgalle — Caylus — J. Chrıstophe — J Restout — Le Clerc — J Du Mont le Rom — Carle Vanloo — C De Vermont — Jeaurat — Lemoyne fils — C Parrocel — Nattier — P Slodtꝣ — G Du-change — Tocqué — J B. Massé — Aved — Frontıer — Antoıne Lebel — Lépıcıé.*

Aujourd'huı, samedı 5e Novembre, l'Académıe s'est assem-blee pour les Conférences

Le Secrétaıre a faıt lecture de la vıe de M *de la Hyre*, ce quı a occupé une partıe de la séance

Célébratıon du Service aux Augustıns. — La Compagnıe a détermıné que la célébration du servıce aux Augustıns, pour les Officıers et Académıcıens décédés dans le courant de l'année et les précédentes, se feroıt le samedı 26e du pre-sent moıs L'Académıe y sera invitée par bıllets, auquel jour se tıendra aussı l'assemblée.

> *Caꝣes — Galloche — Boucher — J Restout — Le Clerc — Adam l'aıné — Lemoyne fils — P. Slodtꝣ — Drouaıs — Lépıcıé*

Aujourd'huı, samedı 26e Novembre, l'Académıe s'est assemblée à l'ordinaire

Agrément du S Charles Vanloo[1] — Le Sieur *Charles Vanloo*, Peintre d'Histoire, fils de feu M *Vanloo*, Professeur[2], ayant fait voir de ses ouvrages, l'Académie, après avoir pris les voix à l'ordinaire et reconnu sa capacité, a agréé sa présentation, et ledit Sieur ira chez M. le Directeur, qui lui donnera le sujet de son tableau de réception. — *En marge ·* A pris séance comme fils d'Officier.

M. Sue nommé Adjoint à Professeur pour l'Anatomie. — L'Académie, après avoir délibéré, a jugé nécessaire, pour le bien de l'Ecole, et pour suppléer aux fonctions de M. *Sarrau*, en cas d'absence ou de maladie, d'établir une place d'Adjoint à Professeur pour l'anatomie, et, en conséquence de ce résultat, Elle y a nommé par les voix M. Sue, dont les talens sont décidés sur cette partie[3], lequel a prêté serment entre les mains de M *Cazes*, Directeur, Chancelier et Recteur

Ce matin, l'Académie a fait célébrer aux Grands Augustins, un service solemnel pour tous les Officiers et Académiciens, décédés dans le courant de l'année et les précédentes, où toute la Compagnie a été invitée par billets

Cazes — Galloche — Boucher — J Christophe — Caylus — Coypel — J. Restout — De Jullienne — Le Clerc — J. Du Mont le Rom — Jeaurat — Nattier — Cars — P Slodtz — Chardin — J C Roëttiers — Siie — Cochin — De Lettre — Frontier — Carle Vanloo — Natoire — C De Vermont — Adam l'aîné — Lemoyne fils — C. Parrocel — E. Bouchardon — Coustou — De la Tour — Pi-

---

1. Ce sommaire et le suivant sont sur la marge du procès-verbal du 3 Décembre avec l'indication : « De l'autre part. »

2 *Amédée-Charles Vanloo*, fils de J.-B *Vanloo* et frère cadet de *Louis-Michel Vanloo*.

3. Jean Sue né en Provence en 1699, mort à Paris en 1762 Le romancier contemporain Eugène Sue était le petit-fils du chirurgien Jean-Joseph, frère cadet de Jean.

galle — G. Duchange — Lépicié — Lemoyne
— J B Massé — Tocqué — Aved — Droüais

Aujourd'hui, samedi 3e Décembre, l'Académie s'est assemblée pour les Conférences

Lecture d'un essai sur les ouvrages et le caractère de M Rigaud — Le Secrétaire a fait la lecture d'un essai sur les ouvrages et le caractère de M. *Rigaud*, par M. *de Vermont*, Professeur, ce qui a occupé une partie de la séance.

Collin de Vermont — J Restout — Adam
l'aîné — Lemoyne fils — Coustou — J B
Massé — Sue — Cochin — Lépicié

Aujourd'hui, samedi 31e Décembre, l'Académie s'est assemblée, par convocation générale, pour la relevée du quartier, les délibérations prises pendant ce tems ont été lues, ainsi qu'il est d'usage

Députation pour le 1er jour de l'an — Ensuitte la Compagnie a résolu d'aller en Députation, au sujet de la nouvelle année, saluer M. le Protecteur et M. le Directeur Général des Bâtimens, et Elle a nommé à cet [effet] M. *Cazes*, Directeur, Chancelier et Recteur, M. *Coypel*, Recteur en quartier; M *Le Moine*, ancien Recteur, Mrs *Christophe* et *Galloche*, Recteurs, Mrs *de Favanne* et *Restout*, Adjoints à Recteur, M *Natier*, Adjoint à Professeur, en exercice, dans les Anciens Professeurs, M. *Le Clerc*, dans les Professeurs, M *Oudry*, dans les Adjoints, M *Pigalle*, dans la classe des Conseillers, M. *Chardin* et le Secrétaire, et dans celle des Académiciens, M. *Desportes*.

M *Nattier*, Adjoint, a été nommé à son rang, pour exercer le mois de Janvier prochain, à la place de M *Bouchardon*, Professeur, qui a prié la Compagnie de l'en dispenser, attendu un ouvrage qu'il fait pour le Roy et qu'il ne peut quitter.

M *Boucher*, Professeur en Novembre, et M. *Coustou*, Professeur en Avril, ont changé de mois, avec l'agrément de l'assemblée.

Cazes — Galloche — C De Vermont — J. Christophe — Coypel — De Favanne — J. Restout — Le Clerc — Boucher — Natoire — Jeaurat — Adam l'aîné — Lemoyne fils — Bouchardon — Coustou — Pierre — Pigalle Nicolas Tardieu — Frontier — J Moyreau — De Vernansal — Nattier — Francisque — P Slodtz — Cochin — Delobel — G Duchange — J B Massé — J. C. Roettiers — Vinache — Tocqué — De Lettre — Sue — Leblanc — Cars — L Surugue — De la Tour — Lépicié

1747.

La Bibliothèque de la Sorbonne, sous le n° H III, 71, possède, avec d'autres manuscrits provenant du Comte de Caylus, un volume dû à Lépicié, le Secrétaire de l'Académie, qui se rapporte aux séances de toute l'année 1747 Il est divisé en deux parties, la première, de lxviij pages numérotées en chiffres romains, est intitulée « Conférences et détails d'administration de l'Académie Roiale de Peinture et de Sculpture. Année MDCCXLVII »; comme le dit le titre de départ, c'est le « Journal abrégé des séances de l'Académie. » La seconde partie, numérotée de 1 à 170, est le « Recueil des Mémoires, Discours et autres pièces indiquées par le Journal précédent et rangées dans le même ordre qu'elles ont été successivement lues à l'Académie. » Le volume, p 172-93, se termine par une table, à deux colonnes et très détaillée, des noms et des matières, qui « renvoie uniquement au Journal des séances, et ce Journal renvoie à son tour a chacune des pièces qui composent le corps du Recueil, lequel vient ensuite » Elle est aussi abondante que celle du Manuscrit de l'Histoire de l'Académie possédé par M Hulst et imprimé autrefois par nous dans la Bibliothèque elzevirienne

Malgré sa brièveté, le Journal donne un certain nombre de détails plus complètement que les Procès-verbaux eux-mêmes Nous n'avions pas à donner ici le texte des Conférences, mais nous avons indiqué en note les compléments ou les additions donnés par le Journal Comme on le verra ce volume, fait par *Lépicié*, soit pour lui-même, soit pour M. de Caylus, soit pour le Roi — la reliure est à ses armes — soit encore pour M. de Tournehem (Voir le procès-verbal du 27 Janvier 1748), n'a pas été unique, *Lepicié* renvoyant à des volumes semblables, antérieurs ou postérieurs Il est regrettable que nous ne connaissions que celui de 1747, les autres nous auraient donné même des éclaircissements et des renseignements nouveaux — A de M.

Aujourd'hui, samedi 7ᵉ Janvier, l'Académie s'est assemblée, par convocation générale, et a commencé les fonctions de l'année et du quartier par la lecture des Statuts.

Rapport de la Députation — Conformément à la délibération du samedi 31 Décembre dernier, Mʳˢ les Députés, nommés pour aller saluer M le Protecteur et M le Directeur des Bâtimens, ont raporté à l'assemblée qu'hier matin ils s'étoient acquités de ce devoir, mais qu'ils n'avoient rencontré que M Orry, dont ils avoient été reçus très favorablement, M de Tournehem ne s'étant pas trouvé à Paris, comme on le comptoit. Mʳˢ les Oficiers en exercice y retourneront, dès qu'ils auront pris son jour et son heure.

Lecture d'un Discours de M. Sue[1] — Ensuitte M Sue, Adjoint à Professeur pour l'anatomie, a remis au Secrétaire, pour en faire la lecture, un Discours adressé à l'Académie, par lequel, après l'avoir remercié de la place qu'Elle a bien voulu lui accorder, il lui rend compte, avec beaucoup de netteté, de la façon dont il veut s'y prendre pour instruire les Elèves et les mettre en état de se perfectionner dans l'étude de l'anatomie. La Compagnie a été très satisfaite de ce plan et a promis de l'appuyer de tout son pouvoir

Le Secrétaire a fini la séance par la lecture d'une lettre de M *Dandré*[2], adressé à la Compagnie au sujet de la nouvelle année.

Règlement au sujet du Cours d'anatomie[3] —·M Sue, Adjoint à Professeur pour l'anatomie, se disposant à en donner des leçons, l'Académie, toujours attentive à ce qui peut perfectionner les arts de Peinture et de Sculpture, a ordonné ce qui suit[4] ·

1 La lecture de Sue « Plan pour les leçons anatomiques à donner aux Elèves de l'Académie » se trouve dans la seconde partie du volume de la Sorbonne, p 1-8

2 « *Dandré-Bardon*, d'Aix en Provence, » ajoute le ms de la Sorbonne

3 Il est écrit dans la marge

4. Dans le ms de la Sorbonne, les quatre paragraphes suivants sont appelés « Article premier, II, III et IV »

Que le Professeur en exercice choisira une semaine pour poser une figure, qui sera dessinée par tous les Elèves qui prétendent être admis au Cours d'anatomie.

Que le Professeur ne retouchera point la figure des Elèves, qui seront obligez de la remettre chaque jour entre les mains du Sieur Reidellet, comme cela se pratique pour les Prix

Que les figures seront simplement numérotez, sans que le nom des Elèves soit derrière, afin que le jugement se porte sans partialité

Que ce jugement servira à choisir ceux qui sont en état de suivre avec succès lesdites leçons d'anatomie

Cazes — Coypel — Galloche — J Restout — J. Du Mont le Rom — C. De Vermont — Adam l'ainé — Lemoyne fils — Pigalle — P Slodtz — G Duchange — J B. Massé — Sue — Cars — Cochin — Lépicié

———

Aujourd'hui, samedi 28ᵉ Janvier, l'Académie s'est assemblée par convocation générale

Rapport de la Députation à M. de Tournehem. — Relativement à la précédente délibération, Mᵣˢ les Oficiers en exercice ont rapporté à l'assemblée que, le lundi 9ᵉ du présent mois, ils s'étoient rendus chez M Le Normand de Tournehem, Directeur Général des Bâtimens, et qu'ils en avoient été reçus avec autant de distinction que de politesse, qu'après les complimens, requis en pareille occasion, il les avoit assurés des dispositions favorables où il seroit toujours pour l'Académie, qu'Elle pouvoit compter qu'il ne perdroit pas de vue le projet dont il lui avoit parlé de faire faire des tableaux pour le Roy et qu'à l'égard du nouvel escalier, il prendroit, avec M. *De Cotte*, les arrangemens nécessaires pour en presser l'exécution.

Lettre de M de Tournehem à M Cazes, Directeur, pour faire exécuter dix tableaux — Après ce raport, M. *Cazes*, Directeur, a communiqué à l'assemblée une lettre qui lui

a été écrite depuis par M. de Tournehem et qui porte ce
qui suit   .

A Versailles, le 17ᵉ Janvier 1747

Le Roi ayant agréé, Monsieur, le projet que je lui ai proposé
pour mettre plus dans son jour le mérite et les talens de son Académie de Peinture et encourager les sujets qui la composent, je
vous envoie les noms des dix Officiers de ladite Académie que
j'ai choisis pour travailler cette année Les fonds que j'ai destiné
ne me permettant pas d'en admettre un plus grand nombre, je
compte employer les autres pour les ouvrages que j'ai à ordonner dans les nouveaux appartemens du Château de Versailles, et,
l'année prochaine, je nommerai dix nouveaux compétiteurs, étant
juste que tous les bons sujets profitent des bontés de Sa Majeste.

Je vous prie d'avertir que je ne donne que la mesure fixe de six
pieds de long sur quatre de haut pour les tableaux, et que je
laisse entièrement au choix des compositeurs le sujet de leur
tableau, l'intention du Roi étant que chacun travaille dans le
genre de peinture pour lequel il se sent le plus de génie et d'in-
clination

Je me flate, Monsieur, que ces dix tableaux seront finis à temps
pour faire un des principaux ornemens de l'exposition prochaine
au Salon du Louvre.

Je suis, Monsieur, votre très humble et très obéissant serviteur.

Signé Le Normant.

En suscription   A M *Cazes*, Directeur de l'Académie
Royale de Peinture et de Sculpture[1].

La Compagnie vivement touchée des bontés de M. de
Tournehem, de son amour pour les arts et de son attention
pour l'avancement de l'Académie, a chargé Mrs les Oficiers
en exercice de l'en aller remercier de sa part

---

1. Note de M Duvivier en marge de la copie des Archives
« Nota : Ces dix Académiciens, qui ne sont pas nommés dans la
lettre, étaient MM. *Cazes*, Directeur; *Galloche*, Recteur ; *Restout*,
Adjoint à Recteur, *Le Clerc*, ancien Professeur, *Du Mont le
Romain, Carle Vanloo, Boucher, Natoire, Collin de Vermont*,
Professeurs; *Pierre*, Adjoint à Professeur. Ils avaient été dési-
gnés à M de Tournehem par M *Coypel*. »

Lettre de M. Coypel pour faire part à la Compagnie de sa nomination à la place de Premier Peintre du Roy — Ensuitte le Secrétaire a fait lecture d'une lettre de M. *Coypel* adressée à la Compagnie, par laquelle il fait ses excuses de ce qu'une indisposition qui lui étoit survenue l'empêchoit de se trouver à l'assemblée pour lui faire part de la grâce que le Roy lui avoit faite de le nommer son Premier Peintre, et il ajoute qu'il a une trop haute idée de la façon de penser de l'Académie pour craindre que cette faveur puisse altérer en rien la bienveillance dont Elle l'a honoré dans tous les temps, protestant que son plus cher desir sera de la mériter de plus en plus

La Compagnie a reçu cette nouvelle avec joie, et Elle a aussi nommé Mrs les Oficiers en exercice pour lui en aller faire compliment chez lui.

M. Hallé fait voir l'esquisse de son tableau de réception. — Le Sieur *Noël Halle*, Agréé, Peintre d'Histoire, a présenté à l'assemblée une exquisse qu'il a faite pour son morceau de reception, dont le sujet représente la dispute de Neptune et de Minerve

L'examen fait, la Compagnie a aprouvé, à la pluralité des voix, ladite exquisse et Elle a accordé audit Sieur *Hallé* six mois pour l'exécuter

Cazes — Nattier — Galloche — J Restout — J Du Mont le Rom. — Carle Vanloo — Boucher — Natoire — C de Vermont — J B. Oudry — Adam l'ainé — Lemoyne fils — C Parrocel — Bouchardon — Coustou — Pierre — Pigalle — P. Slodtz — G Duchange — J B Massé — J. C Roettiers — L. Tocqué — Siie — Cochin — Leblanc — Frontier — Huilliot — Courtin — Delobel — Dumons — Vinache — Droüais — Cars — Vernansal — Lépicié

Aujourd'hui, samedi 4ᵉ Février, l'Académie s'est assemblée pour les Conférences.

Le Secrétaire a fait la lecture des lettres de Mʳˢ *Vanloo*[1] et *La Datte* au sujet de la nouvelle année

Ordonné que le Règlement fait pour les Elèves qui suivent les leçons d'anatomie sera affiché dans l'Ecole — Ensuitte on a déterminé ce qui convenoit de faire par raport aux Elèves qui suivront les leçons d'anatomie, il a été ordonné que le Règlement fait en conséquence seroit affiché dans l'École — *En marge* . Ce Règlement est à la marge de la délibération du 7 Janvier.

Rapport de la Députation de M. Coypel. — Mʳˢ les Députés ont raportez à la Compagnie qu'ils avoient été complimenter M. *Coypel* sur sa nouvelle dignité, lequel leur a témoigné combien il étoit touché de ce que son indisposition l'avoit empêché d'en aller faire part lui-même à l'Académie.

Mort de M Dorigny, Graveur. — En finissant la séance le Secrétaire a notifié à l'assemblée la mort de M le Chevalier *Dorigny*, Graveur et Académicien, arrivée à Paris, le 1ᵉʳ Décembre 1746, âgé de 88 ans et demi.

> *Cazes* — *J. Christophe* — *Galloche* — *Natoire* — *J. Restout* — *Le Clerc* — *J Du Mont le Rom* — *C de Vermont* — *Adam l'ainé* — *Coustou* — *Pierre* — *G. Duchange* — *Lépicié*

l

———

Aujourd'hui, samedi 25ᵉ Février, l'Académie s'est assemblée à l'ordinaire.

Remerciement fait à M. de Tournehem au sujet de la distribution des tableaux. — Conformément à la délibération du 28 Janvier, Mʳˢ les Oficiers en exercice ont raporté

———

[1] « M *Vanloo*, Premier Peintre du Roi d'Espagne, écrit de Madrid une lettre de politesse pour le nouvel an M. *La Datte*, Adjoint à Recteur, Sculpteur du Roi de Sardaigne, idem de Turin. » Ms., p. ix.

à la Compagnie, qu'hier matin ils s'étoient rendus chez M. le Directeur Général pour aller le remercier de la distribution des tableaux, qu'ils en avoient été reçus très favorablement et leur avoit dit à cette occasion, avec beaucoup de politesse . « Je me flatte, Messieurs, que nous nous encouragerons réciproquement »

Remercîment fait par M. Coypel à la Compagnie. — M. *Coypel*, present à cette assemblée, a remercié la Compagnie, avec autant de dignité que de reconnoissance, du compliment qu'Elle lui a fait faire sur sa place de Premier Peintre du Roy

En terminant la séance, le Secrétaire a dit à l'assemblée qu'il avoit fait réponce à toutes les lettres écrites à l'Académie au sujet de la nouvelle année.

Cazes — Coypel — Galloche — Natoire — d'Ulin — J Du Mont le Rom — Adam l'aîné — E Bouchardon — Pierre — P. Slodtz — C. De Vermont — Adam l'aîné (pour la seconde fois) *— C. Parrocel — Coustou — Lépicié*

———————

Aujourd'hui, 4ᵉ Mars, l'Académie s'est assemblée pour les Conférences

Le Secrétaire a fait la lecture de la vie de M. *du Guernier* [1], ce qui a occupé une partie de la séance

Ensuitte la Compagnie a résolu que le vendredi, 24 du présent mois, à cause de la fête de l'Annonciation qui tombe sur le samedi, Mʳˢ les Directeur, Recteurs, Adjoints à Recteurs, Professeur en exercice et, à tour de rôle, dans les anciens Professeurs, M. *d'Ulin;* dans les Professeurs,

———————

1 « De *Jacques Sarrazin* et de celle de *Louis du Guernier,* membres de l'Académie primitive, lesquelles vies il a composé sur les anciens mémoires du Dépôt. — *Nota* Les deux vies, aiant déjà été lues une fois le 7 mai 1740, apartiènent au volume de cette année là », page XII)

M. *Le Moine* le fils, dans les Adjoints, M. *Pigalle;* dans
les Conseillers, Mrs *Chardin, Duchange* et le Secrétaire, et,
dans les Académiciens, M *Francisque Millet,* s'assembleront, à huit heures precises du matin, pour régler la répartition de la capitation de la presente année 1747, et examiner et arrêter les comptes de 1746

> Cazes — *Carle Vanloo* — *De Jullienne* —
> *Le Clerc* — *C De Vermont* — *Lemoyne fils*
> — *G. Duchange* — *Cars* — *Droüais* — *Lépicié.*

————

Aujourd'hui, vendredi 24e Mars, l'Académie s'est assemblée, par convocation genérale, pour la lecture des délibérations du quartier, l'arrêté du Compte de 1746 et le rôle
de la capitation de 1747, réglé dans le comité du matin

Reddition des comptes. — M^{rs} les Directeur, Recteurs
et Officiers, nommez pour régler la répartition de la capitation et pour examiner et arrêter les comptes de l'année 1746, s'étant assemblés le matin dans la salle de l'Académie, le S. Reidelet, Concierge et Receveur, chargé, par
délibération du 1er Décembre 1736, de recevoir la capitation des Oficiers et Académiciens, et autorisé, par la même
délibération, à recevoir de M^{rs} les Trésoriers des Bâtimens
du Roy les sommes accordées à l'Académie pour son entretien, a présente l'état de la Recette et Dépense par lui faites
dans le cours de l'année 1746, suivant les ordres de M^{rs} les
Directeur et Recteurs, lequel compte s'étant trouvé juste,
après l'examen des quittances et memoires, il a éte aprouvé,
et le Sieur *Reidelet* décharge par lesdits Directeur et Recteurs et Oficiers, et la décharge dudit Sieur confirmée et
signée par l'Académie.

Il a été résolu que, le premier samedi du mois prochain
tombant sur le Samedi Saint, l'assemblée seroit remise au
samedi suivant 8e Avril.

M. *Tardieu* a présenté à l'assemblée deux épreuves d'une
planche qu'il a gravée d'après M *Oudry,* Professeur, ayant

pour titre · « Vue de la ville de Beauvais » L'examen fait, la Compagnie a aprouvé ladite planche pour faire jouir l'exposant des privilèges accordés à l'Académie par l'Arrest du Conseil d'Etat du 28 Juin 1714.

M *Moireau* a aussi présenté deux épreuves d'une planche qu'il a gravée d'après *Vovremens*, ayant pour titre . « La chaumière, » que l'Académie a aprouvé de même

— En marge . *Jugement des Prix du quartier* .

1er Prix   *Dumont*, S.

2e Prix. *Le Brun*, P

3e Prix. *Jeaurat de Bertry*, P.

> *Cazes — Carle Vanloo — J. Restout — Le Clerc — J Du Mont le Rom — Natoire — C de Vermont — Adam l'aîné — Coustou — Pigalle — Nattier — P. Slodtz — G Duchange — J. B. Massé — Chardin — Tocqué — Cars — Antoine Lebel — Poitreau — Vernansal — Drouais — Lépicié.*

Aujourd'hui, samedi 8e Avril, et conformément à la dernière délibération, l'Académie s'est assemblée pour les Conférences

Le Secrétaire a fait la lecture des Statuts, ainsi qu'il est d'usage au commencement de chaque quartier.

> *Cazes — J. Christophe — Boucher — Galloche — J. Restout — Natoire — C de Vermont — Adam l'aîné — Pierre — Lemoyne fils — Coustou — Pigalle — P. Slodtz — Drouais — J Christophe* (pour la seconde fois) *— Lépicié.*

Aujourd'hui samedi 29e Avril, l'Académie s'est assemblée à l'ordinaire

La Compagnie, après avoir examiné les secondes épreuves

faites par les Etudians pour etre admis à travailler aux Grands-Prix et les ayant trouvés encore très foibles, a cependant bien voulu, par grâce, recevoir à y concourir les nommés *De Sève, Canot, Guérin, Durand, Coustou* et *Challes*, pour la Peinture, et les nommés *Hutin* et *Caffiéri* pour la Sculpture.

M. Coypel fait part à la Compagnie d'une lettre qui lui a été écrite par M De Tournehem au sujet des droits du Premier Peintre du Roy — M. *Coypel*, Premier Peintre du Roy, a communiqué à l'assemblée une lettre qui lui a été écrite par M. le Directeur Général des Bâtimens, dans laquelle, après lui avoir parle de plusieurs choses relatives aux tableaux de concours, au départ de M. *Vanloo* pour la Prusse, à son portrait de la Reine et à ce qui convient de faire à ce sujet, il lui marque, qu'en qualité de Premier Peintre de Sa Majesté, ce sera toujours à lui qu'il s'adressera pour tout ce qui pourra regarder l'Académie de Peinture et de Sculpture, que, lui ayant remis l'état des ouvrages ordonnes, il le prie de les suivre et de lui rendre compte, et il adjoute, par apostille, que, quand il y aura quelqu'affaire de pressée, qu'il n aura qu'à lui en écrire et qu'il y repondra.

Cazes — Coypel — Boucher — Galloche — Natoire — J. Restout — Jeaurat — Adam l'ainé — C. De Vermont — Lemoyne fils — E. Bouchardon — Coustou — Pigalle — Nattier — G Duchange — J B Massé — Chardin — Leblanc — Cars — Frontier — Lépicié.

Aujourd'hui, samedi 6e May, l'Academie s'est assemblée pour les Conférences

M *Coypel* a fait part à l'Académie de deux lettres écrites par M le Directeur Général des Bâtimens, l'une adressée à l'Academie, et l'autre à lui, lesquelles lettres la Compagnie a ordonné au Secrétaire de transcrire sur le registre

La première contient ce qui suit :

Lettre de M de Tournehem au sujet de M Fréret.

A Versailles, le 5 May 1747.

Mon intention étant, Messieurs, de concourir, autant qu'il est possible, à l'avancement et perfection des Arts, j'ai cru qu'il seroit a propos, sans augmenter le nombre de vos places ni rien innover dans vos Statuts et Règlemens, [de] pouvoir toute fois donner, sous le bon plaisir du Roy, a M Fréret, Secrétaire de l'Académie des Belles-Lettres, une expectative à votre Académie, avec séance et voix délibérative dans vos assemblées Je pense qu'en augmentant une personne de son mérite a votre Compagnie, c'est continuer de l'illustrer. Je suis, Messieurs, votre très humble et très obéissant serviteur

Signé · Le Normant.

La Compagnie, après avoir deliberé, a consenti unanimement à la demande de M de Tournehem, et Elle a accordé sur le champ à M Fréret une expectative pour la première place d'Amateur qui viendra à vacquer, avec droit, en attendant, de séance et de voix délibérative

Ensuitte Elle a nommé M *Le Moine* le fils et le Secrétaire pour lui en faire part au nom de l'Académie.

Lettre de M. de Tournehem pour l'achat des livres destinés à l'Académie. — La seconde lettre est écrite en ces termes, et est adressée à M *Coypel* ·

A Versailles, le 5 May 1747.

Je n'ai pu vous faire réponce plutôt, Monsieur, ayant été saigné par précaution, je vous renvoye le mémoire que vous m'avez donné pour l'achat des livres destinés à l'Académie de Peinture, suivant que nous l'avons arrêté ensemble. Je vous prie de charger le Secrétaire de l'Académie d'en faire l'acquisition la plus complette, et de m'en fournir le mémoire, afin d'en ordonner le payement, suivant la réception qu'il m'en accusera

Je vous envoye aussi la lettre pour Messieurs de l'Académie au sujet de M. Fréret Je suis très parfaitement, Monsieur, votre tres humble et tres obeissant serviteur

Signé · Le Normant

Le Secrétaire chargé de la garde des livres, des planches, des estampes et des desseins. — Après cette lecture, M *Coypel* a ajouté, de la part de M le Directeur Général, qu'il comptoit que ces livres seroient en la garde du Secrétaire, ainsi que devoient être sans doute les planches, les estampes et les desseins.

Députation pour aller remercier M de Tournehem. — L'Académie, vivement touchée des bontés du Roy, et connoissant qu'elle ne doit un bienfait si distingué de Sa Majesté qu'aux soins et à la bienveillance de M de Tournehem, a résolu d'aller en Députation pour l'en remercier, et Elle a nommé à cet éfet M le Directeur, M. *Coypel*, Premier Peintre du Roy, et MM les Oficiers en exercice.

La Députation réglée, la Compagnie a aussi remercié M. *Coypel* sur la part qu'il a en ce bienfait

> *Cazes — J. Christophe — Coypel — Lemoyne fils — J. Restout — J Du Mont le Rom — Jeaurat — Pierre — Carle Vanloo — Adam l'aîné — Coustou — G Duchange — Cars — J B Massé — Sue — Cochin — Lépicié*[1].

———

Aujourd'hui, samedi 27ᵉ May, l'Académie s'est assemblée à l'ordinaire

1. Depuis un certain temps on a pu remarquer que les procès-verbaux de *Lepicié*, sous le Directorat de *Cazes*, devenaient de plus en plus courts et un peu négligés, pour des faits analogues ils se changeaient en répétitions et en pures formules A partir de celui-ci, ils reprennent corps et deviennent plus détaillés que jamais, avec la transcription de pièces, de lettres et de discours. Il est bien probable que cela est dû aux suggestions de *Coypel*, qui aimait à porter la parole pour la Compagnie et a ne pas laisser perdre ses allocutions, dans son désir de laisser le plus de traces possible de son Directorat et de figurer avec honneur dans les registres, par suite dans l'histoire de l'Académie. Pour nous les Procès-verbaux, plus étendus, ont plus d'intérêt et nous ont conservé plus de documents Sachons donc gré à *Coypel* que le soin de sa gloire tourne aujourd'hui a notre profit

Rapport de la Députation à M. de Tournehem — Conformément à la délibération du 6 May dernier qui règle la Députation pour aller remercier M de Tournehem des livres dont il a fait présent à l'Académie de la part du Roy, M^{rs} les Députés ont raporté qu'ils s'en étoient acquités le 18, que M le Directeur des Bâtimens, après leur avoir témoigné combien il étoit touché de la reconnoissance de la Compagnie, leur a dit qu'il avoit en M. *Coypel* un bon garant de ses sentimens, qui ne tendoient qu'à régler avec justice tout ce qui pourroit contribuer au bien général des Arts et en particulier à celui de l'Académie.

M. Fréret prend séance en qualité d'Amateur. — Après ce raport, M. Fréret, Secrétaire de l'Académie des Belles-Lettres, nommé par la même délibération Amateur, étant venu prendre séance en cette qualité, a remercié l'assemblée de l'honneur qu'Elle lui avoit fait, avec autant de dignité que de modestie

Projet d'un Dictionnaire pour le Costume; M Carême, nommé dessinateur pour le Costume — Ensuitte M. *Coypel*, Premier Peintre du Roy, a proposé à l'assemblée un projet de M. Fréret, dont M de Tournehem veut suivre et faciliter l'exécution. Ce projet est de faire le costume, ou recherche de tout ce qui le concerne, relativement à la Peinture et à la Sculpture[1] Ce travail, aussi nécessaire qu'honorable pour la Compagnie, a été aprouvé généralement, et Elle a nommé, suivant l'intention de M. De Tournehem, le S *Carême* pour en faire les dessins et les planches, avec le titre de Dessinateur attaché à l'Académie pour ce sujet, avec droit de séance et rang sur la liste après les Académiciens

M Fréret a ajouté que, pour répondre à l'attente de la Compagnie, il donneroit sur cette matière tous les eclaircissements dont on pourroit avoir besoin, charmé que ses connoissances devinssent à cette occasion le bien propre de l'Académie.

1. « *Nota* Ce projet n'a pas été inséré parmi les pieces de

M. Coypel fait présent de 223 planches gravées par M. le Comte de Caylus. — En finissant la scéance, M. Coypel, toujours zélé pour la Compagnie, lui a fait présent de 223 planches, gravées par M. le Comte de Caylus d'après les dessins du Cabinet de Sa Majesté; cette collection, qui renferme un nombre considérable d'études et de paysages, ne peut être que d'une très grande utilité pour l'Académie, qui en a remercié M. Coypel avec toute la gratitude que mérite une générosité si peu commune.

Cazes — J. Christophe — Coypel — Lemoyne fils — Fréret — Caylus — De Favanne — Le Clerc — J. Restout — J. Du Mont le Rom. — Carle Vanloo — Natoire — C. De Vermont — Jeaurat — J. B. Oudry — Adam l'ainé — E. Bouchardon — Pierre — Pigalle — P. Slodtz — G. Duchange — Vinache — Droüais — J. B. Massé — Cochin — Cars — Lépicié.

Réflexions sur la Peinture par M. le Comte de Caylus. — Aujourd'hui, samedi 3e Juin, l'Académie s'est assemblée pour les Conférences. M. le Comte de Caylus a remis au Secrétaire, pour en faire lecture, une Dissertation qu'il a faite, aïant pour titre « Réflexions sur la Peinture, » dans laquelle Dissertation il propose les moyens qu'il croit les plus capables de déveloper et d'entretenir en nous le goût et le génie que la Nature nous a donné.

Cet ouvrage, qui est écrit avec autant d'élégance que de solidité, et qui renferme des principes certains pour ne point s'égarer dans une route si difficile et si épineuse, a été goûté unanimement par la Compagnie, qui a félicité

l'année qui forment le recueil ci-après, parce que ses auteurs ne l'ont pas trouvé digéré assés à fonds pour cet effet. » Ms. de la Sorbonne, xxiij.

M. le Comte de Caylus sur l'intérest qu'il prend à l'avancement des Beaux-arts[1].

Le Sieur Carême, Dessinateur pour le Costume, prête serment. — Après cette lecture, le Sieur *Carême*, nommé dans la dernière assemblee Dessinateur attaché à l'Académie pour l'exécution de ses recherches concernant le costume, a prêté serment en cette qualité, entre les mains de M *Cazes*, Directeur, Chancelier et Recteur

M *Coypel* a remercié ensuitte l'Académie des égards qu'Elle a eu pour lui à ce sujet.

Avant de lever la séance, on est convenu que, le dernier samedi du mois tombant sur la fête de St Jean-Baptiste, l'assemblée seroit avancée d'un jour et se tiendroit le vendredi 23

> *Cazes — J Christophe — Adam l'aîné — Coypel — J Restout — De Jullienne — Fréret — Natoire — C. De Vermont — P. Slodtz — Pierre — J B Oudry — Lemoyne fils — Jeaurat — E Bouchardon — Coustou — Vinache — Chardin — Pigalle — G Duchange — J B Massé — Lépicié*

―――

Aujourd'hui, vendredi 23e Juin, l'Académie s'est assemblée, par convocation générale, pour la relevée du quartier; les délibérations prises pendant ce tems ont été lues, ainsi qu'il est d'usage

Réception de M Guay — Cette lecture faite, le Secrétaire ayant proposé l'Agrément du sieur *Jacques Guay*,

―――――

1 « Reflexions sur la peinture, contenant les moïens qu'on croit les plus capables de développer et de fortifier le génie, le goût de ceux que la Nature a fait naître pour les Arts. » Ms de la Sorbonne, p 9-32 En voici les premières lignes « Ce n'est qu'en m'entretenant avec vous, Messieurs, que je puis former, rectifier et confirmer mon jugement et vous proposer les moyens que je crois les plus capables de développer et de fortifier en nous le goût et le génie que la Nature nous a donné pour les Arts . . »

natif de Marseille, Graveur en pierres, l'Académie, après
avoir délibéré, a jugé à propos d'admettre dans son corps,
conformement à l'intention du Roy, un talent dont la célébrité a été de tous les tems, et, comme les ouvrages que
ledit Sieur a fait voir en ce genre lui ont paru d'un mérite
distingué, la Compagnie, après avoir pris les voix à l'ordinaire et reconnu sa capacité, a agréé sa présentation et lui
a ordonné de faire pour sa réception la figure de l'Académie avec ses attributs[1]

M Coypel, élu Directeur — Ensuitte M. *Cazes*, ayant
remercié la Compagnie de l'honneur qu'Elle lui avoit fait
de le continuer trois ans dans le Directorat, lui a dit que,
relativement à l'article IX des statuts, il prioit l'Académie
de procéder à l'élection d'un nouveau Directeur

La Compagnie, après avoir félicité M *Cazes* sur la sagesse
de son administration et lui en avoir témoigné sa reconnoissance, a résolu, suivant la délibération du samedi
28 Septembre 1743, d'y procéder sur le champ, et, en
conséquence de ce résultat, M *Coypel*, Premier Peintre
du Roy, a été nommé unanimement à cette dignité.

L'election faite, M. *Coypel* a pris rang et a remercié
l'assemblée dans des termes qui ne font pas moins l'éloge
de son cœur que celui de son esprit

M. De Troy nommé Ancien Recteur. — Avant de terminer la séance, l'Académie, par une distinction particulière, voulant répondre aux grâces dont le Roy a favorisé
M. *De Troy*, récompenser ses talens et reconnoître l'honneur qu'il a fait à l'École Française à Rome, lui a donne
par acclamation le rang d'Ancien Recteur, et Elle a chargé
le Secrétaire de lui en écrire au nom de la Compagnie,
qui a nommé Mrs *Adam* et *Le Moine*[2] pour aller visiter,

1. « On lui a donné depuis un autre sujet, sans qu'il en aie été
fait registre Voir l'article de sa réception au volume de 1748. »
Ms de la Sorbonne, p xxvij.

2 « M *Adam* l'aîné, Professeur en exercice, et M *Lemoyne* le
fils, ancien Professeur » Ms de la Sorbonne, p. xxviij

de sa part, M. *Parrocel*, qui a été dangereusement malade.

[En marge] Jugement des Prix du quartier :

1er Prix *Pajou*, S.

2e Prix. *Mettay*, P.

3e Prix. *Godefroy*, P.

> *Coypel — Cazes — J Christophe — Adam l'ainé — De Favanne — J Restout — J. Du Mont le Rom. — De Jullienne — Boucher — Natoire — C. De Vermont — Pierre — Poitreau — P. Slodtz — G Duchange — J B Massé — Tocqué — Aved — Sue — Boizot — Geuslain — De Lettre — Dumons — Le Moyne — Jeaurat — J B Oudry — E. Bouchardon — Coustou — Le Moyne fils — Pigalle — Nattier — Delobel — Leblanc — Vernansal — Cars — Chastellain — Cochin — Lépicié.*

Cérémonial pour la séance de M le Directeur général — M. *Coypel* et MM. les Officiers en exercice furent au devant de M. De Tournehem jusqu'au bas du grand escalier ;

M De Vandieres, reçu en survivance, étoit placé à sa droite, et M *Coypel*, Directeur, à sa gauche, le Professeur en exercice à la gauche de M. *Coypel*.

Dès que M de Tournehem eut pris séance, il fut complimenté, au nom de la Compagnie, par le Secrétaire.

La séance finie, M de Tournehem et M. de Vandières furent reconduits jusqu'à leur carrosse[1]

M. de Tournehem vient prendre séance. — Aujourd'hui, samedi 1er de Juillet, l'Académie s'est assemblée, par convocation générale, comme étant un jour indiqué pour recevoir M de Tournehem, qui a desiré se trouver à l'ouverture des Conférences.

---

1 Les quatre paragraphes du *Cérémonial.* . sont une addition, écrite en marge du Procès-verbal suivant.

M. *Coypel*, Premier Peintre du Roy, Directeur et Recteur, et MM. les Oficiers en exercice, ayant été au-devant de lui, l'ont conduit à la place d'honneur, où, après avoir pris séance, l'assemblée lui a témoigné la joie unanime qu'Elle ressentoit de jouir de sa présence et de pouvoir, en corps, le remercier de ses bontés et des soins qu'il veut bien prendre pour remettre l'Académie dans son ancien lustre

M le Directeur Général a répondu à ces sentimens, en disant à la Compagnie que, dans toutes les occasions qui pourroient se présenter, il lui donneroit toujours des preuves réelles de son estime et de sa bienveillance

Ensuitte M. *Coypel* a fait une seconde lecture d'une Dissertation qu'il a faite sur l'utilité et la nécessite de recevoir des avis

Cet ouvrage, aussi intéressant pour ceux qui aiment les arts que pour ceux qui les cultivent, a donné un nouveau plaisir à la Compagnie et n'en a pas moins procuré à M De Tournehem, qui en a fait son compliment particulier à M. *Coypel*[1].

M de Tournehem approuve le projet d'armoire pour renfermer la Bibliotèque — Cette lecture faite, M le Directeur Général des Bâtimens a aprouvé le projet d'armoire pour renfermer la Bibliotèque, et il en a ordonné l'exécution

M. *Moireau*, Graveur et Académicien, a présenté à l'assemblée deux épreuves d'une planche qu'il a gravée d'après

1. « Cette Dissertation, aïant déjà esté lue à l'Académie pour la première fois le 4 Novembre 1730, et ensuite, avec des augmentations, le 8 Août 1744, auroit dû être emploiée dans le volume d'une de ces deux années, mais, comme, pour cette troisième lecture, l'auteur y a fait encore plusieurs changements considérables et qu'il l'a mise en l'état où vraisemblablement elle devra rester, on l'a insérée ci-après dans le corps du recueil », p. 35-74. En voici le commencement :

« Ma propre instruction a eté mon unique objet quand j'ai hasardé d'écrire les réflexions que j'expose à votre jugement .. »

Vovremens, ayant pour titre « La diligence Holandaise, » l'examen fait, la Compagnie a aprouvé ladite planche, pour faire jouir l'exposant des privilèges accordés à l'Académie par l'Arrest du Conseil d'État du 28 Juin 1714

En levant la séance, on a résolu que M. *Coypel*, Directeur, et MM les Officiers en exercice iroient, en Députation, remercier M De Tournehem de l'honneur qu'il a fait aujourd'hui à l'Académie.

> *Coypel — Cazes — J. B Oudry — Galloche — Lépicié — J Christophe — De Favanne — Cars — J. Restout — Fréret — Pierre — Surugue – G Duchange — J. B. Massé — Chardin — Delobel — Cochin — Chastellain — Poitreau — Dumons — Frontier — Boizot — Vernansal — Lemoyne — Francisque — Le Clerc — Tournière — J. Du Mont le Rom. — Carle Vanloo — Boucher — Natoire — Leblanc — C De Vermont — Jeaurat — De Lettre — Vinache — Adam l'aîné — Lemoyne fils — E. Bouchardon — Coustou — J Moyreau — P. Slodtz — Pigalle — J. Nattier — Sarrau — Tocqué — Aved — Chaufourier*

Nous extrayons du Ms de la Sorbonne, pages 33-4, le « Compliment fait à M Le Normant de Tournehem, Directeur et Ordonnateur général des Batimens du Roi, Jardins, Arts, Académies et Manufactures Roïales, en venant pour la première fois prendre séance en cette qualité à l'Académie, par M *L'Épicié*, Secrétaire et Historiographe

« Monsieur, l'Académie est d'autant plus sensible à l'honneur qu'elle reçoit aujourd'hui que vos premières démarches, en lui annonçant le choix du Roi, lui ont annoncé en même temps vos bienfaits et les dispositions généreuses où vous étiez pour nous Quel préjuge plus flateur des suites de votre Direction et de l'accueil favorable que vous ferés à nos travaux. Oui, Monsieur, nous comptons qu'à l'exemple des Séguiers et des Colberts à qui vous succédés, vous allés faire refleurir les Arts et vous immortaliser par eux. — *Vu* : LÉPICIÉ. »

Aujourd'hui, samedi 29ᵉ Juillet, l'Académie s'est assemblée à l'ordinaire.

Réception de M. Surugue le fils, Graveur — Le Sieur *Pierre Louis Surugue* le fils, Graveur, à qui il avoit été ordonné de graver pour sa réception les portraits de Mʳˢ *Guillain* et *Frémin*, les a présentés à l'assemblée, ainsi que les planches et cent épreuves de chacune. Les voix prises à l'ordinaire, la Compagnie a reçu et reçoit ledit Sieur *Surugue* Académicien, pour avoir séance dans les assemblées et jouir des privilèges, honneurs et prérogatives attribuées à cette qualité, en observant par lui les Statuts et Règlemens d'icelle Académie, ce qu'il a promis en prêtant serment entre les mains de M. *Coypel*, Ecuyer, Premier Peintre du Roy, Directeur et Recteur

Propositions faites par M Coypel pour le bon ordre de l'Académie — Ensuitte M *Coypel* a fait à la Compagnie plusieurs propositions, qu'Elle a goûté et aprouvé et auxquelles elle a résolu de se conformer.

Ces propositions sont ·

1º Que les Statuts soient exactement suivis, à l'avenir, comme le seul moyen de maintenir l'ordre et la paix dans l'Académie.

2º Examiner les réparations à faire dans ladite Académie, en faire un Mémoire pour être présenté à M. le Directeur général

3º Que, les réparations faites, il soit établi qu'au commencement de chaque quartier et à la fin, les Officiers en exercice feront une revue générale dans ladite Académie pour voir si tout y est en bon ordre, et que les Professeurs s'engageront à en faire autant en entrant en mois[1].

M *Duchange*, Graveur et Conseiller, a présenté à l'assemblée deux épreuves d'une planche qu'il a gravée d'après M. *Le Brun*, dont le sujet représente un Christ au tombeau, et qu'il a dédié à M le Lieutenant-civil; l'examen fait, la

---

1. Il y avait d'abord « en exercice. »

Compagnie a aprouvé ladite planche, pour faire jouir l'exposant des privilèges accordés à l'Académie par l'Arrest du
Conseil d'Etat du 28 Juin 1714.

M *Parrocel* a remercié la Compagnie de la visite qu'Elle
lui a fait faire au sujet de sa maladie

*Réponse de M. Orry, Protecteur, au sujet de l'élection
de M Coypel à la place de Directeur.* — En finissant la
séance, le Secrétaire a lu la réponse de M le Protecteur,
pour laquelle, après avoir aplaudi au choix que l'Académie
a fait de M. *Coypel* pour son Directeur, Il l'a remercié de
son attention à l'informer de cette election.

> *Coypel* — *Cazes* — *J. B Oudry* — *J. Du
> Mont le Rom.* — *J Christophe* — *Lemoyne*
> — *Galloche* — *J. Restout* — *Tournière* — *De
> Jullienne* — *Boucher* — *Natoire* — *C. De
> Vermont* — *Jeaurat* — *Adam l'ainé* — *Le-
> moyne fils* — *C Parrocel* — *E. Bouchardon*
> — *G. Coustou* — *Pierre* — *J. Nattier* — *P
> Slodtz* — *G Duchange* — *J B Massé* —
> *Chardin* — *Tocqué* — *Aved* — *Sue* — *Droüais*
> — *De Lettre* — *Vinache* — *Cars* — *Poitreau*
> — *Cochin* — *Vernansal* — *Antoine Lebel* —
> *J Restout* — *Lépicié.*

---

*Discours de M Coypel sur la prochaine Exposition de
Tableaux* — Aujourd'hui, samedi 5e Aoust, l'Académie
étant assemblée pour les Conférences, M. *Coypel*, Ecuyer,
Premier Peintre du Roy et Directeur, les a ouvertes par la
lecture d'un Dialogue qu'il a fait sur la prochaine Exposition des tableaux

Cet ouvrage, qui est écrit avec autant de ménagement
que de solidité et qui peut arrêter, par raport au public et
aux étrangers, le mauvais effet des critiques injustes et
hasardées, a été gouté unanimement par l'assemblée, qui a

prié M. *Coypel*, pour le bien général, de le faire imprimer[1]

Le Secrétaire fait une seconde lecture des Réflexions sur la Peinture par M le Comte de Caylus. — Ensuitte le Secrétaire a lu, pour la seconde fois, un Discours de M le Comte de Caylus ayant pour titre « Réflexions sur la Peinture. »

M. *Surugue* le père a présenté à l'assemblée six épreuves de trois planches qu'il a gravées, dont deux d'après M *Coypel*, dont les sujets représentent la Folie qui pare la Decrépitude des agissemens de la jeunesse et une Dame en habit de bal, la troisième d'après M. *Chardin*, Conseiller, ayant pour titre ' « Les amusemens de la vie privée. » L'examen fait, la Compagnie a aprouvé lesdites planches pour faire jouir l'exposant des privilèges accordés à l'Académie par l'Arrest du Conseil d'État du 28 Juin 1714.

En terminant la séance, il a été arrêté que le samedi, 19e du présent mois, la Compagnie s'assemblera pour voir les tableaux et bas-reliefs faits par ses Élèves pour les Grands Prix, lesquels seront exposés, à l'ordinaire, le jour de la S. Louis.

Coypel — Cazes — J Du Mont le Rom — Galloche — De Favanne — Fréret — Boucher — Jeaurat — Natoire — J. B. Oudry —

---

1. « Ce Dialogue réfléchit indirectement sur une brochure répandue vers ce tems dans le public sous le titre . « Reflexions sur quelques causes de l'état présent de la peinture en France, avec un examen des principaux ouvrages exposés au Louvre en 1746 » Comme l'auteur y porte des jugements peu exacts sur nos meilleurs maîtres, M. *Coypel*, sans le réfuter ni même l'indiquer, établit les principes qui doivent régler les jugemens de ces expositions publiques. » Ms de la Sorbonne, p xxxv. — L'auteur en était La Font de Saint-Yenne

Le Dialogue de Coypel entre Dorsicour et Céligny s'y trouve pages 75-100 sous le titre « Dialogue sur la prochaine exposition des tableaux dans le Salon du Louvre » — Il a été imprimé dans le *Mercure* de Novembre 1751, p 59, et existe à part, sans titre ni date, in-12 de 16 pages.

Adam l'aîné — Lemoyne fils — P Slodtz —
Cochin — Courtin — Leblanc — De Lettre —
G Duchange — J B. Massé — Chardin —
Aved — Delobel — Vernansal — Poitreau —
Antoine Lebel — Frontier — L Surugue —
Cars — Lépicié

———

Aujourd'hui, samedi 19e Aoust, l'Académie s'est assemblée extraordinairement pour voir les tableaux et bas-reliefs faits par ses Élèves pour les Grands Prix Après les avoir vûs, Elle a décidé que, pour l'intérest du Roy et l'honneur de l'Académie, Elle n'en donneroit point cette année, de pareils sujets n'étant nullement en état de profiter des bontés de Sa Majesté pour le voyage de Rome

Lettre de remercimens de M De Troy au sujet du grade d'Ancien Recteur — Ensuitte le Secrétaire a fait la lecture d'une lettre de M *De Troy*, par laquelle il remercie la Compagnie, avec autant de reconnoissance que de politesse, du grade d'Ancien Recteur dont Elle l'a honoré.

Coypel — J Du Mont le Rom — J Christophe — J. Restout — Carle Vanloo — Boucher — Natoire — Jeaurat — J. B. Oudry — Adam l'aîné — Lemoyne fils — G Coustou — E Bouchardon — Pigalle — Nattier — P Slodtz — Sarrau — Sue — G Duchange — J. B. Massé — Tocqué — Delobel — Cochin — Huilliot — Lépicié

———

Nouvelle classe de Mrs les Associés libres — Aujourd'hui, samedi 26e Aoust, l'Académie s'est assemblée à l'ordinaire M *Coypel*, Ecuyer, Premier Peintre du Roy, Directeur et Recteur, a dit que M. de Tournehem, toujours attentif à ce qui pourroit tendre à l'utilité de la Compagnie et à lui donner, s'il étoit possible, encore plus d'éclat qu'Elle n'en

avoit dans ses années les plus heureuses, croyoit que, pour
y parvenir et sans rien innover aux Statuts, il seroit à propos de joindre, au nombre de Messieurs les Amateurs,
huit Associés libres, qui n'auroient que le droit de séance,
et ne parviendroient à la voix délibérative que lorsque
Messieurs les Amateurs viendroient à manquer, que ce
concours de gens de mérite, vraiment zélés pour le progres
des Arts que l'Academie cultive, contribueroit à les faire
fleurir et à leur donner ce point de dignité qui fait la récompense la plus flatteuse des célèbres artistes.

Election de M. le Comte de Baschi et de M Hults. —
La Compagnie, après avoir délibéré, a accepté unanimement la proposition de M De Tournehem, et Elle a nommé
M. le Professeur en exercice et le Secrétaire pour en faire
part à M le Comte de Baschi et à M Hultz, qui ont été
proposés par M. le Directeur Général pour remplir deux
de ces huit places.

*Règlement pour ceux qui désireront remplir les autres
places* — Et, à l'égard de ceux qui désireront être admis
dans les six restantes, ils seront obligez de faire les visites
et les démarches convenables, ainsi qu'il est d'usage dans
les autres Académies

> *Coypel — J Du Mont le Rom — J Chris-*
> *tophe — J. Restout — Le Clerc — Boucher*
> *— Natoire — C. De Vermont — Jeaurat —*
> *Adam l'ainé — Lemoyne fils — E Bouchardon*
> *— G Coustou — G. Duchange — J. B. Masse*
> *— Pigalle — Nattier — Chardin — Dumons*
> *— Delobel — Poitreau — De Lettre —*
> *Droüais — Vinache — Le Blanc — Boizot —*
> *Cochin — Cars — Lépicié.*

Discours sur la Manière par M. le Comte de Caylus. —
Aujourd'hui, samedi 2ᵉ Septembre, l'Académie s'est assemblée pour les Conférences Le Secrétaire a fait lecture d'un

Discours de M le Comte de Caylus sur la *Manière*, dans lequel, après avoir établi avec précision les moyens de l'éviter, il en propose un général pour mettre l'artiste en état de saisir les expressions de la nature, dont l'exemple est tiré de *Léonard de Vinci*[1]

Réponse de M Coypel à M. le Comte de Caylus. — Cet ouvrage, dont il est si facile de sentir l'utilité, a été aplaudi unanimement par la Compagnie et en particulier par M. le Directeur qui, à cette occasion, a fait connoître les avantages du nouvel etablissement en disant .

« Messieurs, l'excellente Dissertation que nous venons « d'entendre doit faire sentir vivement à la Compagnie les « secours qu'Elle peut tirer de la nouvelle Classe d'Associés « libres.

« Quel avantage pour nous, de fraterniser avec des per- « sonnes choisies, qui, animées par l'exemple de M le « Comte de Caylus, nous feront part de leurs profondes et « sages réflexions et seront toujours prêtes à nous seconder « dans nos travaux académiques.

« Pour donner au public une noble et juste idée des « arts que nous professons, pourroit-on rien imaginer de « plus convenable que de les mettre en liaison intime avec « l'érudition, le goût épuré et l'esprit philosophique. »

M Hulst, Associé libre, prend séance — M Hulst, nommé, dans l'assemblée précédente, Associé libre, a remercié et pris séance en cette qualité

M Fréret change son expectative d'Amateur pour une place d'Associé libre. — M Fréret ayant proposé de changer son expectative d'Amateur pour une place d'Associé libre, la Compagnie lui a accordé sa demande.

1 Le Discours de M de Caylus se trouve dans le manuscrit de la Sorbonne, p 101-37, avec la réponse de Coypel, p 137-8 Il commence .

« La *manière*, quelque définition qu'on en donne et de quelque côté qu'on la puisse regarder, n'est qu'un défaut plus ou moins heureux Ne nous y trompons pas, c'est une habitude de voir toujours de la même façon, et, pour dire plus, c'est une malheureuse approbation que nous donnons souvent à notre paresse .. »

M. de Calvière élu Associé libre. — Ensuitte le Secrétaire a lû une lettre de M. le Marquis de Calvière, maréchal des camps et armées du Roy et lieutenant des Gardes du corps de Sa Majesté [1], écrite à M. *Coypel*, par laquelle il lui marque combien il sera flaté si l'Académie veut l'honnorer d'une place d'Associé libre.

L'affaire mise en délibération, la Compagnie, connoissant le mérite et le goût de M. le Marquis de Calvière pour les arts qu'Elle professe, a jugé à propos de lui accorder sa demande ; mais, comme son service actuel à Versailles l'empêche de se conformer à ce qui a été réglé par le résultat de la dernière assemblée, concernant les visites, l'Académie l'en a dispensé, sans que cela puisse tirer à conséquence pour les autres places à remplir.

Les Officiers en exercice nommés pour aller visiter M. le Comte de Baschi. — M. le Directeur ayant fait part que M. le Comte de Baschi, qui devoit venir prendre séance, étoit malade, la Compagnie a nommé, pour l'aller visiter, Mrs les Officiers en exercice.

La Compagnie a aussi nommé les mêmes Officiers pour aller chez M. *Carle Vanloo*, qui est indisposé.

Coypel — Cazes — Jeaurat — Caylus — J. Restout — De Jullienne — Fréret — Hulst — Le Clerc — J. Du Mont le Rom. — Boucher — Natoire — C. De Vermont — J. B. Oudry — Adam l'ainé — Lemoyne fils — Coustou — Pigalle — E. Bouchardon — J. Nattier — P. Slodtz — G. Duchange — J. B. Massé — Chardin — Tocqué — Sue — Delobel — L. Surugue — Frontier — Droüais — Lépicié.

———

Aujourd'hui, samedi 30e Septembre, l'Académie s'est assemblée, par convocation générale, pour la relevée du

1. Il y avait d'abord : « Chef de brigade des Gardes du Roy. »

quartier Les délibérations prises pendant ce tems ont été lues, ainsi qu'il est d'usage[1].

M. Coypel communique deux lettres, qui lui ont été écrites par M. de Tournehem, et une autre adressée à l'Académie. — Ensuitte le Secrétaire a communiqué trois lettres de M De Tournehem, dont une adressée à l'Académie et les deux autres à M. *Coypel* La première porte ce qui suit

A Versailles, le 28 7bre 1747

Je vous annonce avec grand plaisir, Messieurs, que le Roi a paru très content de vos ouvrages. Sa Majesté les a regardé avec une attention qui semble prouver qu'Elle continuera a jetter des regards favorables sur son Académie de Peinture. Je me flatte que vous ne négligerez rien pour mériter de plus en plus qu'Elle m'écoute avec bonté, lorsque je trouverai l'occasion de lui parler en votre faveur Je suis, Messieurs, votre tres humble et très obéissant serviteur

Signé · LE NORMAND

Prix donné pour les tableaux du Concours ordonné par le Roy, *six médailles d'or et six bourses de cent jettons d'argent.* — Dans la première lettre, qui est adressée à M *Coypel*, M. de Tournehem lui écrit[2] qu'il a expédié les ordres pour le payement des tableaux de Concours, qui lui seront remis la semaine prochaine, mais qu'étant bien aise de faire voir à Mrs les Peintres l'envie qu'il a d'exciter l'émulation, il s'est proposé d'accorder des Prix, et, comme il est persuadé de l'équité de ceux qui ont concouru, il souhaite qu'ils soient eux-mêmes les juges.

Les Prix seront au nombre de six, consistant chacun en une bourse de cent jettons d'argent et une médaille d'or

---

1. Le ms de la Sorbonne emploie ici, et non pour la première fois, une expression peu ordinaire « Relate des délibérations du quartier, » et il met en tête

   « Jugement des petits Prix du quartier expirant

       « Premier · Le Sr *Daichis*, S.

      « Second : Le Sr *Perronnet*, P.

      « Troisième Le St *Joullain*, P »

2. Il y avait d'abord : « lui marque.

La Compagnie, avec l'agrément de M. de Tournehem, fit douze Prix au lieu de six, pour éviter toute jalousie. — Sur cet exposé Mrs *Dumont le Romain, Boucher* et *Nattoire* ont prié que, sans aller au scrutin, on partageât également les six Prix entre les onze concurrens pour éviter toute jalousie, ce qui a été extrêmement aprouvé par les intéressés[1].

Comme il n'y avoit qu'onze tableaux, l'Académie dispose du douzième Prix en faveur du Secrétaire[2].

Election de Mrs l'abbé de Lowendal, de Valory et Watelet, Associés libres. — Dans la seconde lettre, dont le Secrétaire a aussi fait lecture, M. de Tournehem marque que M. *Coypel* lui ayant envoyé, comme il le lui avoit demandé, les noms des personnes qui se sont présentées pour occuper les places d'Associés libres, et qui pourroient être agréables à l'Académie, il n'en avoit point trouvé qu'il n'eût admis avec plaisir, s'il restoit autant de places que d'aspirans, mais que, n'y en ayant plus que trois, il croyoit que l'Académie ne pouvoit se dispenser de les donner à M. l'abbé de Lowendal, M. Le Chevalier de Valory et M. Vatelet, qui, les premiers, les ont solicités avec vivacité.

L'affaire mise en délibération, la Compagnie a aprouvé unanimement la proposition de M. de Tournehem et, en conséquence, Elle a élu Associés libres M. l'Abbé de Lowendal, Abbé commendataire de l'Abbaye de la Cour-Dieu, M. le Chevalier de Valory et M. Vatelet, Receveur général des finances.

1. Il y avait d'abord : « ce qui a été accordé avec satisfaction. »

2. Ce paragraphe est ajouté en marge, et une seconde fois sous cette forme presque identique : « Comme il n'y avoit que onze concurrens, l'Académie donne au Secrétaire le douzième Prix, qui étoit une médaille d'or. » Le ms. de la Sorbonne est plus explicite : « Sur quoi chacun d'eux, à commencer par les plus anciens, a été reçu à opter ou d'une médaille d'or ou d'une bourse de jettons, et, comme, après tout ce partage, il s'est trouvé encore un lot de reste, Mrs les onze co-partageurs ont demandé qu'il fût donné à M. *L'Epicié*, Secrétaire de l'Académie et, de l'aveu de tout le Corps, bien digne de cette attention, ce qui a été effectué à l'instant. » P. xlvj.

Après quoy l'Académie a chargé le Secrétaire de leur en faire part au nom de la Compagnie, qui a aussi résolu d'aller en Députation remercier M de Tournehem de la nouvelle faveur qu'il vient de faire à l'Académie

Réception de M. Le Sueur, Peintre de Portraits — Ces élections faites, le Sieur *Pierre Le Sueur*, de Paris, Peintre de portraits[1], a présenté à l'assemblée celui de M. *de Tournière*, Ancien Professeur, et celui de M *Carle Vanloo*, Professeur, qui lui avoient été ordonnés pour sa réception Les voix prises à l'ordinaire, la Compagnie a reçu et reçoit ledit Sieur *Le Sueur* Académicien, pour avoir séance dans les assemblées et jouir des privilèges, honneurs et prérogatives, attribués à cette qualité, en observant les Statuts et Règlemens d'icelle Académie ce qu'il a promis en prêtant serment entre les mains de M. *Coypel*, Ecuier, Premier Peintre du Roy, Directeur et Recteur

M *Moireau*, Graveur et Académicien, a présenté à l'assemblée deux épreuves d'une planche qu'il a gravée d'après *Vovremens*, ayant pour titre « L'accident du chasseur » L'examen fait, la Compagnie a aprouvé ladite planche, pour faire jouir l'exposant des privilèges accordés à l'Académie par l'Arrest du Conseil d'État du 28 Juin 1714

En terminant la séance, la Compagnie a nommé M. *Slodtz*, Adjoint, pour exercer, à son rang, les fonctions de Professeur pendant le mois d'Octobre prochain, à la place de M *Parrocel*, qui n'est pas encore remis de sa maladie.

Jugement des Prix du quartier[2]

1er Prix. *Darchy*, S.
2e Prix. *Péronet* P
3e Prix. *Jollain*. P.

Coypel — Cazes — Jeaurat — Caylus — J. Christophe — Galloche — J. Dumont le

1. « Agréé dès le 27 août 1740 » Ms de la Sorbonne
2 Ce jugement est ajouté en marge

Rom. — Boucher — Natoire — C. De Vermont — J. B. Oudry — Adam l'ainé — Le Moyne fis (sic) *— E. Bouchardon — Coustou — Fréret — Hulst — De Jullienne — Pigalle — P. Slodtz — G. Duchange — Tournière — J. B. Massé — Chardin — Tocqué — Aved — Huilliot — Poitreau — Vinache — Droüais — Boizot — Leblanc — Cochin — Dumons — Lépicié — Courtin — Le Sueur.*

_____

Aujourd'hui, samedi 7e Octobre, l'Académie s'est assemblée pour les Conférences et a commencé les fonctions du quartier par la lecture des Statuts, ainsi qu'il est d'usage.

M. le Comte de Baschi, M. le Marquis de Calvière, M. l'Abbé de Lowendal et M. Watelet prennent séance en qualité d'Associés libres. — En ouvrant la séance, M. le Comte de Baschi, M. le Marquis de Calvière, M. l'Abbé de Lowendal[1] et M. Watelet[2], élus, dans les assemblées du 26 Aoust, 2 et 30 Septembre dernier, Associés libres, ont remercié et pris rang en cette qualité.

Rapport de la Députation à M. de Tournehem. — Ensuitte Mrs les Députés, nommés dans la précédente délibération pour aller témoigner à M. de Tournehem la reconnoissance de l'Académie, ont raporté que, jeudi, 5e du présent mois, ils s'étoient acquité de ce devoir ; qu'après les complimens, requis en pareille occasion, il leur avoit dit, au sujet des tableaux de Concours, que la réussite de ce projet l'engageoit à exciter la Compagnie à de nouveaux efforts, dont les suittes ne pouvoient être qu'aussi avantageuse pour la Peinture en particulier que glorieuses pour la Nation en général.

M. Coypel remet, de la part de M. de Tournehem, aux

_____

1. « Abbé commandataire de la Cour-Dieu. » Ms. de la Sorbonne.
2. « Receveur général des finances de la Généralité d'Orléans. » Ms. de la Sorbonne.

Officiers qui ont fait les onze tableaux, à chacun un porte-
feuille de maroquin bleu, fermé d'une fleur de lis d'or, avec
une ordonnance de quinze cents francs — Ce raport fini,
M. *Coypel*, Ecuier, Premier Peintre du Roy, Directeur et
Recteur, a remis, de la part de M de Tournehem, aux
Officiers qui ont fait les onze tableaux, à chacun un portefeuille de maroquin bleu, fermé d'une fleur de lis d'or, et
une Ordonnance de quinze cent francs

Cette attention délicate, qui adjoute encore à la récompense, a été reçue avec une extrème gratitude par tous
les intéresses, qui ont aussi remercié M *Coypel*, toujours
noble dans sa façon de penser et d'agir

En levant le siège, on est convenu que, le dernier samedi
du mois tombant sur la fête de S Simon S Jude, l'assemblee seroit avancée d'un jour et se tiendroit le vendredi 27.

> *Coypel — Cazes — Galloche — J Chris-*
> *tophe — P. Slodtz — De Jullienne — Freret*
> *— Baschi — Hulst — Calvière — L'abbé de*
> *Lowendal — Watelet — Le Clerc — Tour-*
> *nière — J. Dumont le Rom — Boucher —*
> *C De Vermont — Jeaurat — Adam l'aine —*
> *Lemoyne fils — C. Parrocel — Coustou —*
> *Pierre — E Bouchardon — G. Duchange —*
> *J B Massé — Aved — Tocqué — Droüais —*
> *Leblanc — Vinache — Delobel — Le Sueur —*
> *Lépicié.*

———

Aujourd'hui, vendredi 27ᵉ Octobre, et conformément à
la dernière déliberation, l'Académie s'est assemblée un jour
plus tôt

Comme il ne s'est point présenté d'affaires, le Secrétaire,
pour remplir la séance, a continué la lecture des Conférences de feu M. *Coypel*, Ecuyer, Premier Peintre du Roy,
ce qui a donné occasion à la Compagnie de faire plusieurs
reflexions sur l'avantage qui résulte de ces sortes d'entre-
tiens, par raport à la Peinture et à la Sculpture.

Coypel — Galloche — P. Slodtz — J Restout — De Jullienne — Fréret — Hulst — Boucher — Natoire — C. De Vermont — Jeaurat — Adam l'aîné — Lemoyne fils — E Bouchardon — G. Coustou — Pierre — J. Nattier — G. Duchange — J. B. Massé — Chardin — Tocqué — De Lettre — Leblanc — Le Sueur — Lépicié.

Aujourd'hui, samedi 4ᵉ Novembre, l'Académie s'est assemblée pour les Conférences.

Discours de M le Comte de Caylus sur l'harmonie de la couleur. — Le Secrétaire a fait lecture d'une Dissertation de M le Comte de Caylus *sur l'harmonie et sur la couleur*, dans laquelle, après avoir établi que l'harmonie est le plus grand attrait de la Peinture, qu'elle en est la magie, et que, sans elle, on ne peut s'elever à ce point d'illusion qui fait également le charme de ceux qui la reconnoissent et de ceux sur qui elle exerce le plus son empire, il expose ensuitte que, ce sujet ouvrant une carrière immense aux reflexions de la Compagnie et pouvant fournir à plus d'une Conférence, son étendue naturelle l'avertit de lui prescrire des bornes et de n'examiner, de tous les genres d'harmonie, dont la pratique est également nécessaire, que celle qui regarde uniquement la couleur, comme étant la principale et la plus essentielle, et celle qui se présente la première à l'esprit, quand on entend prononcer ce nom d'harmonie.

Ce Discours, aussi instructif que profond, et dans lequel l'exemple suit toujours le précepte, a été extrêmement goûté par la Compagnie, qui en a remercié et a fait compliment à M le Comte de Caylus, à qui M Coypel, Directeur, a aussi fait un remerciment particulier en ces termes

« Monsieur, l'Académie ne peut mieux vous exprimer
« à quel point Elle est satisfaite de l'excellent Discours
« qu'Elle vient d'entendre qu'en vous priant de continuer

« à lui faire part de vos sages et profondes réflexions. Elle
« ose vous dire, par ma voix, que vous lui devez un peu
« ce qu'Elle vous demande aujourd'hui Vous en êtes con-
« venu, Monsieur, et cet aveu étoit bien digne de vous ; c'est
« dans le commerce des plus illustres membres de cette
« Compagnie que vous êtes parvenu à perfectionner le goût
« dont vous a doué la Nature

« En suivant avec une vive attention les progrès de leurs
« ouvrages divers, vous avez, pour ainsi dire, partagé avec
« eux leurs soins, leurs incertitudes, leurs peines, vous
« vous êtes mis en état de sentir mieux qu'un autre ce qu'il
« en coûte pour bien faire, et vous avez découvert les che-
« mins par où l'on passe pour approcher, autant qu'il est
« possible, de la perfection

« Voilà, Monsieur, voilà comme on arrive au point de
« parler comme vous faites des Beaux-arts que nous pro-
« fessons. Continuez donc, et que vos écrits servent de
« modelles ou ferment la bouche à ceux qui désormais
« seront tentez de prononcer sur ces matières. »

> Coypel — Cazes — Galloche — G. Coustou
> — J. Restout — Caylus — De Jullienne —
> Hulst — J. Du Mont le Rom — Boucher —
> Natoire — J B. Oudry — C De Vermont
> — Adam l'ainé — Lemoyne fils — E. Bou-
> chardon — J B Massé — Tocque — Pigalle
> — P Slodtz — Delobel — Le Sueur —
> Lépicié.

Le discours de Caylus se trouve, comme la réponse de *Coypel*,
dans le ms. de la Sorbonne, pages 129-66 Il commence « L'harmonie est sans contredit le plus grand attrait de votre art » et,
par exception, j'en transcrirai, p. 152-7, un passage particulièrement intéressant :

« Quoi qu'il en soit, il me paroît que la meilleure couleur, et
qui conduit à la plus solide, ainsi qu'à la plus grande harmonie,
est celle qui, dorée comme la couleur du *Titien* et employée sans
être fatiguée, forme des demies teintes et des passages justes et

solides. Ce sont les couleurs les plus franches, mêlées dans les chairs et dans les autres objets qui occuperont les devants du tableau, dont nous pouvons attendre cette harmonie séduisante et si fort à rechercher, surtout si, commençant par le fonds, on se monte par des couleurs hautes sur un ton qui nous force, pour ainsi dire, à aller en avant et à chercher sur notre palette ce qui y est sans doute et que, sans cette nécessité, nous n'aurions pas été chercher.

« J'ai vu un tableau de Venise, dont je ne vous dirai point le sujet dans la crainte de le confondre et, quoiqu'il fût du *Titien* et qu'assurément je l'aie regardé avec avidité, le nombre des années me fait redouter ma mémoire, mais il fixa surtout mon attention par la partie dont je viens vous rendre compte. Le fait convient trop à mon sujet pour le passer sous silence.

« Ce tableau donc étoit un grand tableau de chevalet, demeuré jusqu'alors dans la première bordure qu'on y avoit mise au sortir du pinceau de son auteur. Ce que la feuillure de cette bordure avoit de recouvrement alloit à plus d'un pouce dans tout son contour, et, à force d'avoir été serré sur la toile, avoit conservé la couleur dans toute son étendue telle assurément qu'elle étoit au moment que le tableau y avoit été emboeté. L'or fin et l'outremer pur formoient la couleur du ciel le plus éloigné. Les autres teintes se voioient en proportion, dans le pourtour, d'une teinte et d'une hauteur correspondantes, tandis que le reste du tableau, aiant été travaillé par le temps, ce bon ami des bons tableaux, étoit d'un accord absolument différent, mais toujours admirable. Ces teintes, telles qu'elles étoient sorties de la main du *Titien*, jettoient dans l'épouvante. On avoit peine à concevoir, avec une telle chanterelle, quel étoit l'accord que ce tableau pouvoit avoir présenté, car on ne peut révoquer en doute que, sortant des mains du *Titien* dans son meilleur tems, il n'en ait eu un et un merveilleux.

« Je ne vous ai rapporté, Messieurs, cette petite anecdote que pour vous dire que je crois encore plus, après un tel exemple, que les couleurs hautes et pures, autant qu'on les peut emploier dans les demies teintes, doivent conduire à la meilleure des harmonies, à laquelle les couleurs fatiguées ne peuvent jamais nous faire arriver et qu'enfin par cette voie l'accord du tems se fait tout seul sans aucune altération et sans avoir la peine de l'estimer pour l'avenir, ce que tout artiste doit faire quand il veut travailler pour la postérité, article pourtant sur lequel nous n'en voions que trop se sont trompés et cela dans tous les tems. »

———

Aujourd'hui, samedi 25 Novembre, l'Académie s'est assemblée à l'ordinaire.

Mort de M. Orry, Protecteur. — En ouvrant la séance, le Secrétaire a notifié à l'assemblée la mort de M. Orry, Ministre d'État, Conseiller d'État ordinaire, Commandeur et Grand Trésorier des Ordres du Roy, et Protecteur de l'Académie, arrivée en son château de La Chapelle[1] le Jeudi 9e du présent mois, âgé d'environ 59 ans.

Députation à ce sujet à M. De Tournehem. — Sur ce raport, la Compagnie, à qui les bienfaits de M. de Tournehem sont toujours présents, a marqué une vive impatience pour aller lui en faire part et s'acquitter de ce qu'Elle lui doit à cette occasion par reconnoissance.

La Députation sera composée de M. *Coypel*, Directeur, et de Mrs les Officiers en exercice, et se fera lundi prochain.

Réception de M. Hutin, Sculpteur. — Le Sieur *Charles Hutin*, Agréé, Sculpteur, natif de Paris, a présenté à l'assemblée l'ouvrage qui lui avoit été ordonné pour sa réception, dont le sujet représente le nocher Caron, qu'il a exécuté en marbre de ronde bosse, suivant le modèle qu'il a fait dans l'Académie et qu'Elle a aprouvé. Les voix prises à l'ordinaire, la Compagnie a reçu et reçoit ledit Sieur *Hutin* Académicien, pour avoir séance dans les assemblées et jouir des privilèges, honneurs et prérogatives attribuées à cette qualité, en observant par lui les Statuts et Reglemens d'icelle Académie, ce qu'il a promis en prêtant serment entre les mains de M. *Coypel*, Ecuyer, Premier Peintre du Roy, Directeur et Recteur.

Coypel — Cazes — Galloche — Coustou — J. Christophe — J. Restout — Caylus — Bas-

———

1 « Près Nogent-sur-Seine » Ms. de la Sorbonne.

chi — *Hulst — Watelet — D'Ulin — Le Clerc
— J Du Mont le Rom — Boucher — Natoire
— C De Vermont — Jeaurat — J B Oudry
— De Jullienne — Adam l'ainé — C Parro-
cel — Pigalle — J Nattier — E Bouchardon
— P. Slodtz — Sarrau — Pierre — G. Du-
change — J. B Massé — J C Roëttiers —
Chardin — Tocqué — Sue — Frontier — Le-
blanc — Hutin — De Lettre — Vinache —
Lépicié*

Aujourd'hui, samedi 2e de Décembre, l'Académie s'est
assemblée pour les Conférences.

*Rapport de la Députation à M. de Tournehem au sujet
de la mort de M. Orry.* — Conformément à la précédente
délibération, Mrs les Députés ont rapporté qu'ils s'étoient
rendus, lundi dernier, 27e Novembre, chez M. de Tournehem, où M. *Coypel,* Ecuyer, Premier Peintre du Roy,
Directeur et Recteur, portant la parole, lui avoit dit au
nom de la Compagnie ·

« Monsieur, quoique l'Académie n'ait jamais été plus
« vivement protégée qu'Elle l'est aujourd'hui, Elle se trouve
« dans le cas de demander un Protecteur Lorsqu'il s'agit
« d'un choix de cette importance, c'est à vous, Monsieur,
« qu'Elle doit s adresser »

Réponce de M de Tournehem au discours de M Coypel.
— Qu'à ce Discours M. de Tournehem avoit répondu, avec
sa bienveillance ordinaire, qu'il étoit extrêmement sensible
à la démarche de l'Académie à son égard, mais que, ne
pensant qu'au bien général, il parleroit au Roy pour l'engager à être son Protecteur; que, si Sa Majesté avoit des
raisons particulières pour refuser cette place, que pour lui
il se trouveroit très honoré de répondre aux désirs de la
Compagnie, en l'acceptant;

Que sur cette réponse favorable M *Coypel* lui avoit
répliqué

« Monsieur, procurer cette gloire à l'Académie, c'est
« vous élever au-dessus de ceux qui jusqu'ici ont accepté
« le titre qu'Elle vient de vous offrir »

*Protection du Roy; lettre de M. de Tournehem, par
laquelle il apprend à la Compagnie que le Roy veut bien
prendre le titre de Protecteur de l'Académie.* — En suitte
de ce raport, M. *Coypel* a communiqué une lettre qui lui
a été écrite par M. de Tournehem, et qui porte ce qui suit

« A Paris, ce 2ᵉ Décembre 1747.

« Le Roy, Monsieur, veut bien prendre le titre de Pro-
« tecteur de son Académie de Peinture, il met le comble
« à la protection dont Sa Majesté l'honore Je vous prie
« d'annoncer cette bonne nouvelle à Messieurs de l'Acadé-
« mie, elle ne perdra rien en passant par vous. Je me flatte
« que vous voudrez bien assurer l'Académie de la part que
« je prends à sa joye.

« Je suis très véritablement, Monsieur, Votre très humble
« et très obéissant serviteur,

« *Signé* LE NORMAND »

Discours de M Coypel à ce sujet — La lecture faite,
M *Coypel* a dit à l'assemblée

« Messieurs, — Dans l'heureux instant où nous apprenons
« que le digne chef des arts, en s'immortalisant lui même,
« assure à cette Académie une immortelle gloire, peut-être
« seroit-il dangereux de trop envisager à quels nouveaux
« efforts nous engage la Protection immédiate que notre
« Auguste Monarque daigne nous accorder Ne seroit-ce
« pas, Messieurs, risquer de tomber dans une sérieuse rêve-
« rie au moment même où, pénétrés de la plus vive recon-
« noissance, nous devons faire éclater la joie la plus par-
« faite »

Députation pour aller remercier M de Tournehem —
Cette glorieuse Protection, qui va pour jamais donner à
l'Académie un éclat durable et qui ne prouve pas moins la
grandeur des sentimens de M. de Tournehem que son

estime particulière pour l'Académie, a été reçue avec une joie aussi respectueuse que reconnoissante par la Compagnie, qui a résolu d'aller lui en rendre grâces, et a nommé à cet efet, par Députation, M. *Coypel*, Directeur, et M^{rs} les Officiers en exercice

La Compagnie remercie a cette occasion M Coypel — La Compagnie a remercié et félicité M *Coypel* des soins qu'il s'est donné pour la reussite de cette importante affaire

M. le Chevalier de Valory, Associé libre, prend séance. — M le Chevalier de Valory, nommé, dans l'assemblée du 30 Septembre dernier, Associé libre, a remercié et pris rang en cette qualité

Esquisse du Sr Charles Vanloo aprouvée — Le Sieur *Charles Vanloo*[1], Agréé, Peintre d'histoire, a présenté une esquisse qu'il a faite pour son morceau de réception, dont le sujet représente le Martyre de St Sebastien. L'examen fait, la Compagnie a aprouvé ladite esquisse à la pluralité des voix

Le Secrétaire occupe le reste de la séance en lisant un essai sur la vie de M de La Fosse. — Le Secrétaire a occupé le reste de la séance par la lecture d'un essai sur la vie de *M De La Fosse*[2].

En levant le siège, la Compagnie a nommé Mrs *Galloche* et *Restout* pour aller visiter M. *le Moine* le père, qui a été dangereusement malade

> *Coypel — Cazes — Galloche — C. De Ver-*
> *mont — J. Restout — Freret — De Jullienne*
> *— Hulst — Le Ch^r de Valory — Watelet —*
> *Le Clerc — J. Du Mont le Rom — Boucher*
> *— J. B Oudry — Natoire — E Bouchardon*
> *— Adam l'ainé — Coustou — Pierre — Pi-*
> *galle — J. Nattier — P Slodtz — Sarrau —*

---

1 « Fils de feu M. Jean-Baptiste Vanloo » Ms de la Sorbonne
2 « Comme cet essai a été lu pour la première fois à l'Académie en la séance du 6 février 1740, il appartient au volume de cette année-là » Ms. de la Sorbonne, p. lx.

J. B Massé — Aved — Tocqué — Delobel —
Cars — Vinache — Leblanc — Nonnotte —
Le Sueur — Lépicié.

———

Aujourd'hui, samedi 30° de Décembre, l'Académie s'est
assemblée, par convocation générale, pour la relevée du
quartier, et pour la lecture des délibérations prises pendant
ce tems

Rapport de la Députation à M. de Tournehem — Relativement à la dernière, M^rs les Députés, nommés pour aller
chez M de Tournehem, ont raporté que, le mardi 5° du
présent mois, ils en avoient eu audience et que M. *Coypel*,
portant la parolle, lui avoit dit, au nom de la Compagnie :

« Monsieur, — l'honneur, que vous venez de procurer à
l'Academie, assure à tel point votre gloire que cette Académie, qui vient vous rendre grâce, croit aussi devoir vous
féliciter ; Elle vous présente, Monsieur, cet extrait de la
dernière délibération, couchée sur ses registres ; c'est une
preuve autentique des sentimens de respect, d'admiration
et de reconnoissance dont pour vous Elle est pénétrée et
qu'Elle veut conserver à jamais »

M De Tournehem, qui sçait toujours donner un nouveau prix à ses grâces par la bonté et la politesse avec
lesquelles il les annonce, a répondu à ce discours que ce
qui le flattoit extrêmement et devoit flater l'Académie, c'est
qu'il n'avoit eu aucune peine à obtenir cette faveur de Sa
Majesté ; qu'il comptoit qu'une émulation réciproque seroit
le fruit d'un événement si marqué, et il a ajouté « Eh,
que ne ferai-pas, Messieurs, avec un Premier Peintre et un
Directeur comme celui que vous avez ! »

*M Coypel rend compte à la Compagnie que M. de Tour-
nehem l'avoit présenté au Roy, au nom de la Compagnie*
— En suitte de ce raport, M *Coypel* a fait part qu'il avoit
été à Versailles, que M de Tournehem l'avoit présenté au
Roy, au nom de la Compagnie, et qu'il avoit reçu de Sa
Majesté un acueil très favorable

Réception du Sr Charles Vanloo, Peintre d'Histoire —
Le Sieur *Charles Vanloo*, agréé, Peintre d'Histoire, fils de
feu M Vanloo, Professeur, a présenté à la Compagnie le
tableau qui lui avoit été ordonné pour sa réception, dont
le sujet représente le Martyre de St Sébastien ; les voix
prises à l'ordinaire, l'Académie a reçu et reçoit ledit Sieur
Vanloo Academicien, pour avoir seance dans ses assemblees
et jouir des privilèges, honneurs et prérogatives attribuées
à cette qualité, en observant par lui les Statuts et Règlemens d'icelle Académie, ce qu'il a promis en prêtant serment entre les mains de M *Coypel*, Ecuyer, Premier
Peintre du Roy, Directeur et Recteur

Agrément et réception du Sr Nicolas-Charles Silvestre,
maître à dessiner du Roy — Le Sieur *Nicolas-Charles*
Silvestre, Maître à dessiner du Roy, ayant fait voir de ses
desseins, de ses gravures et de ses tableaux, la Compagnie,
après avoir pris de même les suffrages et reconnu sa capacité et le mérite de ses différens talens, a agrée sa présentation et l'a reçu, dans la même séance, Académicien, en
considération de l'honneur qu'il a eu de montrer à dessiner
à Sa Majesté, notre Auguste Protecteur et ledit Sieur *Sil-*
vestre a prêté serment dans la forme cy-dessus, lequel ira
chez M le Directeur, qui lui ordonnera ce qu'il doit faire
pour l'Académie.

Ces réceptions faites, M *Coypel* a dit qu'il avoit chargé
M. *Du Vivier* de graver la tête du Roy, comme Protecteur,
sur l'un des côtés du sceau de l'Académie ce qui tiendra
lieu audit Sieur de son morceau de réception, auquel il n'a
pas encore satisfait, faute d'occasion.

Jugement des Prix du quartier ·

1er Prix *Pérache*, S
2e Prix *Buteux*, S
3e Prix *Jollain*, P[1].

M *Le Bas*, Graveur et Académicien, a présenté à l'as-

1. Ce paragraphe est ajouté en marge

semblée deux épreuves d'une planche qu'il a gravée d'après *Téniers*, ayant pour titre « Les Œuvres de miséricorde, » l'examen fait, la Compagnie a aprouvé ladite planche, pour faire jouir l'exposant des privilèges accordés à l'Académie par l'Arrest du Conseil d'Etat du 28 Juin 1714

Députation pour la nouvelle année. — Avant de clore l'assemblée, la Compagnie est convenue d'aller en Députation, au sujet de la nouvelle année, saluer M le Directeur Général des Bâtimens et M de Vandières, reçu en survivance, et Elle a nommé à cet effet M. *Coypel*, Directeur et Mrs les Officiers en exercice.

Il a été aussi réglé que M. *Jeaurat* et le Secrétaire iroient visiter M *Carle Vanloo*, qui est toujours malade, et que la prochaine assemblée seroit avancée d'un jour à cause de la fête des Rois, qui tombe sur le 1er samedi

Suppression des visites du jour de l'an — M. *Coypel* a proposé à la Compagnie de suprimer pour toujours les visites du premier jour de l'an[1], ainsi que cela est d'usage dans les autres Académies, ce qui a été accepté unaniment par l'assemblée, qui a résolu de ne s'écarter jamais du présent règlement

La Compagnie a aussi ordonné au Secrétaire de transcrire sur le Registre, à la suitte de la présente délibération, le discours que M *Coypel* a prononcé à cette occasion

> *Coypel — Cazes — Galloche — Caylus —*
> *J Christophe — C. De Vermont — J Res-*
> *tout — De Jullienne — Fréret — Le Cher de*
> *Valory — Hulst — J Du Mont le Rom. —*
> *Boucher — Natoire — Jeaurat — J. B Oudry*
> *— Adam l'aîné — Pierre — Lemoyne fils —*
> *C Parrocel — E Bouchardon — Coustou —*
> *Pigalle — L Surugue — Nattier — P Slodtz*
> *— Nonnotte — Surugue le fils — Desportes*

---

1. C'est la première fois qu'il est question de cet usage, dont les lettres de nouvelle année des absents étaient la contre-partie

— G. Duchange — J B. Massé — J C.
Roëttiers — Tocqué — Sue — Courtin — Le
Sueur — Leblanc — Cochin — Vinache —
Delobel — Francisque Milet — Boizot — Cars
— Lépicié.

———

Discours de M Coypel,
prononcé à l'Académie le 30 Décembre 1747.

Messieurs,

Trouvez bon que je vous propose, dans cette assemblée,
dernière de l'année, deux choses qui me paroissent également dignes de votre attention, scavoir la suppression d'un
abus et le rétablissement d'un excellent usage.

L'abus, qu'à l'imitation des autres Académies je vous
propose de supprimer, Messieurs, c'est le cerémonial des
visites du jour de l'an, comédie ennuyeuse, que des gens de
cabinet, qui s'estiment réciproquement, doivent laisser
jouer aux désœuvrez

N'est-ce pas en effet, Messieurs, une chose singulière
que des hommes sérieusement occupez, et qui tous sont
obligez de se rassembler ici l'un des premiers jours de l'année, s'amusent à courir les uns chez les autres, presque
toujours dans l'espoir de ne se point trouver? Et que
résulte-t-il de ce cérémonial? Dépense, ennui, fatigue,
propos rebattus, perte d'un tems précieux, que nous devons
désormais consacrer à tâcher de mériter la protection que
notre auguste Monarque daigne nous accorder et à justifier
la tendresse que nous témoigne le digne chef des Arts.

Cette gloire et ces grâces répandues sur l'Académie me
conduisent naturellement, Messieurs, à la seconde proposition que je crois lui devoir faire, pourra-t-elle me désap-
prouver si je lui représente qu'au moment où tout lui
prospère, il lui siéra mieux que jamais de secourir ceux
qui sont dans la peine? Vous n'ignorez pas, Messieurs,
qu'un de nos confrères mourut, il y a quelques années,

accable de malheurs qu'on ne peut attribuer à sa conduite. Sa veuve, aussi respectable par sa vertu que digne de compassion par son indigence, implore aujourd'hui, par ma voix, le secours de cette illustre Compagnie Ne rétablirons nous pas en sa faveur ce noble et digne usage où nous étions, Messieurs, à la fin de chaque année, de contribuer, chacun selon notre pouvoir, au soulagement des malheureux ?

Le dernier emprunt que nous puissions faire au ms. de la Sorbonne complète le Procès-verbal

« Et à l'instant même, la séance tenante, Elle a par le Sʳ Reydellet, Concierge receveur, fait faire la quête à tous ceux des Officiers et Académiciens dont étoit composée cette séance Le produit de la quête s'est trouvé monter à la somme de 158 liv. 12 s, qui a été augmenté depuis par les libéralités de plusieurs des Membres de l'Académie qui ne s'etoient point trouvés a cette assemblée Même M le Directeur Général, en présence de qui M le Comte de Baschi, l'un de ces derniers, a fait la sienne, a dit obligeamment qu'il se regardoit comme trop uni avec le Corps pour ne point répéter le droit de participer a une œuvre aussi louable et a donné trois louis d'or

« L'Académie a eu la satisfaction de tirer la pauvre veuve, qui en étoit l'objet, d'une situation des plus pressantes qu'elle supportoit dans le silence et avec résignation.

« *Nota.* — Il n'a point été fait registre de ce dernier détail par principe de générosité L'on a cru devoir le tempérer ici par celui des bons exemples qu'il paroit toujours utile à établir et qui est souvent nécessaire. »

ANNÉE 1748

Aujourd'hui, vendredi 5e de Janvier, l'Académie s'est
assemblée par convocation générale

Lecture de la vie de M Jouvenet. — Le Secrétaire a fait
l'ouverture des Conférences par la lecture d'un essai sur la
vie de M. *Jouvenet*, et par celle d'une dissertation de M de
Piles sur le vrai de la Peinture, dans laquelle il découvre
ce que c'est que ce vrai, et de quelle conséquence il est au
Peintre de le bien exprimer

Pour y parvenir, il expose qu'il y a trois sortes de vrai
dans la peinture .

Le vrai simple ; le vrai ideal, le vrai composé ou le vrai
parfait

Et, après avoir appuyé tout ce qu'il avance sur des
exemples, il conclut que tout peintre qui non seulement
négligera ce premier Vrai, mais qui n'aura pas un grand
soin de le bien connoître, ne bâtira que sur le sable, et ne
passera jamais pour un véritable amateur de la Nature ;
toute la perfection de la Nature consistant dans les trois
sortes de vrai qu'il vient d'établir.

La Compagnie a nommé M *de Favanne*, Adjoint à Recteur, pour faire les fonctions de Rectorat pendant le présent
quartier à là place de M *Coypel*, qui a prié l'assemblée de
l'en dispenser, attendu d'autres affaires extrêmement pressantes, auxquelles il travaille pour l'Académie.

Le Secrétaire a terminé la séance par la lecture des lettres
de Mrs *De Troy* et *Dandré* au sujet de la nouvelle année, et

il a fait part en même temps que M l'Abbé de Lowendal l'avoit chargé d'assurer à cette occasion la Compagnie de ses très humbles respects

L'Académie a ordonné au Secrétaire de marquer, à la fin de la présente délibération, qu'Elle étoit extrêmement satisfaite de son essai sur la vie de M *Jouvenet*, et qu'Elle l'exhortoit à continuer.

> *Coypel — Cazes — Caylus — De Julienne — Galloche — Bouchardon — Fréret — Hulst — J Restout — Le Ch^er de Valory — Watelet — Le Clerc — C. De Vermont — J Dumont le Rom — Boucher — C. De Vermont — J. B Oudry — Adam l'aîné — Lemoyne fils — C. Parrocel — Coustou — Pierre — Pigalle — Nattier — P. Slodtz — G Duchange — J. C Roettiers — Chardin — Tocqué — Cochin — Delobel — Dumons — De Lettre — Huilliot — Boizot — Frontier — L Surugue — Vinache — Courtin — Surugue le fils — Lépicié*

———

Aujourd'hui, samedi 27ᵉ Janvier, l'Académie s'est assemblée à l'ordinaire.

Rapport de la députation a M De Tournehem M Coypel lui présente une copie de ce qui a été couché sur les Registres depuis un an. — Conformement à la délibération du 3o Décembre dernier, Mʳˢ les Députés ont raporté à l'assemblée que. le Dimanche 21 du présent mois, ils avoient été saluer M. le Directeur Général et que M *Coypel*, portant la parolle, lui avoit dit

« Monsieur, l'Académie vient vous rendre ses devoirs « Elle vous présente une copie de ce qu'Elle a couché sur « ses registres depuis un an, c'est, Monsieur, une longue « liste des bienfaits qu'Elle a reçus de vous »,

Que M. De Tournehem, après avoir remercié la Compagnie de son attention, s'étoit informé à chacun des Deputés de l'état des ouvrages qu'ils font pour le Roy, avec une bonté et des égards bien dignes de sa façon de penser, et bien capables de les encourager, qu'ensuitte, s'étant rendus chez M. de Vandières, ils en avoient été reçus avec beaucoup de politesse et de distinction et que M Coypel, en les présentant, l'avoit complimenté en ces termes

« Monsieur, l'Académie vient vous rendre ses devoirs et « vous assurer qu'Elle ne négligera rien pour mériter de « plus en plus la bienveillance que vous avez pour Elle »

Lettre de M^{rs} les Echevins de la ville de Rheims à la Compagnie — Ce raport fait, le Secrétaire a fait lecture d'une lettre adressée à l'Académie par M^{rs} les Echevins de la ville de Rheims pour l'établissement d'une Ecole Académique de dessein dans ladite ville.

Sur leur exposé et les demandes y contenues, l'Académie, après avoir délibéré, a chargé le Secrétaire de leur répondre et de leur marquer que, se renfermant dans les Lettrespatentes du mois de Novembre 1676, dont ils trouveront la copie cy jointe, Elle les prie de luy envoyer un Mémoire dressé par articles, qui l'instruise nettement des vues qu'ils ont en formant cette Ecole de dessein et jusqu'où ils étendent les services que lui doit rendre le Professeur qui la conduira

Lecture du projet de réponce. — Le Secrétaire a lu le projet de la réponce, que la Compagnie a aprouvé

M. *de Favanne*, Adjoint à Recteur, ne pouvant pas exercer, la Compagnie, a nommé à sa place M *Restout*, aussi Adjoint à Recteur

Lecture des Lettres de la nouvelle année — Avant de lever le siège, le Secrétaire a lu la lettre de M *Vanloo*, Premier Peintre du Roy d'Espagne, et celle de M. *La Datte*, au sujet de la nouvelle année, et il a annoncé en même tems qu'à la prochaine assemblée il feroit la lecture de la vie d'*Antoine Wateau* faite par M. le Comte de Caylus

Coypel — *J Restout* — *Bouchardon* — *Gal-*

loche — De Julhenne — Fréret — Hulst —
L'abbé de Lowendal — Le Ch^er de Valory —
Watelet — J Du Mont le Rom. — Natoire
— C de Vermont — J. B Oudry — Jeaurat
— Adam l'aîné — Lemoyne fils — Coustou —
Pierre — Pigalle — Nattier — P Slodiz —
Sarrau — G Duchange — Tocqué — J B.
Massé — Nonnotte — Vinache — Lépicié.

Lecture de la vie d'Antoine Wateau faite par M le
Comte de Caylus — Aujourd'hui, samedi 3e Février, l'Académie s'étant assemblée pour les Conférences, le Secrétaire les a ouvertes par la lecture de la vie d'*Antoine Wateau*, faite par M. le Comte de Caylus, laquelle est précédée d'un Discours préliminaire, où l'auteur fait voir, avec beaucoup de solidité, que la vie d'un homme, qui a mérité dans la mémoire des autres, doit, ce lui semble, présenter également l'exemple à suivre et l'exemple à éviter, qu'il croit encore que, dans ces sortes d'ouvrages, on ne doit ni s'abandonner aux éloges, ni ménager les critiques, et qu'enfin les uns et les autres doivent toujours être placés en vue de l'avancement de l'art, que pour lui il regarde la vie des artistes comme un tableau que la sincérité doit tracer aux Peintres présents et à venir, dans l'intention de leur ofrir sans cesse l'eloge et le blâme sous une forme aussi vive que celle de l'action, dont aucune espece de récit ne peut approcher, que c'est dans ce dessein que, pour l'instruction des jeunes Peintres, il évitera avec soin toute partialité et fera ses efforts pour garder ce juste milieu, aussi nécessaire pour persuader que pour donner à la critique et à l'approbation leur veritable valeur

Ensuitte M de Caylus, après avoir suivi *Wateau* dans les differentes progressions de son talent, fait connoître, avec une precision de goût qui lui est propre, le mérite distinctif de cet artiste, et il conclut en disant, à l'occasion

de son Épitaphe, faite par M l'Abbé Fraguier[1] · « Heureu\
les Peintres qui méritent des gens de lettres et qui leur
plaisent Tout ce qui vous rapprochera d'eux, tout ce qui
les unira à vous, Messieurs, est un avantage réciproque,
que mon attachement pour la Peinture et mes sentimens
pour votre Académie me feront toujours desirer avec
ardeur[2]. »

Réponce de M Coypel — La Compagnie a complimenté
unanimement M le Comte de Caylus sur l'agrément et la
solidité de cet ouvrage, et M *Coypel* lui en a fait son
remerciment particulier, par un discours, que l'Académie
a ordonné au Secrétaire de transcrire sur le Registre, à la
suite de la présente délibération

Mort de M d'Ulin — Ensuitte le Secrétaire a notifie la
mort de M. *D'Ulin*, Ancien Professeur, arrivée le 28 du
mois dernier, âgé de 78 ans

Mort du Sieur Le Maire, Huissier. — Le Sieur Le
Maire, Huissier, étant décédé, le Sieur Perronet jouira des
gages attachés à ladite place, conformément à la délibération du 27ᵉ Juillet 1743

En finissant la séance, le Secrétaire a fait part qu'il a
répondu à toutes les lettres écrites à la Compagnie au sujet
de la nouvelle année.

Coypel — *J. Restout* — *Caylus* — *Natoire*

1. Voir l'*Abecedario* de Mariette, VI, 1859, p 120-1, dans la
reproduction de la Notice sur Watteau de M *de Jullienne*
2 Le manuscrit de la vie de Watteau par le comte de Caylus
ne s'etant pas trouvé dans les épaves des archives de l'ancienne
Académie, conservées a l'Ecole des Beaux-Arts, nous n'avons pu
la comprendre dans les *Mémoires inédits des Académiciens* publiés
chez Dumoulin en 1854 MM de Goncourt, ayant eu le bonheur
d'en acquérir un manuscrit chez un bouquiniste, l'ont imprimé
une première fois dans leurs Portraits intimes du xviiiᵉ siècle,
Dentu, in-12 Elle se retrouve naturellement dans la première
édition de l'*Art au XVIIIᵉ siècle Watteau*, Dentu, 1860, in-4°,
dans la seconde, Rapilly, 2 vol in-8°, 1874, dans celle de Char-
pentier, 2 vol in-12, et tout récemment dans celle de Quantin,
1881, in-4°

— De Jullienne — Baschi — Hulst — L'abbé de Lowendal — Le Ch^{er} de Valory — Watelet — Le Clerc — J Du Mont le Rom — Boucher — C De Vermont — J B Oudry — Adam l'aîné — Lemoyne fils — Coustou — Pigalle — Bouchardon — Nattier — P Slodtz — Sarrau — Silvestre — Leblanc — G. Duchange — J B Massé — Chardin — Tocqué — Aved — Frontier — Delobel — Drouais — Lépicié

Discours prononcé par M. Coypel, Directeur, après la lecture de la vie d'Antoine Wateau et adressé à M. le Comte de Caylus.

« Monsieur, — Ce que nous venons d'entendre fait reconnoître en vous le parfait ami et l'équitable connoisseur Le connoisseur a dû donner une juste mesure aux louanges dont l'ami souvent est prodigue à l'excès

« Il faut en convenir, Monsieur, sans cette sage modération, les éloges dictés par l'amitié peuvent devenir préjudiciables à ceux qu'elle veut exalter.

« Nous blessons l'amour propre des gens qui nous écoutent, en leur parlant d'un homme dans lequel nous ne voulons reconnoître aucun deffaut, et l'on ne blesse presque jamais l'amour propre impunément

« Je dis plus, lorsque nous en usons ainsi, nous devenons suspects aux auditeurs les plus modestes et les plus désinterressez, puisque l'expérience ne nous prouve que trop l'impossibilité d'atteindre à la perfection.

« Enfin, Monsieur, nous avons beau parler d'un mort; quand il s'agit de citer ses rares talens, le plus sûr moyen, pour disposer ceux qui ont été ses rivaux à nous croire et peut-être à lui pardonner, c'est de convenir, comme vous venez de faire, de ce que la critique pouvoit trouver à repiendre dans ses ouvrages et même dans son caractère

« Expliquons nous cependant Je ne prétends pas dire
qu'en pareil cas, pour acquérir la confiance que les hommes
accordent à l'impartialité, l'on doit ramasser avec légèreté
des anecdotes souvent fausses, capables de ridiculiser, ou de
flétrir la mémoire d'un illustre Artiste. On se trompe bien
lourdement lorsqu'on imagine que, pour rendre un écrit
de cette nature plus curieux, plus intéressant et plus recommandable, il soit besoin d'y inserer des choses qui font
mepriser ou prendre en horreur celui qui a consacré ses
veilles pour mériter nos suffrages. L'écrivain, qui suit ce
faux principe, attriste le lecteur, l'honnête homme est
affligé, quand il se voit dans la nécessité de mésestimer
quiconque a su lui plaire Mais ce même honnête homme,
qui souvent gemit à la vue de ses propres imperfections,
n'est pas toujours fâché d'apprendre que celui qui mérite
l'admiration du public n'étoit pas absolument exempt des
deffauts attachez à l'humanité.

« Je le redis encore, Monsieur, dans ce que nous venons
d'entendre, vous avez trouvé le point juste Permettez-moi
d'ajouter que, pour faire l'Éloge historique de M. *Wateau*,
vous avez choisi un genre d'écrire qui, pour les grâces
naives et, si j'ose le dire, pour les touches piquantes, ne
peut se comparer qu'à l'aimable genre de peindre de cet
excellent homme »

———

Aujourd'hui, samedi 24ᵉ Février, l'Académie s'est assemblee à l'ordinaire

Avant de commencer la séance, le Secrétaire a fait part
que M *Coypel* étoit indisposé et qu'il l'avoit charge de
faire ses excuses à la Compagnie de ce qu'il ne pouvoit pas
se trouver à l'assemblée

Agrément de M. Oudry le fils — Le Sʳ *Jacques-Charles
Oudry*, Peintre à talens, fils de M. *Oudry*, Professeur,
ayant fait aporter de ses ouvrages représentant des animaux, des fruits et des fleurs, la Compagnie, après avoir

pris les voix à l'ordinaire et reconnu sa capacité, a agréé sa présentation, et ledit Sieur ira chez M le Directeur, qui lui ordonnera ce qu'il doit faire pour sa réception Ledit Sieur *Oudry* a pris séance, après son agrément, comme fils d'Officier

Seconde Lettre de M^{rs} les Echevins de la ville de Rheims. — Ensuitte le Secrétaire a fait lecture d'une seconde lettre de Mrs du Conseil de l'Hôtel de ville de Rheims, en réponce à celle que l'Académie leur a écrite, et dont il a été fait mention dans la délibération du 27 Janvier dernier.

Réponce de l'Académie — Cette lettre, encore plus vague que la première et dans laquelle ils n'ont fait aucun usage des Lettres-patentes et du Règlement de 1676, dont ils ont eu communication, a déterminé la Compagnie à leur expliquer précisement en quoi consiste l'objet des études d'une École Académique de dessein, et les fonctions d'un Professeur, et le Secrétaire, en conséquence, a lu un projet de réponce, que l'assemblée a aprouvée

Le Sieur *Moireau*, Graveur et Académicien, a présenté deux épreuves d'une planche qu'il a gravée d'après *Vovremens*, ayant pour titre « la Fontaine de Neptune » L'examen fait, la Compagnie a aprouvé ladite planche, pour faire jouir l'exposant des privilèges accordés à l'Académie par l'Arrest du Conseil d'État du 28 Juin 1714

> *J. Restout — Cazes — Galloche — Caylus — De Jullienne — Baschi — L'abbé de Lowendal — Le Clerc — Le Ch^{er} de Valory — J Du Mont le Rom. — Watelet — Boucher — C De Vermont — J B. Oudry — Adam l'ainé — Coustou — Lemoyne fils — Pierre — Pigalle — Nattier — Leblanc — Chardin — P Slodtz — Lesueur — Tocqué — Aved — G Duchange — J B. Massé — J.C Roettiers — Frontier — Boizot — Drouais — Delobel — Courtin — Nonnotte — De Lettre — Cochin — Lépicié*

Aujourd'hui, samedi 2ᵉ Mars, l'Académie s'est assemblée pour les Conferences

La Compagnie a résolu que le samedi, 30ᵉ du présent mois, Mʳˢ les Directeur, Recteurs, Adjoints à Recteurs, Professeur en exercice, et, à tour de rôle · Dans les Anciens Professeurs, M *Le Clerc*; dans les Professeurs, M *Parrocel*; dans les Adjoints, M *Nattier*, dans les Conseillers, Mʳˢ *Tocqué*, *Duchange* et le Secrétaire, et, dans les Académiciens, M *de Lobel*, s'assembleront, à huit heures précises du matin, pour règler la répartition de la capitation de la présente année 1748, et examiner et arrêter les comptes de 1747.

Ensuitte le Secrétaire a continué la lecture des Conférences de feu M *Coypel*, Ecuyer, Premier Peintre du Roy, ce qui a occupé le reste de la séance.

Mort de M. Allegrain, le père, Peintre de paisages — En levant le siège, le Secrétaire a notifié à la Compagnie la mort de M *Allegrain* le père, arrivée à Paris, le 24 Février dernier, âgé de 78 ans

> J. *Restout* — *Jeaurat* — J *Du Mont le Rom*
> — *Natoire* — C *de Vermont* — *Adam l'ainé*
> — *Lemoyne fils* — *Pierre* — P. *Slodtz* — *Vinache* — *Leblanc* — *Delobel* — *Lépicié*.

———

Aujourd'hui, samedi 30ᵉ Mars, l'Académie s'est assemblée, par convocation générale, pour la lecture des délibérations du quartier.

L'arrêté du compte remis à une autre séance. — Messieurs les Commissaires nommés, par la délibération du 2ᵉ Mars dernier, pour etablir le rôle de la capitation de la présente année 1748 et pour examiner et arreter les comptes de l'année 1747, ont raporté que, s'étant assemblé ce matin dans la salle de l'Académie, ils avoient réglé le rôle de la capitation, commence l'examen du compte et remis l'arrêté à une autre séance.

Le repas de la reddition des comptes supprimé. — Ensuitte il a été délibéré et résolu de supprimer le repas de la reddition desdits comptes, comme contraire à la dignité du Corps, aux usages des autres Académies, et tombant dans ceux de la Maîtrise, ce qui a eu lieu aujourd'hui

Réception du Sr Guay, Graveur en pierre. — Le Sieur *Jacques Guay*, Agréé, natif de Marseille[1], Graveur en pierre, a présenté à l'assemblée l'ouvrage qui lui avoit été ordonné pour sa réception, dont le sujet représente Apollon couronnant le Genie de la Peinture et de la Sculpture, et qu'il a exécuté sur une cornaline montée en bague Les voix prises à l'ordinaire, la Compagnie a reçu et reçoit ledit Sieur *Guay* Académicien, pour avoir séance dans les assemblées et jouir des privilèges, honneurs et prérogatives attribués à cette qualité, en observant par lui les Statuts et Réglemens d'icelle Académie, ce qu'il a promis en pretant serment entre les mains de Monsieur *Coypel*, Ecuyer, Premier Peintre du Roy, Directeur et Recteur

L'ouvrage du Sieur Guay offert à M de Tournehem — Cette réception faite, l'Académie a décidé unanimement que ledit ouvrage du Sieur *Guay* seroit ofert à M de Tournehem comme un leger hommage de la reconnoissance que la Compagnie a de ses bontés et, en conséquence, Elle a nommé M. *Coypel*, Directeur, et Mrs les Officiers en exercice, et, en cas que M de Tournehem ne vienne pas à Paris, la Députation se fera seulement par M le Directeur et le Secrétaire

Discours de M Coypel. — Cet arrangement pris, l'assemblée a ordonné que le discours que M *Coypel* a prononcé au sujet du morceau de réception du Sieur *Guay* seroit transcrit sur le Registre à la suite de la présente délibération.

M Pesne placé dans les Anciens Professeurs. — Ensuite M le Directeur a raporte qu'il avoit reçu une lettre de M. *Pesne*, par laquelle il prie l'Académie de lui faire la grâce de le passer au rang des Anciens Professeurs.

1 Ajouté en surcharge au-dessus de la ligne « le 16 7bre 1711. »

La Compagnie, après avoir délibéré, a accordé, par acclamation, ce rang à M *Pesne*, par estime pour ses talens et
en considération de sa place de Premier Peintre de Sa
Majesté Prussienne, et Elle a chargé le Secrétaire de lui en
écrire au nom de l'Académie

Visite des Salles. — Messieurs les Officiers en exercice
pendant le présent quartier ont raporté à l'assemblee
qu'ayant fait leurs visites dans les salles de l'Académie, conformément à la délibération du 29 Juillet dernier, ils avoient
trouvé les tableaux, les figures et le reste des effets de la
Compagnie en bon état.

*Coypel — Cazes — J. Restout — Galloche —
Jeaurat — Hulst — De Jullienne — L'abbé
de Lowendal — Le Clerc — Boucher — Natoire — C. De Vermont — J B Oudry —
Adam l'aîné — Lemoyne fils — E Bouchardon — G Coustou — Pierre — Pigalle —
J Natier — P Slodtz — Delobel — Oudry
fils — Nonnotte — Cochin — Cars — J. Guay
— G. Duchange — J. B. Massé — J C Roettiers — Chardin — De L'armessin — Courtin
— Huilliot — Leblanc — Frontier — Lépicié*

*Discours prononcé par M Coypel, Directeur, au sujet du
morceau de réception de M Guay.*

« Messieurs, — l'ouvrage précieux, que M *Le Guai* vient
de présenter à la Compagnie, paroit avoir été fait pour consacrer à la Postérité la grâce que Sa Majesté vient d'accorder à son Académie de Peinture, en la prenant sous sa
protection immédiate C'est, Messieurs, au Chef des Arts
que nous sommes redevables d'une faveur si longtems dési-
rée Ne seroit-ce pas faire un digne usage de cette pierre
gravée que de la lui présenter comme un monument de
notre éternelle reconnoissance ? »

Aujourd'hui, samedi 6ᵉ Avril, l'Académie s'étant assemblee pour les Conferences,

Discours de M Hulst — M Hulst, Associé libre, les a ouvertes par un Discours, dans lequel il a dit, en s'adressant à la Compagnie qu'il croit ne pouvoir mieux répondre à l'honneur qu'Elle lui a fait de l'admettre dans son Corps, qu'en s'appliquant à lui devenir de quelqu'utilité

Que ce devoir, dicte par la reconnoissance, lui a suggéré le projet d'un ouvrage de suite, d'examen et d'exactitude, ouvrage qui doit tirer son principal mérite de la clarté et de la vérité ; en un mot les Fastes de l'Académie

Ensuite il faut voir, avec beaucoup de précision, que, la Compagnie ayant éprouvé plus d'une fois de quel poids est, dans toutes les délibérations, l'autorité de l'exemple, surtout lorsqu'elle rassemble en soi celle des principes et celle de l'aplication de ces principes, etablie sur les faits,

Que, conséquament, il desireroit lui exposer, sous une seule vue, tous les faits qu'un siècle révolu nous a accumulés dans le sein de cette heureuse constitution, qui nous réunit, c'est-à-dire qu'il voudroit, par un ouvrage que la Compagnie eût toujours sous la main, lui donner une connoissance si universelle et si precise des règles, des usages, des privilèges et des droits qui fixent désormais cette constitution qu'Elle n'eût qu'à y avoir recours pour trouver la solution de toutes les difficultés qui pourroient se présenter ,

Que, s'agissant cependant aujourd'hui de prendre un parti sur la forme générale qu'il convient de donner à l'ouvrage en question, il prie l'Académie de le déterminer sur le choix du plan auquel il doit s'arrêter,

Que trois plans, diférens entre eux, le tiennent dans un état de suspension et que ce n'est que par la décision de la Compagnie qu'il en puisse sortir

L'un de ces plans seroit conçu en forme de Journal, l'autre en forme d'Annales, et le troisième seroit rangé sous des époques plus étendues, formées par la suite des Protectorats

Enfin M. Hulst, apres avoir fait sentir les avantages et les inconvéniens de chacun des plans en particulier, prie l'Académie de lui dire celui auquel Elle donne la préférence, et il termine son discours en lui rendant compte des tables de matières dont il se propose d'accompagner cet ouvrage

La Compagnie, qui a été extrêmement satisfaite du projet de M Hulst, l'en a remercié unanimement et a choisi, des trois plans, celui des Annales.

Réponce de M. Coypel au discours de M. Hulst — M. *Coypel* a prononcé, à cette occasion, le Discours suivant ·

« Monsieur, — L'Académie conçoit de quelle utilite sera pour Elle le travail que vous entreprenez La clarté répandue dans le projet que vous venez de nous proposer sous trois formes différentes fait sentir à quel point vous possédez déjà la matière que vous voulez traiter, et l'élegance avec laquelle ce projet est écrit nous prouve que le grand ouvrage qu'il nous annonce deviendra aussi agréable qu'il paroit nécessaire.

« Le bonheur que j'ai depuis longtems, Monsieur, d'être en liaison intime avec vous ne me permet pas d'ignorer combien je vous ferois soufrir en vous donnant en face les louanges dues à votre zèle et à votre capacité Il faut, malgré moi, les suprimer et j'éprouve que ce n'est pas un des moindres sacrifices qu'exige quelquefois de nous la parfaite amitié.

« A l'égard du choix que vous remettez à l'Académie, quoique la Compagnie, Monsieur, me paroisse très disposée à s'en rapporter à vous, si toutefois quelques-uns des illustres Membres qui la composent croyent devoir préférer l'uns de vos trois plans aux deux autres, voici le moment d'en delibérer »

M Coypel rend compte qu'il a présenté à M. de Tournehem le morceau de M Guay — Cette affaire réglée, M. *Coypel* a raporté que, conformément à la dernière déli-

bération, il avoit, avec le Secrétaire, ofert à Versailles à
M de Tournehem, au nom de l'Académie, comme un
monument de son éternelle reconnoissance, la pierre gravée par M. *Le Guay* pour sa réception, et que M. le Directeur Général, en acceptant avec gratitude ce présent, avoit
témoigné combien il étoit touché et flaté d'une attention
aussi délicate de la part de la Compagnie[1].

Ensuite l'Académie, après avoir examiné les différentes
épreuves faites par les Etudians pour être admis à travailler aux grands Prix, n'a jugé de capable à y concourir que
les nommés *Jollain*, *Doyen*, *De La Traverse*, *Mettay* et
Hutin pour la Peinture, et les nommés *Dumont*, *Cafierry*
et *Perrache* pour la Sculpture.

Mort de M Christophe, Recteur — En terminant la
séance, le Secrétaire a notifié à l'assemblée la mort de
M. *Christophe*, Recteur, arrivée à Paris, le 29e Mars dernier, âgé d'environ 86 ans, et, comme son exercice tom-
boit sur le présent quartier, l'Académie a nommé, par
intérim, M. *de Favanne*, Adjoint à Recteur, et ne nommera
à remplir les places, vacantes par ladite mort, qu'après l'ex-
piration dudit quartier

> *Coypel — Cazes — De Favanne — Boucher*
> *— Galloche — J Restout — Fréret — De*
> *Jullienne — Hulst — L'abbé de Lowendal —*
> *Le Cher de Valory — J. Du Mont le Rom. —*
> *Watelet — Le Clerc — C de Vermont —*

1. On ne sait où est maintenant la pierre de *Guay* Voici,
résumé très brièvement, ce qu'on trouve dans le volume de M Le
Turcq sur *Guay*, 1873, grand in-8°, où elle est gravée pl H,
fig 46, d'après une empreinte en soufre

Elle a été exposée au Salon de 1748, n° 101, et a été gravée
par Mme de Pompadour, planche 6, d'après un dessin de *Vien*.
De M Lenormant de Tournehem, elle a passé à M. de Marigny
et dans la vente de celui-ci, faite en 1781 sous son dernier nom
de marquis de Ménars, elle figure sous le n° 206, elle y fut ache-
tée 588 liv. par le comte d'Orsay, dont la collection fut vendue
en 1790 (Le Turcq, p. 37-9, 87-9, 206).

Jeaurat — J B Oudry — Adam l'aîné — Lemoyne fils — Coustou — Pierre — Pigalle — J C Massé — J C Roettiers — J Nattier — P. Slodtz — Sarrau — G Duchange — Tocqué — Aved — Vinache — Boizot — Delobel — Leblanc — Coustin — Lépicié

—————

Aujourd'hui, samedi 27ᵉ Avril, l'Académie s'est assemblée à l'ordinaire

Le Secrétaire fait la lecture de la vie de M Trémolières par M le Comte de Caylus — Le Secrétaire a lu la vie de *Pierre Tremolière*, faite par M. le Comte de Caylus, lequel, toujours attentif à ne rien laisser échaper de tout ce qui peut contribuer à l'avancement des arts, ne manque point, après avoir rendu compte que le jeune *Tremollière* fut placé chez le célèbre *Jean-Baptiste Vanloo*, de faire connoître les talens particuliers de ce grand maître pour former des élèves ; que c'est avec plaisir qu'il se rappelle les momens où, se trouvant dans son atelier, il le voyoit dispenser à chacun le genre de leçon qui lui convenoit, et donner à chaque plante qui lui étoit confiée le degré et la sorte de culture dont elle avoit besoin ; qu'en conséquence il croit que de tels procédés ne peuvent être trop recommandés dans tous les arts qui demandent de l'esprit, et plus encore dans le nôtre où le soin des élèves doit tenir une grande place dans les réflexions que l'amour de l'art doit engager à faire, que, sans nous flater, nous devons convenir que tous n'ont pas le talent de montrer ce qu'ils savent, souvent faute de vouloir s'en donner la peine, ou croyant d'y perdre trop de temps, mais plus souvent par un préjugé qui les aveugle au point de vouloir être imités jusques dans leurs deffauts, que de là naissent ces mauvaises habitudes que les jeunes contractent et dont ils ont tant de peine à se défaire, ou plus tôt dont ils ne se défont jamais

Ensuite M. de Caylus expose, avec des idées aussi justes que neuves, la liaison et le raport intime qui se trouvent entre la Muse de la Peinture et celle de la Comédie, et il conclut, à l'égard du mérite distinctif de *Trémollière*, que sa composition étoit élégante, qu'on y découvroit un génie facile et une assez bonne couleur, quoiqu'en général on pouvoit lui reprocher de n'avoir pas mis assez de sang dans les teintes de chair, ny donné assez de relief et de corps aux objets, qu'au surplus on devoit présumer qu'avec l'ardeur qu'il avoit pour l'étude, il auroit acquis un savoir plus profond dans le dessein.

Cet ouvrage, écrit avec autant d'élégance que de simplicité, et qui découvre si bien les connoissances et le caractère véridique de l'auteur, a été extrêmement goûté par la Compagnie, qui en a remercié M. le Comte de Caylus

Reponce de M. Coypel, arrêté qu'il ne sera plus fait de visites de sollicitations lorsqu'il s'agira de remplir les places vacantes — M le Directeur a prononcé à cette occasion un discours, que l'Académie a ordonné au Secrétaire de coucher sur le Registre à la suite de la présente délibération, et il a été réglé que l'on suivroit ce que M *Coypel* a proposé à la fin de ce discours, pour la suppression des visites de sollicitations, qui se font lorsqu'il s'agit de remplir les charges vacantes

Coypel — Boucher — Galloche — De Favanne — Caylus — De Jullienne — Hulst — J Restout — J Du Mont le Rom. — Watelet — Le Clerc — Natoire — J B Oudry — Adam l'aîné — Lemoyne fils — E. Bouchardon — G. Coustou — Pierre — Pigalle — P. Slodtz — J B. Massé — Tocqué — Guay — Lépicié

Discours prononcé par M. Coypel, Directeur, après la lecture de la vie de Pierre Trémollière, et adressé à M. le Comte de Caylus et à la Compagnie.

« Monsieur, — On pourroit dire que M. *Trémollière* n'a

paiu parmi nous que pour nous donner matière à de justes regrets Que ne devions-nous pas espérer d'un jeune Académicien tel que lui ?

« Doué d'un génie noble, gracieux et fécond, disciple docile et chéri d'un excellent Maître, qui le mit bientôt en état de faire avec fruit le voyage d'Italie, encouragé à son retour, mais point enorgueilli, par les applaudissemens dont le public honora ses productions, quel chemin ne pouvoit-il pas faire dans la Peinture !

« Sa vie trop courte, et peu remplie d'évènemens, sembloit ne point fournir rien d'aussi intéressant que ce que nous venons d'entendre, mais, pour quelqu'un qui a reçu du ciel les talens que vous possédez, Monsieur, et qui voit les choses avec des yeux tels que les vôtres, il n'est point de sujets steriles

« Le goût que M *Trémollière* eut pour la déclamation, vous a donné l'idée de nous entretenir sur la nécessité de la connoître et même de la pratiquer quelquefois en particulier relativement à la Peinture Heureux si nos jeunes Elèves ne fréquentoient les spectacles que dans cette seule vue ; mais il est à craindre que l'amour apparent de l'art qu'ils embrassent ne soit chez eux qu'un beau prétexte pour se livrer sans réserve à la dissipation Quoiqu'il en soit, Monsieur, il faut convenir que, sans la parfaite connoissance du Geste, la Peinture perd dans nos mains un de ses plus nobles attributs.

« Le juste éloge que vous venez de faire de feu M. *Vanloo* en nous parlant des soins qu'il prit pour former M *Trémollière*, et des attentions qu'il avoit pour tous les Élèves qui étudioient sous lui, cet éloge, dis-je, Monsieur, ne pouvoit être prononcé plus à propos, puisque nous touchons presqu'au moment de remplir des places d'Officiers préposés pour conduire l'École Académique Qu'on me permette de saisir cette occasion pour représenter de quelle importance est ce choix.

« Hasarderai-je trop si je dis, Messieurs, qu'on peut être

capable de produire d'excellents ouvrages, et manquer de
talent pour instruire la jeunesse ? L'extrême vivacité du
génie n'est-elle pas même quelquefois un obstacle à la netteté requise pour donner des principes certains ? Ne se
peut-il pas faire que l'habitude d'une manière dont nous
avons fait choix, et qui nous réussit, nous rende injustes à
l'égard de ceux qui paroissent s'en éloigner, et nous fasse
oublier que les grands Maîtres de l'art nous ont frayez des
routes différentes, qu'on peut suivie sans s'égarer. Tel aussi
sera le don d'instruire, qui sçaura peu se faire respecter
d'une troupe vive, bruiante, souvent indocile et presque
toujours remplie de préjugez sur les goûts divers qui caracterisent les Ecoles de leurs Maîtres Qui voudroit approfondir cette matière feroit sans doute un long Discours ;
mais que pourroit-il dire dont chaque membre de cette
illustre Compagnie ne soit parfaitement instruit ?

« Je dois donc me borner, Messieurs, à vous rappeler la
necessité d'oublier, lorsqu'il s'agit d'élire des Officiers, la
parenté, l'ancienneté, l'amitié même, pour n'envisager que
l'honneur de l'Académie, le progrès des arts qu'elle professe,
et le compte que la Compagnie doit en rendre à son
Auguste Protecteur

« Non, Messieurs, ce n'est pas manquer à ses amis, à ses
parens, à ses anciens confrères, que de leur refuser sa voix,
pour la donner même à quelqu'un pour qui on sent de
l'eloignement, lorsque le bien public l'exige Si ce que j'ai
l honneur de vous dire vous paroit juste, ne devez vous pas
conclure, sans balancer, que les sollicitations que croient
devoir faire ceux qui désirent remplir les places vacantes,
non seulement sont inutiles, mais indécentes Parlons vrai,
que signifient ces demarches ? N'est-ce pas aller dire à ses
confrères . « N'oubliez pas que j'ai plus de capacité que
« tels et tels qui prétendent à la place où j'aspire » Sup-
posons cependant que, pour donner à ces sortes de demandes
une apparence d'humilité, l'on proteste de regarder comme
une grâce la préférence qu'on se flatte d'obtenir, c'est dire,

alors, à mots couverts . « Je compte assez sur vous pour
« croire que vous voudrez bien faire une injustice en ma
« faveur. » C'est exposer, enfin, ceux à qui s'adresse un
pareil compliment, à répondre avec dureté ou à trahir leurs
sentimens ; mais dira-t-on Si le mérite parle pour vous ?
Si le mérite parle pour vous, soyez tranquilles ; vos juges
sont équitables

« Je n'ai point à craindre, Messieurs, qu'on me soupçonne de proposer d'abolir les visites qui se font pour les
Agrémens, pour les Réceptions et les remerciemens ; ces
politesses sont des preuves de modestie, et j'ai tâché de
prouver que la modestie ne peut au contraire avoir part
aux démarches dont je viens de parler. »

A M le Comte de Caylus. — « C'est l'ouvrage que vous
venez de nous communiquer, Monsieur, qui a donné lieu
aux réflexions dont je viens de faire part à la Compagnie.
Oserois-je me flater qu'elles auront votre approbation ?
Mais, que dis-je, puis-je douter que vous ne vous prêtiez
à l'idée de supprimer ces visites embarrassantes et peu convenables, vous, qui ne goûtez jamais plus délicieusement
le plaisir d'obliger les autres que lorsque vous avez pu prévenir les sollicitations. »

Discours de M. Desportes sur l'utilité des Conférences.
— Aujourd'hui, samedi 4e May, l'Académie s'étant assemblée pour les Conferences, M *Desportes* les a ouvertes par
lecture d'un Discours sur les avantages des Conférences
Académiques, et, pour apuier son sentiment, il dit, en parlant de M Colbert, que ce grand homme, dont le nom sera
toujours cher à toutes les Compagnies savantes, établies ou
confirmées sous son Ministère, vint dans cette Académie
pour la distribution des Prix et qu'après avoir fait l'éloge
des Académiciens, et de leur zèle assidu pour l'instruction
de la Jeunesse, il les avoit exhortés tous en général de
joindre à leurs autres exercices celui de tenir des Confé-

rences publiques ou, mêlant les préceptes aux exemples,
ils feroient voir en quoi consiste la perfection de l'art, et
quelles règles il faut suivre pour y réussir et pour en bien
juger,

Que ce projet fut exécuté, qu'on imprima sept de ces
Conférences, mais, quoique, depuis ces premières, on en
puisse citer d'autres excellentes, faites en diverses occasions,
il faut cependant convenir qu'on a toujours vu de trop
longues et trop fréquentes interuptions à cet exercice infiniment convenable, et qu'il seroit peut-être à souhaiter
qu'on pût remettre en vigueur;

Que c'est donc pour en ranimer le goût, et pour en perpétuer l'usage, qu'il se hazarde de mettre sur le papier
quelques observations, tant sur l'utilité des règles et des
preceptes pour le progrès des arts, que sur les avantages
particuliers desdites Conférences Académiques, observations
qu'a fait naître son zele pour la gloire d'une Compagnie
dont il a l'honneur d'être Membre et qu'il soumet sans
réserve à ses lumieres,

Que. quoiqu'on puisse dire avec vérité que, pour exceller
dans la Peinture et dans la Sculpture, ou dans les autres
arts, la première de toutes les règles et la plus indispensable soit celle d'avoir reçu de la Nature des dispositions
favorables, on ne peut nier cependant qu'un ordre méthodique dans les études et des préceptes judicieux ne soient
d'un grand secours pour acquérir et perfectionner les talens,

Que, s'il se rencontre quelquefois de ces Génies extraordinaires que nul obstacle n'arrête, qui courent rapidement
où les autres vont pas à pas, que l'on sçait aussi que de
tels Génies sont bien rares, et qu'à peine on peut en compter quelques-uns en plusieurs siècles.

Ensuitte l'auteur, après avoir cité à cette occasion le Corrège, et parlé de Raphael, des Carraches et du Dominiquin,
applique à ce dernier le besoin qu'ont ces sortes d'esprits de
préceptes et de règles, et il poursuit en disant qu'il croit que
l'on peut multiplier ces méthodes et les observations; que

la diversité des esprits est si grande que telle vérité, qui n'auroit pas été comprise sous une certaine forme, en paroissant sous une autre forme sembloit se dépouiller de son obscurité quand elle se présentoit sous une face nouvelle,

Qu'il est vrai qu'on pourroit lui alléguer la difficulté de pénétrer tous les principes d'un art aussi profond que celui de la Peinture; qu'il convient de toute la difficulté, par raport à quelqu'un qui se chargeroit seul de tout le poids de l'entreprise, mais que ce qui paroîtroit devoir être au-dessus des forces d'un particulier n'en est que plus digne des recherches d'une Compagnie et que c'est de là même qu'il infère les avantages des Conférences Académiques;

Qu'une aussi grande entreprise ne convient donc qu'à l'Académie, qui, en effet, a, dans sa totalité, de quoi suffire à son exécution;

Que, si tous les talens y paroissent rassemblez, ils y sont aussi, pour l'ordinaire, partagez, que ceux même qui en réunissent un plus grand nombre ont toujours quelques parties favorites qui les distinguent des autres et qu'en conséquence chacun, suivant ses lumières et son genre, seroit en état de donner de bonnes et d'utiles Dissertations;

Mais qu'une ressource abondante, et bien capable de fournir aux Conferences Academiques, étoit la classe des Honoraires Amateurs, en y joignant la nouvelle Colonie des illustres Associez que, les uns et les autres étant unis avec nous par l'amour des Arts que nous professons, ils étoient intéressés à la gloire du Corps dont ils font partie,

Qu'on ne peut douter que des personnes lettrés, et d'un goût delicat, dont l'esprit est orne d'une infinite de belles connoissances par rapport à la théorie de nos Arts, ne soient infiniment propres à donner d'excellens avis et à décorer nos Conférences par un grand nombre de remarques utiles et savantes, sur la maniere de bien traiter l'Histoire, la Fable, l'Allégorie, sur l'étude des usages des

Anciens, de leurs vêtemens et de tout ce qu'on appelle le Costume,

Que c'est ainsi que, soutenus et fortifiez par tant de secours réunis, nous pourrions voir se former insensiblement des Recueils de maximes, de règles et d'observations, nouvelles et variées, capables de diriger les études et le génie des jeunes artistes et de perfectionner les jugements du public;

Qu'enfin ces mêmes Recueils, imprimez de tems, répandroient de plus en plus la connoissance et l'amour des Beaux arts dans toute la France, et la réputation de l'Académie dans tout le Monde.

Cet ouvrage, aussi intéressant pour la solidité des pensées que pour le tour précis et éloquent avec lequel il est écrit, a été aprouvé unanimement par la Compagnie, qui en a remercié M Desportes

Réponce de M. Coypel. — M. le Directeur a prononcé à cette occasion un Discours, que la Compagnie a ordonné au Secrétaire de coucher sur le Registre à la suite de la présente délibération.

La Compagnie a nommé M *Dumont le Romain*, et M. *Nattoire* pour aller complimenter, de sa part, M Le Comte de Baschi sur sa qualité de Ministre plénipotentiaire du Roy auprès de l'Electeur de Bavière[1].

Coypel — Cazes — De Favanne — J. Du Mont le Rom — Galloche — Caylus — J. Restout — De Jullienne — Fréret — Hulst — L'abbé de Lowendal — Le Cher de Valory — Le Clerc — Watelet — Boucher — Natoire — C De Vermont — J B Oudry — Adam l'aîné — Lemoyne fils — Coustou — Pierre — G. Duchange — E Bouchardon — Tocqué — Desportes — Vinache — Poitreau — Boizot — Lépicié

1 Paragraphe ajouté en marge et contresigné C (*Coypel*)

Discours prononcé par M Coypel, Directeur, et adressé a M Desportes

« Monsieur, — Plus la Dissertation que nous venons d'entendre est digne d'applaudissemens, plus vous semblez mériter des reproches d'avoir attendu si tard à nous faire part des utiles réflexions que vous êtes capable de faire, et que vous sçavez mettre sur le papier avec tant de netteté, de force et d'élégance

« Votre modestie seule peut faire excuser un retardement, dont sans doute elle seule est la cause Permettez-moi cependant de vous dire, Monsieur, qu'il n'est pas facile d'imaginer avec de si grands talens on puisse être assez parfaitement dépouillé d'amour-propre pour n'oser les mettre au jour. Si vous désirez que la Compagnie en soit assez persuadée pour qu'Elle ne puisse vous accuser d'indifférence à son égard, il ne vous faut pas moins que le témoignage authentique d'un ancien ami, et voilà le service que je puis vous rendre aujourd'hui

« Oui, Monsieur, je puis protester à l'Académie que vous m'avez prouvé qu'on peut porter jusqu'à l'excès cette modestie, compagne du vrai mérite. C'est aussi, de tous les excès, le seul que vous vous soyez jamais permis, il a fait et fait encore votre bonheur

« Toujours vous oubliant vous-même, pour vous occuper uniquement du soin de rendre justice au mérite des habiles gens en tous genres, toujours ardent à relever les beautés de leurs travaux divers, vous goûtez, avec noblesse et tranquillité, un plaisir que beaucoup de gens cherchent avec agitation, et souvent inutilement, en s'efforçant à faire admirer leurs propres productions Ceux-ci croyent ne voir que des ennemis déclarés dans leurs contradicteurs ; s'il vous arrive d'en rencontrer, Monsieur, vous les forcez du moins à louer en vous cette prévention favorable avec laquelle on devroit toujours regarder les ouvrages de ses confrères.

« Mais, Monsieur, cet oubli de vous même, tout généreux qu'il soit, nous paroîtroit désormais impardonnable.
Vous venez de nous prouver à la fois, et l'utilité des bonnes
Dissertations, et combien il vous est facile d'en enrichir
l'Académie Comme Académicien, nous vous ferions un
crime d'une inaction que jusqu'ici vous aviez cru pouvoir
vous permettre, à titre de Philosophe »

———

Aujourd'hui, samedi 18ᵉ May, l'Académie s'est assemblée
générale et extraordinairement au sujet d'une lettre de
M de Tournehem, concernant le Salon, adressée à M. *Coypel* et qui porte ce qui suit :

*Lettre de M. de Tournehem au sujet du Salon et de l'exa-
men qu'il convient de faire des ouvrages qui doivent y
être exposés.*

« A Paris, ce 6 May 1748

« Il seroit peu convenable, Monsieur, d'interrompre les
Expositions de tableaux l'année même où le Roy a bien
voulu prendre l'Académie sous sa protection immédiate,
et je compte que, le 25 du mois d'Aoust, le Salon du vieux
Louvre sera decoré des principaux ouvrages de Peinture et
de Sculpture qui auront été faits depuis l'année dernière

« Je pense trop favorablement de la Compagnie pour
croire l'avertir que, dans cette occasion, Elle ne doit rien
négliger pour engager le public à convenir qu'Elle est digne
de l honneur dont Sa Majesté vient de la combler On sçait
assez que le grand nombre de tableaux n'est pas ce qui
rend ces fêtes brillantes, c'est donc le beau choix, qui
devient plus que jamais d'une indispensable nécessité, et
pour parvenir à le bien faire, voici ce qui me paroît convenable

« Le 17 du mois d'Aoust, tous les tableaux que les
Membres de l'Académie voudront exposer seront transportés dans la Gallerie d'Appollon, sans qu'on en puisse ajou-

ter d'autres, sans ma permission. Ils seront rangez de manière qu'on soit à portée de les bien voir

« On convoquera, pour le lendemain, une assemblée particulière, composée premièrement, du Directeur, des quatre Recteurs et des deux Adjoints à Recteurs L'Académie nommera encore, à la pluralité des voix, un Ancien Professeur, six Professeurs, trois Adjoints à Professeurs et deux Conseillers, pour qu'ils se trouvent aussi à ladite assemblée Ces officiers réunis examineront scrupuleusement et sans passion les tableaux présentés pour orner le Salon et, par la voye du scrutin, supprimeront ceux qui ne leur paroîtront pas dignes d'être mis sous les yeux du public

« Ceux à qui ce règlement paroîtroit sévère n'entendroient pas leurs propres intérêts. Ce qui peut arriver de plus cruel à un artiste, c'est de recevoir l'improbation générale. D'ailleurs, comme ils seront avertis de bonne heure de ce qu'ils peuvent redouter, c'est à eux à s'aider des conseils de leurs véritables amis, pour ne se point hazarder légèrement.

« Je crois même, par cet arrangement, leur témoigner à quel point je cherche à les ménager, car enfin il leur sera moins rude d'essayer l'examen de leurs confrères, que de voir, par mon ordre, déplacer leurs ouvrages, et c'est ce que je ne pourrois me dispenser de faire sans manquer aux devoirs que m'impose ma Place, si malheureusement je voyois des choses capables de dégrader une Académie que je cheris et qui est honoree de la Protection de Sa Majesté

« Je suis, Monsieur, Votre très humble et tres obéissant serviteur

Signé LE NORMANT. »

La Compagnie qui voit, par le détail dans lequel M. De Tournehem veut entrer, l'intérest qu'il prend, non seulement à la gloire générale du Corps, mais encore à celle de chaque particulier, a résolu unanimement de se conformer à ses intentions, par devoir, par justice et par reconnoissance.

A la fin de la séance, on est convenu que la dernière

assemblée du mois, qui devoit se tenir le samedi 25, seroit remise au vendredi 31 suivant, dernier du présent mois, et, à l'égard de la 1re assemblée de Juin, qui tombe sur la veille de la Pentecôte, Elle sera aussi remise à huitaine, attendu la solennité de la fête.

> *Coypel — Cazes — De Favanne — J. Du*
> *Mont le Rom. — Galloche — J. Restout —*
> *Caylus — Fréret — Le Cher De Valory —*
> *Hulst — L'abbé de Lowendal — Le Clerc —*
> *Carle Vanloo — Natoire — Cars — Boucher*
> *— C De Vermont — J. B. Oudry — Adam*
> *l'aîné — E Bouchardon — G Coustou — Pi-*
> *galle — P. Slodtz — J Nattier — G Duchange*
> *— J B Massé — L Tocqué — Courtin —*
> *Aved — Drouais — Le Bas — Poitreau — Vi-*
> *nache — Huilliot — Cochin — De Lettre —*
> *Antoine Lebel — Leblanc — Lépicié*

———

Aujourd'hui, vendredi 31 May, l'Académie s'est assemblée à l'ordinaire

Reddition des comptes — Relativement à la délibération du 30 Mars dernier, Mrs les Commissaires nommés à cet éfet, ayant repris ce matin l'examen des comptes de 1747, le S Reidellet, Concierge et Receveur, chargé, par délibération du 1er Décembre 1736, de percevoir la capitation des Officiers et Académiciens, et autorisé, par la même délibération, de recevoir de Mrs les Trésoriers des Bâtimens du Roi les sommes accordées par Sa Majesté à l'Académie pour son entretien, a présenté l'état de la Recette et Dépense par lui faites durant le cours de l'année 1747, suivant les ordres de Mrs les Directeur et Recteurs; l'examen en ayant été fait, ainsi que des quittances et memoires, la Recette s'est trouvé monter à 7,009 liv 8 s, et la Dépense à celle de 6,975 liv 15 s, partant, la Recette excède la Dépense de 33 liv 13 s, lequel compte s'étant trouvé juste, il a

été approuvé, et le Sieur Reidellet déchargé par lesdits
Directeur, Recteurs et Officiers, et la décharge dudit Sieur
a été confirmée et signée par l'Académie.

Ensuitte la Compagnie a établi le Règlement suivant

*Règlement au sujet de la Recette et Dépense des fonds de
la Compagnie*

Article I — Que le Sr Reydellet ne pourra faire aucune
dépense sans un ordre par écrit de M le Directeur et de
Mrs les Officiers en exercice, lesquels ordres il représentera
lors de la reddition de son compte

Article II — Que, tous les mois, il fera voir à la dernière
assemblée l'état de la dépense faite durant le mois, lequel
état sera vérifié et approuve par l'Académie

Article III. — Qu'il aura soin de retirer des quittances
de tous les Marchands et Ouvriers auxquels il fera des
payemens, pendant le courant de l'année, et, à faute d'y
satisfaire, lesdites dépenses ne lui seront point allouées dans
son compte

M. d'Isle élu Associé libre — En reprenant la séance,
M. *Coypel* a dit à l'assemblée que M. le Directeur Géneral, qui, lors de l'etablissement de la Classe de Mrs les
Associés libres, en avoit réservé une place pour en disposer en tems et lieu, suivant la volonté du Roi et le bien de
l'Académie, proposoit à présent pour ladite place M d'Isle,
Contrôleur géneral des Bâtimens de Sa Majesté à Paris,
persuadé que le sujet seroit agréable à la Compagnie.

L'Académie a reçu avec plaisir cette proposition et a elu
par acclamation M D'Isle pour remplir la huitième place
d'Associé libre.

En conséquence, Elle a nommé M le Professeur en
exercice et M *Nattoire* pour aller lui en faire part au nom
de la Compagnie

*M Oudry le fils présente l'esquisse de son morceau de
réception* — Le Sr *Jacques-Charles Oudry*, Agréé, Peintre
d'animaux, de fruits et de fleurs, a présenté à l'Académie

une esquisse dans ce genre, pour son morceau de réception, qu'Elle a approuvé à la pluralité des voix, en accordant six mois pour l'exécuter.

Agrément du Sieur Vassé, Sculpteur — Le Sieur *Louis Vassé*, Sculpteur, fils de feu M *Vassé*, Agréé, ayant fait apporter de ses ouvrages, la Compagnie, après avoir pris les voix et reconnu sa capacité, a agréé sa présentation et lui a accordé d'exécuter en marbre pour sa réception, un modèle qu'il a fait voir, représentant un Berger qui dort

Accordé un an pour l'exécution dudit morceau

Réception de M. Hallé — Le Sieur *Noël Hallé*, Peintre d'Histoire, fils de feu M. *Hallé*, ancien Directeur et Recteur, a présenté à l'assemblée le tableau qui lui avoit été ordonné pour sa réception, dont le sujet représente la Dispute de Neptune et de Minerve[1]. Les voix prises à l'ordinaire, la Compagnie a reçu et reçoit ledit Sieur *Hallé* Académicien, pour avoir séance dans les assemblées et jouir des privilèges, honneurs et prérogatives attribuées à cette qualité, en observant par lui les Statuts et Règlemens d'icelle Académie, ce qu'il a promis en prêtant serment entre les mains de M *Coypel*, Ecuier, Premier Peintre du Roy, Directeur et Recteur

Lettre du Sieur Presler, écrite de Copenhague, au sujet d'un portrait qu'il a gravé — Ensuite le Secrétaire a fait lecture d'une lettre du Sieur *Presler*, écrite de Copenhague, le 23e Avril dernier, et adressée à l'Académie, par laquelle il lui présente, comme son Élève, le portrait qu'il a gravé du feu Roi de Danemarc, et la suplie de vouloir bien l'honnorer de son sentiment

La Compagnie, après avoir examiné ledit portrait, l'a trouvé parfaitement gravé et d'un très bon ouvrage, et le burin conduit avec autant de force que de délicatesse, ce que l'Académie a ordonné au Secrétaire de lui mander de sa part

M Coypel retire le morceau de réception de son aïeul et

1 Pausanias, I, XXIV et II, XXX.

en donne un autre à la place — M le Directeur, à qui rien n'échappe pour donner à la Compagnie des preuves de l'intérest qu'il prend à tout ce qui peut contribuer à sa célébrité, a retiré le morceau de réception de feu M. *Coypel*, son aïeul et Directeur de l'Académie, et dont le sujet représente Dieu qui apparoît à Caïn après le meurtre de son frère Abel, et en a donné un autre du même sujet, infiniment supérieur.

La Compagnie lui a témoigné combien Elle étoit sensible à un pareil sacrifice, et l'en a remercié avec autant de joie que d'unanimité

Réglé que les Elèves entreront dans la salle d'assemblée, les jours de Conférences. — En terminant la séance, il a été réglé que, le jour des Conférences, on feroit entrer les Elèves dans la salle d'assemblée, pour entendre la lecture des Dissertations qui s'y lisent, et que les auteurs desdits ouvrages auroient la liberté d'y pouvoir amener jusqu'au nombre de six personnes

*Coypel — Cazes — J Du Mont le Rom — Galloche — J Restout — De Jullienne — Fréret — Hulst — Le Ch*er *de Valory — Watelet — Le Clerc — Carle Vanloo — Boucher — Natoire — J. B Oudry — Adam l'aîné — Lemoyne fils — C Parrocel — E. Bouchardon — Coustou — Pierre — Pigalle — J. Nattier — P Slodtz — Tocqué — G. Duchange — J B Massé — Chardin — Aved — Frontier — Leblanc — Vinache — Lépicié*

Aujourd'hui, samedi 8 Juin, l'Académie s'est assemblée par convocation générale.

En ouvrant la séance, M D'Isle, élu Associé libre le 31 du mois dernier, a remercié et pris rang en cette qualité

M De Silvestre, nouvellement arrivé de Dresde, vient à l'assemblée et passe, par aclamation, au grade d'Ancien

Recteur — M *Silvestre*, Premier Peintre du Roy de Pologne, étant actuellement à Paris, est venu à cette assemblée, et a témoigné à la Compagnie le plaisir qu'il avoit de se retrouver avec Elle après une si longue absence, ce qui a été réciproque de la part de l'Académie, qui, pour lui en donner une preuve sensible, l'a fait passer, par aclamation, du grade d'Ancien Professeur à celui d'Ancien Recteur, et il a pris place en conséquence

Etablissement de l'Ecole Roiale des Elèves protégés. Lettre de M. De Tournehem à ce sujet. — Ensuitte M *Coypel* a communiqué une lettre de M. de Tournehem, adressée à la Compagnie, et qui porte ce qui suit ·

« A Versailles, ce 4 Juin 1748

« Messieurs, — Le Roy, votre Auguste Protecteur, informé que depuis longtems, plusieurs des jeunes Élèves qui vont à Rome n'ont pas reçu toute l'education convenable, veut, par de nouveaux secours, les mettre en état de faire ce voyage à l'avenir avec plus de connoissances et de capacité. Pour cet effet, Sa Majesté fonde six places d'Élèves protégés, qui seront logez et nourris dans la même maison, et soumis à la conduite d'un Gouverneur, tiré de la classe des Professeurs de l'Académie

« Ce Gouverneur les instruira dans leur art, et un homme de lettres, qui vivra aussi avec lesdits Elèves, leur donnera une teinture suffisante de l'Histoire, de la Fable, de la Géographie et autres connoissances relatives à la Peinture Ce Professeur pour l'Histoire aura, aux assemblées de l'Académie, la même séance que les Professeurs pour la Perspective et l'Anatomie

« Sa Majesté, voulant choisir, pour Gouverneur desdits Elèves, un homme dans la force de l'âge, a jugé à propos de le tirer du nombre des Professeurs et nomme M. *Dumont* pour remplir cette place

« La grâce d'être admis aux nombre des six Elèves sera la première dont seront favorisez ceux qui, à l'avenir, remporteront les grands Prix, ils en jouiront pendant trois ans, après quoi, ceux qui en auront sû profiter iront à Rome assez formés pour y faire des études sérieuses.

« Je suis, Messieurs, votre très humble et très obéissant serviteur

Signé. LE NORMANT »

Députation à M. De Tournehem. — Ce nouvel etablissement, qui met le comble aux grâces de Sa Majesté et aux attentions généreuses et utiles de M. le Directeur Général, a causé à l'Académie une joie proportionnée à la grandeur de ce bienfait, et Elle a résolu unanimement d'en aller marquer sa reconnoissance à M De Tournehem, et a nommé à cet effet, par Députation, M. *Coypel* et Mrs les Officiers en exercice

Cette Députation réglée, la Compagnie ayant fait entrer les Elèves, conformément à la dernière délibération, le Secrétaire a fait une seconde lecture de la lettre de M. le Directeur Général, et M. *Coypel* a prononcé à cette occasion un Discours que la Compagnie a ordonné de coucher sur le Registre.

M. *Coypel* a ajouté que le Roy avoit aussi nommé Professeur pour l'Histoire et la Géographie M. *Lépicié*, Secrétaire de l'Académie

Discours de M Watelet. — Ce Discours fini, M. Watelet, Associé libre, a lu la première partie d'une Dissertation qu'il a faite sur la poésie dans l'art de Peinture, précédée d'un avant-propos qui sert d'introduction à l'ouvrage

Cette Dissertation, qui est écrite avec autant d'esprit que d'élévation et qui prouve si bien le zèle de l'auteur pour donner de la Peinture l'idee sublime qu'on en doit avoir, a été extrêmement goûtée par la Compagnie, qui en a remercié et fait compliment à M Watelet, à qui M *Coypel* a adressé un Discours, qui sera, ainsi que le précédent, transcrit sur le Registre à la suite de la présente délibération.

Avant de lever le siège, on est convenu que, le dernier samedi du mois tombant sur la fête de St Pierre et de St Paul, l'assemblée seroit avancée d'un jour et se tiendroit le vendredi 28 du présent

Coypel — Cazes — De Favanne — Louis de Silvestre — Adam l'ainé — Galloche — Poitreau — De Jullienne — Fréret — Baschi — J Restout — Hulst — Le Chⁱ de Valory — Watelet — G. D'Isle — Le Clerc — J. Du Mont le Rom. — J Moyreau — Natoire — C. De Vermont — Carle Vanloo — Courtin — Vinache — Jeaurat — J. B. Oudry — Lemoyne fils — C Parrocel — E Bouchardon — Coustou — Chardin — Pierre — Tocqué — Pigalle — Geuslain — J. Nattier — Aved — P Slodtz — G. Duchange — Surugue le fils — J. B Massé — J. C Roetters — Cochin — Delobel — Leblanc — Lépicié.

Discours prononcé par M Coypel aux Elèves de l'Académie Royale de Peinture et de Sculpture en leur annonçant de nouveaux secours accordez et fondez par Sa Majesté en 1748

« J'ai trop bonne opinion de vous, Messieurs, pour douter que vous ne sentiez vivement le prix de ces grâces, preparées à ceux d'entre vous qui donneront de grandes espérances De ces grâces jouiront pendant six années, tant à Paris qu'à Rome, les Elèves qui à l'avenir sçauront s'en rendre dignes.

« Lorsque, pour hâter vos progrès, Sa Majesté daigne vous accorder de pareils secours, vous concevez bien qu'il faut que le Chef des Arts lui ait représenté la nécessité d'etendre jusqu'à vous sa magnificence Royale Mais peutêtre ne pensez vous pas qu'il faudra que desormais ce même Chef des Arts, qui a parlé en votre faveur, rende compte au Roy de l'effet, quel qu'il soit, que produiront les bienfaits dont vous allez être comblez. Voilà sans doute une ample matière à de sérieuses réflexions pour vous ainsi que pour nous Car enfin, en vous parlant, Messieurs, je compte parler à des gens capables de réfléchir, de sentir et d'agir en conséquence

« Quelle honte pour vous, quelle mortification pour cette célèbre Académie, si, dans un peuple d'Etudians, le nombre des bons sujets ne pouvoit égaler le nombre des places d'Elèves protégés ! Nous sçavons de reste qu'il est peu d'Ecoliers parmi vous qui n'ayent besoin de cette protection suprême, mais nous ignorons encore qui de vous mérite d'en être honoré

« Pour vous remplir d'une noble émulation, apprenez, admirez, et surtout n'oubliez jamais dans quels détails notre grand Roy a daigné descendre, en s'occupant de vous Il a permis à M le Directeur Général des Bâtiments de l'instruire du peu de fruit que produisent ces légères pensions, accordées jusqu'ici plutôt à l'indigence et à l'importunité qu'au mérite personnel Il a donné le tems à ce sage Ministre des Arts de lui expliquer que les jeunes étudians qui en étoient favorisez en abusoient presque tous et qu'un nombre infini de parents se figuroient que, pour mériter ce secours, il suffisoit que la main de leurs enfans fût armée d'un porte-crayon, que de là se formoit cette foule opiniâtre qui inonde l'École de Peinture, la dégrade et se perd elle-même en donnant à un art trop au-dessus de ses forces un tems précieux, qu'elle devroit employer à se pousser dans des talents moins nobles, mais plus lucratifs.

« Auriez-vous osé vous figurer que le Roy, dans le tems même qu'il travailloit à donner la paix à l'Europe, eût bien voulu sacrifier quelques momens à ce qui concerne votre éducation ? Vous voilà sans doute pénétrez de la plus vive reconnoissance, mais vous sentez-vous capables des grands efforts qu'elle doit exiger de vous ?

« O, mes enfants ! Ce mot qui part du cœur m'échappe, peut-être n en êtes vous pas fâchez Ce grand jour qui s'approche, où nous devons juger vos divers ouvrages, me fait trembler autant que vous Que dis-je ? Fasse le Ciel que vous en soyez aussi sérieusement occupez que moi Hélas, si, dans le tems où notre Auguste Monarque fait un etablissement si digne de sa grandeur, si avantageux et si glorieux pour la Peinture et pour la Sculpture, si, dans ce moment même, nous nous trouvions dans la cruelle nécessité d'en user avec vous comme nous fîmes l'année précédente . Mais non ; dans les Beaux Arts les prodiges sont l'effet ordinaire des bontez du grand Roy. »

Réponce faite par M Coypel au Discours de M Watelet sur la poesie de la Peinture

« Monsieur, — C'est rendre à la Peinture un service très important que de prouver, aussi parfaitement que vous le faites, combien l'esprit poetique doit avoir part à ses productions.

« En effet, nous pouvons dire que nous aurions beau sçavoir dessiner, colorier et peindre , si cette flâme céleste nous est déniée, nous travaillons en vain pour acquérir une haute réputation, et nous tombons infailliblement dans le cas de ces froids Grammairiens qui, possédant la langue, faute d'esprit et de génie, n'offrent, dans leurs ouvrages, que des choses insipides et rebattues, correctement écrites.

« Malgré cette vérité, cependant nombre de gens, et même de gens de Lettres, ont l'injustice de ne placer qu'au rang des arts méchaniques une Muse dont l'objet principal doit toujours être de frapper l'esprit et de toucher le cœur en séduisant les yeux Je ne voulois pas chercher la cause d'une erreur si étrange dans la crainte que, si je la rencontrois, elle ne m'affligeât, mais elle vient s'offrir malgré moi; j'aurois tort de vous la cacher, puisque vous êtes si capable de travailler à la détruire

« Ceux qui ont une idée si médiocre de la Peinture disent vraisemblablement, pour soutenir leur préjugé, qu'on a vu de fameux Peintres n'être pas, hors de leur cabinet, ce qu'on appelle aujourd'hui, dans le monde, *Gens du bon ton* A cela vous répondrez sans doute qu'il se peut faire qu'on ait pris pour de grands Peintres des faiseurs de tableaux agreables à certains egaids, mais peu capables de prouver la noblesse de notre art , je n'aurai garde de vous contredire J'ajouterai seulement qu'il est très possible encore qu'un grand Peintre ou qu'un grand Sculpteur, qui doit avoir le génie élevé et l'esprit solide, n'ait aucune facilité pour mettre ses idées au jour, soit en parlant, soit même en écrivant Mais, en pareil cas, ses ouvrages suffiront pour convaincre que intérieurement il n'est rien moins que ce qu'il paroit au dehors Oui, ce prétendu stupide, lorsqu'il parviendra au point d'emouvoir mon âme en animant ou le marbre ou la toile, deviendra pour moi un La Fontaine, et, supposé même que malheureusement il n'ait pas reçu toute l'éducation désirable, ce deffaut, que je ne puis reprocher qu'au peu de fortune ou à la négligence de ses parents, est encore une forte preuve pour moi de la vivacité, de la solidité et de la profondeur de l'esprit dont le Ciel l'a doué

« Convenons toutefois qu'il est quelques tableaux d'un rare mérite, tels que ceux de certains Peintres Flamands, ou l'esprit poétique semble avoir un peu de part; mais, lorsqu'il s'agira de relever l'excellence de la Peinture, n'aurions-nous que de pareils ouvrages à citer ? Et, si nous voulions représenter cette Muse au milieu de ses favoris des siècles derniers, seroit-ce les Peintres de ce genre que nous placerions auprès d'elle ? Non. *Raphael, Michel-Ange, les Carraches, le Dominiquain, Jules Romain, le Titien, le Guide, Paul Véronèze, Rubens, le Poussin,* et ceux enfin de cette classe auroient sans doute les premiers rangs Nous n'imaginerions pas qu'elle dût s'ennuyer en causant avec ces grands hommes, et que l'esprit n'entrât pour rien dans la conversation. Notre Muse avec eux pourroit-elle ne pas parler de la noblesse, de la finesse, de la force des expressions, de l'élévation dans les ordonnances; de ces grâces, plus séduisantes que la beauté même; des profondes recherches sur ce qui concerne le Costume, de cette imagination vive mais toujours réglée, qui, dans les tableaux allégoriques, met le grand Peintre à portée de fournir à son tour au grand Poète des idées sublimes, de ce goût de dessein qu'on ne doit jamais qu'à l'esprit poetique, de ce goût, dis-je, merveilleux et rare, qui, par le plus ou le moins d'élegance, fait distinguer le héros du soldat, et parvient à rendre l'image de la Divinité toujours imposante, et terrible lorsqu'il le faut Combien la Peinture auroit-elle encore de choses à dire au sujet de cette magnifique harmonie des couleurs qui, variée selon les divers sujets que l'on traite, charme les yeux, inspire, à la première vue, un sentiment de joye, de tristesse ou de terreur, et ajoute aux autres beautés que le Peintre a répandues dans son tableau, ainsi qu'une Musique expressive et savante sçait ajouter aux agrémens du Poeme Lyrique En vérité, je doute qu'Homère, Virgile, Ovide, s'ils écoutoient un pareil entretien, pussent regarder l'art de peindre comme un art méchanique, et se figurer qu'en le cultivant un homme d'esprit borné pût parvenir à se faire un grand nom.

« Mais, Monsieur, insensiblement je m'étends beaucoup plus que je n'avois dessein de faire Ne vous en prenez qu'à vous-même, cette première partie de votre Dissertation m'a échauffé au point de me faire oublier que vous venez d'acquerir ici, à juste titre, le droit d'approfondir cette importante matière, et nous ne pouvons douter que vos soins n'ayent un succès proportionne au beau zèle qui vous anime

« L'Académie ne peut trop vous presser de continuer un ouvrage qui ne peut être trop tôt publié En mettant au jour les idées nobles que vous avez sur les arts que nous professons, non seulement vous ferez sentir au public la considération que meritent les grands Artistes ; mais vous redoublez l'émulation des jeunes gens qui cherchent à se distinguer dans nos Ecoles Eh ! que sçait-on ? Peut-être, Monsieur, parviendrez-vous à convaincre enfin ce peuple d'Eleves grossiers, qui ne s'obstinent à cultiver la Peinture et la Sculpture que dans l'espoir du gain, qu'ils devroient abandonner des Muses qui meme ne favorisent pas toujours ceux qui ne leur demandent que des lauriers »

Du samedi 22e Juin 1748

Année séculaire, assemblée publique. — L'Académie, étant parvenue à l'année séculaire de son établissement, et ayant jugé qu'il etoit de son devoir et de sa reconnoissance de consacrer un jour pour en constater l'époque, ainsi que la Protection immédiate du Roy, accordée après un siecle revolu, a ordonné qu'en conséquence il y auroit aujourd'hui une assemblée publique, en laquelle M de Tournehem feroit la distribution des Prix et où M. De Vandières seroit aussi invite de se trouver

M De Tournehem vient présider — M le Directeur Géneral etant arrivé seul, sur les six heures, M *Coypel* et Mrs les Officiers en exercice ont ete au-devant de lui dans le grand salon, et l'ont conduit à la place d'honneur, où il s'est placé, M. *Coypel* à sa droite, et Mrs les autres Officiers selon leurs rangs ordinaires

M. Coypel pronorce un discours sur l'année séculaire Ode de M Desportes sur la Protection immédiate du Roy. — La séance prise, M. *Coypel*, Directeur, a prononcé un très beau Discours sur l'année seculaire de l'établissement de l'Académie, et il a lu une Ode de M Desportes sur la Protection immédiate du Roy, dans laquelle on trouve toutes les grâces de la poesie, jointe à la solidité et à la gradation du raisonnement

Distribution des grands-Prix de 1745. — Après quoi, M. le Directeur Général a fait la distribution des grands Prix de 1745, sçavoir

Le 1er Prix de Sculpture au Sr *L'Archevesque;*

Le 2e Prix de Peinture au Sr *Le Sueur,*

Et le 2e Prix de Sculpture au Sr *Gillet.*

Ensuitte il a aussi distribué les petits Prix du quartier d'Octobre 1743 jusques et y compris celui d'Octobre 1746

La seance levee, M le Directeur Genéral a ete reconduit avec les mêmes cérémonies qu'à son arrivee.

Aujourd'hui, vendredi 28e Juin, l'Académie s'est assemblée, par convocation générale, pour la relevée du quartier. Les délibérations prises pendant ce tems ont été lues, ainsi qu'il est d'usage

M Coypel continué dans la place de Directeur — L'article IX des Statuts portant que le Directeur sera changé tous les ans, si ce n'est que la Compagnie trouve à propos de le continuer, et l'affaire aïant été mise en délibération, l'Académie a été unanimement et par aclamation pour la continuation

Ensuitte il a été décidé qu'à la prochaine assemblée on rempliroit les charges vacantes par la mort de M. *Christophe,* Recteur

Le Sr Reidellet fait voir l'état de la dépense du présent mois de Juin — Conformément au Règlement du 31 May dernier, le Sieur Reidellet a fait voir à l'assemblée l'état de la dépense du présent mois de Juin, lequel état a été vérifié et aprouvé.

Visite des salles. — En terminant la séance, Messieurs les Officiers en exercice ont rapporté qu'ayant fait leurs visites dans les salles de l'Académie, suivant la délibération du 29 Juillet dernier, ils avoient trouvé les tableaux, les figures, et le reste des effets de la Compagnie en bon état.

De Favanne — Cazes — Adam l'aîné — Louis de Silvestre — J Restout — Hulst — G. D'Isle — J Du Mont le Rom — Boucher — C. De Vermont — Jeaurat — J B Oudry — Lemoyne fils — Coustou — Pierre — Pigalle — P Slodtz — Hallé — J. B Massé — Chardin — Leblanc — Desportes — Vinache — Cars — Poitreau — Surugue le fils — Lépicié.

————————

Aujourd'hui, samedi 6e Juillet, l'Académie s'est assemblée par convocation générale pour remplir les places vacantes par la mort de M *Christophe,* Recteur.

Mutation d'Officiers à l'occasion de la mort de M. Chris-tophe, Recteur M De Favanne, Recteur, M Dumont le Romain, Adj a Rect ; M. Pierre, Prof ; M. Hallé, Adj à Prof. — La Compagnie, après avoir délibéré et pris les voix par scrutin, M. *De Favanne*, Adjoint à Recteur, a remplacé M *Christophe* dans la charge de Recteur ; M *Dumont le Romain*, Professeur, a monté à celle d'Adjoint à Recteur ; M. *Pierre*, Adjoint, a été fait Professeur à la place de M *Dumont*, et M *Hallé*, Académicien, a succédé à M *Pierre* dans le grade d'Adjoint à Professeur

M De Caylus fait la lecture de la vie de M. Le Moyne, Premier Peintre du Roy. — Ensuitte M. le Comte de Caylus a lu la vie de *François le Moyne*, Premier Peintre du Roy.

Cette vie, aussi interressante qu'instructive, et dans laquelle l'auteur, sans rien ôter à l'amitié de ses droits, n'en est pas moins vrai dans l'examen judicieux qu'il fait des parties qui manquoient au célèbre artiste qu'il aimoit, et dont il nous fait connoître, non seulement le mérite par rapoit à son art, mais encore le fond de son caractère et de son cœur, deux objets qui, avec les dispositions qu'il avoit reçu de la Nature ont produit ses grands talens et sa fin funeste.

La Compagnie, qui a été extrèmement satisfaite de cet ouvrage, en a remercié unanimement M. le Comte de Caylus.

M. *Coypel*, Directeur, a prononcé à cette occasion un Discours, qui sera transcrit sur le Registre à la suite de la présente délibération[1].

Coypel — Cazes — J B Oudry — Gal-loche — Louis de Silvestre — De Favanne — J Restout — De Jullienne — Fréret — Hulst — Le Ch^er de Valory — Le Clerc — J Du Mont le Rom — Boucher — Natoire — C De Vermont — Jeaurat — Adam l'ainé — C Par-

---

1 La vie de *Lemoyne* se trouve dans les *Vies des Premiers Peintres,* Paris, 1752, II, 81-121, 127-37 La réponse de *Coypel* s'y trouve, p 138-43

rocel — Coustou — Pierre — Bouchardon —
Pigalle — J. Nattier — P. Slodtz — Sarrau
— G. Duchange — Hallé — J. B. Massé —
Chardin — Tocqué — Aved — Cochin —
Geuslain — Poitreau — Vinache — Antoine
Lebel — Lépicié.

Réponce de M. Coypel à M. le Comte de Caylus sur la Vie de M. Le Moyne, Premier Peintre du Roy

« Monsieur, — Cet amour de la vérité qui paroît dans tous vos écrits sera toujours le sûr garant de leur succès. Est-il possible qu'on ne charme pas ses auditeurs quand on sçait, comme vous, soutenir et orner, par la force et les grâces du style, ce vrai qui frappe de lui-même, et qu'on prend soin de ne le présenter jamais qu'avec les ménagemens qu'exige la prudence.

« Lorsque j'ai avancé que, loin de les chercher, on devoit rejetter ces anecdotes douteuses et souvent fausses, capables de flétrir la mémoire des grands Artistes, je n'ai pas prétendu dire qu'il fallût passer sous silence des faits connus de tout le monde, et qui peuvent donner matière à d'utiles reflexions.

« Il est nombre de cas où l'on doit citer les deffauts des hommes renommez dont on s'est chargé d'écrire la vie. Vous vous êtes trouvé, Monsieur, dans la nécessite d'en user ainsi à l'égard de feu M. *Le Moyne*. Personne ici ne pouvoit ignorer combien il etoit tourmenté par cette ambition, qui, dans tous nos Emules, nous offre des objets de haine, et c'étoit un service à nous rendre que de nous remettre sous les yeux à quel point cette passion dominante le rendit malheureux, malgré ses reussites, et dans quel abîme enfin elle sçeut le précipiter.

« M. *Le Moyne*, tel que vous venez de le représenter, fait sur nous l'effet que doit produire le héros de la Tragédie. Nous ne pouvons trop déplorer le sort d'un homme doué d'un talent si rare, mais aussi nous ne saurions disconvenir qu'il n'ait travaillé lui-même à le rendre déplorable, et ce qui doit nous faire trembler, c'est que cette ambition, qui lui devint si funeste, pour s'emparer de nous se présente ordinairement sous le nom de noble émulation. Voilà sans doute comment elle parvint à trouver un si facile accès dans le cœur de M *Le Moyne*, qui, comme vous l'avez dit, Monsieur, étoit rempli, d'ailleurs, de très louables sentimens.

« Elevé à ce rang où toujours il avoit aspiré, quel dommage qu'il n'ait pas consulté un ami tel que vous Peutêtre le posséderions-nous encore ! En suivant vos conseils, il eut trouvé dans la place qu'il occupoit, cette félicité que la modération seule peut nous procurer Vous lui auriez représenté, Monsieur, mieux que personne, qu'il ne suffit pas à un Premier Peintre du Roy de sçavoir faire des tableaux excellens, qu'il doit se connoître lui-même et avoir assez de courage pour convenir au besoin, qu'il n'est pas également propre à tous les genres qu'embrasse la Peinture, que d'autres seroient plus capables que lui de bien traiter certains sujets, si Sa Majesté desiroit les voir représenter Le grand objet du Premier Peintre, auriez-vous dit, c'est que le Roy soit servi parfaitement, et, dans de pareilles occasions, céder à un rival l'honneur de travailler c'est faire plus encore que si l'on travailloit soi-même, puisque cette façon de servir son maître n'est pas celle qui coûte le moins Vous n'eussiez pas manqué d'ajouter, Monsieur, que c'est ainsi qu'il faut remplir l'attente de ceux qui nous ont mis en place, qu'on ne nomme point un Premier Peintre, pour n'avoir bientôt plus qu'un seul Peintre, en décourageant tous les autres, mais au contraire que l'intention d'un digne Chef des Arts, lorsqu'il propose au Roy cette nomination, c'est de charger un galant homme du soin flatteur de faire connoître et briller ses habiles confreres, de leur procurer, avec discernement, des ouvrages dans lesquels ils puissent mettre au grand jour leurs talens divers, et de prouver, par ce moyen, que dans un État on trouve souvent plus de grands Artistes qu'on ne croyoit en avoir, loisqu'on sçait employer chaque artiste dans le genre qui lui est propre.

« En parlant ainsi à M Le Moyne, vous l'eussiez persuadé, Monsieur, et, profitant de vos sages avis, bientôt sa conduite eut engagé ses rivaux mêmes à se réjouir qu'il eût mérité, par ses talens, cette distinction qui avoit été l'objet de ses desirs.

« Mais je m'apperçois qu'en prenant la liberté de vous faire parler, je me donne ici des leçons Pourrois-je m'en repentir ? Si ce que j'ai osé mettre dans votre bouche vous paroit ne pas s'éloigner de votre façon de penser, si vous approuvez enfin mes idées au sujet de la place dont je suis honoré, je viens de me mettre dans l'indispensable et trop heureuse nécessité de ne perdre jamais de vue les devoirs que je me suis prescrits Quelle satisfaction si je puis, en les pratiquant, mériter les sentimens que la Compagnie a témoigné pour moi dans la derniere assemblee. »

———

Aujourd'hui, samedi 27ᵉ Juillet, l'Académie s'est assemblee à l'ordinaire

Le Secrétaire a occupé la séance par la lecture des Conferences de feu M Coypel, Écuier, Premier Peintre du Roy

Assemblée indiquée pour nommer les Officiers qui doivent examiner les ouvrages du Salon — Ensuitte il a annoncé qu'à la prochaine assemblée on nommeroit les Officiers pour examiner les ouvrages qui seront exposés dans le Salon.

Lettre de remercîment de M Pesne. — Après quoy il a lu une lettre de M. *Pesne*, Premier Peintre du Roy de Prusse, par laquelle il remercie l'Académie, dans des termes aussi respectueux que reconnoissans, de l'honneur qu'Elle lui a fait de lui accorder le titre d'Ancien Professeur.

Coypel — Cazes — J B Oudry — J. Restout — Caylus — J. Du Mont le Rom — De Jullienne — Hulst — L'abbé de Lowendal —

Watelet — G. d'Isle — Tournière — Boucher — Adam l'aîné — Natoire — Lemoyne fils — Pierre — J. Nattier — E. Bouchardon — P. Slodtz — Hallé — G. Duchange — J. B. Massé — Chardin — Tocqué — De Lettre — Lépicié.

Aujourd'hui, samedi 3e Aoust, l'Académie s'est assemblée pour les Conférences

Lecture de la vie de M. Desportes — M. *Desportes* a ouvert la séance par la lecture de la vie de M. son père, dans laquelle il rend compte, avec autant d'élégance que de vérité, des talens de cet homme célèbre ; de ses études suivies pour parvenir à la perfection du genre qu'il avoit embrassé, de ses différens travaux à la Cour et dans les pais étrangers, de l'afection particulière de Louis XIV pour lui, et enfin de sa candeur et de l'égalité de son caractère, qui l'ont rendu, dans tous les tems, bon mari, bon père, bon parent et fidèle ami.

Cet ouvrage a été goûté unanimement par la Compagnie qui en a remercié M. *Desportes*, et, comme le Discours que M. *Coypel* a prononcé à ce sujet renferme encore des anecdotes particulières, que la modestie de l'auteur avoit suprimées, l'Académie a ordonné que ce Discours seroit couché sur le Registre, à la suite de la présente délibération.

Officiers nommés pour l'examen des ouvrages du Salon — Il a été réglé que, le lundi 19e Aoust, conformément aux ordres du Roy, à la lettre de M. de Tournehem, en date du 6 May dernier, et à la délibération du 21e Aoust 1745, il y auroit une assemblée particulière, pour examiner les ouvrages qui seront exposés au Salon, et en conséquence on a nommé, par la voie du scrutin, — indépendamment de M. le Directeur, de Mrs les Anciens Recteurs, Recteurs et Adjoints à Recteurs, qui sont de tous les jugemens, — M. *Le Clerc*, Ancien Professeur, Mrs *Vanloo, Boucher,*

Nattoire, De Vermont, Oudry, Bouchardon, Professeurs,
Mrs *Pigalle, Nattier, Slodtz*, Adjoints à Professeurs, et
Mrs *Massé* et *Chardin*, Conseillers

Il a été aussi arrêté que le vendredi, 29e du présent mois,
la Compagnie s'assembleroit pour voir les tableaux et bas-
reliefs, faits par ses Élèves pour les grands Prix, lesquels
seront exposés à l'ordinaire le jour de St Louis.

> *Coypel — Cazes — Lemoyne fils — Louis*
> *de Silvestre — J. Restout — J. Du Mont le*
> *Rom. — De Jullienne — Fréret — Hulst —*
> *L'abbé de Lowendal — Watelet — Boucher*
> *— Natoire — C de Vermont — J. B. Oudry*
> *— Adam l'aîné — Pierre — Pigalle — J Nat-*
> *tier — P Slodtz — G Duchange — Hallé —*
> *J B Massé — Chardin — Tocqué — Aved*
> *— Sue — Poitreau — Leblanc — Desportes*
> *— Lépicié*

Réponce de M Coypel à M Desportes, sur la vie de
M. son père

« Monsieur, — L'Académie ne peut trop vous féliciter
sur la manière dont vous vous êtes acquité du pieux devoir
d'écrire pour Elle la Vie de M *Desportes*, votre illustre père

« Oserai-je vous dire cependant qu'à certains égards, il
eut été plus avantageux pour la Compagnie qu'un autre
que vous se fût chargé de cet ouvrage

« Oui, Monsieur, Elle eut exigé de tout autre écrivain
nombre de détails dont votre modestie l'a privée, et, par
un cas particulier, vous nous forcez à vous admirer d'avoir
supprimé des choses nobles et touchantes que nous eus-
sions été ravis d'entendre

« Par exemple vous dites qu'après la mort de sa respectable épouse, M *Desportes* ne trouva de soulagemens à sa
douleur que dans l'exercice de son art. Ceux qui ont le
bonheur de vous connoître ne pensent pas ainsi, Monsieur
Peuvent-ils ignorer que jamais homme, après une pareille

perte, ne trouva dans de dignes enfants de plus grands sujets de consolation ?

« Vous avez cru ne devoir pas vous étendre sur la manière dont M *Desportes* se conduisoit à l'égard de ceux qui l'engageoient à venir voir leurs ouvrages et à leur faire part de ses sçavantes réflexions.

« Avec quel courage cet homme, si plein de sentiment, s'exposoit-il au risque de paroître dur, lorsqu'il sentoit la nécessité de reprendre avec force, et à quel point s'épanouissoit-il lorsqu'il trouvoit occasion d'applaudir, sans blesser cette verité qu'il ne perdit jamais de vue ! Voilà, Monsieur, ce dont j'ai été temoin ; voilà ce que j'ai éprouvé. Hélas ! combien de fois a-t-il eu la bonté de me mortifier, si j'ose m'exprimer ainsi, en m'ouvrant les yeux sur mes deffauts divers Combien de fois aussi l'amitié dont il m'honoroit l'a-t-elle porté à me tirer d'un découragement qui lui paraissoit trop fort Quel père vous aviez, Monsieur, quel ami je possédois en lui !

« En nous annonçant simplement que M votre père étoit bon parent, vous avez passé sous silence des faits que vous n'avez pas cru pouvoir nous apprendre, sans accorder quelque chose à cet amour-propre que vous combattez toujours Il est un de ces faits surtout, que je n'oublierai jamais, que je ne puis laisser ignorer à cette illustre Compagnie, et que la jeunesse, qui nous écoute, ne peut graver trop profondément dans sa mémoire.

« Monsieur *Desportes* avoit mis à part une somme considérable pour la placer sur la tete de deux parentes qu'il avoit retirées chez lui Il les fait entrer dans son cabinet; il leur annonce son intention Ces vertueuses filles, pénétrées de reconnoissance, tombent à ses pieds, embrassent ses genoux, et le supplient de ne rien décider qu'elles n'ayent informé ses enfans de ce qu'il veut faire en leur faveur « Pour- « rions-nous ignorer, » disent-elles, « ce que nous leur devons ! « Nous sçavons, il est vrai, que, pour répandre vos bienfaits « sur nous, vous n'avez pas besoin de leur aveu, mais nous

« sentons que, pour les accepter, nous ne pouvons nous en
« passer — Allez, » leur dit ce vrai père de famille, en ver-
sant ces pleurs que l'admiration fait couler, et que l'on
aime tant à répandre, « allez consulter mes enfans, je les
« connois, et je sçais déjà que vous n'y perdrez rien »
Elles courent les trouver, elles les informent de tout Les
enfans volent vers leur généreux père et lui rendent grâce
de leur donner de semblables exemples. Voilà de ces scènes
trop rares, où tous les acteurs jouent de si beaux rôles que
tous excitent egalement notre admiration

« Qu'on ne dise point que ces faits, qui n'ont rien de relatif à la Peinture, sont inutiles à rapporter dans la vie des
grands Peintres Quand, surtout, de pareils écrits sortiront
de cette Académie, ils doivent apprendre au public que les
membres qui la composent, quelque vénération qu'ils ayent
pour les grands talens, sont encore plus touchez de la
noblesse et de l'excellence des mœurs Qu'ils comparent
ces talents à l'éclatante broderie et les hommes aux étoffes
qui doivent en être enrichies Que, si toujours on désire
que l'étoffe soit d'une beauté convenable aux agrémens
dont on la couvre, de même l'on souhaite ici que celui qui
se distingue dans son art soit digne, par sa vertu, des
autres dons qu'il a reçus du Ciel[1]. »

———

Aujourd'hui, dimanche 18e Aoust, l'Académie s'est assemblée extraordinairement pour examiner les ouvrages qui
seront exposés au Salon

M. Coypel propose un Règlement au sujet des aspirans
— Avant d'y procéder, M. *Coypel*, Directeur, a prononcé
un Discours à cette occasion, à la fin duquel il a proposé
un nouveau Règlement, relatif à l'esprit des Statuts, au sujet
de ceux qui se présenteront doresnavant pour être Agreés,

1. La vie de *François Desportes* par son fils est imprimée dans
les *Mémoires inédits des Académiciens*, II, p 98 113 La réponse
de *Coypel* lui est une addition aussi honnête qu'intéressante.

lequel projet a été goûté unanimement par la Compagnie, qui en a remis la décision à la dernière assemblée du mois.

Examen des ouvrages du Salon — Après quoi on a fait l'examen des ouvrages du Salon, conformément à ce qui avoit été réglé par la précédente délibération.

> *Coypel — Cazes — Lemoyne fils — Louis de Silvestre — J. Restout — J Du Mont le Rom — Le Clerc — Boucher — Natoire — C De Vermont — J. B. Oudry — E. Bouchardon — Pigalle — J Nattier — P Slotdz — J B Massé — Chardin — Lépicié.*

———

Aujourd'hui, vendredi 23ᵉ Août, l'Académie s'est assemblée extraordinairement, à dix heures du matin, pour voir les tableaux et bas-reliefs faits par ses Elèves pour concourir aux grands Prix Après les avoir vus, Elle a résolu que ces ouvrages seront exposez pour le public le jour de Sᵗ Louis, et jugez, le samedi 31 du présent mois, par MM les Officiers et Académiciens, lesquels ne donneront leurs suffrages que le jour de l'assemblée, conformément aux délibérations de 1740 et 1741, ce qui sera indiqué sur les billets

M. Vanloo d'Espagne fait part à la Compagnie que Sa Majesté très Chrétienne l'a honoré du cordon de Sᵗ Michel — Ensuitte le Secrétaire a fait lecture d'une lettre de M. *Vanloo*, Premier Peintre du Roy d'Espagne, par laquelle il aprend à la Compagnie que Sa Majesté très Chrestienne l'a honoré du cordon de Sᵗ Michel

Le Secrétaire a été chargé de lui en faire compliment au nom de l'Académie

M Süe fait présent d'un nouveau traité qu'il a fait sur l'anatomie de l'homme en deux volumes in-8° — M Sue, Adjoint à Professeur pour l'Anatomie, a fait présent à l'Académie d'un nouveau traité qu'il a mis au jour en 2 vol. in-8°, ayant pour titre : « Abrégé de l'anatomie du corps de l'homme »

La Compagnie a été très sensible à l'attention de M Sue et l'en a remercié.

> *Coypel — Cazes — Lemoyne fils — Louis*
> *de Silvestre — Galloche — J. Restout — J*
> *Du Mont le Rom. — Caylus — Hulst — Wa-*
> *telet — Boucher — Natoire — C de Vermont*
> *— Adam l'aîné — E. Bouchardon — G Cous-*
> *tou — Pierre — Pigalle — J. Nattier — Hallé*
> *— P Slodtz — J. B. Massé — Chardin —*
> *Aved — Chaufourier — J. P. Sue — Lépicié*

───

Aujourd'hui, samedi 31ᵉ Aoust, l'Académie s'est assemblée, par convocation génerale, pour juger les grands Prix faits par ses Elèves sur trois sujets tirés de l'Ancien Testament, dont deux représentent Cain qui tue son frère Abel, et Abraham qui renvoie sa servante Agar et le troisieme Joab poursuivant Absalon, suspendu par les cheveux à une branche d'arbre

Lecture du Règlement pour les Aspirans proposé dans l'assemblée du 18 — Avant d'y procéder, le Secrétaire a lu une lettre de M. *Coypel*, Directeur, adressee à la Compagnie, par laquelle il lui marque qu'un devoir indispensable, qui l'appelle à Versailles, ne lui permet pas de se trouver à l'assemblée, qu'il est d'autant plus mortifié d'être privé de cet honneur qu'il comptoit lui proposer lui-même un Règlement au sujet des aspirans ; qu'il l'a remis au Secrétaire, pour en faire la lecture, ainsi que de quelques idees qu'il a jettees sur le papier, à l'occasion du nouveau concours, pour les quatre Prix qui restent à distribuer aux Elèves, soumettant le tout aux sages décisions de l'Académie.

Jugement des grands Prix. — Ce rapport fait, la Compagnie ayant fait l'ouverture des boetes qui avoient été exposez pour le jugement des grands Prix, les voix prises et comptées à l'ordinaire ·

Le Sʳ *Mettay*, qui a fait le tableau marqué A, s'est trouvé meriter le Premier Prix de Peinture,

Le Sr *Caffiery*, qui a fait le bas-relief marque G, le premier Prix de Sculpture,

Le Sr *Doyen*, qui a fait le tableau marqué C, a été aussi jugé mériter le second de Peinture ;

Et le Sr *Dumont*, qui a fait le bas-relief marque F, le second de Sculpture

Propositions au sujet du nouveau concours pour les quatre Prix qui restent a distribuer aux Elèves. ce sont les quatre grands Prix de 1747 — Ensuitte il a été decidé, suivant ce qui a été proposé par la lettre de M *Coypel*, qu'il y auroit un nouveau concours en faveur des Elèves, pour qu'ils tachent d'obtenir les quatre Prix qui restent à distribuer

Que les Elèves qui viennent de travailler pour les Prix et qui n'en ont point obtenu pourront être admis à concourir, ainsi que ceux qui représenteront de nouveau. avec liberté aux premiers de laisser les mêmes tableaux et les mêmes bas-reliefs, si bon leur semble,

Que l'Académie, afin de se mettre plus à portée de juger pour quel genre d'histoire chaque élève a plus de disposition, leur accorde à tous la permission de faire choix de leurs sujets, à condition qu'ils soumettront leurs esquisses aux décisions de l'Academie, comme à l'ordinaire ;

Et qu'enfin l'Académie, eu égard à la mauvaise saison, leur accorde deux mois et demi pour l'exécution de leurs tableaux et bas-reliefs, en leur ordonnant de n'entreprendre que des sujets légers, pour qu'ils ayent le tems de les rendre avec plus d'étude

Les Elèves commenceront leurs esquisses mardi [1] prochain dans l'Académie, pour être juges à la première assemblée.

Après quoi on a remis en délibération le projet de Reglement dont il a eté parlé ci-dessus, au sujet de ceux qui se présenteront pour etre Agréés Lequel reglement a eté approuvé unanimement et porte ce qui suit

[1] Il y avait d'abord *lundi* et sept mots plus loin *prochaine*

Règlement nouveau au sujet des Aspirants.

Article premier

L'Aspirant, avant toute chose, sera tenu de se pourvoir d'un Introducteur, et ne pourra, s'il est Peintre, s'adresser qu'à un Peintre du genre dans lequel il travaille, comme aussi, s'il est Sculpteur ou Graveur, il faudra nécessairement qu'il soit présenté par un Officier du même Art.

Article second

Si l'Introducteur, après avoir examiné scrupuleusement les ouvrages de l'Aspirant, juge qu'il ne soit pas en état de prétendre au titre d'Académicien, il fera son possible pour le détourner d'une fausse démarche

Article troisième et dernier

Lorsque l'Introducteur croira que l'Aspirant peut espérer de l'Académie un accueil favorable, ou qu'il le verra déterminé, malgré ses conseils, à courir le risque d'un refus, il le proposera à l'assemblée, sans toutefois le nommer, et se contentera de dire s'il est Peintre, Sculpteur ou Graveur Alors la Compagnie nommera un Recteur, un Adjoint à Recteur et deux Professeurs pour aller voir ses ouvrages, et pour en faire leur rapport dans la prochaine assemblée, et ce sera sur ce rapport que l'Académie décidera si ledit Aspirant peut faire ses visites pour être *Agréé.*

M. *Moireau*, Graveur et Académicien, a présenté à l'assemblée deux épreuves d'une planche qu'il a gravée d'après *Vovremens*, ayant pour titre « la Grotte du Maréchal, » l'examen fait, la Compagnie a approuvé ladite planche, pour faire jouir l'exposant des privilèges accordés à l'Académie par l'Arrest du Conseil d'État du 28 Juin 1714

Cazes — Lemoyne fils — Galloche — Louis de Silvestre — De Favanne — J Restout — J. Du Mont le Rom — Caylus — Hulst — De Jullienne — Fréret — Le Clerc — Carle Vanloo — Boucher — Chardin — Tocqué —

Natoire — C de Vermont — Jeaurat — J B Oudry — Adam l'ainé — Pierre — P Slodtz — Hallé — G Duchange — J B. Massé — Chaufourier — Cochin — Vinache — De Lettre — Poitreau — Desportes — Nonnotte — Su- rugue — Huilliot — Courtin — Lépicié.

Aujourd'hui, samedi 7e Septembre, l'Académie s'étant assemblée pour les Conferences,

M le Comte de Caylus fait la lecture d'une Dissertation sur l'Amateur — M le Comte de Caylus les a ouvertes par la lecture d'une Dissertation sur l'Amateur, dans laquelle il fait connoître, non seulement toutes les connoissances qu'il doit acquérir, mais encore l'usage et l'application qu'il en doit faire, et il conclut par exhorter les Artistes de continuer ainsi de leur côté à cultiver en eux les mœurs douces, le sçavoir et les agremens de l'esprit, afin de ramener en par- tie ce degré d'honneur dont les Arts ont joui dans les tems heureux de la Grèce.

La Compagnie, qui a été extrêmement satisfaite de cet ouvrage, en a remercié M le Comte de Caylus, à qui M *Coypel*, Directeur, a adressé un Discours, qui sera cou- ché sur le registre à la suite de la présente délibération

Choix des Élèves pour être admis au nouveau concours — Ensuitte l'Académie, après avoir examiné les esquisses faites par les Etudians pour être admis au nouveau con- cours, a choisi, pour la Peinture, les nommés *La Rue, Hutin, La Traverse* et *Briard,* pour la Sculpture, les nommés *Pé- rache* et *Pajou*

Coypel — Cazes — Galloche — Carle Van- loo — De Favanne — J Restout — Caylus — J. Du Mont le Rom — De Jullienne — Fréret — Hulst — Calvière — Watelet — Le Clerc — Boucher — Natoire — C de Ver- mont — Jeaurat — J. B. Oudry — Adam

l'aîné — Lemoyne fils — Pigalle — Nattier — Pierre — P Slodtz — Halle — G Duchange — J. B Massé — Chardin — Poitreau — Tocqué — Aved — Leblanc — Vinache — Lépicié

Réponce faite par M. Coypel au Discours de M le Comte de Caylus sur l'Amateur.

« Monsieur, l'Amateur, tel que vous venez de le peindre, est sans doute très difficile à rencontrer, mais nous pourrions prouver ici que ce n'est pas une chose impossible

« Il seroit fort à désirer que tous ceux qui aspirent à ce titre possédassent les rares qualités dont vous prétendez qu'ils devroient être pourvus Cependant je pense qu'il ne seroit pas juste de l'exiger, à moins que ce ne fût de ces Amateurs qui se croyent en droit de prononcer egalement bien sur toutes les parties de la Peinture

« Mais quoi ! Ce seroit en vain que nous leur demandrions cet ensemble de connoissances diverses La passion de s'ériger en juges souverains ne permet pas de s'appliquer assez pour approfondir les choses, de sérieuses et longues réflexions blessent l'amour-propre, qui, toujours impatient de se satisfaire, nous persuade aisément que, pour en imposer, il faut décider avec autant de promptitude que d'assurance, et vous sçavez, Monsieur, que, plus on fait de progrès dans la connoissance des Arts, plus on devient lent et modeste dans ses décisions

« Par exemple, parmi les Amateurs Membres de cette Académie, en est-il quelqu'un qui osât, même dans une simple conversation, hasarder son sentiment avec légèreté ? Non ; plus ils se tiennent honorés de la confiance qu'on leur accorde, plus ils craignent de se commettre, et je suis persuadé, Monsieur, qu'ils ne seront pas les derniers à vous remercier d'avoir demontré, avec autant de force et de clarté, à quel point il est difficile de mériter la réputation de vrai connoisseur. Quiconque lira avec réflexion ce que

nous venons d'entendre sentira qu'il est permis à tout
homme de bon sens et d'esprit de dire qu'un nouvel
ouvrage ne le touche point, mais que très peu d'amateurs
sont en droit de declarer, d'un ton affirmatif, qu'il est mauvais, parce qu'il ne leur plaît pas »

———

Aujourd'hui, samedi 28e Septembre, l'Académie s'est
assemblee, par convocation générale, pour la relevée du
quartier. Les delibérations, prises pendant ce tems, ont été
lues, ainsi qu'il est d'usage

*M Duchange présente à l'assemblée deux épreuves d'une
planche qu'il a gravée d'après M Coypel* — M *Duchange*,
Graveur et Conseiller, âgé de 87 ans, présente à l'assemblée
deux epreuves d'une planche qu'il a gravée d'après M. *Coypel*, ayant pour titre « L'enfant Jésus au berceau. » L'examen fait, la Compagnie a approuve ladite planche, pour
faire jouir l'exposant des privilèges accordés à l'Académie
par l'Arrest du Conseil d'Etat du 28 Juin 1714

— (En marge) Prix du quartier

1er Prix, *Drouet*, P

2e Prix, *Thomire*, S

3e Prix, *Larché*, P.

En terminant la séance, ia Compagnie a nomme M *Hallé*
Adjoint, pour exercei à son rang le mois d'Octobre prochain, à la place de M *Parrocel*, Professeur, qui a prie la
Compagnie de l'en dispenser, attendû les ouvrages qu'il a
à finir pour le Roy

> *Coypel — Cazes — De Favanne — Carle
> Vanloo — J Restout — Caylus — J Du Mont
> le Rom — De Jullienne — Hulst — G. d Isle
> — Fréret — Le Clerc — Boucher — Lépicié
> — Natoire — Collin de Vermont — Jeaurat
> — J. B Oudry — Adam l ainé — Lemoyne
> fils — E Bouchardon — Pigalle — J Nat-
> tier — P Slodtz — Tocqué — L Surugue —
> Hallé — G Duchange — J B Massé —*

Aved — Frontier — Courtin — Cochin — Vi-
nache — Leblanc — De Vernansal.

Aujourd'hui, samedi 5ᵉ Octobre, l'Académie s'est assemblée pour les Conférences

Lecture de deux lettres en forme de mémoires pour ser-
vir à la vie de M Le Lorrain. — Le Secrétaire les a
ouvertes par la lecture de deux lettres, en forme de Mémoires,
pour servir à la vie de M *Le Lorrain*, Sculpteur et Recteur, l'une de M. son fils, Docteur de Sorbonne, et l'autre
de M *Le Moyne* le fils, son Elève

L'Académie a écouté la lecture de ces deux lettres avec
d'autant plus de plaisir, qu'indépendamment de l'intérest
qu'Elle prend à la mémoire du digne confrère qui en fait
l'objet, Elle a aussi trouvé que ces écrits ne sont pas moins
l'éloge des sentiments du fils que celui de la capacité et de
la connoissance de l'élève

M. le Directeur a complimenté en particulier M *Le*
Moine à ce sujet et a ajouté qu'il seroit à souhaiter que
son exemple fût imité de tous ceux qui sont en état de
donner de pareilles anecdotes [1]

Coypel — Galloche — Hallé — J Restout
— Louis de Silvestre — J. Du Mont le Rom
— Hulst — Boucher — C. De Vermont —
J. B Oudry — Adam l'ainé — Pierre — Pi-
galle — Lemoyne fils — P Slodtz — E. Bou-
chardon — Poitreau — Tocqué — Lépicié.

Aujourd'hui, samedi 26ᵉ Octobre, l'Académie s'est assemblée à l'ordinaire

Lecture du Catalogue raisonné des Tableaux du Roy
— Le Secrétaire a occupé la séance par la lecture du com-
mencement de son Catalogue raisonné des tableaux du
Roy. La Compagnie en a été si contente qu'Elle l'a très

1 Voir *Mémoires inédits des Académiciens*, II, 210

fort exhorté de continuer avec le même zèle et le même goût

Ensuitte et en conséquence de ce travail, on est convenu de [prier M le Directeur Général des Bâtimens de donner ses ordres pour[1]] faire aporter les tableaux qui seront transportables, afin de conférer dessus et de former des avis certains sur les talens des grands maîtres

Après quoi, la Compagnie a nommé M *Pigalle* pour exercer, à son rang d'Adjoint, le mois de Novembre prochain, à la place de M *Coustou*, Professeur, qui est absent.

En levant le siège, il a été décidé que, le 1er samedi du mois où nous allons entrer tombant sur la fête des Trépasses, l'assemblée seroit remise à huitaine.

> *Coypel — Galloche — Hallé — J. Restout — J Du Mont le Rom — Caylus — Hulst — Natoire — C De Vermont — J B Oudry — Adam l'aîné — Pierre — Pigalle — Lemoyne fils — Nattier — P. Slodtz — G Duchange — Tocqué — Aved — J. B. Massé — Drouais — Delobel — Lépicié.*

Aujourd'hui, samedi 9e Novembre, et conformément à la dernière délibération, l'Académie s'est assemblée pour les Conférences

Lecture d'une Dissertation de M Le Clerc. — M *Le Clerc*, Professeur pour la Perspective, les a ouvertes par la lecture d'une Dissertation sur la nécessité indispensable où sont les Peintres, les Dessinateurs, et même les Graveurs, de cultiver cette science et les erreurs où ils tombent dans leurs opérations, faute d'en connoître les maximes et les règles

Ensuitte, après avoir cité à cette occasion plusieurs exemples, il conclut en disant qu'il prie la Compagnie de

1. Addition marginale contresignée C (*Coypel*), L G (*Louis Galloche*), H (*Hulst*), J R (*Jean Restout*), D (*Drouais*).

ne regarder ce mémoire, qui peut être de quelque utilité aux jeunes gens et à ceux qui ont besoin d'instruction,
que comme un compte qu'il rend à l'Académie de la
manière dont il s'est acquité, depuis plus de trente ans, de
l'emploi dont Elle a bien voulu l'honorer.

Réponse de M. Coypel — La Compagnie a été extrêmement contente de cette Dissertation, qui développe, avec
une précision géométrique, tous les avantages que l'on peut
retirer des règles de la Perspective, et Elle en a fait compliment à l'auteur par un Discours, que M Coypel lui a
adressé, et dont il sera fait mention sur le Registre.

En terminant la séance, on est convenu que, le dernier
samedi du mois tombant sur la fête de St André, l'assemblée sera avancée d'un jour et se tiendroit le vendredi 29
du présent, auquel jour se fera le jugement des tableaux
et des bas-reliefs pour les grands Prix du nouveau concours.

*Coypel — Galloche — Pigalle — Louis de
Silvestre — J Restout — Caylus — Hulst —
Fréret — De Jullienne — Watelet — G. d'Isle
— Leclerc — Boucher — C De Vermont —
J B Oudry — Adam l'ainé — Lemoyne fils
— E Bouchardon — Pierre — J Nattier —
P Slodtz — Hallé — G. Duchange — J B.
Massé — L Tocqué — Vinache — Geuslain
— Leblanc — Boizot — Poitreau — Lépicié*

*Réponce faite par M Coypel au Discours de M Le Clerc
sur la Perspective*   .

« Monsieur, l'Académie ne peut trop vous louer des soins
que vous avez pris pour prouver à quel point l'étude de la
Perspective est nécessaire aux Peintres

« Nous pouvons dire qu'en ce genre les fautes grossières
qui se rencontrent dans un tableau sont comparables aux
solécisme qu'on trouveroit dans un écrit

« La Compagnie a toujours été persuadée de cette vérité,

pouvoit-Elle le mieux prouver, Monsieur, qu'en vous char-
geant du noble emploi d'instruire les Elèves sur cette
importante partie. »

———

Aujourd'hui, vendredi 29ᵉ Novembre, et conformément
à la dernière délibération, l'Académie s'est assemblée pour
voir les tableaux et les bas-reliefs faits par ses Elèves pour
les prix du nouveau concours.

*Jugement des grands Prix du nouveau concours, indiqué
pour la prochaine assemblée* — [Il] *est décidé qu'on ne donnera qu'un Prix à la Sculpture et les trois autres à la Peinture.* — Après les avoir vûs, la Compagnie a décidé que,
ce concours n'ayant été ordonné que pour trouver des sujets
capables de remplir les places du nouvel établissement,
il convenoit, pour répondre aux grâces de Sa Majesté et
aux vues de M. de Tournehem, de se fixer à ce seul point
et, comme il se trouve quatre Peintres contre deux Sculpteurs, l'Académie a jugé à propos, pour établir l'égalité et
avoir du choix, de ne donner qu'un Prix à la Sculpture et
les trois autres à la Peinture.

Ensuitte Elle a réglé que, pour encourager les autres
Elèves qui auront le plus approché des Prix par les sufrages,
Elle donneroit aussi des accessits, lequel jugement se fera
à la prochaine assemblée

*Lecture de la vie de M. Le Sueur par M le Comte de
Caylus* — Cet arrangement pris, M. le Comte de Caylus a
lû la vie de M *Le Sueur,* bien plus interressante et bien
plus instructive que toutes celles qui se sont faites précédemment, tant par raport à l'esprit et au caractère de ce
Peintre célèbre, qu'au mérite particulier de ses ouvrages,
dont plusieurs étoient restés dans l'oubli, faute de recherches
aussi exactes.

L'Académie, qui se trouve unie à la gloire de ce grand
homme, qui a été un de ses premiers membres, a remercié
unanimement M. le Comte de Caylus de ce travail, dont le

tour et l'exécution ne font pas moins d'honneur à son goût
qu'à ses connoissances profondes dans toutes les parties de
la Peinture

Ce qui a été suivi d'un Discours que M Coypel lui a
adressé à ce sujet, lequel sera couché sur le Registre, à la
suitte de la présente délibération.

Service pour les deffunts. — En finissant la séance, la
Compagnie a déterminé que la célébration du service pour
le repos des âmes de M^{rs} les Officiers et Académiciens décédés dans le courant de l'année et les précedentes se feroit
à Saint-Germain-l'Auxerrois, le samedi 7e Décembre
prochain.

L'Académie y sera invitée par billets

> *Coypel — Cazes — Galloche — Louis de
> Silvestre — Pigalle — J. Dumont le Rom. —
> Caylus — Hulst — De Jullienne — Le Ch^{er}
> de Valory — Carle Vanloo — Boucher — Na-
> toire — C. de Vermont — J. B Oudry —
> Adam l'aîné — Lemoyne fils — E. Bouchar-
> don — Coustou — Pierre — J Nattier — P
> Slodtz — G Duchange — Hallé — J. B.
> Massé — J C Roèttiers — Chardin — L
> Tocqué — Drouais — Vinache — Geuslain —
> Frontier — Lépicié.*

*Réponse de M Coypel a M. le Comte de Caylus sur la vie
de M. Le Sueur.*

« Monsieur, — En nous décrivant les ouvrages de M *Le
Sueur*, vous venez de les remettre pour ainsi dire sous nos
yeux, de manière à redoubler notre admiration pour ses
rares talens

« En nous parlant de ses mœurs, vous nous faites regretter ce grand homme comme si nous l'avions connu et qu'il
fût possible que cette Compagnie le possédât encore

« Mais, monsieur, ce qui doit le plus nous toucher, dans
l'ouvrage que vous venez de nous communiquer, c'est le

soin que vous avez pris de justifier M *Le Brun* des procédés odieux, dont la noire calomnie a osé l'accuser. Loin
de nous ceux qui ajouteroient foi et qui donneroient place
dans leurs écrits à ces faits apocriphes, qui ne tendent pas
à moins qu'à inspirer de l'horreur pour la mémoire d'un
grand homme que cette Académie doit révérer comme son
père »

Aujourd'hui, samedi 7e Décembre, l'Académie s'est assemblée, par convocation générale, pour juger les grands Prix
du nouveau concours fait par ses Elèves sur six sujets différents, dont cinq sont tirés de l'Ancien Testament et le
sixième de l'Histoire de France.

Jugement des grands Prix du nouveau concours. — La
Compagnie, ayant fait l'ouverture des boétes qui avoient
été exposées à cette occasion, les voix prises et comptées à
l'ordinaire

Le S *Hutin*, qui a fait le tableau marqué G, s'est trouvé
mériter le premier prix de Peinture ;

Le S. *Pajou*, qui a fait le bas-relief marqué E, le premier
Prix de Sculpture,

Le S *La Traverse*, qui a fait le tableau marqué F, a
aussi été jugé mériter un second Prix de Peinture ;

Ainsi que le S. *La Rue*, qui a fait le tableau marqué H

Les Sieurs *Briard* et *Pérache*, l'un Peintre et l'autre
Sculpteur, ont eu chacun un accessit

Ce matin, l'Académie a fait célébrer un service à Saint-
Germain-l'Auxerrois, pour le repos des âmes de Mrs les
Officiers et Académiciens décédés dans le courant de l'année
et les précédentes

En terminant la séance, il a été réglé que, le dernier
samedi du mois tombant sur la fête des Innocens, l'assemblée seroit remise au mardi suivant, 31 du present

*Coypel — Cazes — Galloche — C De Ver-
mont — Louis de Silvestre — J Restout —*

J Du Mont le Rom. — Le Ch^{er} de Valory — Hulst — De Jullienne — Caylus — Le Clerc — Carle Vanloo — Hallé — Boucher — J B. Oudry — De la Tour — Natoire — Adam l'aîné — Lemoyne fils — E Bouchardon — Coustou — Pierre — Pigalle — Nattier — P. Slodtz — G. Duchange — J. B. Massé — Chardin — L. Tocqué — Aved — Huilliot — De Lettre — Poitreau — Cars — Desportes — Cochin — Boizot — Lépicié.

———

Aujourd'hui, mardi 31 Décembre, l'Académie s'est assemblée, par convocation générale, pour la relevée du quartier et pour la lecture des délibérations prises pendant ce tems

Réception de M. Oudry le fils — Après quoi le Sieur *Jacques-Charles Oudry*, Peintre à talent, fils de M *Oudry*, Professeur, a présenté à l'assemblée le tableau qui lui avoit été ordonné pour sa réception, dont le sujet représente, sur le devant, une daine morte, un panier de gibiers et autres choses accessoires Les voix prises à l'ordinaire, la Compagnie a reçu et reçoit ledit Sieur *Oudry* Academicien, pour avoir séance dans les assemblées et jouir des privilèges, honneurs et prérogatives attribués à cette qualité, en observant par lui les Statuts et Règlemens d'icelle Académie, ce qu'il a promis en prêtant serment entre les mains de M. *Coypel*, Ecuyer, Premier Peintre du Roy, Directeur et Recteur.

Lecture du Règlement pour l'établissement de l'Ecole Roiale — Cette réception faite, M. *Coypel*, après avoir exposé par un discours les avantages du nouvel établissement de l'Ecole Royale, en a lû le Règlement, que la Compagnie a ordonné au Secrétaire de coucher sur le Registre, à la suite de la présente délibération, afin de transmettre à la postérité les bienfaits et les magnificences du Roy, son auguste Protecteur, la solidité des vues de M le Directeur

Général, et la vive et respectueuse reconnoissance de l'Académie à cet égard

Ensuitte M. *Nattier*, Adjoint, a été nommé à son rang pour exercer le mois de Janvier prochain à la place de M. *Bouchardon*, Professeur, qui a prié la Compagnie de l'en dispenser, attendû la figure equestre du Roy à laquelle il travaille.

Députation pour la nouvelle année — Suivant l'usage, l'Académie est convenue d'aller en Députation au sujet de la nouvelle année saluer M le Directeur Général et M de Vandières, reçu en survivance, laquelle Députation sera composée de M. *Coypel*, Directeur, de M *de Silvestre*, ancien Recteur, et de M^rs les Officiers en exercice

Rapport de la visite des Salles — Ceux qui ont exercé pendant le quartier ont raporté qu'ayant fait leurs visites dans les salles de l'Académie, ils avoient trouvé les tableaux, les figures et le reste des effets de la Compagnie en bon état, ce qui s'est fait en conformité de la délibération du 29 Juillet 1747

M *Moireau*, Graveur et Académicien, a présenté à l'assemblée deux épreuves d'une planche qu'il a gravée d'après *Vovremens*, ayant pour titre « Les marchands forains; » l'examen fait, la Compagnie a aprouvé ladite planche pour faire jouir l'exposant des privilèges accordés à l'Académie par l'Arrest du Conseil d'Etat du 28 Juin 1714

Le Secrétaire chargé d'écrire a M le Marquis de Calvière au sujet du grade de Lieutenant Général des armées du Roy — Le Secrétaire a été chargé d'écrire à M le marquis de Calvière pour le complimenter, de la part de la Compagnie, au sujet du grade de Lieutenant Général dont le Roy l'a honoré

Départ des Srs Mettay et Caffiery pour Rome — En terminant la seance, M *Coypel* a annoncé à la Compagnie que M De Tournehem avoit arrêté que les Sieurs *Mettay* et *Caffiery* iroient à Rome incessamment et le St *Hutin* au mois de Septembre prochain, et que les autres Elèves,

qui ont eu des Prix dans les deux concours précédens, entre-
roient dans l'Ecole Roiale.

> Coypel — Cazes — Galloche — Louis de Sil-
> vestre — J. Restout — C. de Vermont — J. Du
> Mont le Rom. — De Jullienne — Fréret —
> Hulst — J B Massé — Chardin — J C Roët-
> tiers — Carle Vanloo — Boucher — Natoire —
> J B Oudry — Adam l'ainé — De la Tour
> — Lemoyne — Pierre — E Bouchardon —
> G Coustou — Pigalle — Hallé — Nattier —
> P Slodtz — G. Duchange — Aved — Tocqué
> — Cars — Delobel — Huilliot — Guay —
> Leblanc — Massé — Boizot — Desportes —
> Cochin — Poitreau — Chastellain — Oudry
> fils — Courtin — Frontier — Surugue —
> Surugue le fils — Lépicié

Prix du quartier[1]

1er Prix *Jollain*, P.
2e Prix *Guibal*, P
3e Prix *Duprez*, S

Noms des six Elèves protégez.

Du premier concours

Second Prix de Peinture · Le S *Doyen*
Second prix de Sculpture · le S. *Dumont*

Deuxième concours .

Premier Prix de Peinture : Le S *Hutin*
Premier Prix de Sculpture . Le S. *Pajou*
Second Prix de Peinture Le S. *La Traverse.*
Autre second Prix de Peinture Le S *De la Rue*

Règlement au sujet de l'etablissement de l Ecole Roiale

Article premier.

Messieurs de l'Académie Roiale de Peinture et de Sculp-

1 Les prix du quartier et les noms des Elèves protégés sont
écrits en marge.

ture observeront que les places d'Elèves protégés ne sont
fondées que pour des jeunes gens qui donneront à la fois
des preuves d'un génie décidé et du vrai besoin qu'ils
auront des grâces de Sa Majesté pour suivre le cours de
leurs études

Article II

Ceux qui prétendent à l'avantage d'être admis au nombre
des Elèves protégez seront obligés de faire, dans l'Académie, un tableau, ou un bas-relief, d'invention, dont le Directeur leur donnera le sujet. L'Académie assemblée jugera
par leurs ouvrages, qui seront ceux qu'Elle pourra proposer à M le Directeur Général des Bâtimens, auquel le
choix appartiendra, et ce sera la première grâce dont
seront favorisez ceux qui doresnavant remporteront les
grands Prix

Article III

Cette grâce sera accordée pour trois ans, après quoi les
Elèves qui en auront sçû profiter iront à Rome assez formez pour y faire des études plus sérieuses

Article IV.

Si l'Académie jugeoit cependant que, parmi les Elèves
qui à l'avenir remporteront les grands Prix, il y en eût
d'assez avancez pour aller tout de suite à Rome, Elle en
feroit son rapport à Monsieur le Directeur Général des
Bâtimens

Article V

Les Elèves protégez vivront ensemble dans la même
maison, sous la conduite du Gouverneur nommé par le
Roi. Ils mangeront à sa table, avec le Professeur preposé
pour leur orner l'esprit des connoissances de l'Histoire, de
la Fable, de la Geographie et autres relatives aux arts qu'ils
embrassent Ce Professeur aura séance aux assemblées de
l'Académie avec les Professeurs de Perspective et d'Anatomie

Article VI.

Le dit Professeur ouvrira sa classe, tous les jours, depuis

six heures du matin, en été, jusqu'à sept et demi, et en hiver, depuis sept et demi jusqu'à neuf.

Article VII.

Ladite classe se tiendra dans le lieu où, le soir, on pose le modelle, les Elèves externes, avec un billet de protection, pourront assister à ces leçons, ainsi que les Elèves protégez assisteront à celles de Perspective et d'Anatomie.

Article VIII.

En sortant de cette classe, les Elèves Peintres protégés travailleront, dans la Gallerie d'Apollon, soit à copier les tableaux du Roi, et ceux des autres Cabinets qu'on pourra leur faire prêter, soit à des morceaux de composition Le Gouverneur, au fond de cette Gallerie, appliqué lui-même à son propre ouvrage, leur donnera un exemple capable de les encourager à une étude assidue Les Elèves Sculpteurs s'occuperont, dans les salles de l'Académie, à copier les statues antiques et quelquefois aussi modèleront quelques morceaux d'invention, selon que le Gouverneur le jugera nécessaire.

Article IX.

Quand les Elèves protégez auront lu un trait d'histoire, qui offrira un beau sujet pour la Peinture, il sera bon qu'ils en fassent des esquisses, ce qui, non seulement exercera leur Génie, mais aussi ne contribuera pas peu à graver ces faits dans leur mémoire Ils exposeront ces esquisses au jugement de l'Académie tous les premiers samedis du mois, et liront l'extrait fait par eux-memes de ce trait historique

Article X.

On engagera ceux dont les esquisses paroîtront passablement bonnes à les graver à l'eau forte. Ces petites planches seront de pareille grandeur et formeront insensiblement une suitte, qui aura quelque agrément pour l'histoire, quand même elle ne sera pas recommandable par l'exécution

Article XI

Comme il est très important que les jeunes gens qui

s'adonnent à la Sculpture acquièrent de bonne heure la
pratique de travailler le marbre, sur le rapport qui en sera
fait à M le Directeur Général par le Premier Peintre et
le Gouverneur, Messieurs les Sculpteurs de l'Académie,
qui auront de leurs Ecoliers parmi les Elèves protégez,
pourront les appeler pour venir les aider dans des travaux
en marbre, à condition qu'ils ne les employeront qu'à des
ouvrages capables de les fortifier dans leur art, et qu'ils
répondront au Gouverneur des Elèves protégez de la conduite de celui qui travaillera chez eux gratuitement

Article XII

Le Gouverneur des Elèves protegez sera obligé de rendre
souvent un compte exact de leurs progrez et de leur conduite à Monsieur le Directeur et ordonnateur général des
Bâtimens.

Si parmi eux il s'en trouvoit quelqu'un qui négligeât
l'étude, ou dont les mœurs fussent de mauvais exemple
pour les autres, ou qui ne se comportât pas avec la décence
convenable, il seroit renvoyé L'Académie alors ordonne-
roit un concours, et la place vacante d'Elève protégé seroit
le prix proposé aux Etudians.

Cet article doit être affiché dans la salle d'étude

Article XIII

Sa Majesté accorde dix huit cent livres pour distribuer
aux Elèves protégez des gratifications, selon qu'il les méri-
teront, et pour fournir aux besoins relatifs à leurs études.

1749

Aujourd'hui, samedi 4ᵉ de Janvier, l'Académie s'est assemblee par convocation générale

Rapport de la Députation à M. de Tournehem. — Conformément à la délibération du 31 Decembre dernier, Mʳˢ les Députés ont raporté que ce matin ils s'etoient rendus chez Monsieur le Directeur Général pour le saluer au sujet de la nouvelle année et que M.. *Coypel*, portant la parole, lui avoit dit

« Monsieur, — La place que vous occupez exige nos respects, la façon dont vous la remplissez vous attire nos cœurs »,

Que Monsieur De Tournehem avoit répondu qu'il étoit extrêmement sensible à l'attention de la Compagnie et qu'il saisiroit toujours avec joie les occasions de l'obliger,

Qu'ensuitte M. *Coypel* lui avoit présenté les six Elèves protégez et que, l'Académie ayant passé chez M De Vandières, il ne s'étoit point trouvé à Paris.

Lecture d'une dissertation par M. Massé sur les Elèves et sur leurs devoirs — Ce raport fait, M *Massé*, Conseiller, a fait l'ouverture des Conférences par la lecture d'un Discours sur les Élèves et sur leurs devoirs

Cet ouvrage, qui prouve si bien la sagesse et l'élévation des sentimens de l'auteur, son amour pour l'ordre, et son zèle pour tout ce qui peut contribuer, non seulement à la celébrité de l'Académie en général mais encore au bonheur particulier de tous les Artistes, a ete goûté unanimement par la Compagnie, qui l'en a remercié par un Discours que

M. *Coypel*, Directeur, lui a adressé et qui sera couché sur le Registre à la suite de la présente délibération.

M. Le Directeur ayant représenté que les différentes affaires dont il est chargé par l'Académie ne lui permettoient pas de faire les fonctions de Recteur pendant le présent quartier, la Compagnie a nommé, pour y suppléer, M *Dumont le Romain*, Adjoint à Recteur

En terminant la séance, le Secrétaire a lu les lettres de M^{rs} *De Troy* et *Dandré*, adressées à l'Académie au sujet de la nouvelle année

M. Parrocel présente un Aspirant Peintre dans le genre des Batailles. — En levant le siège, M. *Parocel* ayant proposé un Aspirant Peintre, la Compagnie, conformément au Reglement du samedi 31 Aoust dernier, a nommé, pour examiner les ouvrages dudit Aspirant Mrs *Dumont le Romain* et *Restout*, Adjoints à Recteur, le premier en exercice, et Mrs *Carle Vanloo* et *Boucher*, Professeurs, lesquels en rendront compte à la prochaine assemblée.

Coypel — J. Dumont le Rom — J. Nattier — Louis de Silvestre — Galloche — J Restout — De Jullienne — Hulst — Le Ch^{er} de Valory — Le Clerc — Carle Vanloo — J. B. Massé — Boucher — Natoire — J B. Oudry — C De Vermont — Adam l'aîné — Pierre — Lemoyne fils — Coustou — E. Bouchardon — P Slodtz — Hallé — G Duchange — Tocqué — J. C. Roettiers — De L'armessin — Huilliot — Poitreau — L. Surugue — Cochin — Vinache — Leblanc — Boizot — Cars — Courtin — Lépicié

Réponse de Monsieur Coypel au Discours de M Massé sur les devoirs des Elèves.

« Monsieur, — L'Académie, qui regarde ses Elèves comme ses enfants, ne peut trop vous témoigner à quel point Elle

est satisfaite du discours solide et touchant que vous venez
de prononcer.

« La jeunesse, qui vous écoutoit, doit en être d'autant
plus pénétrée qu'elle ne peut ignorer qu'en pratiquant ce
que vous venez de lui dire, vous avez trouvé le secret de
vous concilier l'amitié de ceux mêmes qui devoient envier
vos talens et que vos succès pouvoient mortifier.

« Vous avez su prouver, Monsieur, combien il est à désirer, pour la gloire des Arts, que ceux qui en font leur
principale etude se mettent encore en etat d'être admis
dans la bonne Compagnie, en ornant leur esprit et en
réglant leurs mœurs

« En effet, oserions-nous trouver étrange que les gens
du monde missent la Peinture et la Sculpture au rang des
Arts mécaniques, s'ils ne voyoient dans les hommes qui
cultivent ces Muses que les inclinations basses et la gros-
sièreté d'un vil artisan [1]

« Jeunes gens, qui aspirez à devenir nos successeurs, il
n'est pas nécessaire que vous sçachiez composer des livres,
mais il est important que vous vous mettiez en état de bien
goûter ceux que vous ne pouvez trop relire

« Nous ne vous demandons pas de faire assaut, dans les
compagnies, avec les beaux-esprits, mais nous souhaitons
que vous vous y présentiez avec une noble politesse et que
vous en sçachiez du moins assez pour ne rien hasarder
dans la conversation avec trop de légerete.

« En gardant le silence lorsqu'elle roule sur des matières
dans lesquelles nous sommes peu versez, nous acquérons
la bienveillance de ceux que nous écoutons attentivement,
nous nous instruisons, nous nous épargnons la honte
d'avoir tenté mal à propos de paroître au fait des choses
que nous ignorons, et, si les autres ne pensent pas que
c'est la modestie qui nous ferme la bouche, du moins ils
louent notre prudence

« Mais je reviens à vous, Monsieur, pour vous remercier
du soin que vous avez pris de représenter avec force aux

Etudians l'indispensable nécessité de résister au penchant qui les entraine souvent vers la Satire.

« Nous ne lançons point impunément ses traits empoisonnez, bientôt ils nous sont renvoyez avec plus de force par ceux même qu'ils ont blessez, et rien ne tend plus à la destruction des Arts que la desunion des Artistes

« Il peut arriver, et cela n'est pas sans exemple, que le Ministre qui est à leur tête, instruit des critiques mordantes par lesquelles ils se déchirent réciproquement, perde, malgré lui, l'estime et l'opinion qu'il avoit de leurs personnes et de leurs talens Alors, il ne voit plus aucun d'eux qui soit digne des grâces du Monarque, alors, pour orner les Palais et les Jardins, persuadé par les Peintres et par les Sculpteurs qu'on n'a plus ni Sculpteurs ni Peintres propres à enfanter d'heureuses nouveautés, il se borne à faire répéter par des copistes les beaux ouvrages de Peinture et de Sculpture qui nous reste des Anciens. Il rappelle, par ce moyen, les morts à la lumière, et laisse languir les vivants dans une obscurité d'autant plus terrible pour eux qu'on ne les y abandonne que pour avoir ajouté foi aux témoignages défavorables que réciproquement ils ont rendus les uns contre les autres »

———

Aujourd'hui, samedi 25e de Janvier, l'Académie s'est assemblée à l'ordinaire

Rapport des Commissaires pour l'examen d'un Aspirant Peintre. — Mrs les Députes, nommés par la délibération du 4 Janvier dernier pour aller voir les ouvrages d'un Aspirant Peintre, ont raporté à la Compagnie qu'ils avoient trouvé ses tableaux très foibles et n'ayant nullement le mérite que l'Académie exige pour le présent

En conséquence de ce raport, il a été arrêté que le Secrétaire manderoit audit Aspirant, de la part de l'Académie, qu'Elle lui conseilloit de travailler encore, ses talens n'ayant pas le degré requis pour se présenter actuellement.

Nouvel arrangement pour l'apel des Elèves — Quoique l'article 1er du Règlement du 9 Novembre 1743, au sujet de l'apel des Elèves, porte expressément que le Concierge ne laissera entrer personne dans le corridor, ni devant ni pendant l'apel, cependant l'Académie, voulant répondre aux vues du Roy et contribuer à l'avancement des Eleves protégez, en leur facilitant l'entrée de l'Ecole du modelle, a jugé à propos de faire une exception en leur faveur, sans que cela puisse tirer à consequence, ni fournir de prétexte à qui que ce soit pour obtenir pareille grâce

Départ du S Hutin pour Rome, nouveau concours pour remplir sa place — Le depart du Sieur *Hutin* pour Rome ayant eté de nouveau fixé par M le Directeur Général au mois de Mars prochain, la Compagnie a déclaré que, pour remplir cette place d'Elève protégé qui va devenir vacante, il y auroit un nouveau Concours pour la Peinture seulement, que les prétendans feroient leurs esquisses dans l'Académie mardi prochain ; que le sujet leur en seroit donné sur le champ par M. le Directeur et, en son absence, par M l'Adjoint à Recteur en exercice, et que lesdites esquisses seroient jugees à la première assemblée.

Le Secrétaire a terminé la séance par la lecture d'une lettre de M. *de La Datte* au sujet de la nouvelle année.

> *Coypel — Cazes — J Du Mont le Rom.*
> *— J Nattier — Louis de Silvestre — J Res-*
> *tout — Caylus — De Julienne — Hulst —*
> *Watelet — Carle Vanloo — Boucher — Pi-*
> *galle — J. B Oudry — Adam l'ainé — Le-*
> *moyne fils — Coustou — P. Slodtz — Hallé*
> *— G Duchange — J B. Massé — L Tocqué*
> *— Frontier — Lépicié.*

Aujourd'hui, samedi 1er Février, l'Académie s'est assemblée pour les Conférences

M Coypel fait la lecture du parallèle de l'Eloquence et de la Peinture — M. *Coypel* les a ouvertes par la lecture du parallèle de l'Eloquence et de la Peinture.

Ce Discours, par lequel l'auteur démontre, avec autant de force que de génie, les rapports intimes des différentes parties de l'Eloquence avec celles de la Peinture, et qui conséquemment va donner de ce dernier art les idées nobles et avantageuses qu'on en doit avoir, a été goûté unanimement par la Compagnie, qui en a remercié et fait compliment à M *Coypel*

Choix des élèves pour le nouveau concours — Avant la séance, la Compagnie ayant examiné les esquisses faites par neuf Etudians pour être admis au nouveau concours, a donné la préférence aux Sieurs *La Grenée, Guibal, Châles* et *Briard*.

Lesdits Eleves exécuteront le sujet de leurs esquisses, qui est le moment que Joseph explique dans la prison les songes des deux Officiers de Pharaon.

Coypel — *J. Du Mont le Rom* — *J B. Oudry* — *Louis de Silvestre* — *Galloche* — *J. Restout* — *Caylus* — *De Jullienne* — *Hulst* — *Watelet* — *Le Clerc* — *Boucher* — *Natoire* — *C de Vermont* — *Adam l'aîné* — *Le Moyne fils* — *Pierre* — *J Nattier* — *Hallé* — *G. Duchange* — *J B Massé* — *Tocqué* — *Guay* — *Lépicié*

———

Aujourd'hui, samedi 22ᵉ Février, l'Académie s'est assemblée à l'ordinaire.   ·

M. Desportes fait la lecture d'une Ode sur les avantages de la Paix par rapport aux Arts — M. Desportes, Académicien, a occupé une partie de la séance par la lecture d'une Ode sur les avantages de la Paix, dans laquelle, apres avoir caractérisé, par des images vives et variées, les malheurs de la Guerre et les avantages de la Paix, il a sçu

y faire entrer, avec beaucoup de delicatesse et de sentiment, l'intérest particulier que l'Académie doit prendre à
un evènement si glorieux pour son Auguste Protecteur[1]

La Compagnie a félicité unanimement M *Desportes* sur
la beauté de cet ouvrage, qui ne fait pas moins l'éloge de
son cœur que celui de son esprit et de son goût.

M Duchange propose un Aspirant Graveur — M. *Duchange*, Conseiller, ayant proposé un Aspirant Graveur,
la Compagnie a nommé en conséquence, pour examiner
ses ouvrages, M. *Galloche*, Recteur; M *Restout*, Adjoint
à Recteur, et Mrs *Natoire* et *De Vermont*, Professeurs, lesquels en rendront compte à la prochaine assemblée

M le Directeur ayant fait part à la Compagnie que
M. *Fréret* étoit dangereusement malade, Elle a nommé
pour aller le visiter M *Restout* et M. *Le Moine*, Professeurs.

Mort de M. Tardieu, Graveur. — Le Secrétaire a notifié
la mort de M. *Tardieu*, Graveur et Académicien, arrivée
à Paris, le 22 Janvier dernier, âgé de 69 ans ou environ.

En terminant la séance, il a raporté qu'il avoit répondu
à toutes les lettres écrites à la Compagnie au sujet de la
nouvelle année[2]

> *Coypel* — *J Du Mont le Rom.* — *J B
> Oudry* — *Louis de Silvestre* — *Galloche* —
> *J. Restout* — *Hulst* — *L'abbé de Lowendal* —
> *Le Ch[er] de Valory* — *Le Clerc* — *Boucher* —
> *C De Vermont* — *Adam l'ainé* — *Lépicié* —
> *Lemoyne fils* — *E. Bouchardon* — *G Coustou*
> — *Pierre* — *Nattier* — *P Slodtz* — *G Du-
> change* — *J C. Roëttiers* — *L. Tocqué* —
> *Cars* — *Vinache.*

1. Il s'agit de la paix d'Aix-la-Chapelle, signée définitivement
le 14 octobre 1748

2. On a vu qu'il n'a été question dans les procès-verbaux que
de la seule lettre de *La Datte*

Aujourd'hui, samedi 1ᵉʳ Mars, l'Académie s'est assemblée pour les Conferences.

M le Comte de Caylus fait la lecture de la vie de M Sarraʒin, Sculpteur — M. le Comte de Caylus les a ouvertes par la lecture de la vie de *Jacques Sarraʒin*, Sculpteur et Recteur, precédée d'un Discours dans lequel, après avoir témoigné son étonnement au sujet du silence exact que les historiens ont gardé sur les ouvrages et sur la vie des habiles Sculpteurs qui ont fait partie de l'Académie et avoir marqué les raisons qui ont pu y contribuer, il fait sentir, en suivant les travaux de M. *Sarraʒin*, l'union inséparable qui doit être entre la Peinture et la Sculpture l'intimité de ces deux arts qui n'ont que le même objet, c'est-à-dire l'imitation de la nature, et dont la marche, quoique differente, demande pourtant le même génie et le même feu

Cet ouvrage, qui renferme des sentimens aussi judicieux que profonds, sur la Peinture et sur la Sculpture, et qui indique les moyens de rendre à cette dernière la celebrité qu'elle mérite, a eté goûté unanimement par la Compagnie qui en a remercié M. le Comte de Caylus par un Discours que M. *Coypel* lui a adressé et qui sera couché sur le registre à la suite de la presente délibération[1].

La Compagnie a résolu que, le samedi 29ᵉ du présent mois, Mʳˢ les Directeur, Recteurs, Adjoints à Recteurs, Professeur en exercice, et, à tour de rôle, dans les Anciens Professeurs M. *de Tournière*, dans les Professeurs M. *Bouchardon*, dans les Adjoints M *Slodtʒ*, dans les Conseillers M. *Aved* et le Secrétaire, et dans les Académiciens M. *Surugue*, s'assembleront, à huit heures précises du matin pour régler la répartition de la Capitation de la pré-

sente année 1749, et examiner et arrêter les comptes
de 1748

*Rapport des Commissaires pour l'examen des ouvrages
d'un Aspirant Graveur* — M⁢ʳˢ les Deputés nommés, par la
délibération du 22 Février dernier, pour aller voir les
ouvrages d'un Aspirant Graveur, ont raporté à la Compagnie qu'ils en avoient été très contens et que le sujet méritoit d'être admis

En conséquence de ce raport, il a été arrêté que ledit
Aspirant pourroit faire ses visites et se presenter à la fin
du mois.

Mʳˢ *Restout* et *Le Moyne* ont rendu compte que, suivant
les ordres de l'Académie, ils avoient été visiter M *Fréret*
et l'avoient trouvé très mal

> *Coypel — Cazes — J Du Mont le Rom —
> Carle Vanloo — Louis de Silvestre — Gal-
> loche — J. Restout — De Jullienne — Hulst
> — l'abbé de Lowendal — Watelet — Le Clerc
> — Natoire — Collin de Vermont — Adam
> l'ainé — Lemoyne fils — E Bouchardon —
> G Coustou — Pierre — Pigalle — P Slodtz
> — Hallé — G Duchange — J. B Massé —
> L. Tocqué — Cars — Surugue le fils — Su-
> rugue — Poitreau — Lépicié*

Aujourd'hui, samedi 29ᵉ Mars, l'Académie s'est assemblée,
par convocation générale, pour la lecture des délibérations
du quartier, l'arrêté du Compte de 1748 et le rôle de la
Capitation de 1749, réglé dans le comité du matin

Reddition des comptes — Mʳˢ les Directeur, Recteurs,
Adjoints à Recteurs et Officiers, nommez pour régler la
répartition de la Capitation et pour examiner et arrêter les
comptes de l'année 1748, s'étant assemblés le matin dans
la salle de l'Académie, le Sieur Reidellet, Concierge et
Receveur, chargé, par délibération du 1ᵉʳ Décembre 1736,

de recevoir la capitation des Officiers et Académiciens et autorisé, par la même délibération, à recevoir de M[rs] les Trésoriers des Bâtimens du Roy les sommes accordées par Sa Majeste à l'Académie pour son entretien, a présenté l'état de la Recette et Dépense par lui faites durant le cours de l'année 1748, suivant les ordres de M[rs] les Directeur et Recteurs, l'examen en ayant été fait, ainsi que des quittances et memoires, la Recette s'est trouvée monter à la somme de 5,135 liv 17 s, et la Dépense celle de 4,940 liv. 1 s Partant la Recette excède la Dépense de la somme de 195 liv. 16 s, lequel compte s'étant trouvé juste, il a été aprouvé et le sieur Reidellet déchargé par lesdits Directeur, Recteurs et Officiers, et la décharge dudit Sieur confirmée et signée par l'Académie

Agrément du Sr Baléchou, Graveur. — Le Sieur *Jean-Joseph Baléchou*, Graveur, natif d'Arles, ayant montré de ses ouvrages, la Compagnie, après avoir pris les voix à l'ordinaire et reconnu sa capacité, a agréé sa présentation, et lui a ordonné d'exécuter, pour son entrée à l'Académie, le portrait de M *Coypel*, Directeur, et celui de M *Cazes*, Chancelier et Recteur.

Mort de M Fréret, Associé libre — Le Secrétaire a notifié à l'assemblée que M. *Fréret*, Associe-Libre, Secrétaire perpétuel de l'Académie des Belles-Lettres, et le Varron du siècle, etoit décédé à Paris, le 8 du présent mois, âgé de 60 ans, ou environ

M le Marquis de Voyer nommé pour remplir cette place — Après quoi M *Coypel* a dit à la Compagnie que, cette mort laissant une place à remplir, il croyoit que la Compagnie ne pouvoit faire mieux que de la donner à M le Marquis de Voyer, Maréchal des camps et armées du Roy, qui la sollicitoit avec vivacité[1].

1. Marc de René de Voyer d'Argenson, né en 1722, mort en 1782

Ce raport fait, la Compagnie a élu, par acclamation, Associé-libre M. le Marquis de Voyer, et Elle a chargé le Secrétaire de lui en faire part au nom de l'Académie

Le S^r La Grenée remplace le Sr Hutin dans la place d'Elève protégé. Dans ce jugement les Académiciens ont donné leurs sufrages comme pour les Grands Prix — La Compagnie, après avoir vu les tableaux faits par les Etudians pour remplir la place d'Elève protégé, qui va devenir vacante par le départ du Sieur *Hutin* pour Rome, a résolu de procéder sur le champ au jugement, et, les boëtes qui avoient été exposées à cette occasion ayant été ouvertes, les voix prises et comptées suivant l'usage, le Sieur *La Grenée*, qui a fait le tableau marqué A, a été jugé mériter ladite place d'Elève protégé

M *Aved*, Conseiller, qui avoit été nommé pour se trouver à la reddition des comptes, ayant eu la jambe cassée, la Compagnie a député, pour aller le visiter, M *Chardin* et M. *Frontier*.

M^{rs} les Officiers du présent quartier ont rendu compte qu'ils avoient fait, conformement à la délibération du 29 Juillet 1747, la revue des effets de la Compagnie

L'Académie accorde à six Etudians la permission de dessiner et de modeler d'après les antiques de l'Académie. — Sur la proposition faite par M. le Directeur, la Compagnie a trouvé à propos d'accorder à six Etudians la permission de dessiner et de modeler les antiques dans les salles de l'Académie, lequel choix se fera par M^{rs} les Officiers en exercice, sur les figures que lesdits Etudians dessineront et modèleront d'après le modèle

En conséquence de ce résultat, le Secrétaire a proposé un projet de reglement, qui a été aprouvé et qui sera couché sur le Registre à la suitte de la présente délibération

En levant le siège, on est convenu que, la première assemblée du mois prochain tombant sur le samedi saint, elle seroit remise à huitaine

Jugement des Prix du quartier[1] :

1er Prix . *Guiard*, S

2e Prix . *Brenet*, P.

3e Prix : *Lubet*, S

*Coypel — Cazes — J. Du Mont le Rom.
— Louis de Silvestre — Carle Vanloo — Gal-
loche — Caylus — J Restout — De Jullienne
— Hulst — L'abbé de Lowendal — Watelet
— Coustou — Le Clerc — Pierre — Boucher
Natoire — Pigalle — C. De Vermont —
Jeaurat — J. Nattier — J. B. Oudry — Adam
l'aîné — Lemoyne fils — E. Bouchardon —
P. Slodtz — Hallé — G Duchange — J. B.
Massé — J C Roëttiers — Chardin — L.
Tocqué — Sue — Desportes — Drouais —
Boizot — Geuslain — Guay — Leblanc — De-
lobel — Francisque — Cochin — Lépicié.*

———

Réglement au sujet de l'étude des Antiques

La Compagnie, voulant favoriser les Elèves dans tout ce qui peut contribuer à leur avancement, a jugé à propos d'accorder à six d'entre eux la permission de dessiner les Antiques dans les salles de l'Académie, mais, souhaitant que ladite étude se fasse avec tout l'ordre et le succès qu'Elle est en droit d'espérer, Elle a ordonné ce qui suit :

Que le Professeur en exercice posera une figure que tous Etudians dessineront, laquelle servira à choisir les 6 sujets en état de profiter de cette faveur

Le Professeur ne retouchera point ladite figure, et les Elèves la remettront chaque jour entre les mains du Sr Reydellet, comme cela se pratique pour les Prix.

Les figures seront simplement numérotées sans que le nom des Elèves soit derrière, afin que le jugement se porte sans partialité.

1 Il est ajouté en marge

Lesdits Elèves se comporteront avec sagesse, sous peine d'être renvoyés et même bannis de l'Ecole, et ils auront soin de nettoyer et balayer les places où ils auront dessiné

Lesdites permissions dureront trois mois pour l'été et six mois pour l'hyver

Arrêté à l'assemblée de l'Académie, le samedi 29e jour de Mars 1749

Lépicié

———

M Sue fait la lecture d'une Dissertation sur l'Ostéologie — Aujourd'hui, samedi 12e Avril, et conformément à la dernière délibération, l'Académie s'est assemblée pour les Conférences M Sue, Adjoint à Professeur pour l'Anatomie, les a ouvertes par la lecture d'une Dissertation sur l'Ostéologie relative à la Peinture et à la Sculpture, dans laquelle, après avoir développé, avec une méthode excellente et précise, la nécessité indispensable où sont les Peintres et les Sculpteurs de cultiver cet objet de l'anatomie, qui sert de baze à la connoissance du corps humain, il conclut en disant que les os en font le solide fondement et la charpente, qu'ils en constituent la symétrie et la fermeté, qu'ils donnent à tous ses parties l'appui dont elles ont besoin, et que, moyennant leurs configurations différentes, ils servent à soutenir l'animal dans toutes ses attitudes et à le maintenir dans ses diverses fonctions

Cet ouvrage a été goûté unanimement par la Compagnie, qui en a remercié l'auteur et l'a invité de continuer un travail si utile pour la Peinture et pour la Sculpture.

M Dumont le Romain donne sa démission pour la place de Gouverneur des Elèves protégés, M Carle Vanloo nommé pour le remplacer. — M. Dumont le Romain, Gouverneur des Elèves protégés, ayant demandé à se retirer, le Roy a nommé, pour le remplacer, M. *Carle Vanloo* Professeur.

La Compagnie après avoir vu les esquisses faites par les

Etudians pour concourir aux Grands Prix, n'a jugé de capables à y être admis que les nommés *Melling*, *Châles*, *Beauvais* et *Briard* pour la Peinture, et les nommés *Guiard* et *De La Rue* pour la Sculpture

M^{rs} les députés, choisis pour aller visiter M *Aved*, ont raporté à l'assemblée qu'ils s'en étoient acquités et que M *Aved* les avoit priés d'assurer l'Académie combien son attention pour lui le pénétroit de reconnoissance

M *Moireau*, Graveur et Académicien, a présenté deux épreuves d'une planche qu'il a gravée d'après *Vauvremens*, ayant pour titre · « La baraque du Pêcheur » L'examen fait, la Compagnie a agréé ladite planche, pour faire jouir l'exposant des privilèges accordés à l'Académie par l'Arrest du Conseil d'Etat du 28 Juin 1714.

M Coypel complimenté sur sa convalescence. — M. Coypel, Directeur, ayant été dangereusement malade, la Compagnie a chargé Mrs *Restout*, *Boucher* et le Secrétaire d'aller, de sa part, lui témoigner l'inquiétude ou Elle avoit été à cet égard, et le complimenter en meme temps sur son heureuse convalescence

Mort de M Jouvenet — En terminant la séance, le Secrétaire a notifié la mort de M. *Jouvenet*, Académicien, arrivée à Paris, le 8 du présent mois, âgé de 84 ans, ou environ

> J. *Restout* — *Boucher* — *J Nattier* — *Louis de Silvestre* — *Galloche* — *J Du Mont le Rom.* — *Caylus* — *Hulst* — *Watelet* — *De Jullienne* — *Carle Vanloo* — *J B. Oudry* — *Natoire* — *Adam l'ainé* — *Lemoyne fils* — *Jeaurat* — *C De Vermont* — *E Bouchardon* — *Coustou* — *Pierre* — *Pigalle* — *Siie* — *P Slodtz* — *Hallé* — *J B Massé* — *Chardin* — *Tocqué* — *Poitreau* — *Cochin* — *Droüais* — *Lépicié*

———

Aujourd'hui, samedi 26e Avril, l'Académie s'est assemblée à l'ordinaire

Réponse de M. le Marquis De Voyer. — Le Secrétaire a communiqué la réponse de M le Marquis de Voyer à la lettre qui lui a été écrite au nom de l'Académie, par laquelle réponce il remercie la Compagnie de la place d'Associé-Libre, dont il se tient honoré.

Lecture du Catalogue raisonné des tableaux du Roy. — Ensuitte le Secrétaire a occupé le reste de la séance, en continuant la lecture de son « Catalogue raisonné des tableaux du Roy. »

Rapport des Députés nommés pour aller visiter M. Coypel sur sa maladie — Mrs les Députés, nommés pour aller visiter M Coypel au sujet de sa maladie, ont raporté qu'ils s'en étoient acquités, et que M. *Coypel* les avoit chargé d'assurer la Compagnie de sa parfaite reconnoissance.

J Restout — Boucher — Galloche — De Jullienne — Hulst — Calvière — Watelet — G. D'Isle — J B Oudry — Adam l'aîné — Pierre — Pigalle — G. Duchange — Hallé — L. Tocqué — Drouais — Guay — Surugue le fils — Lépicié

M. le Comte de Caylus fait la lecture de la vie de M. Michel Anguier et celle de Thomas Regnaudin, Sculpteurs — Aujourd'hui, samedi 3e May 1749, l'Académie s'est assemblée pour les Conférences; le Secrétaire a lu, pour M. le Comte de Caylus, les vies de *Michel Anguier* et de *Thomas Regnaudin*, Sculpteurs, avec un Discours, tiré des Conférences de ces deux artistes sur l'art de traiter les bas-reliefs.

Avant d'entrer en matière sur ce qui regarde la naissance et les travaux de *Michel Anguier*, M. le Comte de Caylus, à qui rien n'échappe de ce qui peut contribuer à l'avantage des arts, dit, en s'adressant à l'Académie, qu'il lui présente la vie d'un artiste célèbre et infatigable, d'un de ces hommes véritablement nés pour le travail, et dans lequel toutes les parties du corps et de l'esprit se trouvent dispo-

sées pour produire avec autant de goût que de sçavoir et
d'abondance, qu'il ne nie pas cependant que ces heureuses
dispositions ne soient un don de la Nature, et un don
qu'elle ne départit que rarement, mais qu'il peut assurer
que, de quelques heureuses dispositions dont un homme
paroisse être doué, il n'y aura jamais en lui de mérite solidement établi sans l'étude, sans l'ardeur pour le travail,
et sans les réflexions méditées sur l'art, toutes choses qui
viennent de la propre volonté et qu'on ne doit qu'à soi-
même. Enfin M. de Caylus termine cette introduction en
disant qu'un point fort à considérer, et dont *Michel Anguier*
mérite encore qu'on lui sçache gré c'est de n'avoir point
compté sur la facilité avec laquelle il étoit né, facilité qu'on
doit regarder comme un don perfide, qui flatte la paresse,
autorise la négligence et nourrit l'éloignement pour l'étude.

La Compagnie a été extrêmement satisfaite de la solidité
de cet ouvrage, qui lui servira, ainsi que les autres productions de son auteur, à prouver, dans tous les temps, les
difficultés, la noblesse et l'excellence des arts qu'Elle
cultive[1].

*M le Marquis de Voyer, Associé libre, prend séance en
cette qualité.* — M. le Marquis de Voyer, Maréchal des
camps et armées du Roy, Inspecteur général de la Cavale-
rie, Inspecteur général des Haras de France, nommé,
dans l'assemblée générale du 29 Mars dernier, Associé libre,
a remercié et pris rang en cette qualité

> *J. Restout — Natoire — Galloche — J. Du*
> *Mont le Rom. — De Jullienne — Hulst —*
> *Calvière — L'abbé de Lowendal — Le Ch{er} de*
> *Valory — De Voyer d'Argenson — Watelet*
> *— G d'Isle — Le Clerc — Carle Vanloo —*
> *Boucher — Pierre — Adam l'ainé — Lemoyne*
> *fils — Coustou — J. Nattier — Hallé — Bou-*

---

1 Les deux vies sont imprimées dans les *Mémoires inédits des
Académiciens*, I, 1854. 451-78

chardon — G Duchange — Tocqué — Cochin — Leblanc — Surugue le fils — Lépicié.

———

Aujourd'hui, samedi 31 May, l'Académie s'est assemblée à l'ordinaire

M Coypel remercie la Compagnie de l'intérest qu'Elle a pris à sa maladie — En prenant séance, M Coypel, Directeur, a remercié la Compagnie avec beaucoup de politesse de l'intérest qu'Elle a pris à sa maladie et de la visite qu'Elle lui a fait faire à cette occasion.

Lecture du Catalogue raisonné des tableaux du Roy. — Ensuitte le Secrétaire a continué la lecture de son « Catalogue raisonné des tableaux du Roy, » par l'article qui concerne *Raphael*, avec un abrégé de la vie de ce Peintre

M. Slodtz, Adjoint, a été nommé, à son rang, pour exercer le mois prochain à la place de M *Adam*, Professeur, qui a prié la Compagnie de l'en dispenser, attendû qu'il est obligé de se transporter à Choisy pour y terminer des ouvrages pour Sa Majesté.

Mort de M Ladey, peintre fleuriste. — Avant de lever le siège, le Secrétaire a notifié la mort de M *Ladey*, Académicien, Peintre de fleurs, arrivée à l'Hôtel Royal des Gobelins, le 18 du présent mois, âgé de 39 ans

> *Coypel — Cazes — Natoire — Louis de Silvestre — J. Restout — J Dumont le Romain — Caylus — Hulst — Calvière — De Jullienne — Le Clerc — Carle Vanloo — Boucher — Pierre — Oudry — Coustou — Pigalle — P Slodtz — Hallé — J Nattier — G Duchange — J B Massé — Vinache — Lépicié*

———

Aujourd'hui, samedi 7e Juin, l'Académie s'est assemblée pour les Conferences.

M Oudry, Professeur, fait la lecture d'une Dissertation

sur la manière d'étudier la couleur — M. Oudry, Professeur, les a ouvertes par la lecture d'une Dissertation sur la
manière d'étudier la couleur en comparant les objets les
uns aux autres.

Cet ouvrage, qui renferme d'excellens principes sur la
partie du Coloris, et sur celle de l'intelligence des masses,
a été goûté unanimement de la Compagnie, qui en a remercié l'auteur par un Discours que M. *Coypel* lui a adressé,
lequel sera couché sur le Registre à la suite de la présente
délibération.

> *Coypel — Galloche — P Slodtz — J Res-*
> *tout — Caylus — Hulst — Calvière — De*
> *Jullienne — L'abbé de Lowendal — Watelet*
> *— G d'Isle — Le Clerc — Carle Vanloo —*
> *Boucher — J B. Oudry — Lemoyne fils —*
> *Coustou — Pierre — Pigalle — J. Nattier —*
> *Hallé — G Duchange — J. B. Massé —*
> *Guay — Chardin — Geuslain — Tocqué —*
> *Boizot — Lépicié*

———

Réponce de Monsieur Coypel au Discours de M Oudry
sur la manière d'étudier la couleur en comparant les
objets les uns aux autres

« Monsieur, — L'ouvrage, que vous venez de nous communiquer, fait reconnoître en vous trois choses également
estimables, et très difficiles à rencontrer, même séparément.
Nous sommes frappez de la solidité de vos principes, nous
ne pouvons assez louer la générosité avec laquelle vous
nous faites part de vos plus profondes méditations, et vous
nous avez attendris par ce sentiment de reconnoissance, si
digne et si rare, qui vous porte à renvoyer à votre illustre
maître tout l'honneur que dans ce moment vous devez au
moins partager avec lui

« Pour profiter, Monsieur, comme vous avez fait, des
leçons de cet excellent homme, il ne suffisoit pas de la doci-
lité avec laquelle vous les écoutiez, il falloit, pour en con-

noître tout le prix, ce goût et cette conception vive et facile
que le Ciel n'accorde pas à tous, il falloit enfin être né pour
devenir un jour ce que vous êtes.

« Je le redis encore, Monsieur, votre Dissertation est à
la fois l'ouvrage d'un Peintre consommé dans son art, d'un
Académicien zélé et, qui plus est encore, d'un galant
homme Elle instruit non seulement nos Élèves des moyens
qu'ils doivent employer pour mériter de nous succéder un
jour, mais aussi de ce qu'ils auront à faire, s'ils veulent
reconnoître les soins que nous prenons pour leur avancement.

« Je plaindrois celui d'entre eux qui vous auroit écouté
sans être échauffé du désir de mettre en pratique ce que
vous venez de dire sur notre art, et je le mépriserois si,
vous ayant entendu parler du célèbre M. *de Largillière*, il
ne sentoit pas à quel point nous nous honorons nous-
mêmes en publiant ce que nous devons à ceux qui nous ont
formés.

« Nous espérons, Monsieur, que vous ne vous en tien-
drez pas là et que vous voudrez bien mettre en ordre
d'autres idées qui sont éparses dans votre portefeuille. Vous
n'avez plus à vous deffendre sur le peu d'habitude où vous
êtes de coucher vos idées par écrit, vous venez de nous
prouver que Despreaux a eu grande raison de dire dans
son *Art poetique* ·

« Ce que l'on conçoit bien s'énonce clairement,
« Et les mots, pour le dire, arrivent aisément. »

———

Assemblée genérale où M le Directeur vient présider. —
Aujourd'hui, samedi 28e Juin, l'Academie s'est assemblée,
par convocation générale, comme étant un jour indiqué
par M. le Directeur général pour faire la distribution des
Grands-Prix du 1er concours de 1748

*Distribution des Grands Prix du premier concours de
1748 et des petits Prix de l'année 1747* — Monsieur De
Tournehem etant arrivé sur les six heures avec Monsieur

de Vandières, M. *Coypel* et M^{rs} les Officiers en exercice ont été au devant d'eux dans le grand sallon, et les ont conduits aux places d'honneur, Monsieur de Vandières à la droite de Monsieur le Directeur Général et M. *Coypel* à sa gauche et MM les autres Officiers, selon leurs rangs ordinaires

M. Hulst, Associé libre, présente deux Recueils manuscrits des Mémoires de l'Académie — La séance prise, le Secrétaire a présenté à l'Académie deux recueils, rédigez et mis en ordre par M. Hulst, Associé libre, contenant les Mémoires qui ont été lus en nos assemblées pendant les années 1747 et 1748, avec un Journal abrégé de nos séances, placé à la tête de chaque volume, et les tables nécessaires pour en faciliter l'usage.

Discours du Secrétaire à cette occasion — Le Secrétaire a prononcé à cette occasion un Discours, qui sera couché sur le Registre à la suite de la présente délibération.

M Desportes fait lecture d'une Dissertation sur le rapport de la Peinture avec la Poesie et la Musique — Ce Discours fait, M. *Desportes* a continué la séance par la lecture d'une Dissertation sur le rapport de la Peinture avec la Poësie et la Musique.

Après quoi, Monsieur le Directeur Général a fait la distribution des Grands Prix, sçavoir .

Le 1er Prix de Peinture au Sieur *Mettay*,
Le 1er Prix de Sculpture au Sieur *Cafiery*,
Le 2e Prix de Peinture au Sieur *Doyen*,
Et le 2e Prix de Sculpture au Sieur *Dumont*.

Ensuite il a aussi distribué les petits Prix du quartier de Janvier 1747 jusques et y compris celui d'Octobre de la même année

L'assemblée finie, Monsieur le Directeur Général a passé dans la Gallerie d'Apollon pour voir les travaux des Élèves protéges, dont il a été extrêmement satisfait, ainsi que de l'excellente conduite de M le Gouverneur à leur égard

Cazes — Pierre — Galloche — Desportes — Hallé — De Julienne — J. Restout —

Hulst — L. Tocqué — Le Clerc — Carle Van-
loo — C. de Vermont — J. B Oudry —
Coustou — Pigalle — J Nattier — J. B.
Massé — P Slodtz — Cochin — G. Duchange
— Leblanc — Huilliot — Poitreau — Lépicié

Discours prononcé par le Secrétaire, en présentant à l'Aca-
démie les deux Recueils rédigez et mis en ordre par
M. Hulst, Associé libre.

« Je prie Monsieur le Directeur Général de vouloir bien
me permettre que je présente à l'Académie, pour l'ouverture de cette séance, deux Recueils, rédigez et mis en ordre
par Monsieur Hulst, Associé libre

« Ces deux Recueils contiennent les Mémoires qui ont
été lûs en nos assemblées pendant les années 1747 et 1748.
Le judicieux redacteur, dont l'activité infatigable et les
talens supérieurs sont si connus et d'une si grande utilité
à la Compagnie, a placé, à la tête de chaque volume, un
Journal abregé de nos séances, ou plustôt une suite des
grâces que nous avons reçues.

« Je ne m'étendray pas, Messieurs, sur le mérite de chacune des pièces qui composent les deux Recueils que j'ai
l'honneur de vous annoncer Qu'il me suffise de vous rapporter que, depuis l'établissement de l'Académie, il n'y en
a point eu qui rassemblent des ouvrages plus travaillez et
qui présentent des vues plus solides et plus utiles pour la
perfection des Arts qui font l'objet de ses travaux

« C'est aux bienfaits dont le digne Chef des Arts la comble
journellement et à la gloire qu'il lui a procurée, qu'Elle
doit ce renouvellement d'émulation, qui se répand sur tous
ses membres Que ne m'est-il permis, Messieurs, de vous
exposer la grandeur et la justesse des desseins de M le
Directeur Général, et cette joie pure qu'il goûte en facilitant les progrès de nos Muses ? Que n'aurois-je point à vous
dire sur une matière si intéressante ? Mais sa présence
m'arrête et ne laisse à notre zèle que le choix de la reconnoissance et de l'admiration. »

Du samedi 5ᵉ Juillet 1749

Lecture des délibérations du quartier, qui n'avoit pu se faire à la précédente assemblée. — L'Académie n'ayant pû, à la précédente assemblée, faire la lecture des délibérations du quartier, à cause de la distribution des Prix, Elle a ordonné qu'il y seroit procédé aujourd'hui, ainsi qu'aux autres affaires dont il est d'usage de parler à la dernière assemblée du mois de Juin

M. Coypel continué par acclamation dans la place de Directeur — L'article IX des Statuts portant que le Directeur sera changé tous les ans, si ce n'est que la Compagnie trouve à propos de le continuer, et, l'affaire ayant été mise en délibération, l'Académie a été, unanimement et sans aller au scrutin, pour la continuation

Visite des Salles. — Conformément au résultat du 29 Juillet 1747, Mʳˢ les Officiers du quartier ont rapporté qu'ils avoient visité les salles de l'Académie et trouvé tous les effets en bonne conservation.

Jugement des Prix du quartier d'Avril[1] *:*

1ᵉʳ Prix. *Thomire*, S.
2ᵉ Prix *Auvray*, S.
3ᵉ Prix. *Le Noir*, P.

Cazes — Pierre — Galloche — J. Restout — J Du Mont le Rom — De Jullienne — Hulst — Le Clerc — Carle Vanloo — C. De Vermont — J. B. Oudry — Coustou — J Nattier — P. Slodtz — Pigalle — Hallé — G Duchange — J B Massé — Huilliot — L Tocqué — Cochin — Poitreau — Leblanc — Desportes — Lépicié

———

Aujourd'hui, samedi 26ᵉ Juillet, l'Academie s'est assemblee à l'ordinaire

———

1 Il est, comme à l'ordinaire, écrit en marge.

M Coypel remercie la Compagnie au sujet de la place de Directeur — En prenant séance, M Coypel, Directeur, a témoigné à la Compagnie combien il étoit touché de l'unanimité avec laquelle Elle lui avoit continué le Directorat.

Lecture d'un Mémoire pour un vernis — Le Secrétaire a communiqué à la Compagnie un Mémoire qui lui est adresse, par lequel deux particuliers associes ont trouvé le secret de composé un vernis blanc, sans odeur, clair, transparent, qui rappelle les couleurs, et que l'on peut ôter dans tous les tems, sans endommager les tableaux, auquel mémoire lesdits associés ont ajouté les réponses qu'ils ont faites aux difficultés que la Compagnie leur a proposées sur la composition et les effets de ce vernis

Lesdits particuliers suplient l'Académie de leur permettre d'en faire l'essai sous ses yeux sur tel tableau qu'Elle jugera à propos, et, qu'en conséquence de la réussite de l'epreuve, Elle veuille bien, par son aprobation, les mettre en état de solliciter l'obtention d'un Privilège.

La Compagnie, après avoir délibéré sur lesdites propositions, a permis l'essai du vernis, dont l'épreuve se fera en présence de l'assemblée samedi prochain.

Lecture du Catalogue raisonné des tableaux du Roy — Ensuite le Secrétaire a continué la lecture de son « Catalogue raisonné des tableaux du Roi » par l'article de l'*Albane*, avec un abrégé de la vie de ce Peintre, dont la Compagnie a été extrêmement satisfaite[1].

En terminant la séance, la Compagnie a nommé M. *Hallé*, Adjoint, pour exercer les fonctions du mois prochain à la place de M. *Le Moine*, Professeur, qui a prié la Compagnie de l'en dispenser, attendû la figure pédestre du Roi, dont il est chargé pour la ville de Rennes.

Coypel — Cazes — Louis de Silvestre —
J Restout — Pierre — Caylus — Hulst —

1. Le dernier membre de la phrase, ajoute dans l'interligne, est contresigné de deux C (*Coypel* et *Cazes*).

G. d'Isle — Carle Vanloo — Natoire — C.
De Vermont — J. B. Oudry — Lemoyne fils
— Coustou — Hallé — J B. Massé — L. Toc-
qué — Lépicié

Aujourd'hui, samedi 2ᵉ Aoust, l'Académie s'est assemblée
pour les Conférences

M. Desportes fait la lecture de la 1ʳᵉ partie de la vie
de M. Le Brun. — Monsieur *Desportes*, Académicien, les
a ouvertes par la lecture de la 1ʳᵉ partie de la vie de M *Le*
Brun, contenant la naissance de cet homme illustre jusqu'à
sa nomination à la place de Premier Peintre du Roy

Cet ouvrage, dans lequel l'ordre, le détail et les réflexions
qui y sont jointes ne laissent rien à désirer, a été extrêmement goûté par la Compagnie, qui en a remercié et fait
compliment à l'auteur.

Ensuite il a été arrêté que, le samedi 23 du présent mois,
la Compagnie s'assemblera pour voir les tableaux et bas-
reliefs faits par ses Elèves pour les grands Prix, lesquels
seront exposés à l'ordinaire le jour de S. Louis

Mʳˢ Restout et Oudry font leur rapport de la réponse de
M Duvivier — Mʳˢ *Restout* et *Oudry*, chargés verbalement par la Compagnie de sçavoir de M *Duvivier* s'il son-
geoit à finir la tète du Roy, qui lui a été ordonnée comme
ouvrage de réception, et qui doit servir de sceau à l'Académie, ont raporté que ledit Sieur prioit la Compagnie
de lui accorder jusqu'à la fin de l'année pour terminer ce
morceau

Ce qui lui a été octroyé par l'Académie.

En marge Nota — Les associés pour le vernis ne sont
point venus recevoir la réponse de la Compagnie et n'ont
point paru en cette assemblée.

Coypel — Caʒes — Hallé — Galloche —
J Restout — J Du Mont le Rom — Hulst
— Le Chᵉʳ de Valory — De Jullienne — Le

*Clerc — Watelet — Carle Vanloo — Boucher
— J B Oudry — Natoire — Adam l'aîné —
Lemoyne fis — Pierre — P Slodtz — G Duchange — J B Massé — L. Tocqué — Desportes — Cochin — Nonnotte — Lépicié*

———

Aujourd'hui, samedi 23ᵉ Aoust, l'Académie s'est assemblée extraordinairement pour voir les tableaux et bas-reliefs
faits par ses Élèves pour les grands Prix. Après les avoir
vûs, Elle a résolu que ces ouvrages seront exposez pour le
public le jour de St Louis, et jugez le dernier samedi 30 du
présent mois par Messieurs les Officiers et Académiciens,
lesquels ne donneront leurs suffrages que le jour de l'assemblée, conformement aux précédentes délibérations, ce
qui sera indiqué sur les billets

*Coypel — Cazes — Hallé — Louis de Sil-
vestre — Galloche — J Du Mont le Rom —
De Jullienne — Le Chᵉʳ de Valory — Le
Clerc — Carle Vanloo — Boucher — Natoire
— C. De Vermont — Lemoyne fils — E. Bou-
chardon — Coustou — P. Slodtz — G Du-
change — J B Massé — L Tocqué — P.
Slodtz* (pour la seconde fois) *— Lépicié*

———

Aujourd'hui, samedi 30ᵉ Aoust, l'Académie s'est assemblée, par convocation générale, pour juger les grands Prix
faits par ses Élèves, sur deux sujets tirés de l'Ancien Testament, dont l'un représente un mort ressucité sur le tombeau d'Élisée, et l'autre la guérison miraculeuse du Roi
Ézéchias, 4ᵉ Livre des Rois, ch 13 et ch 20[1]

Jugement des grands Prix — La Compagnie ayant fait
l'ouverture des boëtes qui avoient été exposées pour le jugement des grands Prix, les voix prises et comptées à l'ordinaire

1. Le ms donne à tort *V 13 et V. 20*, ce qui voudrait dire
verset, alors qu'il s'agit du chapitre

Le S. *Briard*, qui a fait le tableau marqué C, s'est trouvé mériter le premier Prix de Peinture,

Le Sieur *Guiard*, qui a fait le bas-relief marqué F, le premier Prix de Sculpture,

Le Sieur *Melling*, qui a fait le tableau marqué B, a aussi été jugé mériter le second Prix de Peinture,

Et le S *De la Rüe*, qui a fait le bas-relief marqué E, le second de Sculpture

M. *Aved* a remercié la Compagnie de la visite qu'Elle lui a fait faire au sujet de sa maladie

M *Moireau*, Graveur, a présenté à l'assemblée deux épreuves d'une planche qu'il a gravée d'après *Vovremens*. aiant pour titre « L'abreuvoir hollandois » L'examen fait, la Compagnie a aprouvé ladite planche, pour faire jouir l'exposant des privilèges accordés à l'Académie par l'Arrest du Conseil d'Etat du 28 Juin 1714

> *Coypel — Hallé — Galloche — Louis de Silvestre — J Restout — Caylus — De Jullienne — Hulst — Le Clerc — Carle Vanloo — Boucher — Collin de Vermont — J B Oudry — Lemoyne fils — E. Bouchardon — Coustou — Pierre — Pigalle — J Nattier — De Lettre — Francisque — G. Duchange — J B Massé — L Tocqué — Aved — J Chaufourier — J. J. Süe — Leblanc — Mase* (sic) *— Courtin — Vinache — Huilliot — Lépicié.*

Aujourd'hui, samedi 6ᵉ Septembre, l'Académie s est assemblée pour les Conférences

M Desportes fait la lecture de la seconde partie de la vie de M Le Brun — Monsieur *Desportes*, Académicien, a occupé la séance par la lecture de la seconde partie de la vie de M *Le Brun*, dont le contenu a paru d'autant plus intéressant à la Compagnie que le détail de l'auteur fait des travaux de ce Peintre célèbre devient, pour ainsi dire, l'histoire des arts sous le ministere de Monsieur Colbert

L'Académie a remercié unanimement M. *Desportes* de cet ouvrage, si capable de faire honneur à son zèle et à son goût.

> *Coypel — Cazes — Louis de Silvestre —*
> *Jeaurat — Galloche — J. Restout — Hulst —*
> *Le Clerc — Carle Vanloo — Boucher — C.*
> *De Vermont — Adam l'aîné — Lemoyne fils*
> *— E. Bouchardon — Pierre — Pigalle — J.*
> *Nattier — P. Slodtz — Hallé — Tocqué —*
> *G. Duchange — J. B Massé — Aved — Lé-*
> *picié.*

———

Aujourd'hui, samedi 27ᵉ Septembre, l'Académie s'est assemblée, par convocation générale, pour la relevée du quartier, les déliberations prises pendant ce tems ont été lues, ainsi qu'il est d'usage

Lecture du « Catalogue raisonné des Tableaux du Roy. » — Le Secrétaire a continué la lecture du « Catalogue raisonné des Tableaux du Roy » par l'article du *Guide*, avec un abrégé de la vie de ce Peintre, dont la Compagnie a été aussi satisfaite que des autres articles qu'il a lu précédemment

　　　Prix du quartier[1] :

1ᵉʳ Prix *Auvray*, S
2ᵉ Prix *Monnet*, P.
3ᵉ Prix *Dagoumer*, P

Visite des salles. — Mʳˢ les Officiers du quartier ont rapporté que, conformément au résultat du 29 Juillet 1747, ils avoient visité les salles de l'Académie et trouvé tous les effets en bon état

En terminant la séance, la Compagnie a nommé M *Pigalle*, Adjoint, pour exercer à son rang le mois d'Octobre

———

1 Ils sont ajoutés en marge.

prochain à la place de M *Parrocel*, Professeur, qui a prié
la Compagnie de l'en dispenser, attendu les ouvrages qu'il
a à faire pour le Roy

> *Coypel — Jeaurat — Louis de Silvestre —*
> *Galloche — J. Du Mont le Rom — Hulst —*
> *Carle Vanloo — De Jullienne — Natoire —*
> *C De Vermont — J. B Oudry — Adam l'aîné*
> *— Pierre — Pigalle — Nattier — P Slodtz*
> *— G Duchange — Hallé — Tocqué — J. B.*
> *Massé — Aved — Courtin — Desportes —*
> *Huilliot — Leblanc — Lépicié*

Aujourd'hui, samedi 4ᵉ Octobre, l'Académie s'est assemblee pour les Conferences.

M. Desportes fait la lecture de la troisième et dernière
partie de la vie de M Le Brun. — M *Desportes* les a
ouvertes par la lecture de la troisième partie de la vie de
M *Le Brun,* contenant la suite des travaux de ce grand
homme, des réflexions sur ses ouvrages, et un précis de
ses démêlés avec M *Mignard* sous le ministère de M de
Louvois

Cette dernière partie aussi intéressante que les deux
premieres, par l'exactitude avec laquelle les faits y sont
discutés et détaillés, a été goûtée unanimement par la Compagnie, qui en a remercié l'auteur par un Discours que
M. *Coypel* lui a adressé, et qui sera couché sur le Registre
à la suite de la présente deliberation.

> *Coypel — Galloche — Pigalle — Louis de*
> *Silvestre — De Voyer d'Argenson — Watelet*
> *— De Jullienne — Hulst — Carle Vanloo —*
> *Boucher — Natoire — C. De Vermont — J B.*
> *Oudry — Adam l'aîné — Coustou — J Nat-*
> *tier — P Slodtz — Hallé — G Duchange —*
> *J B Massé — Tocque — Chardin — Lépicié.*

Réponse de M Coypel a M. Desportes sur la vie de
M. Le Brun, Premier Peintre du Roy

« Monsieur, — Vous ne pouviez mieux témoigner votre
zèle à cette Compagnie, dont vous êtes chéri, qu'en écrivant la vie du célèbre Monsieur *Le Brun* avec l'exactitude
d'un fidelle historien, et dans ce style mâle, noble et précis,
qui vous a dejà tant de fois attiré nos applaudissemens

« Depuis longtems ceux qui s'intéressent véritablement
à la gloire de notre Académie desiroient que cet ouvrage,
fait pour ainsi dire sous ses yeux par un de ses dignes
membres, pût être regardé comme un monument de sa
reconnoissance envers son illustre père

« Je ne considère pas seulement l'ouvrage que vous venez
de nous communiquer, Monsieur, comme un écrit curieux
et agréable, mais comme un écrit capable de redoubler
l'émulation des grands Artistes, ainsi que des Étudians,
et de confirmer de plus en plus le Chef des Arts dans ses
nobles idees.

« Nos Élèves, qui vous ont entendû, ont dû sentir, dans
la première partie de la vie de M *Le Brun*, ce qu'il faut
faire indispensablement à leur âge pour se rendre digne de
la haute protection qui prévient aujourd'hui leur capacité

« L'énumération des travaux de M. *Le Brun*, travaux si
immenses qu'ils nous paroissent presqu'incroyables quoiqu'ils soient sous nos yeux, cette énumération, dis-je, suffiroit non seulement pour désabuser ceux qui [seroient] tentez d'attribuer la fortune de ce grand homme à la faveur ou à
la profusion du Monarque, mais aussi pour faire cesser nos
plaintes si nous étions dans l'erreur au point d'imaginer
que les grâces du Roy sont dûes indistinctement à tous
ceux que l'Académie renferme dans son sein

« Enfin notre Supérieur, si zèle pour la gloire du Maître,
pour le progres des Arts, et pour le bien des Artistes,
pourra-t-il lire, dans l'ouvrage que nous venons d'entendre,
les endroits où vous parlez si dignement de Monsieur Col-

bert sans en être frappé et sans se proposer, chaque jour, les traits heureux de ressemblance qui se trouvent entre ce grand Ministre et lui

« Quelques louanges que vous ayez donné aux productions de M *Le Brun*, vous ne devez pas craindre, Monsieur, d'en avoir trop dit.

« Quiconque sçaura peser judicieusement les diverses parties de notre art conviendra sans peine que celles, dont ce sçavant homme étoit doué, ne sont pas les moins rares, et qu'il doit être regardé comme un des grands génies que la Peinture a mis au nombre de ses favoris. Il est vrai que, pour l'exécution, ses premiers ouvrages sont beaucoup plus piquants que les derniers ; mais il ne faut s'en prendre qu'à la nécessité où il se trouvoit de satisfaire le Prince et le Ministre, qui, justement épris de la noblesse et de la fécondité de son imagination, l'accabloient d'ouvrages si considérables qu'à peine peut on concevoir qu'il ait eu même le temps de composer et de conduire le grand nombre de ceux qui ne sont pas de sa main

« Si les dernières années de la vie de M. *Le Brun* ont été remplies de traverses, n'en soyons point étonnés, au contraire soyons surpris qu'elles ayent été précédées d'une si longue prospérité. Trois choses devoient lui attirer des ennemis, un mérite superieur, une faveur éclatante, et une de ces places dans lesquelles il est bien difficile, pour ne pas dire impossible, de satisfaire tout le monde[1] »

———

Aujourd'hui, samedi 25 Octobre, l'Académie s'est assemblée à l'ordinaire

Réception de M Tardieu, Graveur, fils de feu M. Tardieu, Graveur et Académicien. — Le Sieur *Jacques-Nicolas Tardieu*, Graveur et Agréé, à qui il avoit été ordonné

[1] L'ouvrage de *Desportes* est imprimé dans les *Vies des Premiers Peintres du Roi*, 1752, p 1-199, le Discours de *Coypel* s'y trouve à la suite, p. 100-3

de graver pour sa réception les portraits de Mrs *de Bou-
longne l'aîné* et *Le Lorrain*, les a présenté à l'assemblée,
ainsi que les planches et cent épreuves de chacune, les voix
prises à l'ordinaire, la Compagnie a reçu et reçoit ledit
Sieur *Tardieu* Académicien, pour avoir séance dans les
assemblées et jouir des privilèges, honneurs et prérogatives
attribués à cette qualité, en observant par lui les Statuts et
Règlemens d'icelle Académie, ce qu'il a promis en prêtant
serment entre les mains de M. *Coypel*, Écuyer, Premier
Peintre du Roy, Directeur et Recteur

Lecture du « Catalogue raisonné des tableaux du Roy »
— Pour occuper le reste de la séance, le Secrétaire a suivi
la lecture du « Catalogue raisonné des tableaux du Roy »
par l'article de *Jules Romain*, avec un abrégé de la vie de
ce Peintre

En levant le siège, il a été réglé que, le premier samedi
du mois prochain tombant sur la fête de la Toussaint, l'assemblée seroit remise à huitaine.

> *Coypel — Cazes — Galloche — Pigalle —
> J Restout — Hulst — Le Clerc — Carle Van-
> loo — Boucher — Natoire — C. de Vernont
> — J B Oudry — Adam l'aîné — Lemoyne
> fils — Coustou — Nattier — P. Slodtz —
> Hallé — G. Duchange — Aved — Tocqué —
> Vinache — Allou — Droüais — Geuslain —
> Leblanc — Cochin — Tardieu — Antoine Le-
> bel — Lépicié*

———

Aujourd'hui, samedi 8° Novembre, l'Académie s'est assemblée, par convocation générale, pour les Conférences

*M Massé fait la lecture d'une Dissertation sur la néces-
sité de bien connoître l'antique et l'anatomie* — M *Massé*
les a ouvertes par la lecture d'une excellente Dissertation
sur la nécessité de bien connoître l'antique et l'anatomie

pour arriver, autant qu'il est possible, à la perfection de
la Peinture et de la Sculpture

*M Coypel rend compte a la Compagnie d'une brochure
nouvellement imprimée.* — M *Coypel*, après avoir témoigne à M *Massé*, au nom de la Compagnie, combien Elle
étoit satisfaite d'un ouvrage qui réunit les plus profondes
méditations à toutes les grâces du style, a rendu compte
à l'assemblée d'une nouvelle brochure, dans laquelle l'ano-
nyme ose avancer que l'inobservation des anciens Règlemens et l'établissement des nouveaux ne tend pas moins
qu'au découragement des Artistes et à la décadence totale
de l'Académie; que lui, Directeur, auroit pris le parti du
silence, si ses reproches ne tomboient que sur des faits qui
lui fussent personnels, mais que, l'honneur et le bien de
l'Académie s'y trouvant intéressez par raport à l'administration dont il est chargé, il prie la Compagnie de lui dire
sans contrainte ce qu'Elle pense de sa conduite et des faits
énoncés dans la brochure

Résultat de l'Académie à cette occasion. — Conséquemment, l'affaire mise sur le bureau et en délibération, la
Compagnie, qui a eue connoissance de cette brochure, a
déclare unanimement que tous les faits qui y sont avancés
sont faux ou méchamment déguisés; que les Registres de
l'Académie font foi qu'Elle a toujours la même exactitude
à observer les anciens Règlemens, que ceux qu'Elle a renouvellés n'ont pour but que d'augmenter le bon ordre et de
menager la gloire de la Compagnie, en s'assurant sans partialité du mérite des sujets qui veulent entrer dans son
corps; que, bien loin que l'Académie dégénère de son
ancienne splendeur, Elle ne s'est point trouvée jusqu'à
présent dans une position si brillante; que la preuve en
résulte, non seulement de l'union de ses membres, de l'af-
fluence de ses assemblées, des Discours intéressans et
solides qui s'y prononcent les jours destinés aux Conférences, mais encore de la Protection immédiate du Roi,
que la Compagnie, indignée de l'injustice avec laquelle

M *Coypel* est attaqué dans ladite brochure, sur la partie de l'administration, a cru lui devoir ce témoignage public que jamais l'Académie n'a été conduite avec plus de prudence et d'équité que sous sa gestion, ce que la Compagnie a signé pour constater dans ses Registres la vérité et l'unanimité de ses sentimens à son égard

Ensuitte il a été ordonné au Secrétaire de transcrire le Discours de M *Coypel* à la suitte de la présente délibération.

Service pour les deffunts. — En finissant la séance, la Compagnie a déterminé que le service pour le repos des âmes de M^rs les Officiers et Académiciens décédés dans le courant de l'année et les précédentes se feroit à S Germain l'Auxerrois L'Académie y sera invitée par billets

> *Galloche — Coustou — Louis de Silvestre — J. Restout — Caylus — De Jullienne — Hulst — Le Ch^er de Valory — Watelet — Le Clerc — Carle Vanloo — Boucher — Natoire — C. de Vermont — Oudry — Adam l'ainé — Lemoyne fils — Nattier — Hallé — E Bouchardon — Pierre — Pigalle — G Duchange — J B Massé — J. C. Roettiers — Chardin — Tocqué — Aved — J. J Sue — Geuslain — Boizot — Courtin — Leblanc — Oudry fils — Cochin — L. Surugue — Surugue le fils — Guay — Le Sueur — De la Tour — Lépicié*

———

Réponse de Monsieur Coypel au discours de M Massé sur la nécessité de bien connoître l'antique et l'anatomie

« Monsieur, — Je doute qu'on pût rien ajouter aux solides réflexions que vous venez de nous communiquer sur la nécessité d'étudier l'anatomie et les Sculptures antiques Je desirerois que nos Élèves fûssent convaincus, comme nous, des véritez que vous dites à ce sujet

« Mais ce qui, dans votre ouvrage, ne mérite pas moins
nos éloges et nos remercîmens, c'est, Monsieur, le zèle
noble et touchant avec lequel vous tachez d'inspirer à cette
jeunesse l'amour de la véritable gloire, de cette gloire qu'on
n'acquière qu'à force de courage et de soins ; de cette gloire,
dis-je, si différente pour la durée, et même pour la satisfaction intérieure, de la gloire fausse et passagère que fait
obtenir le manège, et qu'on ne doit qu'à la témérité de certains juges peu connoisseurs.

« Je sçais que cette gloire non méritée est pourtant assez
brillante pour séduire un jeune artiste,

> Mais, comme elle a l'éclat du verre,
> Elle en a la fragilité.

> (Corneille, dans *Polieucte*.)

« De tous tems on a vu de ces prôneurs, prévenus ou
gagez, abaisser, dans leurs discours ou dans leurs écrits,
l'habile homme qu'ils ne connoissent pas pour élever l'ignorant qu'ils protègent ; mais une suite de mauvais ouvrages,
enfantés par le protégé, démentent les éloges des protec-
teurs ; la fausse réputation de l'un s'évanouit et les décisions que les autres ont rendues publiques ne sont plus
que des monuments de leur mauvaise foi, ou de leur
imbécilité.

« D'ailleurs, à moins qu'un ignorant ne soit absolument
aveuglé, est-il possible que, vis-à-vis de ses ouvrages, il lise
avec complaisance un écrit où il est comparé à Zeuxis ou
à Praxitèles ?

« Un éloge fait au hazard et donné mal à propos, loin
de flatter, doit faire gémir celui qui le reçoit.

« L'artiste vraiment épris de la beauté de son art, pense
trop noblement pour se contenter d'une réputation injus-
tement acquise, à laquelle il pourroit survivre, ou qui du
moins finiroit avec lui. Certain qu'il n'appartient qu'au
tems, juge équitable, de rendre immortelle ou d'anéantir
la mémoire des hommes, mais qu'il n'y procède qu'avec
lenteur, c'est à la postérité qu'il consacre ses veilles, et

l'espoir de lui plaire, qui le flatte d'avance, l'aide si bien à
supporter les traverses que la cabale lui fait essuyer, qu'il
ne voudroit pas changer de situation avec ceux qu'elle
favorise Les chefs-d'œuvres des anciens, sur lesquels il s'est
formé, se retracent toujours à ses yeux, il n'opère, pour
ainsi dire, qu'en présence de ces grands maîtres; ce sont
eux qui le critiquent, qui résolvent ses doutes, qui l'encou-
ragent, et qui deviennent les garands de l'immortalité à
laquelle il aspire

« Jeunes Étudians, c'est pour vous que je viens de
m'expliquer sur la vraie gloire et sur cette réputation man-
diée, peu solide, et pourtant trop capable de vous éblouir.

« Ces Messieurs, pour préférer l'une à l'autre, n'avoient
pas besoin de mes réflexions, mais je me flatte qu'ils me
sçauront gré de vous en avoir fait part Oui, c'est votre
seul intérêt qui m'a porté à les mettre au jour en pleine
Académie, et non le desir de tomber sur ceux qui se
chargent aujourd'hui du soin d'apprécier le mérite des
Artistes dans les brochures dont ils nous inondent »

M. Coypel rend compte de la brochure — Il en paroit
une nouvelle, cependant, de laquelle je crois ne pouvoir,
Messieurs, me dispenser de parler aujourd'hui.

« C'est un tissu de faits imaginez ou déguisez par la plus
noire méchanceté, en cela je n'avance rien que nos
Registres ne puissent prouver

« Malheureusement, on publie dans le monde que c'est
l'ouvrage de quelques membres de la Compagnie, mais je
ne puis le croire Non, il n'est pas possible que l'Académie
ait reçu dans son sein des gens capables de recourir au
mensonge pour la flétrir. Qu'il est triste pour un galant
homme d être loué dans un pareil écrit[1]

« Je ne penserois pas à repousser les traits envenimés
qu'on y lance contre moi, Messieurs, s'ils ne retomboient
pas sur vous. Mais, lorsqu'on ose dire que l'Académie
s'achemine à grands pas vers sa chute, qu'Elle mérite
même d'être supprimée, qu'on ne voit plus chez Elle que

troubles et que divisions, que les anciens Règlemens ne
s'y observent plus, quand on ajoute que les nouveaux,
défigures au gré de l'écrivain, ne tendent pas à moins qu'à
décourager les grands sujets qui voudroient percer jusqu'à
nous, ces reproches odieux ne vous blessent-ils pas autant
que moi ?

« Car, enfin, si les anciens Règlemens sont méprisés, si
celui qui a été fait pour les Agremens et les Réceptions est
préjudiciable, pourquoi avez-vous approuvé hautement
celui-ci, et par quelle raison ne me reprocheriez-vous pas
le peu de soin que je prendrois de maintenir les autres
dans toute leur vigueur ?

« On m'accuse d'injustice dans les distributions d'ouvrages Vous ne l'ignorez pas, Messieurs, depuis que j'ai
l'honneur d'être à votre tête, il ne s'est point présenté d'assez grandes occasions pour en distribuer à tous ceux qui
peuvent, ou qui osent prétendre à l'honneur de travailler
pour Sa Majesté Supposé que ma voix soit suffisante pour
déterminer, en pareil cas, le choix de M. le Directeur
Général, peut-on se plaindre que, pour faire le peu de
tableaux dont on a eu besoin depuis deux ans pour le service du Roy, l'on n'ait pas employé ceux en faveur de qui
le public s'est déclaré ouvertement ?

« Il y a nombre d'autres choses, dans l'écrit dont je vous
parle, sur lesquelles il me seroit facile encore de me justifier, mais que je passe sous silence, parce qu'elles ne
regardent que moi.

« Ce qui me reste à vous dire, Messieurs, et ce que j'ose
vous prier d'écouter avec attention, c'est que, si, jusqu'ici,
par des ménagemens qui seroient au-dessous de vous, vous
m'avez caché les mécontentemens que j'ai pu vous causer,
loin de vouloir vous engager à m'épargner encore, je vous
suplie de cesser de vous contraindre des ce moment même
Parlez, Messieurs, quoiqu'il puisse m'en coûter, je prendrai de justes mesures pour ne plus mériter vos plaintes,
sans perdre de vue toutefois le désir de me concilier votre

bienveillance, mais, tant que je serai en place, on ne doit
pas attendre de moi que la crainte des reproches les plus
aigres, ni des satyres les plus injurieuses, que le ressenti-
ment, que l'amitié même puissent me porter à faire des
préférences injustes, lorsque le Chef des Arts daignera me
consulter La façon dont la pluralité recevra ce que j'ai
l'honneur de dire à toute la Compagnie me déterminera
sur ce que je dois faire

« Prononcez donc, Messieurs, votre réponse sera ma
condamnation ou mon apologie. Mais, telle enfin qu'elle
puisse être, je prie Monsieur le Secrétaire de la coucher
sur le Registre, et, convaincu comme je le suis de votre
politesse, je me retire, pour vous laisser délibérer en pleine
liberté »

———

Aujourd'hui, samedi 29e Novembre, l'Académie s'est
assemblée à l'ordinaire.

*M. Oudry fait part à l'Académie de l'établissement d'une
École de dessein à Beauvais* — M *Oudry*, Professeur, a
fait part à l'assemblée d'un Mémoire contenant l'établissement qu'il fait d'une École de dessein, publique et gratis,
en faveur des habitants de la ville de Beauvais, avec un
règlement pour le choix des sujets, la tenue des leçons et
la police de ladite École

La Compagnie a trouvé cet etablissement aussi noble que
judicieusement pensé, et digne du zèle que M. *Oudry* a
toujours montré pour l'avancement des arts que l'Académie
professe

M. Paul-Ambroise Slodtz propose un Aspirant Sculpteur.
— M *Slodtz*, Adjoint, ayant proposé un Aspirant Sculpteur, la Compagnie a nommé en conséquence, pour aller
voir ses ouvrages, M. *de Silvestre*, Ancien Recteur, M. *Galloche*, Recteur, M *Bouchardon*, Professeur, et M *Pigalle*,
Adjoint, lesquels en rendront compte à l'assemblée prochaine

Lecture du « Catalogue raisonné des tableaux du Roy » — Ensuite le Secrétaire a continué la lecture du « Catalogue raisonné des tableaux du Roy » par l'article du *Dominiquain*, avec un abrégé de la vie de ce Peintre

L'Académie a témoigné unanimement à l'auteur combien Elle étoit satisfaite de son travail

Conformément à la dernière délibération, la Compagnie a fait celebrer ce matin, à Saint-Germain-l'Auxerrois, un service pour le repos des âmes de Mrs les Officiers et Académiciens decédés dans le courant de la présente année.

Coypel — Galloche — Coustou — Louis de Silvestre — J. Restout — De Jullienne — Hulst — Carle Vanloo — Boucher — Natoire — C De Vermont — J. B Oudry — E. Bouchardon — Pierre — Pigalle — P Slodtz — Hallé — J Nattier — G Duchange — Oudry fils — Cochin — J. B. Massé — Tocqué — Aved — Boizot — Cars — Vinache — Surugue le fils — Lépicié.

Aujourd'hui, samedi 6e Décembre, l'Académie s'est assemblée pour les Conférences

M Coypel fait une seconde lecture de la vie de Monsieur son père — M le Directeur les a ouvertes par une nouvelle lecture de la vie de M. *Coypel*, son père, Écuier, Premier Peintre du Roy.

Cette seconde lecture a causé d'autant plus de plaisir à la Compagnie qu'elle lui a procuré l'occasion de renouveller à M *Coypel* l'estime qu'elle fait de ses talens, de son esprit et de son cœur [1]

Raport des Commissaires pour l'examen des ouvrages d'un Aspirant Sculpteur — Messieurs les commissaires, nommés

1 Elle est imprimée dans les *Vies des Premiers Peintres*, II, 1752, pages 1-41 La première lecture en avait été faite le 6 Mars 1745.

par la dernière délibérations pour aller voir les ouvrages
d'un Aspirant Sculpteur, ont raporté unanimement à l'Académie qu'ils étoient extrèmement contents desdits ouvrages

En conséquence de ce raport il a été arrêté que ledit
Aspirant pourroit se presenter à la prochaine assemblée

En terminant la séance, on est convenu que, le dernier
samedi du mois tombant sur la fête de St Jean, l'assemblée
seroit remise au mécredi suivant, 31 du présent.

> *Coypel — Galloche — C De Vermont —*
> *J. Restout — Caylus — De Jullienne — Hulst*
> *— G D'Isle — Le Clerc — Carle Vanloo —*
> *Natoire — J B Oudry — Pierre — E. Bou-*
> *chardon — Coustou — Pigalle — J. Nattier*
> *— P Slodtz — G Duchange — Hallé —*
> *J B Massé — J C Roettiers — Vinache —*
> *Oudry fils — Tocqué — Aved — Frontier —*
> *De L'armessin — Surugue le fils — Boizot —*
> *Leblanc — De la Tour — Lépicié*

———

Aujourd'hui, mercredi 31 Décembre, l'Académie s'est
assemblée, par convocation générale, pour la relevée du
quartier et pour la lecture des délibérations prises pendant
ce tems

Agrément du Sr Michel-Ange Slodtz, Sculpteur — Le
Sr *Michel-Ange Slodtz*, Sculpteur, natif de Paris, ayant fait
apporter de ses ouvrages, l'Académie, après avoir reconnu
sa capacité et pris les voix à l'ordinaire, a agréé sa présentation et lui a ordonné d'exécuter en marbre pour sa réception, et sans tirer à conséquence, un modèle qu'il a fait
voir, représentant allégoriquement l'Amitié avec ses
attributs

Accordé un an pour l'exécution de cet ouvrage

Députation a M De Tournehem pour la nouvelle année
—Suivant l'usage, l'Académie est convenue d'aller en Députation, au sujet de la nouvelle année, saluer Monsieur le

Directeur Général des Bâtimens et Monsieur de Vandières, reçu en survivance. La Députation sera composée de M. *Coypel*, Directeur, de M. *de Silvestre*, Ancien Recteur, et de Mrs les Officiers en exercice.

Le Secrétaire chargé d'écrire à Rome à M. de Vandières. — M. de Vandières étant parti pour Rome, le Secrétaire a été chargé de lui écrire, au nom de l'Académie, le projet de la lettre a été lu et approuvé.

Prix du quartier[1]

1er Prix *Brenet*, P
2e Prix *Marc Godefroy*, P
3e Prix *Plumier*, S

M. *Coypel* ayant représenté que les différentes affaires dont il est chargé par l'Académie ne lui permettoient pas de faire les fonctions du Rectorat pendant le prochain quartier, la Compagnie a nommé, pour y supléer, M. *Restout*, Adjoint à Recteur, ainsi que M. *Nattier* pour exercer, à son rang, le mois de Janvier à la place de M. *Bouchardon*, Professeur, qui est occupé à la figure équestre du Roi.

Visite des Salles. — Ceux qui ont exercé pendant le présent quartier ont rapporté à l'assemblée qu'ayant fait la visite des salles de l'Académie, ils n'avoient trouvé aucune dégradation dans les effets de la Compagnie.

En terminant la séance, on est convenu que, la prochaine assemblée tombant sur la fête de Ste Geneviève, elle seroit remise à huitaine.

La Compagnie ordonne une quête pour des œuvres charitables. — La Compagnie a ordonné une quête pour des œuvres charitables, ainsi que cela s'est toujours pratiqué.

> *Coypel — Cazes — Galloche — Louis de Silvestre — C. de Vermont — J. Retout* (sic) *— Hulst — J. Du Mont le Rom — De Jullienne — Pierre — Pigalle — Boizot — De la Tour — Frontier — Francisque — Drouais*

1. Ils sont en marge, comme toujours.

— Desportes — Vinache — Le Clerc — Huil-
liot — Surugue le fils — Carle Vanloo — Bou-
cher — J. B. Massé — De Lettre — Natoire
— Nattier — Jeaurat — Tocqué — J B
Oudry — Courtin — Adam l'ainé — Lemoyne
*fils — E Bouchardon — Coustou — P Slodt_*
— G Duchange — Hallé — Cars — Cochin
— Lépicié[1].

---

1. Tous les sommaires de ce procès-verbal sont écrits avec la
mention « De l'autre part, » sur la marge du feuillet blanc,
marqué par erreur clxij (il devrait l'être clxcxij), qui termine le
sixième Registre

1750

Aujourd hui, samedi 10ᵉ Janvier, l'Académie s'est assemblée par convocation générale

Raport de la Députation à M. le Directeur Général. —
Conformément à la dernière délibération, Mʳˢ les députés
ont raporté que, jeudi dernier, ils s'étoient rendus chez
M le Directeur Général des Bâtimens pour le saluer au
sujet de la nouvelle année, que M de Tournehem, après
avoir répondu avec beaucoup de politesse au compliment
de M *Coypel*, l'avoit prié d'assurer l'Académie de toute sa
bonne volonté à contribuer à son bien être et à sa gloire.

*Conférence M. le Comte de Caylus lit la vie de M Leran-
bert, Sculpteur.* — Ensuite de ce raport, M. le Comte de
Caylus a fait l'ouverture des Conférences par la lecture de
la vie de *Louis Leranbert*, Sculpteur, ornée non seulement de réflexions agréables et solides sur les talens et
les mœurs de cet homme célèbre, mais encore d'une digres-
sion curieuse sur les bontés de nos Rois pour les artistes

Réponse de M Coypel — Cet ouvrage, intéressant par
la matiere et par l'instruction que l'auteur a sçu y mêler,
a fait beaucoup de plaisir à la Compagnie, qui en a remercié M le Comte de Caylus par un discours que M. *Coypel*
lui a adressé et qui sera couché sur le registre à la suite de
la présente délibération

M Nattier présente une estampe gravée d'après lui. —
M. *Nattier*, Adjoint en exercice, a présenté à l'assemblée deux épreuves d'une planche qu'il a fait graver

d'après un de ses tableaux par le Sr *Balechou*, Agréé, dont le sujet représente, sous la figure d'une femme, l'emblème de la Force[1] L'examen fait, la Compagnie a aprouvé ladite planche, pour faire jouir l'exposant des privilèges accordez à l'Académie par l'Arrest du Conseil d'État du 28 Juin 1714

Mort de M Le Blanc, Graveur en médailles — Le Secrétaire a notifié à l'assemblée la mort de M. *Le Blanc*, Graveur des médailles du Roi, arrivée à Paris le 22 du mois de Décembre dernier, âge de 72 ans et demi.

En terminant la séance, le Secrétaire a fait la lecture des lettres de MM. *De Troy*, *De La Datte* et *Dandré*, au sujet de la nouvelle année

M. *Le Moine* le père, ancien Recteur, que ses infirmités privent de se trouver aux assemblées, a aussi écrit une lettre pour le même sujet

La Compagnie a nommé M *Restout* et le Secrétaire pour aller visiter M *Le Moine* et le remercier de son attention

> *Coypel* — *Louis de Silvestre* — *Restout* — *Nattier* — *De Jullienne* — *Hulst* — *Le Cher de Valory* — *Watelet* — *Carle Vanloo* — *Boucher* — *Natoire* — *C De Vermont* — *J B Oudry* — *Adam l'ainé* — *E Bouchardon* — *Coustou* — *Pierre* — *Pigalle* — *P Slodtz* — *G Duchange* — *J B Massé* — *Hallé* — *Cochin* — *Tocqué* — *Cars* — *Huilliot* — *Boizot* — *Surugue le fils* — *Tardieu* — *Lépicié*

Réponce de Monsieur Coypel à Monsieur le Comte de Caylus, au sujet de la vie de Louis Leranbert, Sculpteur

« Monsieur, à voir ce qu'il vous en coûte pour recevoir les louanges qui vous sont dûes, on a peine à comprendre

[1] C'est le portrait de la Duchesse de Châteauroux Ch. Leblanc, article *Baléchou*, n° 46, 1, 129

l'ardeur avec laquelle vous travaillez à les mériter Je ne vous dirai point que nos justes applaudissemens doivent vous engager à continuer d'enrichir l'Académie de vos sçavans écrits Je m'y prendrai d'une façon plus propre à vous convaincre de la nécessité où vous êtes de poursuivre, en vous représentant, Monsieur, que vos travaux académiques sçavent à la fois instruire les Élèves et redoubler l'émulation des Maîtres

« Quoi de plus propre, en effet, à nous animer de la plus noble ardeur que de nous remettre sous les yeux les travaux des grands hommes qui nous ont précédez ?

« Quoi de plus convenable, pour l'instruction de la jeunesse, que vos profondes et utiles réflexions sur les ouvrages et sur les mœurs de ces grands Artistes ?

« N'auriez-vous point, Monsieur, des reproches à vous faire si, possédant l'heureux talent de produire avec facilité des choses qui réunissent l'utile et l'agréable, vous negligiez d'en faire usage pour le bien et l'honneur de ces arts que vous avez toujours chéris ?

« Quel homme venez-vous de nous peindre ? Un homme admirable et pour les talens et pour le caractère, et dont l'exemple cependant peut être dangereux pour nos Élèves, ainsi que vous l'avez parfaitement remarqué.

« Pouvons-nous trop vous rendre grâce, Monsieur, de la façon dont vous venez d'exposer aux étudians le danger de se livrer à la passion d'écrire en vers Il leur est absolument nécessaire de sentir les beautés de la Poesie, mais ce n'est que dans leurs tableaux, comme vous l'avez dit, qu'ils doivent s'efforcer de paraître poetes Il est aisé de prouver que de tout point leur intérêt demande qu'ils en usent ainsi Quand même la distraction que leur causeroit la Poesie ne nuiroit pas à l'application serieuse qu'exige la Peinture ; quand même ils pourroient reunir en eux ces deux rares talens, l'un feroit tort à l'autre et, dans l'esprit du public, la plume pourroit effacer les traits du pinceau.

« Je dois m'attendre, en parlant ainsi, que le jeune trou-

peau qui m'ecoute va me comparer à ces vieilles prudes
qu'on soupçonne de n'avoir renoncé au monde qu'en per-
dant l'espoir de lui plaire, et qui veulent engager leurs
filles à fuir les plaisirs dangereux qu'elles cherchoient dans
leur bel âge. Si vous pensez ainsi, Messieurs, comme j'ai
lieu de le croire, je l'ai peut-être trop mérité pour ne pas
vous le pardonner, mais, de grâce, écoutez attentivement
ce qui me reste à vous dire

« Je suppose que vous sortiez d'une route dangereuse
que l'imprudence vous a fait choisir, et où vous avez pense
vous perdre. Si vous rencontrez des voyageurs, ne les
avertirez-vous pas de ne point s'exposer au danger que vous
avez couru ? J'ai trop bonne opinion de vous pour douter
que vous n'en usassiez pas ainsi, cependant cet avis salutaire
à qui le donneriez-vous ? A des inconnus. Jugez si je puis
le refuser à ceux pour qui je m'interesse vivement Car
enfin vous ne pouvez douter de ma façon de penser à votre
égard, vous sui tout, qui êtes honorés du titre d'Élèves protégés Vous avez du moins entendu parler des critiques et
des satyres mordantes que m'a attiré le simple soupçon
d'avoir contribué au bonheur dont vous joüissez aujour-
d'hui ; je les ai lues de sang froid et même avec une sorte
de joye, parce que je me suis figuré qu'elle ne serviroient
qu'à vous exciter de plus en plus à prouver, par de rapides
progres, la bonté d'un établissement dont on me fait l'honneur de m'attribuer le projet Mon attente ne sera pas
trompee, j'en ai pour garans vos sentimens, vos dispositions,
et le zèle admirable avec lequel Monsieur *Vanloo* seconde
les intentions du Chef des Arts Vous, c'est à tous les Élèves
que je m'adresse, vous, dis-je, qui avez le bonheur de rencontrer dans le cœur de vos Maîtres des sentimens de père
ne négligez rien pour tâcher de les égaler un jour Si vous
y parvenez, loin d'en être jaloux, c'est alors qu'ils se croiront parfaitement récompensés de ce qu'ils font en votre
faveur. Songez que la reconnoissance, dont je vous crois
pénétrez, ne suffiroit pas pour vous acquiter de ce que vous

leur devez Ce n'est point assez pour un Maître, qui chérit ceux qu'il prend soin d'instruire, de ne point trouver dans son École de méprisables ingrats, il veut qu'il en sorte de grands hommes. »

———

Aujourd'hui samedi 31e Janvier, l'Académie s'est assemblée à l'ordinaire.

Lecture du Catalogue raisonné des tableaux du Roy — Le Secrétaire a suivi la lecture du Catalogue raisonné des tableaux du Roy par les articles du *Giorgion*, d'*André Manteigne* et du *Perrugin*, avec l'abrégé de la vie de ces Maîtres

La Compagnie a ordonné au Secrétaire de marquer sur le registre combien Elle continuoit à être satisfaite de son travail

En terminant la séance, le Secrétaire a lu une lettre de M *Vanloo*, Premier Peintre du Roy d'Espagne, au sujet de la nouvelle année.

> *Louis de Silvestre — Nattier — Galloche — Caylus — Carle Vanloo — C De Vermont — Adam l'aîné — P Slodtz — E Bouchardon — Hallé — G Duchange — L. Tocqué — J B Massé — J. C Roettiers — Surugue — Guay — Lépicié*

———

Aujourd'hui, samedi 7e Février l'Académie s'est assemblée pour les Conférences

M le Comte de Caylus fait la lecture de la vie de M Guilain, Sculpteur — Monsieur le Comte de Caylus. dont le goût et les connoissances sont si utiles à l'Académie, et qui ne cesse de lui en donner des preuves par ses travaux littéraires, a occupé la séance par la lecture de la vie de *Simon Guilain*, Sculpteur, dans laquelle, après avoir rendu compte, avec une sçavante précision, des talens et du merite réel de cet artiste, il trouve moyen, à l'occasion de la valeur et de l'intrépidité de M. *Guilain*, de faire connoître aux

Elèves le danger de se livrer à la passion des armes, qui devient toujours nuisible pour la Société et la culture des arts, si la raison et l'honneur n'en règlent tous les mouvemens

Réponse de M Coypel. — L'Académie, qui a eté sensiblement touchée de la solidité de cet ouvrage, en a remercié M le Comte de Caylus par un discours que M. *Coypel* lui a adressé, et qui sera couché sur le registre à la suite de la présente délibération

> *Coypel — J. Restout — J. B Oudry — Louis de Silvestre — Galloche — De Jullienne — Hulst — Watelet — Le Clerc — Carle Vanloò — Boucher — Natoire — C De Vermont — Adam l'ainé — Nattier — Coustou — E Bouchardon — G Duchange — Hallé — Pigalle — L. Tocqué — J B. Massé — Cochin — Drouais — Lépicié*

Réponce de Monsieur Coypel à Monsieur le Comte de Caylus au sujet de la vie de M Guillain.

« Monsieur, — l'heureux projet que vous avez formé d'écrire la vie de nos grands Sculpteurs doit faire autant d'honneur à la Nation qu'a la mémoire de ces excellents hommes

« On sçait, dans toute l Europe, que la France a produit des *Lerambert,* des *Sarrazin,* des *Guillain,* des *Girardon,* des *Vanclèves,* des *Coyzevaux,* des *Coustou,* et tant d'autres, mais nous avons l'avantage de posséder ici ces marbres et ces bronzes, monuments érigés à leur gloire par leurs sçavantes mains, et, parmi les étrangers, ceux qui ne voyagent point, ne connoissant ces chef-d'œuvres que par de légers récits, peuvent douter qu'ils soient dignes d'entrer en comparaison avec les merveilles qui nous restent de l'Antiquité.

« Vous décrivez ces ouvrages d'une manière si vive et si précise qu'ils croiront les voir en lisant vos ecrits, et, surtout, la franchise avec laquelle vous citez les deffauts qu'on peut y remarquer, sera pour eux la preuve incontestable des sublimes beautez qu'avec justice vous pensez qu'on y doit admirer

« Vous ne vous lasserez point de remplir, en travaillant pour la gloire de cette Académie, les devoirs de bon Citoyen J'en ay pour garants votre amour pour les Arts, votre haine pour l'oisiveté, l'heureuse facilité avec laquelle vous produisez, pour ainsi dire en vous jouant, des choses qui exigeroient de tout autre la plus sérieuse application, et je m'en repose encore plus, Monsieur, sur vos sentimens, qui jamais ne vous permettront de refuser vos soins lorsqu'il s'agira d'assurer la mémoire des hommes rares qui nous ont précédez, de louer, dans ceux que nous possédons, les grands talens acquis, et de contribuer à hâter les progrès d'une jeunesse qui travaille pour les acquérir, et sur laquelle notre Auguste Monarque ne dédaigne pas de jetter ses regards

« La nouvelle preuve de bonté, dont le Roy vient de nous combler, en permettant que Monsieur le Directeur Général lui présentat les ouvrages et les personnes des Élèves de l'Académie qu'Elle même a jugé digne de jouir des nouveaux bienfaits de Sa Majesté, cette preuve de bonté, dis-je, de la part du plus grand des Rois pour ceux qui cherchent à se distinguer dans nos talens, ne doit elle pas, comme vous l'avez dit, Monsieur, embrazer les Élèves de l'ardeur la plus vive, et nous transporter de joye ainsi que de reconnoissance.

« Quelle Gloire pour cette Compagnie ! Ses enfans mêmes viennent d'être honorez par Louis d'un coup d'œil favorable !

« Ne pouvons-nous pas nous flatter d'avance des progrès qu'ils feront, à Rome, après avoir passé paisiblement trois annees à étudier, avec application, les chef-d'œuvres qui leur sont offerts dans le Cabinet du Roy, sans toutefois cesser d'exercer de tems en tems leur génie par quelques morceaux de leur composition.

« Vous le sçavez mieux que personne, Monsieur, le nouvel établissement n'a d'autre objet que de rendre l'Académie de France à Rome plus utile que jamais, en lui envoyant des Écoliers assez formez pour que bientôt ils y deviennent de grands hommes C'est ainsi que Monsieur le Directeur Général s'explique sur cet établissement dans une des dernières lettres qu'il a écrite à M *De Troy*

« Comparons la situation présente de l'Académie avec l'état où Elle se vit en naissant Les illustres artistes qui la composoient alors, pleins du noble désir de se former de dignes successeurs, mais peu secourus dans un si beau projet, etoient obliges de contribuer chacun, selon l'etat de sa fortune, à l'entretien de l'École, et meme de tirer de légères rétributions des Écoliers

« Pouvons-nous trop bénir   . mais vous m'avez prévenu, Monsieur, sur toutes les réflexions qu'on pourroit faire à ce sujet, il ne me reste plus qu'à vous rendre grâce pour nos Élèves.

« Ce que vous venez de leur dire à propos de l'intrépidité de M *Guillain* doit-il jamais sortir de leur mémoire? Cette admirable leçon auroit-elle, dans la bouche d'aucun de nous, la force qu'elle a dans la vôtre ?

« Qu'il est fâcheux qu'en ce moment la crainte de vous deplaire m'empêche d'apprendre à ces jeunes gens quelles preuves de valeur a donné celui qui vient de les exhorter à ne confondre jamais le véritable courage. soutien de l'honneur, avec la folle témérité, meprisable support des passions brutales. »

———

Aujourd'hui, samedi 28e Février, l'Académie s'est assemblée à l'ordinaire.

Lecture du Catalogue raisonné des tableaux du Roy — Le Secrétaire a continue la lecture de son Catalogue raisonné des tableaux du Roy, par l'article de *Léonard de Vinci*, avec l'abrége de la vie de ce Maître.

En terminant la séance, le Secrétaire a raporté à l'as-

semblée qu'il avoit répondu à toutes les lettres écrites à
l'Académie au sujet de la nouvelle année.

> *Coypel — J. Restout — Caylus — J B*
> *Oudry — Hulst — Le Clerc — De Jullienne*
> *— Carle Vanloo — C De Vermont — Adam*
> *l'aîné — Boucher — Coustou — Pierre — Pi-*
> *galle — Nattier — Vinache — Hallé — G*
> *Duchange — J B Massé — L. Tocqué —*
> *Desportes — Lépicié*

Aujourd'hui, samedi 7ᵉ Mars, l'Académie s'est assemblée
pour les Conférences.

*M Tocqué, Conseiller, fait la lecture d'un Discours sur
le genre du Portrait —* M *Tocqué*, Conseiller, les a
ouvertes par la lecture d'un Discours contenant des réflexions
sur la Peinture et particulièrement sur le genre du Portrait

Ce talent, si analogue à celui de l'Histoire, par rapport
aux principes, ne demandoit pas moins que la capacité et
l'expérience de l'auteur dans cette partie de la Peinture,
pour en développer toutes les difficultés, et tracer aux
Elèves, qui voudront embrasser ce genre, la route qu'ils
doivent prendre pour parvenir à s'y distinguer, ce que
M *Tocqué* facilite par la franchise généreuse avec laquelle
il communique le fruit de ses méditations les plus profondes

Réponse de M Coypel — M. *Coypel* a remercié l'auteur, au nom de la Compagnie, de son zèle pour l'avancement des Élèves, et le Discours prononcé à ce sujet sera
couché sur le registre à la suite de la presente delibération

Il a été résolu que la prochaine assemblée seroit avancée
de huit jours à cause de la Semaine Sainte, et que, le
samedi 21 du present mois, Messieurs les Directeur, Recteurs, Adjoints à Recteurs, Professeur en exercice, et, à
tour de rôle dans les anciens Professeurs Monsieur *Le
Clerc*, dans les Professeurs Monsieur *Coustou;* dans les
Adjoints Monsieur *Hallé,* dans les Conseillers Monsieur

Chaufourier et le Secrétaire, et, dans les Académiciens, M. *Dumons*, s'assembleront, à huit heures précises du matin, pour régler la répartition de la Capitation de la présente année 1750 et examiner et arrêter les Comptes de 1749

Épreuve d'un nouveau verni. — Relativement à la délibération du 26 Juillet dernier, l'épreuve d'un nouveau verni ayant été faite en présence de l'assemblée, la Compagnie a trouvé qu'il faisoit un bon effet et qu'il ne pouvoit porter aucun préjudice aux tableaux, ce qu'Elle a ordonné au Secrétaire de marquer sur le registre[1]

Sur la nouvelle de la maladie de M. *Galloche*, l'Académie a nommé M *Restout* et M *Vanloo* pour aller le visiter.

Coypel — J Restout — Carle Vanloo — Caylus — Louis de Silvestre — De Jullienne — Hulst — Le Ch^{er} De Valory — Le Clerc — Watelet — Boucher — Natoire — C De Vermont — Adam l'aîné -- Le Moyne fils — Pierre — Nattier — P Slodtz — Hallé — Pigalle — G Duchange — J B Massé — L. Tocqué — Boizot — Guay — Lépicié.

Réponse au Discours de M Tocqué sur la Peinture en général, et particulièrement sur le Portrait prononcé à l'Académie, le 7 Mars 1750.

« Monsieur, — Il est aisé de juger, en voyant vos ouvrages, que vous n'opérez jamais au hazard Cette belle facilité, qu'on admire dans vos tableaux, ne peut être attribué à la seule habitude de manier le pinceau, c'est plustôt le fruit de vos profondes réflexions

« Nous desirions depuis longtems, Monsieur, que vous voulussiez bien nous les communiquer, moins pour nous confirmer dans cette opinion que pour l'instruction de

---

1 Elle n'aurait pas mal fait, puisque ce vernis était si bon, de faire marquer sur le registre sa composition

ceux qui s'adonnent au recommandable talent du Portrait

« En remplissant nos desirs, vous venez de nous donner une aussi haute idée de votre façon de penser que de votre capacité. Plus vos réflexions nous paroissent solides et peu communes, plus nous vous trouvons généreux d'en enrichir nos Mémoires Est-il rien en effet de plus noble que de mettre au jour, pour le bien de la jeunesse, les moyens secrets par lesquels on est parvenu à se faire un nom, et de leur donner, si j'ose m'exprimer ainsi, ce fil precieux qui seul pouvoit empêcher qu'on ne s'égarât, dans des routes incertaines, où l'on se perd trop aisément

« Combien de gens auroient plustôt fait part aux autres des richesses qu'ils avoient acquises par leurs travaux que des méditations qu'ils avoient faites sur les talens qui les distinguoient. Combien de gens ont malheureusement alliez à l'élévation du génie la crainte puérile de se former des rivaux en formant des Élèves. Cependant, Monsieur, quel est l'objet qui doit nous animer, et qui nous anime en effet ? N'est-ce pas de perpétuer la gloire de cette Académie, en élevant des sujets qui puissent la maintenir après nous dans l'eclat où elle est aujourd'hui ?

« Risquerions-nous de la voir, sur la fin de nos jours, menacer de tomber avec nous, faute d'avoir secondé par nos soins les intentions du Supérieur dans ce qui concerne l'éducation des Étudiants ? Quoi ! L'Académie, pour dégénérer, auroit-elle attendu le moment où le plus grand des Rois se déclare son Protecteur, et daigne, par de nouveaux bienfaits, lui fournir des moyens nouveaux de rendre nos jeunes Artistes dignes de remplacer un jour ceux qui sans doute la soutiendroient à jamais, s'ils etoient immortels comme le seront leurs ouvrages ? »

———————

Aujourd'hui, samedi 21 Mars, l'Académie s'est assemblée par convocation générale, pour la lecture des délibérations du quartier, l'arrête du Compte de 1749 et le rôle de la Capitation de 1750, réglé dans le comité du matin.

Reddition des Comptes. — M^{rs} les Directeur, Recteurs,
Adjoints à Recteurs et Officiers, nommez pour régler la
répartition de la Capitation, et pour examiner et arrêter
les Comptes de l'année 1749, s'étant assemblés le matin
dans la salle de l'Académie, le Sr Reydellet, Concierge et
Receveur, chargé, par délibération du 1er Décembre 1736,
de recevoir la Capitation des Officiers et Académiciens, et
autorisé, par la même délibération, à recevoir de M^{rs} les
Trésoriers des Bâtimens du Roi, les sommes accordées par
Sa Majesté à l'Académie pour son entretien, a présenté
l'état de la Recette et Dépense par lui faites durant le cours
de l'année 1749, suivant les ordres de M^{rs} les Directeur et
Recteurs, l'examen en ayant été fait, ainsi que des quittances et Mémoires, la Recette s'est trouvée monter à la
somme de 6,061 liv 6 s et la Dépense à celle de 6,123 liv
14 s ; partant la Dépense excède la Recette de la somme
de 62 liv. 8 s., lequel compte, s'étant trouvé juste, il a été
aprouvé, et le Sieur Reydellet déchargé par lesdits Directeur, Recteurs et Officiers, et la décharge dudit Sieur confirmée et signée par l'Académie

M^{rs} les Officiers du présent quartier ont rendu compte
qu'ils avoient fait, conformément à la délibération du
29 Juillet 1747, la revue des effets de la Compagnie

Lecture du Catalogue raisonné des Tableaux du Roy —
Le Secrétaire a continué la lecture du Catalogue raisonné
des tableaux du Roy, par l'article d'*André del Sarte*, et par
celui du *Pontorme*, avec l'abrége de la Vie de ces Maîtres

La Compagnie a aprouvé unanimement ces deux articles

Ameublement de maroquin noir donné par le Roy[1] —
La Compagnie devant aux attentions et à la bienveillance
de M le Directeur Géneral l'ameublement en maroquin
noir dont le Roi a gratifié l'Académie, la Compagnie a

---

1 Cet ameublement pour la salle d'assemblée est composé
d'un bureau avec son pupitre, de 3 grands fauteuils, de 21 moyens,
de 36 tabourets et de 30 chaises (Note en marge)

résolu qu'elle iroit en députation remercier Monsieur de Tournehem.

La députation se fera par M. *Coypel* et par M^{rs} les Officiers en exercice.

Prix du quartier :

1er Prix : *Peronet*, P.
2e Prix : *Lubet*, S.
3e Prix : *Nattier*, P.

Coypel — J. Restout — J. Du Mont le Rom. — De Jullienne — Hulst — Le Ch^{er} de Valory — Le Clerc — Natoire — C. De Vermont — J. B. Oudry — Adam l'ainé — Lemoyne fils — E. Bouchardon — G. Coustou — Pierre — Pigalle — Nattier — P. Slodtz — G. Duchange — J. B. Massé — Hallé — L. Tocqué — Aved — Poitreau — Antoine le Bel — Tardieu — Courtin — Vinache — Lépicié.

Aujourd'hui, samedi 4e Avril, l'Académie s'est assemblée pour les Conférences.

M. Massé fait la lecture d'une Dissertation sur l'examen qu'il faut faire pour connoître le genre de ses dispositions. — M. Massé les a ouvertes par la lecture d'une Dissertation sur l'examen qu'il faut faire pour connoître le genre de ses dispositions, afin de se déterminer solidement sur le choix des talens différens que renferme la Peinture.

Cette Dissertation, que l'on ne pourroit extraire sans lui faire perdre beaucoup de la gradation méthodique qui y est observée, de l'excellence des principes qui y sont développés, ainsi que de la justesse et de la variété de l'expression, a été goûtée unanimement par la Compagnie, qui en a remercié et fait compliment à l'auteur.

Réponse de M. Coypel. — M. Coypel a prononcé à cette

occasion un Discours qui sera couché sur le registre à la suite de la présente délibération

Choix des Élèves pour concourir aux Grands-Prix — La Compagnie, après avoir vu les épreuves faites par les Étudians pour concourir aux Grands Prix, n'a jugé de capables à y être admis que les nommés *Cazes, Melling, Challe, Deshayes, Péronet* et *Corrège*, pour la Peinture, et les nommés *La Rue* et *Auvray*, pour la Sculpture

M *Moireau*, Graveur et Académicien, a présenté à l'assemblée deux épreuves d'une planche qu'il a gravée d'après *Vovremens*, ayant pour titre « La fontaine du Triton, » l'examen fait, la Compagnie a approuvé ladite planche, pour faire jouir l'exposant du privilège accordé à l'Académie par l'Arrest du Conseil d'État du 28 Juin 1714

En terminant la séance, M. *Galloche* a remercié la Compagnie de la visite qu'Elle lui a fait faire au sujet de sa maladie.

Coypel — Boucher — Galloche — Louis de Silvestre — J Restout — J Du Mont le Rom. — De Julliene (sic) — Hulst — L'abbé de Lowendal — Le ch^{er} de Valory — Natoire — Cai le Vanloo — Watelet — C. De Vermont — J B Oudry — Adam l'ainé — Lemoyne fils — E Bouchardon — Pierre — Pigalle — Nattier — P Slodtz — Hallé — G. Duchange — Surugue le fils — J. B. Massé — L. Tocqué — Chardin — Vinache — Tardieu — Lépicié

Réponce de M Coypel, Directeur, au Discours de M Massé sur le choix des talens divers que renferme la Peinture

« Monsieur, — Vous ne pouviez travailler sur un sujet plus intéressant et plus utile que celui sur lequel vous venez de nous entretenir Rien ne nous paroît plus important pour les jeunes gens qui s'adonnent à la Peinture que de faire un choix judicieux dans les genres divers qu'elle

renferme, et je pense qu'on peut leur appliquer ces vers
que Despréaux adresse à ceux qui se livrent à la Poésie ·

> O vous donc, qui, brûlant d'une ardeur périlleuse,
> Courez du bel esprit la carrière épineuse,
> N'allez pas sur des vers sans fruit vous consumer,
> Ni prendre pour Génie un amour de rimer ;
> Craignez d'un vain plaisir les trompeuses amorces,
> Et consultez longtems votre esprit et vos forces,
> La Nature, fertile en esprits excellens,
> Sait entre les auteurs partager les talens
> L'un peut tracer en vers une amoureuse flamme,
> L'autre, d'un trait plaisant, aiguiser l'épigramme,
> Malherbe d'un Héros peut vanter les exploits,
> Racan chanter Philis, les bergers et les bois,
> Mais souvent un esprit, qui se flatte et qui s'aime,
> Méconnoit son génie et s'ignore soi-même.

« Élèves, qui nous écoutez, voilà où vous en êtes pour
la pluspart. Vous prenez pour génie un amour de manier
le crayon et le pinceau, et vos parents, sur ce point,
s'abusent encore plus que vous Sans consulter votre esprit
et vos forces, et brûlant d'une périlleuse ardeur, vous entreprenez de courir la carrière la plus épineuse. La Nature a
beau vous indiquer le genre pour lequel elle vous a donné
de favorables dispositions, c'est à celui, qui vous paroît le
plus élevé, que vous croyez devoir vous attacher Mécon-
naissant votre génie, et vous ignorant vous-même, vous
vous abandonnez sans réserve aux conseils d'un amour-
propre mal entendu, sujet aux plus lourdes bevües, et, pour
vouloir trop briller, vous vous exposez aux plus rudes mor-
tifications en faisant des entreprises au-dessus de vos forces.

« Car, enfin, comme vous l'avez dit, Monsieur, est-il rien
de plus accablant, pour un homme né avec des sentimens,
que d'être forcé de s'avouer intérieurement qu'il n'est que
médiocre dans un art qui n'admet pas la médiocrité

« L'on me dira que ce même amour-propre, qui l'a
séduit d'abord, sait aussi l'aveugler sur ses ouvrages ; que,

s'il est froid dans les ordonnances de ses tableaux et sec dans l'exécution, l'amour-propre lui persuade qu'il est parvenu à la simplicité sublime et à la perfection de *Raphael* Que, si au contraire il compose d'une manière extravagante et dessine incorrectement, l'amour-propre le porte à se comparer au *Corrège* Ainsi du reste Voilà, je le suppose, notre Artiste très convaincu de sa haute capacité; mais en est-il plus heureux ? Non. Son peu de succès le rend furieux, il s'en prend au mauvais goût qui règne Le poison de l'envie le dévore, ceux de ses confrères, en faveur desquels le public se déclare, deviennent bientôt les objets de son aversion, il ne met plus au rang de ses véritables amis que les gens qui le flattent Enfin, s'il ne trouve plus d'adulateurs, il renonce aux humains pour se ranger lui-même dans l'obscurité où il s'ensevelit avec son triste orgueil

« Ne devons-nous pas presumer que ceux qui tombent dans le cas de cet homme, que je peins si malheureux, ne restent dans la médiocrité que pour avoir fait choix d'un genre plus etendu que leur génie ? Peut-etre dans un autre auroient-ils trouve autant de facilité pour se faire un nom qu'ils rencontrent d'obstacles insurmontables pour briller dans celui qu'une aveugle présomption lui a fait embrasser.

« Convenons, Monsieur, qu'une des principales sources des chagrins que s'attirent quelquefois les Artistes vient de ce qu'ils ne peuvent ou ne veulent pas s'apprécier équitablement Pour donner à croire que l'on est propre à tout, on fait de vains efforts, qui ne servent souvent qu'à prouver que l'on n'est vraiment propre à rien. L'on perd, à tenter tous les genres, un tems precieux et considérable, qui suffiroit à peine pour tâcher d'en posséder un seul dans toutes ses parties Car il n'est pas douteux que, parmi les genres divers que la Peinture offre à notre choix, il en est qui peuvent encore se diviser, et chacun d'eux fourniroit aisément à nombre de gens qui l'embrasseroient, de quoi briller dans des caracteres opposez Pour prouver cette

vérité, je ne feindrai pas de dire qu'il est rare qu'un Peintre
soit également heureux à saisir les caractères différens que
renferme souvent un seul genre.

« Dans le genre historique, par exemple, tel sera propre
aux sujets pathétiques qui ne traitera pas avec succès les
actions de grand mouvement Celui-ci peut toucher le
cœur en représentant Andromaque aux pieds de Pyrrhus,
et, s'il peint la chûte des Géans, il court risque de tomber
avec eux. Cet autre nous inspirera la terreur s'il nous fait
voir Achille poursuivant les Troyens à travers les flots du
Zante irrité, mais il tentera vainement d'enchanter nos
regards en peignant Vénus à sa toilette, environnée des
Grâces, qui tressent ses cheveux, et consultant son fils sur
la dangereuse parure dont elle emprunte le secours pour
charmer Adonis

« Un Paysagiste peut offrir à nos yeux, de la façon la
plus piquante, ces pays arides que Cérès, Pomone, et Flore
n'embellissent jamais de leurs dons, où l'onde, avec fureur
se précipitant de rochers en rochers, fait regner majes-
tueusement et l'horreur et l'effroi Mais ce même Peintre
n'aura pas l'imagination assez riante pour bien rendre les
agremens des campagnes fertiles et fleuries, séjour favori
de la tranquillité, de l'innocence et des plaisirs

« Un Peintre d'Architecture saura rendre d'une manière
facile, mâle et brillante, ces palais et ces monuments que
leur solidité n'a pu soustraire aux outrages du tems, et ne
pourra s'assujétir à nous representer avec exactitude des
bâtimens superbes nouvellement construits.

« Ne pouvons-nous pas dire avec assurance que, pour
obscurcir la gloire d'un grand Peintre, il suffiroit de lui
donner à traiter des sujets opposez, je ne dis pas seulement
au genre, mais au caractère qui le distingue Le Peintre,
en pareille occasion, feroit honneur à son discernement et
menageroit sa réputation s'il renvoyoit à un autre les
ouvrages proposez Mais ce funeste amour-propre, dont
nous venons de parler, et contre lequel on déclamera tou-

jours inutilement, entend trop mal ses intérests pour permettre d'en user ainsi, et en général nous croyons au contraire qu'il y va de notre gloire d'entreprendre des choses
qui, si elles ne reussissent pas, donneront du moins aussi
mauvaise opinion de notre jugement que de l'etendue de
notre capacite

« Je crois, Monsieur, en avoir dit assez pour prouver
l'importance de la matière que vous avez si bien traitée
Je connois trop votre modestie pour ne pas vous epargner
l'embarras de recevoir en pleine assemblée les louanges qui
vous sont dúes Je me bornerai à vous dire, sur la façon
touchante dont vous venez de nous parler de feu M. *de
Chatillon*, que vous avez sû couronner par les sentiments
du cœur un ouvrage plein de raison, de connoissance et
d'esprit »

———

Aujourd'hui, samedi 25ᵉ Avril, l'Académie s'est assemblée à l'ordinaire.

Lecture du Catalogue raisonné des tableaux du Roy —
Le Secrétaire a occupé la séance par la lecture de la suite
du Catalogue raisonne des tableaux du Roi, contenant les
articles de *Polidore de Caravage*, du Chevalier *Josépin*,
et de *Baccio Bandinelli*, avec l'abrége de la vie de ces Maîtres

La Compagnie a approuvé ces trois articles très-fort[1].

Ensuite M *Tardieu* a présenté à l'assemblée quatre
épreuves de deux planches qu'il a gravées en petit d'après
feu M. *Antoine Coypel*, Ecuyer, Premier Peintre du Roy,
dont les sujets représentent la colère d'Achille et les
adieux d'Hector[2] L'examen fait, la Compagnie a approuvé
lesdites planches pour faire jouir l'exposant des privilèges
accordez à l'Académie par l'Arrest du Conseil d'État du
28 Juin 1714.

1. *Très fort*, qui est souligné, est accompagné de la signature
C C, c'est-à-dire *Charles Coypel*.
2 Les deux tableaux sont aujourd'hui au musée de Tours

> *Coypel — Boucher — Galloche — J. Res-*
> *tout — Caylus — De Jullienne — Hulst —*
> *L'abbé de Lowendal — Garnier d'Isle — Le*
> *Clerc — Natoire — C De Vermont — J B*
> *Oudry — Adam l'aîné — Lemoyne fils —*
> *Coustou — P Slodtz — G Duchange — Hal-*
> *lé — Tardieu — J B. Massé — Lépicié.*

Aujourd'hui, samedi 2ᵉ May, l'Académie s'est assemblée pour les Conférences

M le Comte de Caylus fait la lecture de la vie de M Girardon, Sculpteur — M le Comte de Caylus a occupé la séance par la lecture de la vie de *François Girardon,* Sculpteur, dans laquelle, après avoir rendu compte, sans partialité, des talens et du mérite propre de cet artiste, il s'attache encore à le faire connoître du côté de l'esprit et du cœur ce qui lui fournit les moyens de semer son ouvrage de réflexions, aussi solides que nécessaires, sur les foiblesses inséparables de l'humanité et auxquelles les grands hommes sont souvent plus sujets que les hommes vulgaires

Réponse de M Coypel — Cet écrit véridique a fait beaucoup de plaisir à la Compagnie, qui en a remercié l'auteur par un Discours que M *Coypel* lui a adressé, et qui scra couché sur le registre à la suite de la présente délibération

> *Coypel — Louis de Silvestre — Natoire —*
> *Galloche — J Restout — J Du Mont le Rom.*
> *— De Jullienne — Hulst — Le Clerc — Carle*
> *Vanloo — Watelet — C De Vermont — Adam*
> *l'aîné — E Bouchardon — G Coustou —*
> *Pierre — Pigalle — P Slodtz — G Duchange*
> *— Hallé — J B Massé — L Tocqué — Co-*
> *chin — Lépicié*

Réponce de M Coypel a M le Comte de Caylus au sujet
de la vie de M Girardon

« Monsieur, — La mémoire de M *Girardon* est dans
une telle vénération chez tous les Artistes qu'aucun de
nous, s'il se fût chargé d'écrire la vie de ce grand homme,
n'eut osé hazarder de joindre aux éloges qui lui sont dûs
les réflexions critiques et judicieuses que vous faites sur
ses ouvrages

« Je ne feindrai pourtant pas de dire, Monsieur, que de
pareilles réflexions, faites sans partialite et appuyées sur
des connoissances solides, me paroissent non seulement
permises, mais absolument nécessaires pour épurer le goût
des Amateurs, et pour guider ceux qui s'adonnent aux arts
que nous professons

« Elles sont utiles à nombre d'Amateurs, pour les tirer
de l'erreur où ils tombent de mesurer sur le degré de la
Réputation d'un habile homme le degré d'estime qu'ils
accordent indifféremment à tous leurs ouvrages Vous le
savez, Monsieur, il suffit souvent qu'un morceau soit incon-
testablement de la main d'un grand Maître pour être cité
par celui qui le possède comme un exemple inimitable,
quelquefois il s'en faut beaucoup que cela ne soit ainsi, et
peut-être l'auteur même de ce pretendu chef-d'œuvre le
mettroit-il au rang des ouvrages que, pour sa gloire, il
auroit voulu pouvoir supprimer

« Les réflexions critiques, telles que vous savez les faire,
Monsieur, ne sont pas pour les Élèves d'une moindre
importance Les études qu'ils font d'apres les grands
Maîtres, Peintres ou Sculpteurs, ne peuvent leur être parfaitement utiles qu'autant qu'ils savent distinguer, dans ce
qu'ils ont fait de plus admirable, les parties deffectueuses
qui s'y rencontrent quelquefois S'ils sont prévenus que
tout ce qu'ils y voyent est également digne de vénération,
les Élèves Sculpteurs se figureront que *le Bernin* et *Puget*
les mettent en droit de s'écarter de la pureté des statues

antiques Les jeunes Peintres croiront trouver dans les anciens tableaux des autorités pour dessiner incorrectement, peindre d'une manière sèche, outrer le coloris, le négliger, ou même le mépriser, et composer d'une manière extravagante. Car il faut convenir que le *Poussin*, *Rubens*, *Michel-Ange*, le *Corrège*, *Raphaël* même peuvent induire en erreur un Écolier qui n'a pas le goût assés formé pour bien sentir, dans ce qui nous reste de ces Maîtres de l'Art, les beautez, qu'on ne sauroit étudier avec assez de soin, et les défauts que l'on ne peut trop éviter

« Je ne sçais si je m'abuse, mais je crois que ce sont précisément les deffauts des hommes renommez qu'il faut citer à la jeunesse ; ceux qu'on remarque dans les productions des ignorents ne peuvent séduire, n'étant rachetés par aucunes beautés

« Qu'il me soit permi d'ajouter encore que c'est un très mauvais moyen, pour consacrer la mémoire d'un grand artiste, que de loüer également tout ce qui est sorti de ses mains Si celui qui lit un éloge fait de cette manière n'a vu, par malheur, que quelques morceaux, dont peut-être, ainsi que je l'ai déjà dit, l'auteur lui-même faisoit peu de cas, il ne balance pas à croire que ceux qu'il ne connoit pas ne sont pas plus dignes de son admiration, et l'écrivain, lorsqu'il en use ainsi en déshonorant son goût, fait tort à son héros

« Mais, dira-t-on, est-il bien facile de faire des réflexions telles que vous les demandez ? Ne faut-il pas, non-seulement être doué de beaucoup de goût, mais avoir perfectionné ce goût par une longue habitude de voir les belles choses, et ne seroit-il pas même nécessaire d'avoir opéré ? Sans doute, et je ne dirai plus, il faut être assez dépouillé de prévention pour ne point rejetter des ouvrages, par la seule raison qu'ils s'éloignent de la manière que nous préférons, savoir enfin rendre justice à des beautés qui ne sont pas celles dont nous sommes sensiblement touchés, ne jamais confondre la critique avec la satyre, ne songer qu'à éclairer le lecteur, et savoir rejetter ces mordantes saillies qui rendent le Critique suspect d'animosité ; ne point se figurer que, pour hazarder des décisions choquantes, il suffise, si je puis m'exprimer ainsi, de s'ériger en secrétaire du public Ces tours rebattus ne séduisent point les gens sensez On sçait que ce public prétendu n'a la plupart du tems que deux ou trois têtes, et quelles têtes encore ! La meilleure oseroit-elle ouvrir la bouche devant le moindre des Artistes que ce petit public juge si hardiment ? »

———

Aujourd'hui, samedi 30e May, l'Académie s'est assemblée à l'ordinaire

Lettre de M. le Directeur Général pour l'Exposition des tableaux — M Coypel a communiqué une lettre, qu'il a reçue de M le Directeur Général, par laquelle il lui marque que, suivant l'intention du Roy, l'Exposition des tableaux dans le Salon commencera le 25 Aoust prochain, pour finir le 25 Septembre suivant

L'Académie a résolu de faire tous ses efforts pour répondre aux intentions de Sa Majesté et au zèle de M. de Tournehem

M Coustou propose un Aspirant Sculpteur — M Coustou ayant proposé un Aspirant Sculpteur, la Compagnie, relativement au reglement du 31 Aoust 1748, a nommé, pour en examiner les ouvrages, M Cazes, Recteur, M *Dumont le Romain*, Adjoint à Recteur, et Mrs *Adam* et *Le Moine*, Professeurs, lesquels Officiers en rendront compte à la prochaine assemblée.

Lecture du Catalogue raisonné des tableaux du Roi. — Le Secrétaire, pour occuper le reste de la séance, a continué la lecture du Catalogue raisonné des Tableaux du Roi, par les articles de *Michel-Ange* et de *Pietre de Cortone*, avec l'abrégé de la vie de ces Maîtres

La Compagnie a fort approuvé ces deux articles

Coypel — Cazes — Natoire — Galloche —

*J. Restout — Caylus — Le Clerc — Boucher
— C. De Vermont — J. B. Oudry — Adam
l'aîné — Lemoyne fils — E. Bouchardon —
Nattier — P. Slodtz — Pierre — Pigalle —
Hallé — G. Duchange — Boizot — De Lettre
— Cochin — Surugue — Lépicié.*

---

*M. Galloche fait la lecture de la 1re partie d'un Traité
sur la Peinture.* — Aujourd'hui, samedi 6e Juin, l'Académie s'étant assemblée pour les Conférences, M. *Galloche*,
Recteur, a lu la première partie d'un Traité sur la Peinture, contenant les réflexions qu'il a faites, par rapport à
la manière qu'il croiroit convenable, et qu'il ne fait que
proposer à la Compagnie, pour conduire les Élèves depuis
les premiers élémens du dessein jusqu'à l'étude des Antiques.

Réponse de M. Coypel. — Cet ouvrage, qui renferme
une partie des principes les plus essentiels pour réussir
dans un art si difficile et si étendu, a été fort goûté par la
Compagnie, qui en a remercié l'auteur, par un Discours
que M. *Coypel* a prononcé à ce sujet et qui sera couché
sur le registre à la suite de la présente délibération.

*Rapport des commissaires pour l'examen des ouvrages
d'un Aspirant Sculpteur.* — Le rapport des commissaires,
nommez pour aller voir les ouvrages d'un Aspirant Sculpteur, ayant été favorable, l'Académie a décidé en conséquence que ledit Aspirant pouroit se présenter à la fin du
mois.

*M. Boucher propose un Aspirant peintre dans le genre
de l'Histoire.* — Ensuite, M. *Boucher* ayant proposé un
Aspirant Peintre dans le genre de l'Histoire, l'Académie a
choisi, à tour de rôle, pour en examiner les ouvrages,
M. *Galloche*, Recteur, M. *Restout*, Adjoint à Recteur, et
Mrs *Oudry* et *Pierre*, Professeurs; lesquels Officiers en rendront compte à la prochaine assemblée.

Coypel — Cazes — Adam l'aîné — Caylus

— Galloche — J. Restout — J. Dumont le
Rom — De Jullienne — Hulst — Le Clerc
— Carle Vanloo — Boucher — Natoire —
C. De Vermont — J B Oudry — Lemoyne
fils — Coustou — Pigalle — P. Slodtz —
Hallé — G Duchange — J B. Massé —
L Tocqué — Aved — Poitreau — Lépicié

Réponse de M. Coypel, Directeur, au Discours de M Gal-
loche sur la manière de conduire les Élèves depuis les
premiers élémens du dessein jusqu'à l'étude des Antiques

« Monsieur, — L'Académie, dans ses Conferences, ayant
pour principal objet l'instruction de la jeunesse, c'est seconder dignement ses intentions que de prouver, comme vous
faites, la nécessité de commencer par se munir de ses principes solides sans lesquels les Élèves s'égarent promptement.
La route, que vous leur indiqués, Monsieur, est sans doute
la veritable, mais malheureusement peu d'Écoliers sont
assez courageux et assez modestes pour la suivre

« Quelques-uns se figurent même que l'étude de la Géométrie, de l'Anatomie et de l'Antique n'est propre qu'à
refroidir leur prétendu génie et à leur ôter ce qu'ils
appellent une heureuse facilité Ne pourroit-on appliquer à
plusieurs d'entre eux ce qu'un de nos Auteurs dit, en parlant d'un mauvais poète « Il faisoit assez bien de méchants
« vers. » — Scarron, *Rom Com* [1]

« Je conviens que, sans le génie et la facilite, les meilleurs principes ne peuvent faire un grand Peintre, mais je
crois pouvoir soutenir que, sans les principes, le génie et
la facilité sont comparables à ces feux de paille, aussi peu
durables qu'ils sont éclattans, on accourt de loin pour les
voir, mais, plus on approche, plus cet éclat s'affoiblit, et

1. C'est de La Rancune que Scarron le dit Première partie,
chapitre V

bientôt il n'en reste plus qu'un monceau de cendre légère, que disperse le moindre vent.

« Dans l'École de l'Académie, vous trouvez assez communément nombre de jeunes gens capables d'enfanter à la hâte, sur le papier ou sur la toile, des compositions qui semblent vous promettre des tableaux piquants; mais, s'ils exécutent ces tableaux, vous reconnoissés sans peine, en les voyant, que leurs foibles auteurs ont mis le peu qu'ils savent dans ces premiers crayons où l'on se contente de l'intention, sans exiger aucune perfection de detail Vous remarquès avec chagrin que les études qu'ils veulent faire d'après la nature ne servent qu'à éteindre ces étincelles de feu qui paroissent dans leurs esquisses, parce qu'ils ne font ces études qu'en tâtonnant, sans choix, sans goût et sans intelligence; et ce qui toujours enrichit un ouvrage pensé par un homme qui a des principes ne fait qu'appauvrir le leur.

« D'où pourroit venir l'incertitude de la pluspart des Étudians, sur la route qu'ils doivent suivre, si ce n'est du manque de principes? Aujourd'hui ils passeront du blanc au noir, demain de l'extravagance à la froideur La manière d'un artiste qui commence à briller les transporte; sans examen, ils n'en veulent plus connoître d'autre; faute de discernement, ils l'exagèrent et la défigurent, croyant l'imiter

« Mais me conviendroit-il d'en dire davantage quand nous avons lieu de nous flatter que vous continuerez, Monsieur, à demontrer ici que les plus grandes dispositions en apparence s'affoiblissent et meurent si, de bonne heure, elles ne sont nourries par les grands principes Cette belle matière doit être réservée à celui qui a eu le bonheur de former dans son Ecole plusieurs Maîtres de l'Art. »

————

Lecture des délibérations du quartier. — Aujourd'hui, samedi 27ᵉ Juin, l'Académie s'est assemblée par convocation générale pour la relevée du quartier : les délibérations prises pendant ce tems ont été lûes, ainsi qu'il est d'usage.

Agrément du Sieur Saly, Sculpteur. — Le Sieur *Jacques Saly*, Sculpteur, natif de Valenciennes, ayant fait apporter de ses ouvrages, l'Académie, après avoir pris les voix à l'ordinaire et reconnu sa capacité, a agréé sa présentation, et lui a ordonné, par grâce et sans tirer à conséquence, d'exécuter en marbre pour sa réception, un modèle qu'il a fait voir, représentant un Faune

Accorde un an pour l'exécution de cet ouvrage.

Lettre de M. le Directeur Général au sujet du tableau d'André del Sarte mis sur toile par le S Picault — Ensuitte le Secretaire a fait la lecture d'une lettre de M. le Directeur Général, écrite à M. *Coypel* et qui porte ce qui suit .

« A Paris, ce 7 Juin 1750

« Vous savez, Monsieur, que, lorsque je fis voir au Roy le tableau d'*André del Sarte*, que le Sr Picault a enlevé de dessus le bois pour le transporter sur la toile, ainsi que plusieurs autres, l'admiration fut générale à Versailles, où il fut exposé tout un jour Il n'y eut qu'une voix pour demander qu'on se servît du même moyen pour prévenir la ruine du St Michel de *Raphael*, qui dépérit de jour en jour

« Avant que de rien décider sur une affaire de cette importance, je crois ne pouvoir mieux faire que de consulter Messieurs de l'Académie de Peinture. Leur vénération pour les ouvrages des grands Maîtres de l'Art, leur capacité, et surtout leur zèle pour le service de leur Auguste Protecteur, me repondent qu'ils examineront les choses de manière à ne me laisser aucun doute sur le parti que je dois prendre en cette occasion. Faites donc transporter le tableau d'*André del Sarte* à l'Académie à la première assemblée, où vous déclarerez mes intentions par la lecture de cette lettre

« J'attends de l'Académie une reponce qui, sans doute, ne pourra que lui faire honneur quand je la ferai voir à Sa Majesté

« Je suis très véritablement, etc *Signé* Le Normant. »

La Compagnie, après avoir examiné le tableau, l'a trouvé si bien remis et en si bon état qu'il croit qu'il seroit absolument nécessaire de faire la même opération pour le St Michel de *Raphael*, dont on doit craindre à tout moment le dépérissement total.

Ce que la Compagnie a ordonné au Secrétaire de marquer de sa part à M le Directeur Général.

Prix du quartier ·

2e Prix *Godefroy*, P.
3e Prix *Gallot*, S

A l'égard du premier Prix, la Compagnie, ayant trouvé les desseins et les bas-reliefs trop foibles pour le mériter, Elle l'a reservé pour le prochain quartier

M. *Slodtz*, Adjoint, a été nommé pour exercer à son rang le mois de Juillet prochain à la place de M *Pierre*, Professeur, qui a prié la Compagnie de l'en dispenser

M Coypel continué dans sa place de Directeur. — Cette affaire terminée, M *Coypel* a remercié la Compagnie de l'honneur qu'Elle lui a fait de le continuer pendant trois ans dans la place de Directeur, et la prie de vouloir bien en disposer suivant l'article IX des Statuts

M *Coypel* a voulu se retirer pour laisser la liberté de délibérer La Compagnie s'y est opposée et a décide unanimement que M *Coypel* seroit continué dans le Directorat, par justice et par reconnoissance

Visite des Salles. — En terminant la séance Mrs les Officiers du quartier ont raporté qu'ayant fait la visite des salles de l'Académie, ils avoient trouvé tous les effets en bon état.

Coypel — *Cazes* — *Adam l'aîné* — *Louis de Silvestre* — *Caylus* — *Hallé* — *J Restout*

— *J Dumont le Romain* — *De Jullienne* —
Le Clerc — *Carle Vanloo* — *Boucher* — *Na-
toire* — *C De Vermont* — *J B. Oudry* —
Jeaurat — *Lemoyne fils* — *E. Bouchardon* —
Coustou — *Pierre* — *Pigalle* — *Nattier* —
P. Slodtz — *J. B. Massé* — *L Tocqué* —
Aved — *Geuslain* — *Boizot* — *Vinache* —
Courtin — *Poitreau* — *Cochin* — *Desportes*
— *Le Bas* — *Lépicié.*

---

*M le Comte de Caylus fait la lecture des vies de
MM. Buyter et Poissant, Sculpteurs* — Aujourd'hui,
samedi 4e de Juillet, l'Académie s'étant assemblée pour les
Conférences, M le Comte [de] Caylus les a ouvertes par
la lecture des vies de Mrs *Buyster* et *Poissant*, Sculpteurs

Ces deux éloges ont fait d'autant plus de plaisir à la Compagnie que l'auteur, malgré l'ingratitude de la matiere, a
sçu, par le secours du génie et du sentiment, tirer des circonstances où se sont trouvés ces deux Artistes, les réflexions
les plus capables d'intéresser le lecteur et de contribuer à
l instruction des Élèves

Réponse de M. Coypel — Une indisposition ayant empêché M *Coypel* de se trouver à l'assemblée, le Secrétaire,
a lu, pour lui, sa reponce à M le Comte de Caylus, ce qui
a été suivi du raport qu'il a fait à la Compagnie d'avoir
selon ses ordres repondu à M. le Directeur Général au
sujet du tableau d'*André del Sarte*

Lecture du Catalogue raisonné des tableaux du Roy. —
Ensuite il a continué la lecture du Catalogue raisonné des
tableaux du Roi, par les articles de *Perrin del Vague*
et du *Parmesan* avec l'abrégé de la vie de ces Maîtres.

La Compagnie a aprouvé ces deux articles, et Elle a
nommé Mrs les Officiers en exercice pour aller visiter
M *Coypel*

En terminant la séance, on est convenu que, le dernier

samedi du mois tombant sur la fête de St Jaxques et de
St Christophe, l'assemblée seroit avancée d'un jour et se
tiendroit le vendredi 24 du présent

> *Galloche — P. Slodtz — J. Restout — J.*
> *Dumont le Rom — De Jullienne — Hulst —*
> *Le Clerc — Carle Vanloo — Natoire — J B*
> *Oudry — Adam l'aîné — Pierre — Nattier*
> *— Hallé — G Duchange — J B Massé —*
> *Poitreau — Antoine Lebel — Desportes — L*
> *Tocqué — Lépicié.*

Réponse de M Coypel à M le Comte de Caylus au sujet des vies de Mrs Buister et Poissant, Sculpteurs

« Monsieur, — Vous venez de nous prouver plus que
jamais qu'il n'est point pour vous de matière ingratte
Sans perdre de vue un seul instant les sujets les plus
simples, vous savez les enrichir d'ornemens précieux, qui
leur conviennent si parfaitement qu'on seroit tenté de croire
que vous ne pouviez vous dispenser d'en faire usage.

« Tel est l'effet des bons ouvrages en tous genres. La
justesse et la vérité qui les caracterisent font imaginer que,
pour les produire, la Nature n'a pas eu besoin de secours
de l'Art En général, un ouvrage excellent plaît d'abord
plus qu'il n'étonne, parce qu'il n'offre que le vrai, et qu'on
se figure volontiers que le vrai est facile à trouver

« Cependant il faut convenir, Monsieur, qu'on ne parvient
pas aisément à orner un sujet stéril de ces traits vrais et
piquants qui semblent s'être offerts d'eux-mêmes. On peut
dire que souvent le travail le plus pénible, c'est de donner
à ceux qu'on fait l'apparence de la facilité.

« Tout ce que vous dites par exemple sur la difficulté de
faire connoître ses talens dans un pays étranger, et sur
l'incompatibilité de l'étude avec les soins qu'exige le nœud
du mariage ; toutes ces reflexions, dis-je, sont placées si à
propos qu'il sembleroit que tout autre les eût faites comme
vous ; mais combien d'écrivains se seroient contentes de dire

simplement que M *Buyster* s'etoit marié fort jeune, et qu'il avoit pris la résolution de quitter Anvers pour venir s'établir à Paris en 1635. Quel parti n'avez-vous pas tiré de ces deux faits, et pour l'agrément et pour l'utilité

« Si je ne relève pas nombre d'autres traits qui sans doute méritent nos éloges, ce n est pas, Monsieur, qu'ils nous soient échappés ; mais l'Academie, connoissant votre façon de penser, craint toujours de vous dégoûter d'un travail si précieux pour elle, en vous donnant des loüanges qui vous sont à charge autant qu'elles vous sont dües »

————

Aujourd'hui, vendredi 24ᵉ Juillet, et conformément à la dernière delibération, l'Académie s'est assemblée à l'ordinaire

En prenant séance, Monsieur *Coypel* a remercié la Compagnie de la visite qu'elle lui a fait faire au sujet de son indisposition.

Lecture du Catalogue raisonné des tableaux du Roy — Ensuite le Secrétaire a continué la lecture du Catalogue raisonné des Tableaux du Roy par les Artistes de *Sébastien del Piombo*, de *Balthazar Perruzzi*, et de *François Salviati*, avec l'abrégé de la vie de ces Maîtres

La Compagnie a fort approuvé ces trois Articles

Après quoi, Elle a nommé M *Oudry* et M *Slotz* pour aller visiter M *Le Clerc* qui est malade

M. *Le Moine*, Professeur, ayant représenté que la figure pédestre du Roy, dont il est chargé pour la ville de Rennes, ne lui permettoit pas d'exercer le mois prochain, la Compagnie a nommé, pour y supleer, M *Hallé*, Adjoint.

> *Coypel — Cazes — P Slodtz — J. Restout*
> *— Caylus — Hulst — Carle Vanloo — Boucher — C De Vermont — J B Oudry — Adam l'aîné — Le Moyne fils — Nattier — Hallé — G. Duchange — J. B Massé — L Tocqué — Aved — Antoine Lebel — Lépicié.*

Aujourd'hui, samedi 1ᵉʳ Aoust, l'Académie s'est assemblée pour les Conférences.

M. le Comte de Caylus fait présent du portrait de M Dufrénoy peint par M Le Brun — M le Comte de Caylus, toujours attentif à tout ce qui peut intéresser l'Académie, a fait aporter le portrait de M. *Dufrénoy*, peint par M *Le Brun*, et il a ouvert la séance par un Discours, dans lequel, après avoir donné des éclaircissements sur l'historique de ce tableau, il prie la Compagnie de l'accepter comme un témoignage de son estime et de sa vénération pour Elle

Ce portrait, aussi précieux, par rapport à l'exellent homme qu'il représente, que recommandable du côté de la couleur et de l'exécution, dont le beau faire annonce le meilleur tems de M *Le Brun*, a été reçu de l'Académie avec un extrême plaisir

Réponce de M Coypel au discours de M de Caylus — M *Coypel*, Directeur, en a remercié M. le Comte de Caylus, au nom de la Compagnie, et il a été ordonné que les deux Discours prononcés en cette occasion seroient transcrits sur le registre à la suite de la présente délibération

M. Coypel fait une seconde lecture d'un Dialogue sur la connoissance de la Peinture — Après quoi M le Directeur a bien voulu répondre au desir de l'assemblée, en faisant une seconde lecture d'un Dialogue sur la connoissance de la Peinture, auquel il a fait des changemens considérables.

Cet ouvrage, écrit avec cette élégance et cette solidité, qui caracterisent toute les productions de son auteur, a été écouté avec beaucoup d'intérest par l'Académie.

Commissaires nommés pour examiner les ouvrages du Salon — Ensuite il a été réglé que, conformément aux intentions du Roy, il y auroit, le mécredi 19ᵉ du présent, une assemblée particulière pour examiner les ouvrages qui seront placés dans le Salon, et en conséquence on a nommé, par la voie du scrutin, indépendamment de M le Directeur, de Mʳˢ les anciens Recteurs, de Mʳˢ les Recteurs et Adjoints à Recteurs, qui sont de tous les jugements, M. *Le Clerc,* ancien Professeur, Mrs *Carle Vanloo, Boucher, Natoire, Oudry, Bouchardon, Pierre,* Professeurs, Mrs *Pigale, Nattier* et *Hallé,* Adjoints à Professeur, et Mrs *Massé* et *Tocqué,* Conseillers

Il a été aussi arrêté que le samedi, 22e du présent, la Compagnie s'assemblera pour voir les tableaux et bas-reliefs faits par ses Élèves pour les Grands Prix, lesquels seront exposés à l'ordinaire le jour de St Louis.

Mrs *Oudry* et *Slodtz,* chargez par l'Académie pour aller visiter M. *Le Clerc,* ont raportez à l'assemblée qu'ils s'en étoient acquitez et que M *Le Clerc,* qui se portoit mieux, les avoit priez de témoigner à la Compagnie combien il étoit sensible à son attention.

Mrs de Silvestre et Hallé nommés pour aller remercier M le Comte de Caylus — En terminant la séance, l'Académie a nommé M *Silvestre* et M *Hallé* pour aller remercier M. le Comte de Caylus du présent qu'il a fait à la Compagnie

Le Secrétaire chargé d'écrire à M. le marquis de Calvière au sujet de la dignité de Commandeur de l'Ordre militaire de St Louis — Le Secrétaire a été chargé d'écrire à M le Marquis de Calvière de la part de l'Académie pour le complimenter sur la dignité de Commandeur de l'Ordre royal et militaire de St Louis, dont le Roy l'a honoré

> *Coypel* — *Hallé* — *Louis de Silvestre* — J. *Restout* — *Hulst* — *Carle Vanloo* — *Boucher* — *C De Vermont* — *J B Oudry* — *Adam l'aîné* — *Lemoyne fils* — *Coustou* — *Pierre* — *Pigalle* — *P Slodtz* — J. B. *Massé* — *L Tocqué* — *Lépicié*

Discours prononcé par Monsieur le Comte de Caylus le 1er Aoust 1750, au sujet du portrait de M Dufrénoy, peint par M Le Brun, dont il a fait présent à l'Académie.

« Messieurs, — Vous m'avez toujours vu persuadé que,

pour mieux vous célébrer et connoître vos talens, les
amateurs doivent se former parmi vous, soit en vous voyant
opérer, soit en profitant de vos réflexions sur les ouvrages
de vos anciens ; vous êtes si convaincus, Messieurs, de l'utilité que les grands artistes peuvent retirer de l'examen des
ouvrages de ceux qui vous ont précédés, que vos Statuts
ordonnent sagement que celui que vous recevez doit laisser dans vos salles un morceau qui prouve à la postérité les
raisons sur lesquelles a été fondé le choix que vous en avez
fait ; et, par une conséquence nécessaire, vous avez engagé
ceux qui se destinent à faire des portraits à vous en donner
deux de vos Officiers pour leur réception Par ce moyen,
vous réunissez dans vos salles l'utile à l'agréable, car c'est
un agrément réel que de conserver les traits des grands
hommes ; c'est une facilité pour fixer les idées et pour rappeler la mémoire du caractère et des événements qu'on
vous a rapporté dans leur vie Témoin de vos sentimens et
de tous vos procédés, je vous ai vu regretter de n'avoir
aucun ouvrage d'un de vos plus grands Maitres, cet homme
si noblement facile, cet Apelles d'un autre Alexandre, cet
homme enfin qui a tant contribué à la gloire et à l'établissement de votre Académie n'a cependant laissé à sa fille
chérie que les plus grands exemples à suivre.

« A ce portrait vous reconnoissez sans peine M. *Le Brun*,
et vous sentez avec quelle joye je vous présente aujourd'hui
non son portrait peint par lui-même, ce seroit trop de
bonheur à la fois, mais au moins un ouvrage de lui, peint
dans son meilleur tems, exécuté pour un ami, et quel ami ?
Celui de tous la Peinture, M. Dufresnoy qui en a si bien
et si élégamment écrit que tout ce qu'on a pu dire depuis
ne peut être, en un sens, regardé que comme une ampli-
fication des idées justes dont il a fait le fonds de son excellent Poeme Latin. Vous le connoissés trop, Messieurs, pour
vous en faire un plus grand éloge Je puis d'ailleurs vous
renvoyer à ceux que Mrs De Piles et Félibien en ont fais
Il est étonnant qu'un Peintre de votre École, qu'un homme

qui possédoit si éminemment la théorie de votre Art, qui en parloit si dignement, et qui l'a consacré dans un Poëme que le Dieu des Vers ne désavoueroit pas, ait échappé, dans le temps, aux vœux et au choix de l'Academie N'en accusons qu'une fatalité dont les plus célèbres Compagnies ne sont pas exemptes, cependant, comme le dit M. de Piles « Son Poeme sur la Peinture fera vivre son nom autant « que cet Art sera en quelqu'estime dans le Monde. » C'est donc avec un extrême plaisir que je puis vous offrir aujourd'hui un morceau qui reunit l'ouvrage d'un Peintre aussi celèbre par ses grands travaux, et les traits d'un autre qui, moins fécond dans son exécution, n'est pas moins illustre dans son genre.

« Heureux si mes recherches me satisfont au point de vous donner quelque jour un morceau dont vous êtes encore privés, par ces mêmes fatalités dont on ne peut rendre compte. Je parle de *Le Sueur*, cet autre grand homme que la France a vu naître, que votre Académie a placé dans son sein, et qui fera toujours également d'honneur à l'une et à l'autre

« Vous connoissés, Messieurs, le zèle dont je suis animé. Il vous explique suffisamment les motifs qui m'engagent à vous prier d'accepter ce témoignage de l'envie que j'ai toujours de vous plaire et de mériter la continuation de votre amitié »

Réponce de Monsieur Coypel au Discours de Monsieur le Comte de Caylus.

« Monsieur, — L'Académie me fait l'honneur de se reposer sur moi du soin de vous témoigner sa vive reconoissance, mais j'ai souvent éprouvé que vous n'aimez pas plus à recevoir les remerciments qui vous sont dûs que les éloges que vous méritez

« Dans la crainte de vous fatiguer, je me bornerai donc à vous dire que, si le tableau de Monsieur *Le Brun*, dont vous enrichissez l'Académie, redouble pour elle de prix parce qu'il représente un Artiste qui a si noblement écrit sur la Peinture[1], vous devez juger à quel point Elle ressent l'avantage de posséder en vous, Monsieur, un Amateur qui ne cesse de travailler à développer les mystères des Beaux-Arts qu'Elle professe, à immortaliser la mémoire des grands hommes qu'Elle a possédé, et à rendre justice au mérite de ceux qui les remplacent aujourd'hui »

———

Examen des ouvrages qui seront exposés au Salon — Aujourd'hui, mécredi 19e Aoust, l'Académie s'estant assemblée extraordinairement pour examiner les ouvrages qui seront exposés au Salon, Elle y a procédé, conformément aux intentions du Roy et aux délibérations précédentes.

M Oudry propose un Aspirant Peintre dans le genre des fleurs. — Ensuite, M. Oudry ayant proposé un Aspirant Peintre dans le genre des fleurs, la Compagnie a nommé, pour en voir les ouvrages et en faire le raport à la prochaine assemblée, M. *Cazes*, Recteur, M *Restout*, Adjoint à Recteur, et M⁅rs⁆ *Bouchers* et *Nattoire*, Professeurs

> *Coypel — Cazes — Hallé — Louis de Silvestre — J Restout — J Du Mont le Rom — Carle Vanloo — J B. Oudry — Natoire — Pierre — Pigalle — Nattier — J B Massé — L. Tocqué — Lépicié*

———

Examen des ouvrages pour les Grands Prix — Aujourd'hui, samedi 22e Aoust, l'Académie s'est assemblée extraordinairement pour examiner les tableaux et bas-reliefs faits par ses Élèves pour les Grands Prix. Après les avoir vûs, Elle a résolu que ces ouvrages seront exposés pour le public

1. Le portrait de Dufresnoy est au Musée du Louvre jusqu'à ce que quelqu'un, qui ne connaîtra, ni Dufresnoy, ni *Le Brun*, ni l'Académie de Peinture, ni Caylus, l'en mette à la porte, par le droit de son goût et de son ignorance

le jour de St Louis, et jugez le dernier samedi 29e du présent mois, par Messieurs les Officiers et Academiciens, lesquels ne donneront leurs suffrages que le jour de l'assemblée, conformément aux précédentes délibérations, ce qui sera indiqué sur les billets.

Rapport des Commissaires pour l'examen des ouvrages de l'Aspirant Peintre dans le genre des fleurs — Sur le raport favorable de Mrs les Commissaires nommés pour aller voir les ouvrages d'un Aspirant Peintre dans le genre des fleurs, la Compagnie a décidé que ledit Aspirant pourroit se présenter samedi prochain

Coypel — Cazes — Hallé — Louis de Silvestre — Galloche — J. Restout — Caylus — J. Du Mont le Rom. — De Julienne — Hulst — Carle Vanloo — Boucher — J B Oudry — Natoire — Adam l'ainé — Lemoyne fils — E. Bouchardon — G. Coustou — Pierre — Pigalle — G Duchange — J B Massé — Cars — L Tocqué — Chaufourier — Lépicié

———

Jugement des grands Prix. — Aujourd'hui, samedi 29e Aoust, l'Académie s'est assemblée, par convocation générale, pour juger les Grands Prix faits par ses Elèves sur deux sujets, tirés de l'Ancien Testament, dont l'un représente Laban qui présente Lia pour épouse à Jacob, et l autre le moment qu'Abraham rend grâces à Dieu de la délivrance de son fils

Jugement des Grands Prix. — La Compagnie ayant fait l'ouverture des boetes qui avoient été exposées pour le jugement des Grands-Prix, les voix prises et comptees à l'ordinaire,

Le Sieur *Melling*, qui a fait le tableau marqué II, s'est trouvé mériter le premier Prix de Peinture.

Le Sieur *de la Rue*, qui a fait le bas-relief marqué C, le premier Prix de Sculpture,

Le Sieur *Deshayes*, qui a fait le tableau marqué G, a été aussi jugé mériter le second de Peinture,

Et le Sieur *Auvray*, qui a fait le bas-relief marqué D, le second de Sculpture.

Agrément du Sieur Bachelier, Peintre de fleurs — Ce jugement terminé, le Sieur *Jean-Jacques Bachelier*, natif de Paris, Peintre de fleurs, ayant fait voir de ses ouvrages, l'Académie, suivant la forme ordinaire, a agréé sa présentation, et ledit Sieur ira chez M le Directeur, qui lui ordonnera ce qu'il doit faire pour sa réception

M *Le Clerc*, présent à cette assemblée, a remercié la Compagnie de la visite qu'Elle lui a fait faire au sujet de sa maladie.

M *Moireau*, Académicien, a présenté deux épreuves d'une planche qu'il a gravée d'après *Vovremens*, ayant pour titre « La fontaine de Vénus. » L'examen fait, la Compagnie a aprouvé ladite planche, pour faire jouir l'exposant des privilèges accordés à l'Académie par l'Arrest du Conseil d'État du 28 Juin 1714.

Réponse de M. le Marquis de Calvières. — En terminant la séance, le Secrétaire a fait lecture d'une lettre de remercîment de M. le Marquis de Calvières, en reponce de celle de l'Académie, au sujet de la dignité de Commandeur de l'Ordre royal et militaire de Saint-Louis, dont le Roy l'a honnoré

Cazes — Caylus — Louis de Silvestre — Hallé — Galloche — J Restout — J. Du Mont le Rom. — De Julienne — Hulst — Le Clerc — Carle Vanloo — Natoire — Boucher — C De Vermont — J B Oudry — Jeaurat — Adam l'aîné — Lemoyne fils — Coustou — Pierre — Pigalle — Nattier — P. Slodtz — G. Duchange — Aved — Chaufourier — Huilliot — Vinache — Poitreau — Geuslain — De Lettre — Courtin — Cochin — Lépicié

Aujourd'hui, samedi 5e Septembre, l'Académie s'est assemblée, par convocation générale, comme étant un jour indiqué par Monsieur le Directeur Général pour faire la distribution des Grands Prix du second Concours de 1748 et des Grands Prix de 1749

Distribution des Grands Prix par M. le Directeur Général — Monsieur de Tournehem étant arrivé sur les cinq heures, M. *Coypel* et Mrs les Officiers de quartier ont été au-devant de lui dans le grand Salon et l'ont accompagné dans la Salle d'assemblée, où, avant de prendre séance, il a souhaité voir les Prix et les travaux des Élèves protégés, ce qui s'étant exécuté, il a rentré dans la Salle et a été conduit à la place d'honneur, M *Coypel* à sa droite, M *Cazes*, Chancelier et Recteur en exercice, à sa gauche, et Mrs les autres Officiers selon leurs rangs ordinaires

La séance prise, Monsieur le Directeur Général, après avoir exhorté les Étudians à redoubler de zèle pour mériter les bontés du Roy, a fait la distribution des Grands Prix, sçavoir

Pour le second Concours de 1748 :

Le 1er Prix de Peinture au Sieur *Hutin ;*

Le 1er Prix de Sculpture au Sieur *Pajou,*

Le 2e Prix de Peinture au Sieur *de La Rue ;*

Autre 2e Prix de Peinture au Sieur *de La Traverse,*

Pour le Concours de 1749 :

Le 1er Prix de Peinture au Sieur *Briard,*

Le 1er Prix de Sculpture au Sieur *Guiard ;*

Le 2e Prix de Peinture au Sieur *Melling ,*

2e Prix de Sculpture au Sieur *De la Rue*

Ensuitte Monsieur De Tournehem a aussi distribué les petits Prix du quartier de Janvier 1748 jusques et compris celui d'Octobre 1749.

Lecture du Catalogue raisonné des tableaux du Roy — Le Secrétaire a terminé la séance par la lecture du Catalogue raisonné des Tableaux du Roy, contenant une par-

tie de l'article *Paul Véronnèse*, avec l'abrégé de la vie de
ce Maître.

Lettre de Mrs de la Société des beaux-arts de Toulouse
— Après quoi, il a lû une lettre de politesse, écrite à l'Académie par Mrs de la Société des Beaux-Arts de Thoulouze,
au sujet de leur nouvel établissement, laquelle lettre sera
couchée sur le registre, à la suite de la présente délibération

La Compagnie y fera réponce incessamment

L'assemblée finie, M le Directeur Général a été reconduit avec le même ordre qu'à son arrivée

*Députation pour aller remercier M le Directeur Géné-
ral.* — Il a été décidé que M. *Coypel* et M^rs les Officiers
en exercice iroient en députation remercier Monsieur de
Tournehem de l'honneur qu'il a fait aujourd'hui à l'Academie.

> *Coypel — Jeaurat — J Du Mont le Rom
> — Cazes — Louis de Silvestre — J. Restout
> — C Baschi — Le Clerc — Carle Vanloo —
> Natoire — C. De Vermont — Adam l'ainé —
> Lemoyne fils — E Bouchardon — Pigalle —
> Nattier — Hallé — G. Duchange — J. B.
> Massé — Huilliot — Desportes — Cochin —
> Tardieu — Lépicié.*

*Copie de la lettre écrite à l'Académie par Mrs de la Société
des Arts de la ville de Toulouse*

« Messieurs, — L'école du dessein que la Ville de Toulouse établit, en l'année 1726, en faveur et sous les soins
de feu M *Rivalz*, fournit dès lors à nos jeunes artistes un
nouveau moyen de cultiver et de perfectioner leurs talens
Après la mort de M *Rivalz*, le Sr *Cammas*, son successeur
dans la place de Peintre de l'Hôtel de Ville, employa heureusement ses sollicitations pour maintenir cette École, à
laquelle il devoit une partie de ses connoissances Non
content de communiquer aux autres les leçons qu'il avoit

reçeues, il rassembla plusieurs artistes et divers amateurs des Beaux-Arts, qui, avec l'agrement et l'appui des Magistrats de cette Ville, formèrent une Société de Peinture, de Sculpture et d'Architecture.

« Le zèle de cette Compagnie mérita bientôt que la Ville lui confiât, chaque année, une somme de cinq cens livres, partagée en plusieurs Prix, pour couronner les Élèves qui se distinguoient. Leurs progrès ont démontré, d'une manière sensible, l'utilité de cet établissement et ont fait desirer de lui donner une forme durable Nous n'ignorons pas, Messieurs, que les succès brillans sont toujours dûs à la Capitale; mais nous espérons de développer les heureuses dispositions pour le dessein et pour les arts, que l'on trouve assez communément dans cette Province, et dont la plupart restent inutiles par le défaut de secours. Ceux qui auront des talens distingués nous échapperont bientôt, et nous les verrons avec plaisir vous aller rendre les hommages qui vous sont si légitimement dûs. C'est sur ce motif que nous fondons nos espérances, et que nous vous prions de nous accorder votre protection, l'honneur de votre affiliation, l'avantage de votre correspondance, et votre crédit, pour obtenir les Lettres-patentes que nous sollicitons actuellement auprès du Roy

« Nous sommes avec respect, Messieurs, vos très humbles et tres obéissants serviteurs.

« A Toulouse, le 15 Aoust 1750

« Et ont signé . *Mondran*, Modérateur de la Société des
　　　　Beaux-Arts — *Gailhne Puy Sᵗ Pierre*
　　　　— *Manassus de Puy-Maunie* —
　　　　D'Espie — *De la Gorrée* — *De Marle*
　　　　— *Garipuy* — *L'Abbé de Santes* —
　　　　Martin Saint-Amand — *De Savignac*[1]. »

1 Comme nous n'avons pas affaire à l'original, mais à la transcription des Procès-verbaux, nous n'avions qu'à suivre le manuscrit, malgré l'étrangeté, évidemment incorrecte, de certains noms

Lecture des délibérations du quartier. — Aujourd'hui, samedi 26ᵉ Septembre, l'Académie s'est assemblée, par convocation générale, pour la relevée du quartier; les délibérations, prises pendant ce tems, ont été lues ainsi qu'il est d'usage

Lecture du Catalogue raisonné des tableaux du Roy, Lecture de la réponse à Mʳˢ de la Société des Arts de la Ville de Toulouse. — Le Secrétaire a continué la lecture du Catalogue raisonné des Tableaux du Roy, par le reste de l'article de *Paul Véronnèse*, et il a aussi lû un projet de réponse, que la Compagnie lui a ordonné de faire à Messieurs de la Société des Arts de Toulouse, lequel projet a été aprouvé.

M. De Silvestre propose un Aspirant Peintre dans le genre de l'Histoire — M de Silvestre ayant proposé un Aspirant Peintre dans le genre de l'Histoire, la Compagnie a nommé, pour en examiner les ouvrages et en faire le rapport à la prochaine assemblée, M. *Galloche*, Recteur, M *Dumont le Romain*, Adjoint à Recteur, et Mʳˢ *de Vermont* et *Jeaurat*, Professeurs.

Visite des Salles — Mʳˢ les Officiers du quartier ont rapporté que, pour se conformer au résultat du 29 Juillet 1747, ils avoient visité les salles de l'Académie et trouvé tous les effets en bon état, à la réserve de la figure du Gladiateur, qui a été endommagée, à la cheville du pied gauche, le jour de Sᵗ Louis

En levant le siège, la Compagnie a nommé M. *Pigalle*, Adjoint, pour exercer à son rang le mois d'Octobre prochain à la place de M *Parrocel*, Professeur, qui a prié l'Académie de l'en dispenser, attendû la suite d'ouvrages dont il est chargé pour le Roy

En marge M *Le Bouteux*, Académicien, mort, à Lille en Flandres, le.. de ce mois

Quartier de Juillet 1750.

1ᵉʳ Prix   *Buteux*, S.
2ᵉ Prix   *Saint-Aubin*, P.

3e Prix   *D'Huez*, S

Le 1er Prix mis en réserve au quartier précédent a été accordé à *Monnet*, P

> *Coypel — Cazes — Jeaurat — Louis de Silvestre — Restout — Baschi — J Du Mont le Rom — Le Clerc — G Duchange — Natoire — Carle Vanloo — J. B Massé — C De Vermont — Adam l ainé — Lemoyne fils — Huilliot — Nattier — Pigalle — E Bouchardon — Desportes — Hallé — Cochin — Tardieu — Lépicié*

Réponse faite par le Secrétaire, au nom de la Compagnie, à Mrs de la Société des Arts de la Ville de Toulouse.

« Messieurs, — J'ai lû, à l'assemblée générale du samedi 5e Septembre, où Monsieur de Tournehem a présidé, la lettre que vous avez écrite à l'Académie Elle me charge de vous remercier de votre politesse, et de vous assurer, que non seulement elle approuve votre établissement, mais qu'elle reçoit avec plaisir votre affiliation et la correspondance que vous lui proposés Soyez persuadés, Messieurs, que la Compagnie se fera même un devoir, dans les différentes occasions qui pourront se présenter, de vous donner des marques de son estime et de l'intérest qu'elle prend à vos succès

« Je suis avec respect, Messieurs, votre très humble et très obéissant serviteur.

« Signé   Lépicié.

« A Paris, ce 26e Septembre 1750 »

Aujourd'hui, samedi 3e Octobre, l'Académie s'est assemblée pour les Conférences

M. le Comte de Caylus fait la lecture des vies de M. Van Opstal et celle de M Van Clève, Sculpteurs — Monsieur le Comte de Caylus a ouvert la séance par la lecture des

vies de Mrs *Van Osptal* et *Van Clève*, Sculpteurs, recommandables l'un et l'autre par leurs talens et leur probité,
et le dernier surtout par son attachement inviolable à
l'observation des Statuts et des usages de l'Académie.

Réponce de M Coypel — Le Discours que Monsieur
Coypel a prononcé à cette occasion, et qu'il a adressé à
M. le Comte de Caylus, au nom de la Compagnie, sera
couché sur le registre à la suite de la présente délibération

*Coypel — Galloche — Louis de Silvestre —
J Du Mont le Rom. — C Parrocel — Le
Clerc — Carle Vanloo — Natoire — C De
Vermont — Jeaurat — Adam l'ainé — Le-
moyne fils — Coustou — Pierre — P Slodtz
— G Duchange — Hallé — Pigalle — J B.
Massé — Chardin — L Tocqué — Vinache
— Lépicié*

*Réponse a Monsieur le Comte de Caylus sur les vies de
Mrs Van Obstal et Van Clève*

« Monsieur, — S'il est facile de juger, en écoutant les
écrits dont vous enrichissez nos Archives, combien l'Académie vous est chère, il vous est aisé de reconnoître, par
la façon dont Elle les reçoit, à quel point Elle est flattée
de posséder un Amateur tel que vous et reconnoissante des
soins que vous prenez pour Elle

« Soit que vous parliez, Monsieur, des mœurs et des
ouvrages des grands hommes dont vous nous retracez la
mémoire, vous ne perdez jamais de vue l heureuse idée
de mettre tout à profit pour le progrès et la gloire des
Arts que nous professons.

« La cause de M. *Van Obstal*, deffendue par Monsieur De
Lamoignon, est un fait si honorable pour l'Académie
qu'Elle ne peut trop vous rendre grâces de l'avoir placé si
à propos pour le faire passer à la postérité

« Dans la vie de M *Van Clève*, la peinture de son caractère paroît être faite d'après nature, tant elle est exacte et

vive Vous lui rendrez, Monsieur, la justice qui lui est due
en disant que cette humeur pointilleuse, qu'on croyoit
quelques fois remarquer en lui, ne provenoit que de son
inviolable attachement pour la Compagnie Il sentoit que
la durée des plus beaux établissemens dépend beaucoup de
cette exactitude qu'il exigeoit pour l'observation de nos
Statuts Il étoit persuadé, avec raison, que des condescen-
dances, des faveurs, des commisérations, qu'on ne croit pas
qui puissent tirer à consequence, introduisent les plus
grands abus, que ce qu'on fait de trop pour les uns ne peut
se refuser aux autres, et que, pour l'ordinaire, ceux auxquels on a fait grâce se figurent bientôt qu'on leur devoit
ce que le trop de facilité pouvoit seul leur faire accorder »

Aujourd'hui, samedi 31e Octobre, l'Académie s'est
assemblée à l'ordinaire.

*M. Coypel fait présent à la Compagnie du portrait de
M. De Tournehem, peint par M. Tocqué.* — En ouvrant
la séance, M Coypel, par un procédé aussi noble que
généreux, a rempli les desirs de la Compagnie, en lui faisant présent du portrait de M. le Directeur Général, qu'il
a fait faire par M Tocqué.

Députation pour aller remercier M. Coypel — La Compagnie a témoigné unanimement sa reconnoissance à
M Coypel, et il a été résolu que Mrs les Officiers en exercice iroient, en députation, le remercier chez lui

*M De La Tour donne le portrait de M Dumont le
Romain, Adjoint à Recteur* — M De La Tour, qui a été
reçu[1] sur le portrait de M Restout, voulant prouver à
l'Académie son zèle et son attachement, et ne point s'écarter
de l'usage, lui a donné celui de M Dumont le Romain, de
la même forme et grandeur que le premier

La Compagnie a été aussi satisfaite de la beauté de
l'ouvrage que sensible à la façon de penser de l'auteur.

1. Le 24 septembre 1746

M Tocqué propose un Aspirant Peintre dans le genre du Portrait — M. Tocqué, Conseiller, ayant proposé un Aspirant Peintre, dans le genre du Portrait, la Compagnie a nommé, pour l'examen des ouvrages et en faire le rapport à la prochaine assemblée, M. *Silvestre*, ancien Recteur, et Mrs *Carle Vanloo, Oudry* et *Adam*, Professeurs.

Lecture du Catalogue raisonné des tableaux du Roy. — Ensuite le Secrétaire a continué la lecture du Catalogue raisonné des tableaux du Roi, par les articles du *Féti* et de *Carle Maratte*, avec l'abrégé de la vie de ces Maîtres

La Compagnie a très fort aprouvé ces deux articles[1]

> *Coypel — Galloche — E Parrocel — Caylus — J Du Mont le Rom. — De Jullienne — Carle Vanloo — C. De Vermont — Adam l'aîné — Le Moyne fils — Coustou — P. Slodtz — Pigalle — G. Duchange — Le Tocqué — J. B. Massé — Desportes — Vinache — Lépicié.*

Aujourd'hui, samedi 7e Novembre, l'Académie s'est assemblée pour les Conférences

M Desportes fait la lecture d'une Préface pour mettre a la tête de la Vie de M. Le Brun — M. *Desportes* les a ouvertes par la lecture d'une Preface pour mettre à la tête de la Vie de M *Le Brun*, avec un Discours preliminaire sur l'ancien état de la Peinture en France, et sur ceux qui ont porté le titre de Premier Peintre du Roy avant M *Le Brun.*

Ces deux ouvrages ont fait beaucoup de plaisir à l'Académie, le premier par l'intérêt qu'Elle prend à la gloire de M *Le Brun*, et le second, par les recherches, nouvelles et profondes, que l'auteur a faites pour donner une idée juste de l'ancien état de la Peinture en France, ainsi que des

----

1 Le mot *très fort* ajouté par M *Coypel* et paraphé par lui : C. C.

talens de ceux qui ont porté le titre de Premier Peintre du Roy avant M *Le Brun*

La Compagnie a remercié unanimement M *Desportes* d'un travail aussi utile que relatif à l'histoire de l'Académie

Rapport des commissaires pour l'examen des ouvrages d'un Aspirant Peintre dans le genre du Portrait. — Le rapport des commissaires, nommés pour aller voir les ouvrages d'un Aspirant Peintre dans le genre du Portrait, s'étant trouvé favorable, la Compagnie a décidé en conséquence que ledit Aspirant pourroit se présenter à la fin du mois

Service pour les deffunts. — En terminant la séance, il a été réglé que le service pour le repos des âmes de Mrs les Officiers et Académiciens, décédés dans le courant de l'année et les précédentes, se feroit à St-Germain-l'Auxerrois, le samedi 28e du présent L'Académie y sera invitée par billets.

> *Coypel — Coustou — Caylus — Louis de Silvestre — J Du Mont le Romain — De Jullienne — Watelet — Carle Vanloo — J. B. Oudry — Adam l'aîné — Lemoyne fils — C. De Vermont — G. Duchange — Pierre — Hallé — J. B Massé — L Tocqué — Drouais — Lépicié.*

———

Aujourd'hui, samedi 28e novembre, l'Académie s'est assemblée à l'ordinaire.

Agrément du Sr Valade, Peintre de Portraits — Le sieur *Jean Valade*, natif de Poitiers, Peintre de Portraits, ayant fait apporter de ses ouvrages, la Compagnie, après avoir pris les voix à l'ordinaire, a agréé sa présentation, et ledit sieur ira chez M le Directeur, qui lui ordonnera ce qu'il doit faire pour sa réception

Députation à Versailles pour examiner le tableau du St Michel — Ensuite M *Coypel* a fait part à l'assemblée que M le Directeur Général desiroit, avant de livrer le tableau de St Michel de *Raphaël* à l'opération du Sr Picaut, qu'une partie de l'Académie vînt à Versailles, le mardi 8e Décembre, jour de la conception de la Vierge, pour conférer ensemble vis-à-vis le tableau, et donner une décision certaine, que pour cet effet il prioit la Compagnie de choisir, indépendamment du Directeur et du Secrétaire, six Officiers des plus anciens, tous Peintres, et d'ajouter au moins à ce nombre un Amateur et un Associé libre.

En conséquence de cet exposé, l'Académie a nommé M. *De Silvestre*, ancien Recteur, M *Galloche*, Recteur, M. *Restout*, Adjoint à Recteur, M De Julienne, Amateur, M Hulst, Associé libre ; Mrs *Van Loo*, *Boucher* et *De Vermont*, Professeurs, le dernier en exercice, M *Nattier*, Adjoint à Professeur, et M *Massé*, Conseiller.

Lecture du Catalogue raisonné des tableaux du Roy — Le Secrétaire a continué la lecture du Catalogue raisonné des tableaux du Roy, par les articles de *Fra Bartholomée de St-Marc* et de *Michel-Ange des Batailles*, avec l'abrége de la vie de ces Maîtres.

La Compagnie a fort[1] approuvé ces deux articles ;

Conformément à la dernière délibération, l'Académie a fait célébrer ce matin, à St-Germain-l'Auxerrois, un service pour le repos des âmes de Mrs les Officiers et Académiciens décédés dans le courant de l'année et les précédentes.

> *Coypel — Cazes — Coustou — Hulst —*
> *De Jullienne — Louis de Silvestre — Restout*
> *— Le Clerc — Carle Vanloo — Natoire —*
> *C de Vermont — Jeaurat — J. B. Oudry —*
> *Adam l'aîné — Le Moyne fils — Pigalle —*
> *Nattier — P Slodtz — G Duchange — J B*
> *Massé — L Tocqué — Cochin — Boizot —*
> *Drouais — Vinache — Aved — Lépicié*

---

1. Le mot *fort* ajouté et paraphé par M. Coypel.

Aujourd'hui, samedi 5e Décembre, l'Académie s'est
assemblée pour les Conférences.

*M le Comte de Caylus fait la lecture d'un Discours sur
la composition.* — M le Comte de Caylus, qui ne cesse de
donner des preuves de son attachement à la Compagnie et
de son zèle pour le progrès des arts qu'Elle professe, a
occupé la séance par la lecture d'une Dissertation sur la
composition Cet ouvrage, où l'auteur fait voir, par des
exemples sensibles, en quoi consiste la beauté et la difficulté de cette partie, une des principales de la Peinture, a
été goûté extrêmement par l'Assemblée.

Réponse de M. Coypel. — M *Coypel*, Directeur, en a
remercié M le Comte de Caylus, au nom de l'Académie,
et le Discours prononcé à cette occasion sera couché sur
le registre, à la suite de la présente délibération

En terminant la séance, on est convenu que, le dernier
samedi du mois tombant sur la fête de St Étienne, l'assemblée seroit remise au jeudi suivant, 31 du présent.

> *Coypel — C. De Vermont — Restout —
> De Jullienne — Hulst — Watelet — Carle
> Vanloo — Natoire — J B. Oudry — Le
> Moyne fils — Pierre — Pigalle — Nattier —
> P. Slodtz — Hallé — G. Duchange — J. B
> Massé — L. Tocqué — Vinache — Droüais
> — Lépicié*

*Réponse au Discours de M le Comte de Caylus sur la
composition, prononcé à l'Académie, le 5e du mois de
Décembre 1750.*

« Monsieur, — En nous entretenant sur ce que demande
la composition d'un tableau, vous venez de nous représenter la Peinture comme une des principales Muses Si
nombre de gens osent la mettre au rang des Arts mécaniques, c'est bien souvent la faute d'une partie de ceux qui
la cultivent, sans comprendre qu'elle exige d'eux, à la fois,
le génie, le jugement, le goût, la noblesse dans les senti-

mens, la profonde étude du cœur humain, la connoissance de l'Histoire et de la Fable Les Amateurs tels que vous, Monsieur, ne disputeront jamais à cette Muse le haut rang où vous la plaçez.

« Je suis affligé d'être forcé de craindre en ce moment que, dans le grand nombre d'Élèves qui vous ont écouté, il ne s'en trouve plusieurs qui ne soient pas en état de bien concevoir ce que vous venez de leur dire Quelques-uns se figurent que, pour traiter les sujets les plus héroïques, il ne faut autre chose qu'une pratique commune de grouper, de dessiner, de peindre, de colorier et d'opposer des masses obscures à des masses lumineuses. Se donnent-ils la peine de lire les sujets qu'ils veulent rendre? Non, ils ne les connoissent que par les tableaux et par les estampes où ils les ont vus représentez.

« Cependant ils veulent donner des preuves de génie Que font-ils pour y parvenir? Courant après la nouveauté, ils s'éloignent du vrai; si l'un d'eux, par exemple, veut peindre le sujet de St Paul qui prêche à Corinthe, il fera de cet Apôtre un Déclamateur outré; les yeux pleins de fureur, le corps dans l'agitation, les mains menaçantes, il paroîtra ne sortir de sa bouche que des imprécations Une draperie volante achèvera de rendre cette figure principale complettement ridicule.

« Celui-ci, qui aura choisi le moment où J.-C. donne à St Pierre les clefs du Ciel, se gardera bien d'imiter dans sa composition la noble simplicité qui charme dans celle de Raphaël, mais, faute de lecture, il croira ne pouvoir supprimer ce petit temple que vous reprochez avec raison au Prince de la Peinture. Heureux encore si, pour éviter de paraître plagiaire, il ne place pas cet édifice sur le premier plan du tableau

« Cet autre, n'ayant lû les sujets qu'il veut traiter que dans les tableaux de *Paul Véronèze* ou dans les estampes gravées d'après ce Maître, n'hésitera pas à peindre les Juifs, les Grecs et les Romains vêtus en Nobles Vénitiens, ou en

Orientaux, et il couvrira hardiment Alexandre et ses sol-
dats d'armures gauloises.

« Je serois trop long si je détaillois les fautes énormes que
fait commettre le manque d'education et de lecture Par le
manque d'éducation, la colère basse, l'insolente morgue,
la minauderie indécente, tiennent dans un ouvrage les
places que devroient occuper la valeur, la noblesse et les
grâces

« Mais, si l'on vous en croit, dira-t-on, votre art ne pourra
donc plus être exercé que par ceux qui ont eu le bonheur
de recevoir une noble éducation ? Non Je n'ose pousser
les choses si loin, mais je desirerois que les jeunes gens,
qui n'en ont reçu aucune, se bornassent, ainsi qu'on leur
a déjà dit, à des talens particuliers, qui, tout recommandables qu'ils sont lorsqu'on les porte jusqu'à un certain
degré, demandent pourtant beaucoup moins de culture
d'esprit Cependant, comme, parmi cette jeunesse peu
instruite, il est possible qu'il se rencontre des genies heureux pour le genre historique, je voudrois que ceux-là
employâssent les moments de loisir que la Peinture doit
leur laisser, à s'orner l'esprit par de bonnes lectures Je
n'exige pas qu'ils aspirent à tenir un rang parmi les Savans,
mais je leur demande de n'être pas ignorans et d'en savoir
du moins assés pour connoître ce qui leur manque, et pour
recourir, dans leurs besoins divers, à ceux qui peuvent
les éclairer.

« Je demanderois encore qu'ils fissent en sorte de ne
voir les ouvrages des grands maîtres qu'avec des gens
dépouillez de passion, qui, en leur faisant admirer dans
ces tableaux les sublimes beautés qu'on ne sauroit trop
étudier, leur fissent remarquer qu'ils ne sont pas exempts
de nombre de deffauts, qui jamais ne peuvent autoriser
les nôtres Les Étudians apprendroient, avec de tels guides,
à ne point rejeter le *Dominiquin*, parce qu'il n'a pas dans
son coloris le brillant de *Rubens*, ainsi des autres Enfin,
ils s'accoutumeroient à considérer ces admirables produc-

tions par les côtez divers qui nous les font révérer Quelques-uns d'entre eux perdroient la mauvaise habitude de mépriser tout ce qui n'est pas dans la manière qu'ils affectionnent, et, pour finir par un exemple sensible, ceux qui jusqu'ici n'ont eté touchés que du fracas et de l éclat de la couleur, seroient bientôt forcés de convenir que, dans le tableau du *Poussin* qui représente le Déluge. ce grand homme n'a presque rien laissé à désirer.

« Le peu de figures, dont ce sujet est composé, redouble l'horreur du spectacle, ce petit reste des coupables humains, privé de tout espoir, donne l'idee du nombre immense de ceux qui sont engloutis

« Dans ce tableau, tout fait frémir, et toutefois on n y remarque aucun objet hideux Les Acteurs de cette tragédie vivent encore, mais il est facile de juger qu'ils n'ont plus que quelques instants à vivre. La couleur terreuse qu'on peut quelquefois reprocher au *Poussin* le sert en cette occasion, en donnant à ce bel ouvrage un coup d'œil qui inspire la tristesse, avant même qu on soit assez proche pour connoître le sujet que le Peintre a traîté. La pâleur de la foudre qui tombe la fait paroître plus terrible encore, enfin, ce morceau est, à mon gré, une preuve convainquante que, pour attirer, surprendre et charmer, toutes les parties qui composent nôtre art doivent être soumises au jugement et à l'esprit, et que nous ne devons négliger aucune de ces parties, puisqu'il n'en est pas une qui, par un juste retour. ne puisse faire briller l'esprit et le jugement du Peintre. »

———

Du samedi 19 Decembre 1750

Rapport de la députation à Versailles au sujet du tableau du St Michel de Raphael — L'Académie s'étant assemblee extraordinairement pour entendre le rapport de ce qui s'est passé à Versailles, conformément à la délibération du 28 Novembre dernier, au sujet du tableau du St Michel de *Raphaël*, le Secrétaire de l'Académie, un des députés nommés, a dit qu'en conséquence de cette délibération et des ordres de Monsieur le Directeur Général des Bâtiments, Mrs les députés de l'Académie se sont rendus à Versailles le 8 du présent mois pour examiner le St Michel de *Raphael* et décider si, par les expériences que le Sr Picault a faites sur les tableaux d'*André del Sarte* et de *Vander Meulen*, qu'il a enlevés, le premier de dessus le bois et le second de dessus la pierre, et qu'il a transportés sur la toile, avec tout le succès possible, quoiqu'ils fûssent l'un et l'autre dans un très mauvais état, on pouvoit se servir du même moyen pour prévenir la ruine du St Michel,

Que MM les députés, après avoir examiné avec l'attention la plus scrupuleuse l'état présent dudit tableau, avoient trouvé, dans la totalité, de petites parties sans nombre, prêtes à se détacher,

Qu'il est indubitable qu'en voulant faire ces réparations sur le panneau même, on seroit non seulement obligé de conserver l'ancien repeint, mais d'en ajouter de nouveau,

Que les mêmes accidents venant à se répéter promptement et successivement, on ne pourroit y remédier qu'en faisant la même opération, ce qui, au bout de peu d'années, ne laisseroit plus rien du tableau original ;

Que, conséquemment, il n'y avoit point d'autre parti à prendre, pour sauver le tableau du St Michel, que de le remettre entre les mains du Sieur *Picault* pour le transporter sur la toile ; que par ce moyen on conserveroit tout ce qui reste de pur de *Raphael*, mais encore que ledit Sr Picault ayant aussi le secret d'enlever le repeint, on pourroit trouver, dans les dessous, des indications pour le trait et pour la couleur,

Qu'il ne falloit, pour se convaincre de cet avantage, que reflechir sur la manière dont on raccommodoit anciennement les tableaux,

Lorsqu'il y avoit des endroits écaillés dans une partie, celui qui étoit chargé de la réparation, peignoit, pour

accorder le tableau, la partie entière, ce qui est arrivé surtout dans la figure du démon terrassé, du même tableau
de *Raphael*, au lieu qu'à présent on ne couvre que la partie
nécessaire et en pointillant.

Qu'il falloit de plus observer que, le Roy possédant une
belle copie du St Michel, faite il y a plus de vingt-cinq
ans, elle serviroit à conduire au rétablissement de l'original

L'Académie approuve les observations des députés. —
L'Académie, ayant trouvé toutes ces observations justes
et solides, les a approuvées unanimement, et a ordonné
que ce présent rapport seroit inséré dans ses registres, ce
qui a été fait à l'instant, et ont tous MM les députés signé ·

> *Coypel — Restout — L de Silvestre —*
> *Hulst — C de Vermont — De Jullienne —*
> *Carle Vanloo — Natoire — Nattier — J B.*
> *Massé — Lépicié.*

Ensuite, le Secrétaire a notifié à la Compagnie la Mort
de M Le Fevre[1], Amateur, et il a ajouté que, conformément à la délibération du 26 Août 1747, M le comte de
Baschi montoit à son rang dans la classe de Mrs les Amateurs, et que la place qu'il occupoit dans celle de Mrs les
Associés libres devenoit vacante par cette mutation

Proposition faite par M. Coypel, de la part de M le
Directeur Général, au sujet des places qui viennent à vac-
quer dans la classe de Mrs les Associés libres — Sur quoi,
M Coypel a dit à l'assemblée, de la part de Monsieur le
Directeur Général, qu'il croyoit que, pour l'avantage de
la Compagnie et suivant l'intention du Roy, il convenoit
de choisir alternativement, lorsqu'il vient à vacquer des
places dans la classe de Mrs les Associés libres, un homme
titré et un travailleur, que cette disposition devenoit d'autant plus nécessaire que l'Académie, se proposant de donner incessamment au public une partie de ses Conférences,

---

1. Note en marge M. Le Fèvre, Trésorier général de la Maison de la Reine, arrivé le 9 Décembre 1750

Elle avoit besoin de Membres qui pûssent l'aider dans ce travail, qu'étant persuadé du zèle de la Compagnie à saisir tout ce qui peut contribuer au perfectionnement des arts qu'elle professe, il ne doutoit point qu'elle ne reçût avec plaisir cette proposition

M Mariette élu Associé-libre — L'Académie en a donné des preuves sur le champ en nommant, par acclamation, M. Mariette, dont les connoissances profondes dans l'histoire de la peinture, de la sculpture et de leurs dépendances ne peuvent être que très utiles à la Compagnie.

M. le Professeur en exercice et le Secrétaire ont été chargés de lui faire part de sa nomination au nom de l'Académie

Quartier d'Octobre 1750

1er Prix, *Lubet*, S ,
2e Prix, *Nattier*, P.,
3e Prix, *Thomire*, P

> *Coypel — Galloche — C. de Vermont — Louis de Silvestre — Restout — J. Du Mont le Rom — De Boze — Caylus — De Jullienne — Baschi — Hulst — Carle Vanloo — Le Ch^{er} de Valory — Boucher — Natoire — J. B Oudry — Adam l'ainé — E. Bouchardon — Coustou — Pigalle — Nattier — P. Slodtz — Hallé — J B Massé — L Tocqué — Droüais — J. C. Roettiers — Lépicié.*

———

Lecture des délibérations du quartier. — Aujourd'hui, jeudi 31 Décembre, l'Académie s'est assemblée, par convocation générale, pour la relevée du quartier et pour la lecture des délibérations prises pendant ce tems.

M Mariette, Associé-libre, prend séance — En ouvrant la séance, M. Mariette, élu Associé-libre le 19 de ce mois, a remercié et pris rang en cette qualité.

Députation pour la nouvelle année. — Suivant l'usage, la Compagnie est convenue d'aller en députation, au sujet de la nouvelle année, saluer Monsieur le Directeur Général des Bâtimens et M. De Vandières, reçu en survivance. La Députation sera composé de M. *Coypel*, Directeur, de M. *De Silvestre*, ancien Recteur, et de M^{rs} les Officiers en exercice.

Lettre écrite à ce sujet à M. de Vandières. — M. de Vandières étant à Rome, le Secrétaire a été chargé de lui écrire au nom de l'Académie. Le projet de la lettre a été lu et approuvé.

Les différentes affaires dont M. *Coypel* est chargé pour l'Académie ne lui permettant pas de faire les fonctions de Rectorat pendant le prochain quartier, la Compagnie a nommé, pour y suppléer, M. *Dumont le Romain*, Adjoint à Recteur, ainsi que M. *Pigale*, pour exercer à son rang le mois de Janvier à la place de M. *Bouchardon*, Professeur.

Visite des Salles. — La visite des Salles de l'Académie s'est faite par M^{rs} les Officiers du quartier, conformément au résultat du 29 Juillet 1747.

Quête pour des œuvres charitables. — Ensuite, il a été ordonné une quête pour des œuvres charitables, ainsi qu'il se pratique à pareil jour[1].

En levant le siège, il a été arrêté que, comme il ne se trouve qu'un jour d'intervalle entre cette assemblée et la première du mois prochain, elle seroit remise à huitaine.

Coypel — Galloche — C. De Vermont — Louis de Silvestre — Restout — Caylus — J. Du Mont le Rom. — De Jullienne — Hulst — Le Clerc — Le Ch^{er} de Valory — Mariette — Watelet — Carle Vanloo — Vi-

---

1. On lit en marge : . . . .   112 l. 11 s.
   Plus remis à M. Reidelet 14 Janvier . .   36 »
   Plus remis à M. Reidelet 6 Février . . .   48 »

   Total de la quête . . . . . .   196 l. 11 s.

nache — Natoire — Cochin — Boucher —
Jeaurat — J. B. Oudry — Adam l'ainé — Le
Moyne fils — E. Bouchardon — Coustou —
Pierre — Pigalle — Nattier — J B Massé
— De Lettre — P Slodtz — Hallé — G
Duchange — Chardin — Desportes — Huil-
liot — L Tocqué — Frontier — Boizot —
Courtin — De Lobel — Surugue le fils —
Lépicie

1751.

Aujourd'hui, samedi 9ᵉ Janvier, l'Académie s'est assemblée par convocation générale

Rapport de la députation à M. le Directeur général. — Conformément à la précédente délibération, Mʳˢ les députés ont rapporté que, jeudi dernier, ils s'étoient rendus chez Monsieur le Directeur Général pour le saluer au sujet de la nouvelle année, et que M *Coypel*, portant la parole, lui avoit dit :

« Monsieur, — l'Académie vient vous assurer de son respect et de sa vive reconnoissance Elle vous redira tous les ans la même chose à pareil jour, ses sentimens ne peuvent s'altérer, et vous ne negligerez jamais de lui procurer les avantages qu'Elle s'efforcera de mériter de plus en plus » ;

Qu'ensuite, Monsieur *De Tournehem*, après avoir remercié la Compagnie de sa politesse, avoit ajouté qu'il saisiroit toujours avec joie les occasions de l'obliger, et qu'il croyoit ne pouvoir donner une meilleure caution de ses sentimens pour l'Académie que M. *Coypel*

Lecture du Catalogue raisonné des tableaux du Roy. — Ce rapport fait, le Secrétaire a lu, du Catalogue raisonné des tableaux du Roi[1], l'article de *Romanelli*, avec l'abrégé de la vie de ce Maître, ce qui a été suivi de la lecture des lettres de complimens de MM. *De Troy*, *Dandré-Bardon*, *La Datte* et *Nonotte*, au sujet du nouvel an

M. Coypel fait part d'une lettre de M. de Boʒe, au sujet

1 Lequel a été fort approuvé (ajouté et paraphé par M *Coypel*).

de l'Académie des Arts de la ville de Toulouse — M. Coypel a fait part à l'assemblée d'une lettre qui lui a été écrite par M. De Boze, Amateur, dans laquelle il lui marque qu'ayant été chargé de rédiger les Statuts de l'Académie des Arts de la ville de Toulouse, nouvellement établie par Sa Majeste, il le prie de communiquer à la Compagnie trois articles desdits statuts qui sont relatifs à ses privilèges

Le Secrétaire en ayant fait lecture, la Compagnie a reconnu avec plaisir, par la façon dont ils sont dressés, le zèle et l'attention de M De Boze pour conserver à l'Académie de Paris sa supériorité, et il a été ordonné qu'ils seroient couchés sur le registre, pour y avoir recours, suivant l'exigeance des cas

> Coypel — J Dumont le Romain — Pigalle — Galloche — Caylus — De Jullienne — Hulst — Mariette — Carle Vanloo — Natoire — C. de Vermont — Adam l'aîné — Le Moyne fils — Pierre — Nattier — Hallé — G. Duchange — J. C Roettiers — L Tocqué — De la Tour — Cochin — Guay — Surugue le fils — Le Sueur — Lépicié.

Copie de la lettre de M de Boze à M Coypel, Directeur.

Vous sçavez, Monsieur, que je me suis trouvé dans l'obligation de rédiger les Statuts de l'Académie de Peinture, Sculpture et Architecture, que le Roi établit à Toulouse, et que, dès que j'en fus chargé, je me proposai d'y marquer, autant qu'il me seroit possible, la superiorité de l'Académie de Paris Il en est parlé dans trois articles, dont je vous envoye le relevé, afin que, si vous le jugez à propos, vous puissiez les communiquer à la Compagnie, comme une nouvelle preuve de mon zèle et de mon respect Je me flatte que vous n'êtes pas moins persuadé de tous les sentimens avec lesquels j'ai l'honneur d'être, Monsieur, votre très humble et très obeissant serviteur

Signé · De Boze

Trois Articles des Statuts de l'Académie de Toulouse.

Article XXXI. — Les Académiciens qui forment le Corps de l'Académie seront tous indispensablement établis et domiciliez dans la ville de Toulouse, à l'unique exception des Associez honoraires, qui devront être seulement regnicoles, et dont deux seront toujours choisis parmi les Amateurs honoraires de l'Académie royale de Peinture et Sculpture établie à Paris sous la protection immédiate de Sa Majesté.

Article XXXIX. — Quant l'Académie de Toulouse se trouvera partagée sur des questions relatives aux progrès des Arts qu'elle cultive, elle s'adressera à l'Académie Royale de Peinture et Sculpture établie à Paris ; elle lui exposera les raisons alléguées de part et d'autre, et, quand elle aura reçu la discussion, elle l'inscrira sur ses registres.

Article XL. — Pour entretenir une correspondance encore plus avantageuse avec l'Académie de Paris, celle de Toulouse lui enverra tous les ans une relation sommaire de ce qui s'y sera passé de plus considérable dans le cours de l'année, et, quand quelque Professeur, quelqu'Associé artiste ou même quelqu'Élève, qui aura emporté les Grands Prix, viendra s'établir à Paris, elle pourra lui donner des lettres de recommandation, adressées au Directeur ou au Secrétaire de l'Académie, afin que, dans les occasions, Elle puisse faire usage de ses talens.

———

Aujourd'hui, samedi 30e Janvier, l'Académie s'est assemblée par convocation générale.

Lettre de M. le Directeur Général au sujet du Nouveau Règlement du Roy. — M. *Coypel* a remis au Secrétaire, pour en faire lecture, une lettre de M. le Directeur Général adressée à la Compagnie, avec la copie collationnée d'un nouveau Règlement approuvé et signé par Sa Majesté, et dont l'original est resté dans le Dépôt des Bâtimens.

Ce Règlement, qui constate la protection immédiate du

Roy, l'établissement des deux Écoles de Rome et de Paris, et augmente la discipline de l'Académie, a été reçu avec joie de la part de la Compagnie, qui a protesté de suivre et d'observer inamoviblement tous les Articles y contenus, lesquels sont enregistrés à la suite de la présente délibération, ainsi que la lettre de M le Directeur Général

Députation pour aller remercier M le Directeur Général — Après quoi la Compagnie a résolu d'aller en députation remercier à ce sujet M *De Tournehem* et lui témoigner combien l'Académie est reconnoissante de son attention à lui procurer tout ce qu'Elle pouvoit jamais desirer de plus utile et de plus glorieux pour son Corps

La députation sera composée de M *Coypel* et de M^rs les Officiers en exercice, et, à tour de rôle, dans les Anciens Recteurs M *De Silvestre*, dans les Recteurs M *Galloche*, dans les Adjoints à Recteurs M *Restout*, dans les Anciens Professeurs M *Le Clerc*, dans les Professeurs M *Vanloo*, dans les Adjoints M. *Pigalle*, dans les Conseillers M. *Duchange*, et, dans les Académiciens, M. *Massé*

M. Coypel remercié à ce sujet. — M *Coypel* a aussi été remercié des peines qu'il a prises pour arranger et terminer cette affaire

M. *Cochin*, Graveur et Académicien, a présenté à l'assemblée quatre épreuves de deux planches qu'il a gravées, l'une d'après *Vovremens* et l'autre d'après M *Pierre*. L'examen fait, la Compagnie a approuvé lesdites planches pour faire jouir l'exposant des privilèges attribués à l'Académie par l'Arrest du Conseil d'État du 28 Juin 1714.

Lecture d'un projet d'Avertissement pour mettre à la tête du Catalogue raisonné — En finissant la séance, le Secrétaire a lu un projet d'Avertissement pour mettre à la tête du Catalogue raisonné des tableaux du Roy, dont la Compagnie a été très satisfaite

       Coypel — J Du Mont le Rom. — Louis de Silvestre — E Bouchardon — Caylus — Galloche — Restout — De Jullienne — Hulst —

*Le Ch^er de Valory — Mariette — Natoire
— C. De Vermont — Carle Vanloo — J. B.
Oudry — Adam l'ainé — Lemoyne fils —
Pierre — Pigalle — Coustou — Nattier — P.
Slodt⁊ — Hallé — Cochin — G. Duchange
— J. B. Massé — J. C. Roëttiers — Surugue
le fils — L. Tocqué — Droüais — Courtin —
Surugue — Lépicié.*

*Copie de la lettre écrite à l'Académie par Monsieur le
Directeur Général, en lui envoyant le Réglement.*

A Versailles, ce 23 Janvier 1751.

Le Roy honnore aujourd'hui, Messieurs, son Académie
de Peinture et de Sculpture d'une nouvelle preuve de son
affection en lui envoyant un Règlement, qui constate tout
ce que Sa Majesté a fait en sa faveur depuis quatre ans. Je
connois trop les sentimens de la Compagnie pour douter
que les bontés de Son Auguste Protecteur ne redouble en
Elle le desir de les mériter de plus en plus. Je suis, Messieurs, votre très humble et très obeissant serviteur.

Signé : LE NORMANT.

RÉGLEMENT

POUR

L'ACADÉMIE ROYALE DE PEINTURE ET SCULPTURE

Du 12 Janvier 1751.

De par le Roy.

Sa Majesté ayant pris sous sa protection immédiate
l'Académie de Peinture et de Sculpture, et voulant donner
à cet établissement une forme encore plus solide et plus
avantageuse que celle qu'il a eû jusqu'à présent, Sa Majesté
a ordonné et ordonne ce qui suit :

Article premier.

L'Académie Royale de Peinture et Sculpture sera toujours sous la protection immédiate de Sa Majesté, et recevra ses ordres par le Directeur et Ordonnateur général de ses Bâtimens, Jardins, Arts et Manufactures

Article II

Cette Académie demeurera composée d'un Directeur, d'un Chancelier choisi parmi les Recteurs, des trois autres Recteurs, en cas que le Directeur n'ait pas ce grade, sinon de deux seulement, de deux Adjoints à Recteurs, de huit Honoraires-Amateurs, de huit Honoraires Associés-Libres, de douze Professeurs de Peinture ou de Sculpture, de six Adjoints à ces Professeurs, d'un Professeur de Géométrie et de Perspective, d'un Professeur d'Anatomie, de huit Conseillers, d'un Trésorier, d'un Secrétaire et Historiographe, et d'autres Académiciens en nombre illimité, qui seront successivement jugés par l'Académie avoir les talens nécessaires pour pouvoir y être reçus

Article III.

Les Professeurs, qui auront servi assiduement en cette qualité, pendant dix années révolûes, et demanderont la Vétérance, l'obtiendront si l'Académie le juge convenable, et prendront alors le rang de Professeurs anciens. L'Académie pourra même conférer le titre d'Ancien Recteur à ceux de ses Officiers qui se seront distingués pendant plusieurs annees à la tête de l'Académie Royale de Rome, ou chez des Souverains avec l'agrément de Sa Majesté

Article IV

Dans les cas où l'Académie croira devoir soulager ou suppléer ses Professeurs de Géométrie et Perspective ou d'Anatomie, il lui sera permis de leur choisir à chacun un Adjoint

Article V

L'Académie ne recevra, en qualité d'Académiciens, que

des sujets d'un mérite reconnu dans les arts de Peinture,
de Sculpture ou de Gravure, et, pour s'assurer de la réa-
lité de ce mérite, elle usera des précautions prescrites par
les sept articles suivans

Article VI

Tout sujet qui voudra se présenter à l'Académie s'adressera à l'un de ses Officiers exerçant le même talent auquel
il se sera adonné, cet Officier, après avoir examiné les
ouvrages de l'Aspirant, le proposera à l'Académie assemblée, mais sans déclarer son nom

Article VII

Alors, l'Académie nommera un Recteur, un Adjoint à
Recteur, deux Professeurs ou un Professeur et un Adjoint
à Professeur, pour aller voir les ouvrages de l'Aspirant et
en faire leur rapport en l'assemblée la plus prochaine, sur
lequel rapport Elle se déterminera pour consentir à la
présentation ou pour la différer

Article VIII

L'Aspirant se présentera avec ses ouvrages à l'Académie
assemblée, qui décidera du mérite desdits ouvrages, par
la voye du scrutin, et, s'il se trouve avoir au moins les
deux tiers des suffrages, il sera Agréé, sinon, il sera
exhorté à faire de nouveaux efforts pour s'en rendre digne

Article IX.

Dès que l'Aspirant aura été Agréé, il se rendra chez le
Directeur pour recevoir de lui le sujet qu'il devra traiter
pour son morceau de réception; il en présentera à l'Académie assemblée une esquisse peinte à l'huile, s'il est
Peintre, et une maquette modelée en terre, s'il est Sculpteur, lesquelles l'Académie jugera, par voye de scrutin, et
qu'elle admettra, à la pluralité des suffrages, ou qu'Elle
fera recommencer jusqu'à ce qu'Elle en soit satisfaite

Article X

Le Peintre agréé sera tenu d'exécuter et de finir, dans

l'Académie, même, et non ailleurs, le tableau qu'il fera sur ladite esquisse. Le Sculpteur agréé y fera de même son modèle en grand ; mais il pourra l'exécuter en marbre chez lui, et l'Académie nommera deux de ses Officiers pour aller lui voir travailler le marbre, toutes les fois qu'ils le jugeront à propos Elle en usera de même à l'égard des Graveurs agreés

Article XI.

S'il est reconnu que les Agréés, soit de Peinture, de Sculpture ou de Gravure, se soient prévalus, dans le travail de leur morceau de réception, d'aucun secours étranger, ils seront déclarés déchus du bénéfice d'Agrégation, dont ils seront déchus de même, faute par eux de s'être acquités de ce devoir dans le tems qui leur aura été prescrit par l'Académie

Article XII

L'Académie assemblee jugera ces morceaux de réception par voye de scrutin, et, s'ils ont au moins les deux tiers des suffrages, l'Agréé sera reçu Académicien, en la manière accoutumée, et, s'il y a pour lui un moindre nombre que les deux tiers, il perdra les droits de son Agrégation, laquelle sera regardée comme nulle et non avenue.

Article XIII.

Pour soutenir et accroître le progrès des Arts en France, et renouveller successivement l'Académie de dignes sujets, Veut Sa Majesté que l'Académie Royale de Peinture, Sculpture et Architecture, qui subsiste à Rome depuis l'année 1666, y soit toujours entretenue aux depens de Sa Majesté, et qu'il y ait, sans interruption, douze Pensionnaires, pour y être formés par un Directeur, qui ne pourra être tiré que de ladite Académie de Paris, dans la connoissance et la pratique desdits arts, sur les statues et autres monuments antiques et les ouvrages des plus grands Maîtres des diverses Écoles d'Italie, lesquels Pension-

naires seront choisis et nommés par le Directeur et Ordonnateur général des Bâtimens de Sa Majesté.

Article XIV

Et, afin que ceux qui seront à portée d'aspirer à ces
places soient mieux préparés à profiter des études supé-
rieures qu'ils devront faire à Rome, Ordonne Sa Majesté,
que l'École Royale, qu'elle a établie à Paris, soit toujours
composée de six Élèves protégés

Article XV.

Lesdits Élèves protégés seront réunis en ladite École
sous une éducation commune, et conduits, tant pour ce
qui concerne l'étude des Arts de Peinture et de Sculpture,
que pour les mœurs, par un Gouverneur, qui sera toujours
tiré de la classe des Professeurs de ladite Académie de
Paris, lequel nourrira lesdits Élèves protégés à sa table, et
occupera avec eux une seule et même demeure, dont Sa
Majesté continuera à faire les frais.

Article XVI.

Seront aussi lesdits Éleves protégés formés dans l'étude
de l'Histoire, de la Fable, de la Géographie et des autres
sciences relatives auxdits Arts, par un homme de lettres,
qui de meme vivra habituellement avec eux et aura le titre
de Professeur de ladite Ecole Royale, et séance aux assemblées de ladite Académie, avec les Professeurs de Géométrie et Perspective et d'Anatomie

Article XVII.

Les Élèves protégés ne pourront rester que trois ans en
ladite École, et ceux qui s'y appliqueront avec le plus de
succès passeront aux places de Pensionnaires du Roy à
Rome, à mesure qu'il en viendra à vacquer, et cela con-
curremment avec les fils des Officiers et autres Membres
de l'Académie qui auront été formes dans l'art sous leur
père, et auront gagné l'un des premiers Grands Prix de
ladite Académie.

Article XVIII

Les places que ces mutations ou autres feront vaquer dans ladite École Royale des Éleves protégés continueront d'être remplies, sur la nomination dudit Directeur et Ordonnateur général des Bâtimens de Sa Majesté, par les Étudians de ladite Académie qui, dans les Concours, auront obtenu le premier Prix, soit de Peinture ou de Sculpture, et ne pourront jamais être remplies par des sujets qui n'auront pas remporté l'un desdits premiers Grands Prix.

Article XIX

Ledit Concours sera ouvert au commencement du mois d'Avril de chaque année L'Académie jugera du degré de capacité necessaire pour pouvoir y être admis, sur les esquisses, peintes ou dessinées, ou sur les modèles en terre, qui auront été faits sur le champ dans l'Académie et en présence du Professeur de mois Les Sujets qui auront été admis feront leur tableau ou bas-relief dans les loges préparées à cet effet dans l'Académie, et seront exclus du Concours s'ils ont recours à aucun aide frauduleux Leurs ouvrages seront examinés par l'Académie avant que d'être exposés au public le jour de St Louis, et seront jugés dans une assemblee générale de l'Académie, spécialement convoquée, pour ce jugement, le dernier samedi du mois d'Août.

Article XX

Ne seront admis audit Concours que les seuls Étudians de ladite Académie, duement inscrits comme tels, qui y suivront actuellement les exercices du modèle en l'École que Sa Majesté fait tenir, et qui auront remporté au moins l'un des petits Prix qu'Elle y fait distribuer tous les trois mois Seront même tenus lesdits Étudians, pour être admis audit Concours, de rapporter un certificat du Professeur de Géometrie et Perspective, et un autre du Professeur d'Anatomie, de leur assiduité à suivre les leçons de l'un et de l'autre, ou de leur capacité dans les sciences qui en font l'objet

Article XXI

Les Statuts et Règlemens de ladite Académie Royale de Peinture et de Sculpture, autorisés par Lettres-patentes du mois de Décembre 1663, continueront d'être exécutés selon leur forme et teneur, ensemble toutes autres Lettres-patentes, Arrets et Règlemens donnés en sa faveur, en tout ce qui ne se trouvera pas contraire au présent Règlement.

Mande et ordonne Sa Majesté au S. Le Normant de Tournehem, Directeur et Ordonnateur général de ses Bâtimens, Jardins, Arts et Manufactures, et à ses successeurs, de tenir la main à ce que ledit présent Reglement ait sa pleine et entière exécution.

Fait à Versailles, le douze Janvier mil sept cent cinquante et un.

Signé LOUIS

Et plus bas M P. De Voger D'Argenson

Aujourd'hui, samedi 6 Février, l'Académie s'est assemblée pour les Conferences

M Desportes fait la lecture d'un Discours sur la nécessité de mettre des inscriptions au bas des tableaux. — M. Desportes a occupé la séance par la lecture d'un Mémoire sur la nécessité de mettre des inscriptions au bas des Tableaux, pour faciliter l'intelligence des sujets.

Réponse de M. Coypel. — Cet ouvrage ou l'auteur, malgre la sécheresse de la matière, a trouvé le moyen de réunir l'agrément et l'utilité, a fait beaucoup de plaisir à la Compagnie, qui l'en a remercié par un Discours que M. *Coypel* lui a adressé, et qui sera couché sur le registre à la suite de la présente délibération.

Coypel — J. Dumont le Romain — J B Oudry — Galloche — Restout — Caylus — De Jullienne — Hulst — Watelet — De Voger d'Argenson — Mariette — Carle Vanloo — Boucher — Adam l'aîné — Lemoyne

fils — *C. de Vermont* — *E Bouchardon* —
Pigalle — *Nattier* — *P. Slodtz* — *G Du-*
change — *J B Massé* — *L. Tocqué* — *Vi-*
nache — *Lépicié.*

Réponse de M. Coypel, Directeur, au Discours de M. Des-
portes sur la nécessité de mettre des inscriptions au bas
des tableaux, prononcé le 6 Février 1751

« Monsieur, — Je doute qu'on pût rien ajouter à ce que
vous venez de dire, pour prouver la nécessité de mettre
des inscriptions au bas des tableaux, mais, en supposant
que les raisons que vous alléguez pour soutenir votre opinion ne fussent pas aussi solides qu'elles le sont ordinairement, vous possédez l'art de les présenter de manière à
séduire ceux mêmes qui seroient tentez de vous contrarier

« Vous venez, Monsieur, de nous faire un Discours
agréable et d'une juste étendue, sur une matière qui pouvoit paroître stérile De quoi l'esprit ne vient-il pas à bout
en pareil cas, quand il est orné de connoissances variées !
Retournons aux inscriptions Je sais que, lorsqu'il est question de vous, vous n'aimez pas à entendre ce que je me
plais à publier

« Il est certain qu'avec une courte explication, placée
dans un cartouche au bas de la bordure du tableau, nous
nous trouverions en état de traiter non seulement des faits
historiques qu'on n'ose choisir, dans la crainte qu'ils ne
soient pas assez généralement connus, mais aussy nous
pourrions saisir, dans des sujets, des instants singuliers et
délicats, que nous rejettons dans l'appréhension que le
langage muet de la Peinture ne fût pas suffisant pour les
faire connoître

« Je désirerois à la vérité que cette courte explication
fût toujours placée dans le tableau, mais souvent il n'est
pas possible d'en user comme a fait *le Poussin* en peignant
l'Arcadie D'ailleurs, pour peu qu'un tableau fût élevé, il
seroit difficile qu'on aperçût cette inscription ; ainsi, quand

même il seroit facile de l'introduire dans le sujet qu'il représente, mon avis seroit toujours qu'elle fût répétée sur un cartouche qui orneroit le bas de la bordure

« M le Directeur général m'a permis d'en user ainsi à l'égard de quelques morceaux qui viennent d'être peints pour le service de Sa Majesté, et je n'ai point remarqué que personne fût blessée de cette nouveauté ; au contraire, il m'a paru qu'on l'approuvoit assez généralement. Les sujets de ces tableaux sont tirez des plus célèbres pièces de nos grands auteurs dramatiques. Ceux qui n'en seroient pas prévenus pourroient croire que le Peintre ne connoit l'Histoire que par les Tragédies, et ce ne seroit pas la bien connoître Dans l'Histoire par exemple, nous apprenons qu'Antiochus force Cléopâtre, sa mère, à prendre le poison qu'elle avoit préparé pour lui ; la Tragédie adoucit le caractère d'Antiochus et met le comble à la noirceur de celui de Cléopâtre, en lui faisant faire l'essai de ce breuvage empoisonné, dans l'espoir que son fils ne balancera plus à prendre ce qui reste dans la funeste coupe Si ceux qui voyent le tableau ou cette action est représentée ignorent que le dessein de l'auteur a été de peindre la scène du dernier acte de Rodogune, et non pas le fait historique, ils ne manqueront pas, ainsi que je l'ai déjà dit, de croire que ce Peintre n'a étudié l'Histoire qu'au parterre de la Comédie

« Enfin, Monsieur, il me paroit qu'on ne doit pas balancer à introduire, si on le peut, l'usage des inscriptions au bas des tableaux ; il nous sera sans doute très avantageux ; il ne peut blesser les savans, les ignorans de bonne foi l'approuveront, et ceux qui craignent de le paroître nous sauront gré de leur épargner le desagrément de faire des questions qui décèlent ce qu'ils s'efforcent de cacher »

———

Aujourd'hui, samedi 27e Février, l'Académie s'est assemblée à l'ordinaire

Rapport de la Députation à M. le Directeur général. —

En ouvrant la séance, le Secrétaire a rapporté que M^rs les
deputés, nommés dans l'assemblée du 3o Janvier dernier
pour aller remercier Monsieur le Directeur général du
Règlement du Roi, qu'il a obtenu en faveur de l'Académie,
s'en étoient acquittés le onzième du présent et que Monsieur de Tournehem avoit répondu, au compliment que
M. *Coypel* lui avoit fait au nom de la Compagnie, ces
paroles si dignes de sa façon de penser

« Je me ferai, Messieurs, toujours plaisir à moi-même,
dès que je serai sûr d'en procurer à l'Académie »

Lecture du Catalogue raisonné des tableaux du Roy —
Ensuitte le Secrétaire a continué la lecture du Catalogue
raisonné des tableaux du Roy par l'article des *Carraches*,
avec l'abrégé de la vie de ces Maîtres

La Compagnie a fort approuvé cet article[1].

Distribution d'exemplaires du Règlement du Roy —
Cette lecture faite, M *Coypel* a fait distribuer à chacun de
M^rs les Officiers et Académiciens presens un exemplaire
du Règlement de Sa Majesté

Mort de M Van Schuppen — M. *Van Schuppen*, Peintre,
Conseiller, Directeur de l'Académie de Peinture et Sculpture à Vienne, mort dans le courant de Janvier dernier[2]

> *Coypel — J Dumont le Rom — J. B Ou-*
> *dry — Galloche — Restout — Caylus —*
> *Hulst — Watelet — Mariette — Carle Van-*
> *loo — Boucher — Natoire — C. De Vermont*
> *— Adam l'ainé — Coustou — Pierre — Pi-*
> *galle — P Slodtz — Hallé — G Duchange*
> *— L Tocqué — De Lobel — J. B. Massé —*
> *Lépicié.*

Aujourd'hui, samedi 6e Mars, l'Académie s'est assemblée
pour les Conferences.

1 *Fort* est ajouté et paraphé par *Coypel*
2. Mention ajoutée en marge

M le Comte de Caylus fait la lecture de la Vie de M. Mignard. — M le Comte de Caylus les a ouvertes par la lecture d'une nouvelle Vie de M *Mignard*, dans laquelle l'auteur, aidé des Mémoires particuliers de l'Académie, discute, sans partialité, la pluspart des faits rapportez dans l'Éloge historique de M l'Abbé de Mouville, et nous donne, par ce moyen, une idée vraie des talens et des mœurs de ce Peintre célèbre, en pesant, au poids de l'équité, tous les endroits de sa vie exagérés ou adoucis par la prévention et par l'amitié.

Réponse de M Coypel — L'Académie, extrêmement satisfaite de cet ouvrage, en a remercié M le Comte de Caylus par un Discours que M *Coypel* lui a adressé, et dont le contenu sera transcrit sur le registre, à la suite de la présente délibération

Commission pour la Capitation et l'examen des Comptes — Après quoi, il a été résolu que, le samedi 27 de ce mois, MM. les Directeur, Recteurs, Anciens Recteurs, Adjoints à Recteurs, Professeurs en exercice, et, à tour de rôle dans les Anciens Professeurs, M *Le Clerc,* dans les Professeurs, M. *Pierre,* dans les Adjoints, M. *Pigalle,* dans les Conseillers, M. *Duchange* et le Secrétaire, et, dans les Académiciens, M. *Moireau,* s'assembleront, à huit heures précises du matin, pour la repartition de la Capitation et pour examiner et arrêter les comptes de 1750

Élection de deux Conseillers indiquée pour l'assemblée suivante. — Ensuite, le Secrétaire a notifié de nouveau la mort de M. *Vanschuppen,* Conseiller, et il a dit qu'en remplissant cette place cela ne feroit que sept Conseillers, et que le Roi, par son Règlement du 12 Janvier dernier, ayant fixé cette classe à huit, il croyoit que, pour s'y conformer, il falloit en élire encore un, ce que la Compagnie a jugé de règle, et il a été décidé qu'à la prochaine assemblée on procéderoit à remplir ces deux places, avec ordre aux prétendans de ne pas s'écarter de l'Arrêté du 27 Avril 1748, qui deffend de faire à ce sujet aucunes visites de sollicitations.

En terminant la séance, M *Pierre* a fait présent à l'Académie de quatre épreuves de deux planches gravées d'après lui par le Sieur *Dupuis*, dont l'une représente un Sᵗ Nicolas, et l'autre un Sᵗ François, ces deux morceaux, qui font honneur au génie du Peintre et au burin du Graveur, ont fait beaucoup de plaisir à la Compagnie

> *Coypel* — *J Du Mont le Rom* — *Carle Vanloo* — *Galloche* — *Restout* — *De Julhenne* — *Louis de Silvestre* — *Caylus* — *Hulst* — *Mariette* — *Watelet* — *Boucher* — *Natoire J B. Oudry* — *C. De Vermont* — *Adam l'ainé* — *Lemoyne fils* — *E. Bouchardon* — *Coustou* — *J. B Massé* — *Pierre* — *Pigalle* — *Cochin* — *Hutin* — *De la Tour* — *Lépicié*

Réponse de M Coypel, Directeur, à M le Comte de Caylus, au sujet de la vie de M. Mignard

« Monsieur, — En écrivant la vie des hommes célèbres, qu'il est facile de se méprendre sur les moyens d'honorer leur memoire ! On seroit tenté de croire que ce digne ouvrage doit être reservé à l'amitié Helas ! pour prouver que souvent il ne lui convient pas de l'entreprendre, il suffit, je crois, de citer l'Eloge de M. *Mignard* écrit sous la dictée de feue Madame la Comtesse de Feuquières, sa fille

« Cet éloge, qui nous peint non seulement un artiste, mais un homme sans défauts, ne devient-il pas avec raison suspect de la flatterie la plus outrée aux yeux du public qui sait trop que la Nature n'en produit jamais et n'en produira point

« On ne peut cependant que louer le tendre aveuglement de Madame de Feuquieres, et je ne pense pas qu'il fût juste de blâmer la complaisance de celui dont elle conduisoit la plume, peut-être même n'etoit-il pas assez initié dans les mistères de notre art pour la contrarier, supposé qu'il eût osé prendre cette liberté

« Mais, dira-t-on, si vous ne croyez pas l'amitié toujours
propre à se charger du soin d'écrire la vie d'un homme
renommé, vous vous en reposerez encore moins sur la
satyre et sur la haine ? Sans doute, et ce sera à l'impartialité que j'aurai recours, quand je la trouverai accompagnée
du jugement, du goût et des profondes connoissances Je
n'ignore pas, il est vrai, que ces rares qualités sont difficiles à rencontrer dans un écrivain, mais ce que nous
venons d'entendre prouve suffisamment que la chose n'est
pas impossible.

« Oui, vous venez, Monsieur, de nous peindre M *Mignard*
de manière que quelques-uns de ces Messieurs qui ont été
en commerce avec lui croyoient le revoir, et que ceux qui
ne l'ont jamais vû se sont retracez avec plaisir tout ce qu'ils
en ont entendu dire

« Vous convenez des deffauts de ce Peintre avec une
sincérité qui ne permet pas de douter du bien que vous
dites de lui, et la portion de mérite que vous lui accordez
suffit pour assurer sa mémoire

« Vous n'avez pas dû craindre, Monsieur, d'en dire trop,
quand vous avez parlé des procédés de M *Mignard* avec
l'Académie. Pourquoi donc, en écrivant les vies des Peintres
et des Sculpteurs qui nous ont précédez, aurions nous des
ménagements que l'Histoire n'a pas même pour les têtes
couronnées ? Dans tous les pays, l'Histoire ose, en parlant
des Souverains qui ne sont plus, dévoiler, pour l'instruction de ceux qui leur succèdent, ce qu'elle a dû tenir
caché jusqu'à la mort de ces Maîtres du Monde

« N'en doutons point, la certitude que, tôt ou tard, on
instruira le public de nos démarches les plus secrettes, est
un frein pour la plupart des hommes. On a beau dire, si
je puis me servir de cette expression, qu'on ne se rencon-
trera jamais avec la postérité, le desir d'en être estimé,
ou la crainte de mériter ses mépris, nous excite ou sait
nous retenir, et l'idée de laisser une bonne ou mauvaise

réputation doit adoucir ou redoubler les chagrins de la vieillesse

« Il nous est donc très important de ne pouvoir douter que, si nous sommes capables de manquer à ce que nous devons à la Compagnie, nos Mémoires en informeront l'avenir Songez encore, Monsieur, que vous n avez pu rappeler les torts de M. *Mignard* à cet égard, sans retracer à l'Académie, ce qu'a souffert pour Elle M *Le Brun,* son illustre père

« En parlant, avec cette noble franchise, de ces deux fameux Peintres, vous faites pour l'Académie, deux grands biens à la fois. Supposé qu'il se trouve encore des Artistes tentez d'en user ainsi que fit jadis M. *Mignard*, vous les intimidez, et vous encouragez ceux qui, comme M. *Le Brun,* sont traversez dans des entreprises où le bien général est leur unique objet »

Aujourd'hui, samedi 27ᵉ Mars, l'Académie s'est assemblee, par convocation generale, pour l'arrête des comptes de 1750, la lecture des délibérations du Quartier et du rôle de la Capitation, réglé dans le Comité du matin, et aussi pour remplir deux places de Conseillers, vacantes, l'une par la mort de M *Vanschuppen,* et l'autre pour faire le nombre de huit, fixé par le Règlement du Roy du 12 Janvier dernier

Reddition des comptes — MM. les Directeur, Anciens Recteurs, Recteurs, Adjoints à Recteurs et Officiers, nommez pour regler la répartition de la Capitation et pour examiner et arrêter les comptes de 1750, s'étant assemblés le matin dans la salle de l'Académie, le Sieur Reidellet, Concierge et Receveur, chargé par délibération du 1ᵉʳ Decembre 1736 de recevoir la capitation des Officiers et Academiciens, et autorisé, par la même déliberation, à recevoir, de Mʳˢ les Trésoriers des Bâtimens du Roy, les

sommes accordées par Sa Majesté à l'Académie pour son
entretien, a présenté l'état de la Recette et Dépense par
lui faictes pendant le cours de l'année 1750, suivant les
ordres de MM. les Directeur et Recteurs. L'examen en
ayant été fait, ainsi que des quittances et mémoires, la
Recette s'est trouvée monter à la somme de 3,746 l. 16 s
et la Dépense à celle de 3,699 l 12 s , partant la Recette
excède la Dépense de 47 l. 4 s , lequel compte s'étant trouvé
juste, il a été approuvé, et ledit sᵣ Reidellet déchargé par
lesdits Directeur, Anciens Recteurs, Adjoints à Recteurs
et Officiers, et la décharge dudit Sieur confirmée et signée
par l'Académie

*Élection de Mᵣˢ Desportes et de La Tour au grade de
Conseiller.* — Ce raport fait, la Compagnie, après avoir
délibéré, a pris les voix par scrutin, et Mᵣˢ *Desportes* et *De
La Tour*, Académiciens, ont monté au grade de Conseiller.

M. Duchange propose un Aspirant Graveur. — M. *Du-
change* ayant proposé un Aspirant Graveur, la Compagnie
a nommé, pour en examiner les ouvrages : M *Galloche*,
Recteur ; M *Dumont le Romain*, Adjoint à Recteur ;
M *Pierre*, Professeur, et M *Massé*, Conseiller, lesquels
Officiers en rendront compte à la prochaine assemblée

Visite des salles — Mᵣˢ les Officiers du présent Quartier
ont rendu compte qu'ils avoient fait, conformément au
Résultat du 29 Juillet 1747, la revue des effets de la Compagnie.

M Nattier, Adjoint nommé pour exercer le mois d'Avril
— M *Nattier*, Adjoint, a été nommé pour exercer à son
rang, le mois d'Avril prochain, à la place de M. *Boucher*,
Professeur, qui a prié la Compagnie de l'en dispenser

M *Moireau*, Académicien, a présenté à l'assemblée deux
épreuves d'une planche qu'il a gravée d'après *Vovremens*,
ayant pour titre *Le conseil des chasseurs*. L'examen fait,
la Compagnie a approuvé ladite planche, pour faire jouir
l'exposant des privilèges accordés à l'Académie par l'Arrest
du Conseil d'Etat du 28 Juin 1714

Lettre écrite par M^rs de l'Académie de Toulouse. — En terminant la séance, le Secrétaire a fait lecture d'une lettre de politesse écrite à la Compagnie par M^rs de l'Académie de Toulouse, en lui envoyant un exemplaire relié de leurs Lettres-patentes.

Projet de la réponse approuvé. — Le Secrétaire a été chargé de les en remercier, au nom de la Compagnie. Le projet de la réponse a été lu et approuvé

Prix du quartier ·

1er Prix, *Duprez*, S

2e Prix, *Bertrand*, P

3e Prix, *Brenet*, S

> *Coypel — J Du Mont le Rom. — Carle Vanloo — Louis de Silvestre — Galloche — Restout — De Jullienne — Mariette — Le Clerc — Natoire — J. B Oudry — Lemoyne fils — C. De Vermont — Adam l'ainé — E. Bouchardon — G. Coustou — Pierre — Pigalle — Nattier — P Slodtz — L Tocqué — Hallé — G. Duchange — J. B. Massé — J. C. Roëttiers — Aved — Cars — Desportes — De la Tour — Boizot — Chardin — Vinache — Surugue le fils — Moyreau — Cochin — Lépicié.*

Aujourd'hui, samedi 3e Avril, l'Académie s'est assemblée pour les Conférences.

M. Watelet fait lecture de la Vie de M. De Boullongne, Premier Peintre du Roy. — M. Watelet, Associé-libre, ne pouvoit mieux marquer son attachement à la Compagnie qu'en lui donnant la Vie de M. *de Boullongne*, Premier Peintre du Roy, aussi recommandable par ses talens supérieurs et la douceur de son caractère, que pour les Sujets célèbres qu'il a formés, et dont les divers rejetons font encore l'ornement et le soutien de l'Académie

Cet ouvrage, où tout est marqué au coin du génie et du sentiment, a été extrêmement gouté par la Compagnie.

Réponse de M Coypel — M Coypel a prononcé, à cette occasion, un Discours, qui sera couché sur le Registre à la suite de la présente délibération

Rapport fait au sujet d'un Aspirant Graveur — Le rapport des Commissaires, nommez pour l'examen des ouvrages d'un Aspirant Graveur, s'étant trouvé favorable, l'Académie a décidé en conséquence que ledit Aspirant pourroit se présenter à la fin du mois.

Examen des épreuves pour les Grands Prix — La Compagnie, après avoir vu les épreuves faites par les Étudians pour concourir aux Grands Prix, a choisi, pour y être admis, les nommés *Deshayes, Corrège* et *Jollain* pour la Peinture, et les nommés *Auvray, Ducz* et *Vandandri* pour la Sculpture.

Lesquels Élèves ont satisfait aux conditions prescrites par l'article XX du Règlement de Sa Majeste, du 12 Janvier dernier

> *Coypel — Louis de Silvestre — Nattier —*
> *Galloche — Restout — J. Du Mont le Rom*
> *— Caylus — De Jullienne — Hulst — Le*
> *Ch^{er} de Valory — Mariette — Le Clerc —*
> *Watelet — Boucher — Natoire — Adam l'ainé*
> *— J. B Oudry — C De Vermont — Lemoyne*
> *fils — E Bouchardon — Coustou — P. Slodtz*
> *— Hallé — Pierre — Pigalle — G Duchange*
> *— J. B. Massé — L Tocqué — Desportes —*
> *De la Tour — Drouais — Vinache — Lépicié*

Discours sur la Vie de M. de Boullongne, prononcé à
l'Académie, le 3 Avril 1751.

« Monsieur, — Vous venez de nous causer une extrême satisfaction, en nous faisant revoir, j'ose hazarder cette expression, en nous faisant revoir, dis-je, pour quelques momens, un homme illustre, dont la mémoire nous sera toujours chère

« Les grands talens de M *de Boullongne* devoient nécessairement lui susciter des envieux, mais son caractère
noble, doux, liant, lui fit trouver ici de sincères amis dans
ses redoutables rivaux. Voilà non seulement ce que, dès
mon enfance, j'ai oui dire à feu mon père ; mais voilà ce
qu'avec plaisir j'ai vu pendant plus de vingt ans

« M *de Boullongne*, dans toutes les places qui l'ont conduit successivement à la première de cette Académie, a
rempli les différents devoirs qu'elles exigent avec une
dignité, une exactitude, un zèle pour le progrès des Arts,
que nous ne pouvons trop nous rappeler. L'on n'a point
vu de Professeur, de Recteur, de Directeur, plus jaloux de
la gloire de cette Compagnie et plus occupé du noble
desir d'y maintenir et le bon ordre et l'union Un si grand
exemple ne nous fera pas rougir, et toujours il nous servira à nous encourager.

« J'ai eu le bonheur de dessiner sous M *de Boullongne*
dans les dernières années ou il a exercé les fonctions
qu'exige indispensablement la place importante de Professeur, et je me souviens d'avoir mêlé mes regrets à ceux des
autres Écoliers, lorsque l'Academie, le dispensant du soin
pénible de nous instruire, le fit monter au rang d'Adjoint
à Recteur Nous ne connaissions point encore le grand
art de cacher qu'en général nous ne sommes sensibles à
l'intérêt d'autrui qu'autant qu'il ne s'oppose point au nôtre
Le chagrin de perdre un Professeur si respectable ne nous
permit pas de lui faire compliment sur la justice que l'on
rendoit à son mérite, et, lorsqu'avec tendresse, il nous
annonça cette nouvelle, notre triste silence dut le flatter
sans doute

« Son assiduité dans son mois d'exercice rendoit la jeunesse assidüe, nous le craignions, parce que nous l'aimions;
nous faisions usage avec ardeur du tems fixé pour l'étude,
parce qu'il n'en perdoit pas un instant Enfin nous faisions
notre devoir avec régularité, parce que lui-même il rem-
plissoit parfaitement le sien.

« Quoique M *de Boullongne* fût naturellement porté à la douceur, quoique son plus cher objet ait toujours été de maintenir la paix, il savoit, dans l'occasion, donner des preuves de fermeté Il cédoit tout lorsqu'il s'agissoit uniquement de sa personne, et rien quand il étoit question de la place qu'il occupoit Nous l'avons vû soutenir inflexiblement les droits que la dignité de Recteur lui donnoit parmi nous Lorsque M *Van Clève* lui disputa, comme Chancelier, l'honneur de présider ici en l'absence du Directeur, M *de Boullongne* l'emporta hautement sur ce fameux adversaire, sans perdre de vue un seul instant les égards qu'exigent la plus haute estime et la plus tendre amitié.

« Pouvons-nous trop admirer l'union de cet homme célèbre avec son illustre frere ! Pouvons-nous trop réfléchir sur un fait si noble, si touchant et si rare ! Quel exemple pour nous que l'amitié réciproque et constante de deux frères rivaux ! Je dis deux frères, car, en pareil cas, tout concourt à exciter la jalousie Le public, toujours porté à croire qu'entre nombre de Peintres dans le même genre, il ne peut s'en trouver deux d'un mérite égal, ne se persuade jamais que cette égalité, presqu'impossible, selon lui, à rencontrer dans une foule d'émules, se trouve chez deux freres. Ce public alors se partage, et, dans chaque parti, l'on n'exalte l'un des deux artistes qu'en rabaissant l'autre.

« Vous avez touché cette matiere, Monsieur, si parfaitement qu'il me convient mal de vouloir y rien ajouter Ce qui me reste à dire, c'est qu'après avoir perdu ce que j'avois de plus cher, je trouvois de la consolation à voir M. *de Boullongne* remplir les places que mon père occupoit Je crus revoir en lui ce père que je pleurois Je me tiens trop honoré de l'amitié qu'il eut pour moi, pour ne pas saisir toutes les occasions de jetter des fleurs sur son tombeau

« Nous avons quelquefois le plaisir de le voir revivre ici dans la personne de Monsieur son fils, en qui nous retrouvons le même intérèt pour la gloire de cette Académie, et la même amitié pour ceux qui la composent Ce plaisir est rare, mais, comme citoyens, nous n'osons nous en plaindre, les momens qu'il aimeroit à donner à l'agrément des Arts, il les déroberoit au bien public auquel il se dévoue »

———

Aujourd'hui, samedi 24e Avril, l'Académie s'est assemblée à l'ordinaire.

Agrément du S Dupuis, Graveur La Compagnie lui donne à graver le portrait de M. le Directeur Général — Conformément à la dernière délibération, le Sieur *Nicolas Dupuis*, Graveur, natif de Paris, ayant fait apporter de ses ouvrages, la Compagnie, après avoir pris les voix à l'ordinaire et reconnu sa capacité, a agréé sa présentation et lui a ordonné d'exécuter, pour morceau de réception, le portrait, jusqu'aux genoux, de M De Tournehem, mais, comme cette planche sera du double de la grandeur prescrite pour les portraits de l'Académie, il a été décidé que ledit Sieur *Dupuis* ne feroit que ce portrait, au lieu de deux qui sont d'obligation.

La Compagnie a nommé M. *Chardin* et M *Tocqué* pour aller visiter M *Massé,* qui est malade

A la fin de la séance, on est convenu que, le premier samedi du mois prochain tombant sur la fête de St Jacques et St Philippe, l'assemblée seroit remise à huitaine.

Coypel — Nattier — Restout — Caylus — Hulst — Mariette — Carle Vanloo — Natoire — C De Vermont — Adam l'ainé — Coustou — L Tocqué — P Slodtz — Pierre — G Duchange — Pigalle — Desportes — Chardin — De la Tour — Surugue le fils — Cochin — Lépicié

———

Lecture de la vie de François Perrier. — Aujourd'hui, samedi 8e May, l'Académie s'est assemblée pour les Conférences M. le Comte de Caylus a lu la vie de *François Perrier*, dans laquelle l'auteur ofre un tableau frapant de toutes les ressources que le génie et la vertu sçavent trouver, quand un artiste aime véritablement son art et qu'il est animé du désir de s'y distinguer.

Le Discours, que M *Coypel* a prononcé à cette occasion au nom de la Compagnie, sera couché sur le registre, à la suite de la présente délibération

M *Massé*, présent à cette assemblée, a remercié l'Académie de la visite qu'Elle lui a fait faire au sujet de son indisposition

Coypel — Louis de Silvestre — Restout — J Du Mont le Rom — Natoire — Caylus — De Jullienne — Hulst — Calvière — Watelet — Le Clerc — C. De Vermont — Adam l'aîné — Nattier — P. Slodtz — Hallé — G Duchange — J B. Massé — L Tocqué — Desportes — De la Tour — Cochin — Lépicié

Réponse de M Coypel à M. le Comte de Caylus au sujet de la vie de François Perrier.

« Monsieur, — Dans tous les écrits dont vous enrichissez l'Académie, nous remarquons toujours avec un nouveau plaisir combien vous vous intéressez aux progrès des Arts qu'Elle cultive Vous ne négligez jamais rien de ce qui peut redoubler l'émulation si nécessaire aux Artistes A quel point le commencement de la vie de M. *Perrier*, tel que vous venez de nous l'exposer, a-t-il dû surprendre et frapper la plupart des Élèves? Il seroit à désirer que ce ne fût point un reproche pour nombre de ceux qui viennent de vous écouter.

« Le seul amour de l'art peut faire surmonter à un jeune étudiant les obstacles cruels que la mauvaise fortune opposa d'abord à l'ardeur avec laquelle M. *Perrier* entroit dans la carrière Grâce aux bontés de Notre Auguste Protecteur,

nous n'avons plus à redouter que des génies heureux,
dévorés de ce véritable amour, de cet amour qui porte à
sacrifier au désir de se faire un nom le repos, l'intérest, le
plaisir, la puérile vanité .. je m'explique. Je ne prétends
point parler ici de cette sorte de parure, qui annonce plutôt un jeune homme oisif qu'un jeune homme studieux ;
je n'entre point dans de pareils détails, j'appelle puérile
vanité cette répugnance pour des études importantes en
tous tems, dans la fausse idée qu'elles sont au-dessus des
Élèves d'un certain âge. En vain l'Académie eut la bonté,
il y a deux ou trois ans, de déclarer qu'Elle permettroit à
quelques-uns de dessiner les Statües sur les chefs-d'œuvres
antiques, que nous ne cessons d'admirer ici Pas un des
Écoliers n'a daigné profiter de cette grâce Devrions-nous
jamais nous trouver dans la nécessité bien triste de reprocher à plusieurs de ceux même qui se présentent ici pour
disputer le Prix, de n'avoir point la moindre notion de la
perspective et de l'anatomie ? Peuvent-ils se justifier, quand,
pour étudier ces deux parties si importantes, ils trouvent
ici deux Professeurs, dont le zèle égale la capacité ?

« Si j'en dis trop pour certains Élèves qui m'écoutent,
je les prie de croire que j'en suis aussi mortifié qu'ils
doivent eux-mêmes être affligez d'avoir pu me forcer à en
agir ainsi Non, je le proteste, ce n'est point le sombre
désir de les humilier, c'est au contraire la tendresse que
j'ai pour eux qui m'oblige à leur faire aujourd'hui des
reproches qui malheureusement ne sont que trop bien fondez Si leur amour-propre en est blessé dans ce moment,
qu'il les engage à ne plus se les attirer désormais

« Je le redis encore, en leur adressant la parole ; sans
cet ardent amour qui dévoroit M. *Perrier*, il ne faut pas
espérer de se distinguer dans un art qui demande un courage que rien n'étonne C'est cet amour qui seul nous
arrache au repos avant le lever du soleil, qui nous fait préférer l'étude sérieuse à l'intérest flatteur ; qui nous pré-
serve de la séduction des plaisirs, qui nous inspire enfin

cette modestie, sans laquelle nous ne voyons jamais le chemin que nous avons à faire.

« Vous donc, qui participez, ou qui aspirez aux grâces que le plus grand et le plus aimé des Rois daigne répandre sur ceux que nous en jugeons dignes. pour vaincre ces ennemis de vos progrès dont je viens de vous tracer une légère image, excitez en vous désormais une généreuse ardeur, soyez piquez contre vous-même de n'avoir pas mieux profité jusqu'à présent des moyens d'étudier qui vous sont offerts ici de toutes parts, mais, loin de vous laisser abattre, armez vous de courage pour réparer vos torts, employez le tems présent de manière que vous puissiez moins regretter celui que vous avez perdu Que l'avenir efface ce que le passé a pu déposer contre vous ; en mettant à profit ces secours qui vous sont encore accordez, démentez hautement ceux qui osent soutenir que, pour le bien des arts, il faut que la jeunesse qui les cultive soit dans un déplorable besoin »

———

Aujourd'hui, samedi 29e May, l'Académie s'est assemblée à l'ordinaire.

En ouvrant la séance, le Secrétaire a dit que M Coypel, Directeur, ayant été obligé d'aller à Versailles, il l'avoit chargé de faire ses excuses à la Compagnie de ce qu'il ne pouvoit pas se trouver à l'assemblée

En l'absence de M Coypel, M de Silvestre a présidé. — En conséquence, M. *De Silvestre*, ancien Recteur, a présidé, M *De Favanne*, Recteur de quartier, et M. *Cazes*, Chancelier, étant l'un et l'autre indisposés.

Réception de M Saly, Sculpteur. — Le Sieur *Jacques Saly*. Sculpteur, natif de Valenciennes, a présenté à la Compagnie l'ouvrage qui lui avoit été ordonné pour sa réception, dont le sujet represente un jeune Faune tenant un chevreau. qu'il a exécuté en marbre de ronde-bosse, suivant le modèle qu'il a fait voir à l'Académie et qu'Elle a approuvé Les voix prises à l'ordinaire, la Compagnie a reçu et reçoit ledit Sieur *Saly* Académicien, pour avoir séance dans les assemblées et jouir des honneurs et prérogatives attribués à cette qualité, en observant par lui les Statuts et Règlemens d'icelle Académie, ce qu'il a promis en prêtant serment entre les mains de M. *de Silvestre*, Ecuier, Premier Peintre du Roy de Pologne

M Nattoire fait part que le Roy l'a nommé pour remplacer M. De Troy. — Cette réception faite, M *Nattoire* a fait part à l'assemblée que le Roy l'avoit nommé pour remplacer M. *De Troy* dans la direction de l'École de France à Rome

La Compagnie lui en a fait compliment

(En marge) Quitte Paris le 6e Septembre suivant.

Aspirant Peintre proposé — Ensuite, M *Nattoire* ayant proposé un Aspirant Peintre, dans le genre de l'Histoire, l'Académie a choisi pour en voir les ouvrages M *Restout*, Adjoint à Recteur, MM. *de Vermont* et *Pierre*, Professeurs, et M *Nattier*, Adjoint, lesquels Officiers en rendront compte à la prochaine assemblée

> *Louis de Silvestre — Natoire — Galloche —*
> *Restout — Caylus — J Du Mont le Rom —*
> *De Jullienne — Le Clerc — Carle Vanloo —*
> *Jeaurat — Boucher — C De Vermont —*
> *Pierre — J B Oudry — Adam l'aîné — Le-*
> *moyne fils — E Bouchardon — Coustou —*
> *Pigalle — Nattier — P Slodtz — Hallé —*
> *G. Duchange — Surugue le fils — J B Massé*
> *— Delobel — Desportes — Vanloo — De la*
> *Tour — Saly — Vinache — Lépicié*

Aujourd'hui, samedi 5e Juin, l'Académie s'est assemblée pour les Conférences.

Figures mutilées dans l'Académie — La Compagnie, justement indignée de l'attentat commis au sujet de huit

figures en plâtre, dont les têtes ont été arrachées par la
négligence du Concierge, et voulant en faire une punition
exemplaire, l'a renvoyé à la pluralité des voix, en lui pro-
mettant cependant que, s'il peut découvrir, d'ici à la prochaine assemblée, les auteurs du délit, l'Académie lui fera
grâce.

Le Secrétaire fait lecture de deux Épitres — Ensuite le
Secrétaire a fait lecture de deux Épitres, l'une au Roy et
l'autre à M le Directeur Géneral, la première pour le Catalogue raisonné des tableaux de Sa Majeste, et la seconde
pour mettre à la tête du premier volume de l'Histoire de
l'Académie.

La Compagnie a fort[1] approuvé ces deux épitres

> *Coypel — Adam l'ainé — Louis de Silvestre
> — Galloche — Restout — Caylus — Carle
> Vanloo — C De Vermont — Lemoyne fils —
> Pierre — Nattier — P Slodtz — G Duchange
> — L Tocqué — Desportes — De la Tour —
> Droüais — Lépicié.*

———

Aujourd hui, samedi 26e Juin, l'Académie s'est assemblée
par convocation générale, pour la relevée du quartier. Les
délibérations prises pendant ce tems ont été lues, ainsi
qu'il est d'usage.

La Compagnie fait grâce au Concierge. — Relativement
au résultat de la dernière délibération, au sujet de huit
modèles en plâtre de Mrs les Agréés qui se sont trouvés
mutilés, par la negligence du Sieur Reydellet, Concierge,
à veiller à la garde des salles, la Compagnie, sans s'arrêter
à la clause qui y est insérée de la découverte des auteurs
du délit pour en obtenir le pardon, et de l'inutilité des
recherches pour y satisfaire, a bien voulu, touchée du
repentir dudit Concierge et des promesses qu'il a faites

1 *Fort* ajouté et paraphé par M *Coypel.*

d'être plus attentif à l'avenir, user de clémence à son égard et lui faire grâce, à condition toutefois de remplir doresnavant son devoir avec tant d'exactitude qu'il ne puisse jamais tomber dans le cas d'aucun reproche, non seulement par rapport à la sûreté des effets de l'Académie, mais encore pour tout ce qui concerne la discipline de l'École, et la decence des assemblées, ce qui sera marqué dans un Règlement qui lui sera donné par la Compagnie.

M Coypel continué par acclamation dans le Directorat — L'article IX des Statuts portant que le Directeur sera change tous les ans, si ce n'est que la Compagnie trouve à propos de le continuer, et l'affaire mise en délibération, l'Académie a été unanimement, et sans aller au scrutin, pour la continuation.

M Moireau, Graveur et Académicien, a présenté à l'assemblée deux épreuves d'une planche qu'il a gravée d'après *Vovremens*, aiant pour titre « Récréation militaire; » l'examen fait, la Compagnie a approuve ladite planche pour faire jouir l'exposant des privilèges accordés à l'Académie par l'Arrest du Conseil d'État du 28 Juin 1714

Prix réservés pour un autre Quartier — La Compagnie, ayant trouvé que les Étudians se relachoient dans l'étude du modèle, a jugé nécessaire, pour punir leur peu d'application, de ne point donner les prix de ce Quartier et de les réserver pour un autre

Distribution des Grands Prix indiquée — En terminant la séance, le Secrétaire a notifié que la première assemblée du mois prochain seroit remise au samedi suivant, 10ᵉ dudit mois, comme étant un jour indiqué par M. le Directeur Genéral pour faire la distribution des Grands Prix M. De Boze, Amateur, y fera lecture d'une Dissertation sur les inscriptions des tableaux

       Louis de Silvestre — Adam l'ainé — Natoire — Galloche — Restout — Jeaurat — J. Dumont le Rom — Caylus — Le Clerc — P. Slodtz — De Julienne — Lemoyne fils —

Nattier — Carle Vanloo — Pierre — E. Bou-
chardon — C. De Vermont — Hallé — L. Toc-
qué — Chardin — Aved — G Duchange —
J B Massé — Saly — Desportes — De la
Tour — Lesueur — Cochin — Geuslain —
J Moyreau — Lépicié

Aujourd'hui, samedi 10e Juillet, l'Académie s'est assemblée, par convocation générale, comme étant un jour indiqué par M le Directeur Général pour faire la distribution
des Grands Prix de 1750.

Monsieur de Tournehem étant arrivé sur les cinq heures,
conduit par M. *Coypel*, Mrs les Officiers du Quartier ont
été au devant de lui à la descente de son carrosse, et l'ont
accompagné dans la Galerie d'Apollon, pour y voir les
ouvrages des Élèves protégés, et ensuite dans la salle d'assemblée, où il a pris séance en la manière accoutumée

Discours de M De Boze sur les inscriptions des tableaux
— Après quoi, M. De Boze, Amateur, a lu une Dissertation
sur les inscriptions des tableaux Cette Dissertation roule
sur la distinction qu'il faut faire pour placer des inscriptions aux tableaux

Distribution des Grands Prix par M. le Directeur Géné-
ral. — Cette lecture faite, Monsieur le Directeur général
a fait la distribution des Grands Prix, sçavoir :

Le 1er Prix de Peinture au Sieur *Melling*,

Le 1er Prix de Sculpture au Sieur *De La Riie*,

Le 2e Prix de Peinture au Sieur *Deshayes*,

Le 2e Prix de Sculpture au Sieur *Auvray*

M. De Tournehem a aussi distribué les petits Prix du
Quartier de Janvier 1750 jusque y compris celui d'Octobre
de la même année.

L'assemblée finie, Monsieur le Directeur Général a été
reconduit avec le même ordre qu'à son arrivée

Il a été décidé que M. *Coypel* et Mrs les Officiers en

exercice iroient, en Deputation, remercier Monsieur de Tournehem, de l'honneur qu'il a fait aujourd'hui à l'Academie

Coypel — Cazes — Pierre — Louis de Silvestre — Restout — Caylus — Le Clerc — Carle Vanloo — Boucher — C De Vermont — Jeaurat — Adam l'aîné — Lemoyne fils — Pigalle — Nattier — P. Slodtz — Hallé — J B Massé — G Duchange — Saly — L. Tocque — Desportes — Lépicié

———

Aujourd'hui, vendredi 30ᵉ Juillet, l'Académie s'est assemblée un jour plus tôt à cause de la fête de Sᵗ Germain.

Règlement fait au sujet du Concierge — Conséquemment à la délibération du 26 Juin dernier, le Secrétaire a lu un Règlement qu'il a fait, par ordre de la Compagnie, au sujet des différentes fonctions de la place de Concierge Ce Règlement, qui contient onze articles, a été ratifié par l'assemblée, et il a été ordonné au Sieur Reydellet de s'y conformer sans aucune diminution ni extension, ce qu'il a promis d'observer fidèlement, sous les peines qu'il plaira à l'Académie de prononcer, s'il vient à y manquer par sa faute

Ensuite il a été décidé que ledit Règlement seroit couché sur le Registre à la suite de la présente délibération, et que copie en seroit délivrée au Sieur Reydellet

Lecture du Catalogue raisonné — Après quoi, le Secrétaire a continue la lecture du Catalogue raisonné des tableaux du Roy par une partie de l'article du *Titien*, avec l'abrégé de la vie de ce Maître

Assemblée indiquée pour choisir des Commissaires au sujet de l'examen des tableaux qui seront exposés au Salon. — Il a été aussi annoncé qu'à la prochaine assemblée on choisiroit les Commissaires pour l'examen des tableaux qui seront exposés au Salon.

M. *Slodtz*. Adjoint, a été nommé par l'Académie pour exercer à son rang le mois d'Aoust prochain, à la place de M. *Le Moyne*, Professeur, qui a représenté à l'assemblée l'impossibilité où il étoit de quitter actuellement l'entreprise dont il est chargé pour la Ville de Rennes.

> *Coypel — Cazes — Caylus — Pierre — Louis de Silvestre — Restout — Le Clerc — Carle Vanloo — Boucher — C. De Vermont — Jeaurat — Adam l'ainé — Lemoyne fils — Pigalle — Nattier — P. Slodtz — Hallé — G. Duchange — Saly — L. Tocqué — J. B. Massé — Desportes — Lépicié.*

Règlement fait par l'Académie Royale de Peinture et de Sculpture, pour être observé à la rigueur par le Concierge, au sujet des différentes fonctions de sa place.

Article I. — Le Concierge veillera exactement à la garde des salles, n'en confiera les clés à personne, et sera présent lorsque les étrangers viendront les visiter.

Article II. — Les jours d'assemblées, le Concierge se tiendra à l'entrée de la salle, pour être à portée d'exécuter ce que l'on jugera à propos de lui ordonner, et, la scéance finie, si c'est en hyver, il conduira avec deux flambeaux M. le Directeur, ou celui qui présidera en son absence.

Article III. — Il portera lui-même ou fera porter par un homme dont il sera seur, les billets de convocation, sans les confier à des Élèves, qui s'en acquitent avec négligence.

Article IV. — Il se trouvera dans l'École à l'heure que le Professeur pose le modèle, y fera sonner la pendule, et restera tout le tems de l'étude pour faire observer le silence et sortir tous les Élèves oisifs qui ne dessinent point. Aura soin d'éclairer le Recteur et le Professeur, si c'est en hyver, pendant la correction, et, lorsque la séance sera finie, il les reconduira jusqu'au bas de l'escalier, conformément à l'ancien usage.

Article V. — Lorsque les Élèves travailleront aux Grands

Prix, il fera une garde exacte, pour empêcher que personne n'entre dans les loges, soit pour donner des secours auxdits Élèves, soit pour les détourner, et, s'il s'apperçoit de la moindre fraude dans l'exécution de leurs tableaux ou bas-reliefs, il en instruira sur le champ le Secrétaire, qui en fera son rapport à l'assemblée

Article VI — La même attention et le même soin pour les desseins et les modèles des Élèves qui concourent aux petits Prix

Article VII — Le Concierge ne souffrira dessiner dans l'École aucun Élève sans billet de protection, signé d'un Officier ou d'un Academicien, lesquels billets seront aussi signés du Recteur et du Professeur en exercice et se renouvelleront tous les trois mois Et, à faute d y satisfaire par les Élèves, le Concierge les fera sortir de l'École avec l'agrément des Officiers du nouveau trimestre

Article VIII — La liste des places pour les Élèves qui n'ont pas remporté de petits Prix, se fera à la manière accoutumée par Mrs les Officiers en exercice, avec le visa de M le Directeur. Cette liste originale sera remise au Secrétaire, qui en délivrera une copie au Concierge, lequel ne pourra rien y changer, soit pour y placer de nouveaux Élèves, soit pour en déranger l'ordre, en avançant ou reculant ceux qui seront inscrits.

Article IX. — Il n'y aura que les Élèves placés sur cette liste qui pourront dessiner dans l'École; tous ceux qui en auront été exclus par leur incapacité, seront renvoyez par le Concierge, sans aucune exception.

Article X — Les desseins et les bas-reliefs de Messieurs les Professeurs et Adjoints, qui sont dans l'École, étant pour servir d'exemple aux Élèves, et leur inspirer les bons principes, il en sera fait un état par le Secrétaire, dont le double sera remis au Concierge, pour en répondre, ainsi que des autres effets de l'Académie.

Article XI — Les Élèves, à qui l'Académie permettra de dessiner les Antiques dans les salles, seront obligez de présenter au Concierge un certificat signé de leur Maître et de M. le Directeur. Ledit Concierge les enfermera dans les salles, et sera attentif qu'ils n'y fassent aucun degât.

Aujourd'hui, samedi 7e Aoust, l'Académie s'est assemblée pour les Conférences.

Il a été réglé que, conformément aux intentions du Roy, il y auroit, le jeudi 19e du présent, une assemblée particulière pour examiner les ouvrages qui seront placés dans le Salon, et en conséquence on a nommé, par la voie du scrutin, — indépendamment de M. le Directeur, de Mrs les Officiers en exercice, de Mrs les Anciens Recteurs, de Mrs les Recteurs et Adjoints à Recteurs qui sont de tous les jugemens, — M. *Le Clerc*, Ancien Professeur, Mrs *Vanloo*, *Boucher*, *Natoire*, *de Vermont*, *Jeaurat* et *Oudry*, Professeurs, Mrs *Pigalle*, *Nattier* et *Hallé*, Adjoints à Professeurs, et Mrs *Massé* et *Tocqué*, Conseillers.

Il a été aussi arrêté que le samedi 21e suivant la Compagnie s'assembleroit pour voir les tableaux et bas-reliefs faits par les Élèves pour les Grands Prix, lesquels seront exposés à l'ordinaire le jour de St Louis.

> *Coypel — J. Du Mont le Rom — P. Slodtz — Restout — De Jullienne — Hulst — Caylus — Watelet — Le Clerc — Carle Vanloo — Boucher — Natoire — Jeaurat — J. B. Oudry — Adam l'aîné — Coustou — Pierre — Pigalle — Nattier — Hallé — G. Duchange — Chardin — J. B. Massé — L. Tocqué — Lépicié*

Examen des ouvrages du Salon — Aujourd'hui, jeudi 19e Aoust, l'Académie s'est assemblée extraordinairement pour examiner les ouvrages qui seront exposés au Salon; Elle y a procédé, conformément aux ordres du Roy et aux délibérations précédentes.

> *Coypel — Cazes — Louis de Silvestre —*
> *P. Slodtz — Restout — J Du Mont le Rom*
> *— Carle Vanloo — Boucher — C De Ver-*
> *mont — Nattier — Hallé — J B Massé —*
> *L Tocqué — Boucher[1] — Lépicié*

Assemblée pour voir les ouvrages des Élèves. — Aujour-
d'hui, samedi 21e Aoust, l'Académie s'est assemblée extraordinairement pour voir les tableaux et bas-reliefs faits par
les Élèves pour les Grands Prix Après les avoir vûs, Elle
a résolu que ces ouvrages seront exposés pour le public le
jour de St Louis, et jugés le dernier samedi, 28 du présent, par Mrs les Officiers et Académiciens, lesquels ne
donneront leurs suffrages que le jour de l'assemblée, conformément aux précédentes déliberations, ce qui sera marqué sur les billets.

Résultat au sujet de M De Lobel. — M De Lobel, Academicien, n'ayant pas satisfait aux ordres du Roy en faisant
aporter ses ouvrages au jour indiqué pour l'examen, l'Académie n'auroit point reçu le portrait de M le Chancelier
que ledit Sieur a peint, sans la respectueuse vénération que
la Compagnie a pour ce Magistrat

> *Coypel — Louis de Silvestre — P Slodtz*
> *— Galloche — Restout — J Du Mont le Rom.*
> *— Caylus — De Jullienne — Hulst — Carle*
> *Vanloo — Jeaurat — Adam l'ainé — C De*
> *Vermont — Le Moyne fils — Coustou — G*
> *Duchange — Hallé — Pigalle — J B. Massé*
> *— L. Tocqué — Cochin — Guay — Saly —*
> *Lépicié*

Aujourd'hui, samedi 28e Aoust, l'Académie s'est assemblée, par convocation générale. pour juger les Grands Prix,

1 Pour la seconde fois

faits par ses Élèves sur deux sujets tirés de l'Ancien Testament, dont l'un représente Job sur son fumier, et l'autre la guérison miraculeuse de Tobie.

Réception du Sr Vassé, Sculpteur. — Avant d'y procéder, le Sieur *Louis Claude Vassé*, Sculpteur, natif de Paris, a présenté à l'assemblée, pour son ouvrage de réception, la figure d'un berger qui dort, qu'il a exécuté en marbre de ronde-bosse, suivant le modèle qu'il a fait voir à l'Académie et qu'Elle a approuvé. Les voix prises à l'ordinaire, la Compagnie a reçu et reçoit ledit Sr *Vassé* Académicien, pour avoir séance dans les assemblées, et jouir des privilèges, honneurs et prérogatives attribués à cette qualité, en observant par lui les Statuts et Règlemens d'icelle Académie, ce qu'il a promis en prêtant serment entre les mains de Monsieur *Coypel*, Écuyer, Premier Peintre du Roy, Directeur et Recteur.

Jugement des Grands Prix. — Ensuite la Compagnie aïant recueilli et fait compter par les Commissaires les suffrages pour le jugement des Grands Prix :

Le Sieur *Deshayes*, qui a fait le tableau marqué G, s'est trouvé mériter le premier Prix de Peinture ;

Le Sieur *Auvray*, qui a fait le bas-relief marqué E, le premier Prix de Sculpture ;

Le Sieur *Corrège*, qui a fait le tableau marqué H, a aussi été jugé mériter le second de Peinture,

Et le Sieur *Durez*, qui a fait le bas-relief marqué D, le second de Sculpture.

Coypel — Cazes — Louis de Silvestre — P. Slodtz — Galloche — Restout — J. Du Mont le Rom. — Caylus — De Jullienne — Hulst — Mariette — Le Clerc — Carle Vanloo — Boucher — Jeaurat — C. De Vermont — Adam l'aîné — Lemoyne fils — E. Bouchardon — Coustou — Nattier — Hallé — Pigalle — Huilliot — G. Duchange — Chardin — L. Tocqué — J. B. Massé — Aved — Des-

portes — Vassé — Saly — Chaufourier — De la Tour — Geuslain — Boizot — Cars — Massé — Cochin — Francisque — Vinache — Lépicié

———

Aujourd'hui, samedi 4ᵉ Septembre, l'Académie s'est assemblée pour les Conférences.

Lecture du Catalogue raisonné — Le Secrétaire a continué la lecture du Catalogue raisonné des tableaux du Roy, par l'article du *Tintoret*, avec l'abrégé de la vie de ce Maître.

La Compagnie a fort[1] approuvé cet article

Opération du Sʳ Pico sur un tableau à Mgr le Duc d'Orléans. — Avant la séance, M *Coypel* a fait voir à la Compagnie un tableau appartenant à M le Duc d'Orléans, peint sur bois par *Raphael*, et dont le Sʳ Pico a enlevé la couleur et [fait] la remise sur toile avec tout le succès possible, quoique ce tableau menaçât d'une ruine totale

Cette nouvelle épreuve a fait d'autant plus de plaisir à la Compagnie qu'Elle assure la réussite de la même opération que ledit Sieur Pico fait actuellement sur le Sᵗ Michel du même Peintre

Coypel — Galloche — Jeaurat — Restout — J Du Mont le Rom. — Caylus — Le Clerc — Adam l'aîné — Pierre — C De Vermont — Nattier — Coustou — G Duchange — P Slodtz — Hallé — L Tocqué — Aved — Desportes — De Lobel — Saly — L Vassé — Lépicié

———

Lecture des délibérations du Quartier — Aujourd'hui, samedi 25ᵉ Septembre, l'Académie s'est assemblée, par

———

1. *Fort* écrit de la main de *Coypel*, qui a contresigné l'addition de ses deux initiales *C C*

convocation générale, pour la relevée du Quartier, les délibérations prises pendant ce tems ont été lûes ainsi qu'il est
d'usage

*Approbation pour le 1ᵉʳ volume du Catalogue raisonné
des tableaux du Roy* — Ensuite le Sieur *Lépicié*, Secrétaire, a représenté à l'assemblée que, suivant les ordres du
Roy, il avoit été chargé par M. de Tournehem, Directeur
Général des Bâtimens, de faire le Catalogue raisonné des
tableaux de Sa Majesté; que le premier volume, contenant
l'École Florentine et l'École Romaine, étoit en état d'être
imprimé si l'Académie en approuvoit le manuscrit.

La Compagnie, à qui l'auteur a fait lecture de cet
ouvrage dans plusieurs assemblées, a jugé que l'impression
n'en pouvoit être qu'utile et agréable pour tous ceux qui
aiment et qui cultivent la Peinture

*Te Deum pour la naissance de Mgr le Duc de Bour-
gogne* — L'Académie, voulant donner un temoignage
publique de sa joie au sujet de l'heureux accouchement de
Madame la Dauphine, et de la naissance d'un Duc de
Bourgogne, a résolu unanimement de faire chanter un *Te
Deum* en actions de grâces, dans l'église de Sᵗ Germain-
l'Auxerrois. Le jour en sera annoncé par un Billet d'invitation qu'on enverra à cet effet

On suivra pour la dépense, ce qui a été pratiqué par les
délibérations du 9 Aoust 1721 et du 29 Aoust 1744, c'est
dire que chacun fournira le cinquieme de sa capitation

*M Desportes fait lecture d'une Ode sur la naissance de
Mgr le Duc de Bourgogne, avec un Discours sur le besoin
qu'ont les Arts de la protection des Princes* — Cet arrangement pris, M. *Desportes*, Conseiller, a lu un Discours
sur le besoin qu'ont les Arts de la protection des Princes,
ce qui amène ingénieusement une Ode qu'il a faite sur la
naissance de Monseigneur le Duc de Bourgogne.

Ces deux ouvrages, qui prouvent si bien le Génie, le
goût et l'érudition choisie de l'auteur, ont été extrêmement
goûtés par la Compagnie.

Députation à M De Vandières sur son retour d'Italie. — L'Académie ayant sçu que M de Vandières étoit de retour de son voyage d'Italie, il a été décidé en conséquence que M *Coypel* et Mrs les Officiers en exercice iroient en Députation le complimenter à ce sujet

Rapport au sujet d'un Aspirant Peintre. — Relativement à la délibération du 6 Juin 1750, Mrs les Commissaires, nommés pour aller voir les ouvrages d'un Aspirant Peintre, en ayant fait un rapport favorable, la Compagnie a permis audit Aspirant de se présenter à la fin du mois prochain

Suivant l'arrêté du 29e Juillet 1747, Mrs les Officiers du Quartier ont fait la visite des salles et ont trouvé tous les effets en bon état

M *Moireau*, Graveur et Académicien, a présenté à l'assemblée deux épreuves d'une planche qu'il a gravée d'après *Vovremens* ayant pour titre « Marche d'armée, » l'examen fait, la Compagnie a approuvé ladite planche pour faire jouir l'exposant des privilèges accordés à l'Académie par l'Arrest du Conseil d'État du 28 Juin 1714

Jugement des Prix du Quartier, auxquels on joint ceux du Quartier précédent qui avoient été réservés

1re Médaille, *Clément*, P.
1re Médaille, *Bridan*, S;
2e Medaille, *Sollier*, P,
2e Médaille, *Carron*, S,
3e Medaille, *Lépicié*, P,
3e Médaille, *Rebillier*, S.

Cazes — Jeaurat — Galloche — Restout — Caylus — Le Clerc — J. Du Mont le Rom — Chardin — Boucher — C De Vermont — Carle Vanloo — Adam l'aîné — Lemoyne fils — Pierre — Pigalle — Nattier — P Slodtz — Cochin — Hallé — G Duchange — De la Tour — Vinache — De Lettre — L Vassé — Cars — Lépicié.

Aujourd'hui, samedi 2ᵉ Octobre, l'Académie s'est assemblée pour les Conférences.

Vie de Sébastien Bourdon par M. Mariette. — Monsieur Mariette les a ouvertes par la lecture de la vie du célèbre *Sébastien Bourdon*, dans laquelle on trouve, indépendamment de la vérité des faits et de l'élégance du style, les réflexions les plus capables d'intéresser et d'instruire un lecteur judicieux. L'auteur ajoute au mérite de son ouvrage un recueil de toutes les estampes gravées par ce Maître et dont il fait présent à l'Académie.

Monsieur *Coypel*, Directeur, a remercié M. Mariette au nom de la Compagnie et le Discours prononcé à cette occasion sera couché sur le registre à la suite de la présente délibération.

Lettre de M. Nattoire à l'Académie. — Après quoi, le Secrétaire a lu une lettre de M. *Nattoire*, datée d'Arles, par laquelle, en prenant congé de la Compagnie dans les termes les plus respectueux et les plus reconnoissans, il la prie de lui permettre de confier au papier un devoir que sa trop grande sensibilité l'a empêché de remplir en personne. La Compagnie a été d'autant plus touchée de la délicatesse de M. *Nattoire* qu'il avoit déjà satisfait à ce devoir, en faisant part à l'Académie que le Roi l'avoit nommé Directeur de l'École de France à Rome.

Jour déterminé pour faire chanter le Te Deum. — La Compagnie reprenant la délibération précédente, au sujet du *Te Deum*, a déterminé qu'Elle le feroit chanter le lundi 11ᵉ du présent, à trois heures précises du soir.

M. le Directeur Général et M. de Vandières seront invités à s'y trouver.

M. de Blamont, Sur-intendant de la Musique du Roi, s'est chargé avec plaisir de l'exécution, sur la proposition qui lui en a été faite par l'Académie.

M. *Hallé*, Adjoint, a été nommé pour exercer à son rang le présent mois d'Octobre à la place de M. *Parrocel*, Professeur, qui a prié la Compagnie de l'en dispenser.

En terminant la séance, il a été ordonné au Secrétaire de transcrire sur le Registre la lettre de M *Nattoire*.

> *Coypel — Galloche — Restout — J Du*
> *Mont le Rom — Hallé — Louis de Silvestre*
> *— De Jullienne — Caylus — Mariette — Le*
> *Clerc — Carle Vanloo — Boucher — C De*
> *Vermont — Adam l'aîné — E. Bouchardon*
> *— Pigalle — P Slodtz — J B. Massé —*
> *Desportes — De la Tour — Boizot — Surugue*
> *— Saly — L Vassé — Lépicié.*

Réponse de M Coypel, Directeur, à M. Mariette sur la vie de M. Sébastien Bourdon, Peintre.

« Monsieur, — Pour prouver à quel point l'Académie est satisfaite de l'ouvrage que vous venez de lui communiquer, il suffit de vous dire, de sa part, qu'il remplit parfaitement les espérances qu'Elle conçut lorsqu'elle vous donna séance parmi nous.

« Ce n'est pas, Monsieur, une petite affaire que de prouver qu'on est vraiment digne d'un choix aussi universellement applaudi que le fut alors celui de la Compagnie

« Un homme sage mesure ce qu'il doit faire à ce que l'on attend de lui, et, plus l'opinion publique lui est favorable, plus la crainte de la démentir le rend timide en opérant Celui dont on espère peu travaille avec plus de tranquillité ; il est presqu'assuré d'étonner s'il s'aquite passablement d'un ouvrage qu'on a pu croire au-dessus de ses forces, mais, au contraire, un homme tel que vous ne se contente pas de ce qui n'est que bon, il sait que sa réputation exige beaucoup plus Vous la soutenez, Monsieur, cette réputation si bien méritée, et vous la soutiendrez toujours ; vos profondes connoissances, la pureté de votre style, la sagesse de vos jugemens, la justesse de vos réflexions nous en font de sûrs garants, et votre attachement pour l'Académie nous donne lieu d'espérer que vous nous fournirez souvent des occasions de vous applaudir et de nous féliciter nous-mêmes d'avoir un confrère tel que vous. Ce n'est pas un des moindres services que M. *Bourdon* ait rendus à la Compagnie que d'avoir inspiré à vos ayeux le goût qu'ils vous ont transmis pour les Arts que nous professons. J'aime à me flatter que nous lui avons encore cette obligation.

« Ce que je ne puis comprendre, c'est que l'Académie eût négligé jusqu'à ce jour de recueillir, comme Elle se l'étoit promis, les ouvrages gravez d'après ce grand homme. Je ne puis cependant m'affliger de cette négligence, puis-qu'elle nous procure aujourd'hui le plaisir de recevoir de votre main un présent qui nous devient doublement cher. »

Copie de la lettre de M. Nattoire, Directeur de l'École de France à Rome, adressée à l'Académie.

« Messieurs, — Permettez que je confie au papier un devoir que ma trop grande sensibilité m'a empêché de remplir en personne ; je n'aurois pu expliquer aussi libre-ment que je le fais à présent toute l'étendue de mes regrets. Agréés donc qu'avant de terminer ma course je vienne présenter à une illustre Compagnie, dont j'ai l'honneur d'être membre, les sentimens de respect et de reconnois-sance dont je serai toujours pénétré pour Elle. Non, Mes-sieurs, je n'oublieray jamais que la place dont le Roi a bien voulu m'honorer, je ne la dois qu'aux lumières que vous répandés si généreusement sur tous ceux que vous élevez dans votre sein.

« Je ne vais être occupé, Messieurs, que du soin de m'efforcer à vous imiter, dans l'instruction des Élèves que vous m'envoyerés, afin de les mettre en état de recevoir vos dernières leçons, qui les conduiront ensuite à mériter l'honneur de prendre place parmi vous.

« Voilà mon but, Messieurs, comme celui de vous plaire,

et par là mériter l'avantage d'être, avec un respectueux attachement et une reconnoissance sans bornes,

« Messieurs,

« Votre très humble et très obéissant serviteur,

« *Signé* Nattoire.

« Arles, le 22 Septembre 1751. »

———

Aujourd'hui, samedi 30e Octobre, l'Académie s'est assemblée à l'ordinaire.

Agrément du Sr Chales — Le Sr *Michel-Ange-Charles Chales*, Peintre d'histoire, natif de Paris, ayant fait apporter de ses ouvrages, l'Académie, après avoir pris les voix à l'ordinaire et reconnu sa capacité, a agréé sa présentation, et ledit Sieur ira chez M. *Coypel*, Directeur, qui lui ordonnera ce qu'il doit faire pour sa réception.

Délibération du 29 Mai dernier — Le Rapport des Commissaires, nommez le 29 Mai dernier pour aller voir les ouvrages d'un Aspirant Peintre d'Histoire, s'étant trouvé favorable, la Compagnie a décidé en conséquence que ledit Aspirant pourroit se présenter à la fin du mois de Novembre prochain.

Peintre de fleurs proposé — Ensuite M *Le Moyne* ayant présenté un Aspirant Peintre dans le genre des fleurs, l'Académie a nommé pour en examiner les ouvrages, et en faire le rapport à la prochaine assemblée, M *Galloche*, Recteur, M *Restout*, Adjoint, M *Oudry*, Professeur, et M *Chardin*, Conseiller — *Na* . Il n'y a point eu de rapport, attendu la foiblesse du Sujet.

Règlement pour la dépense du Te Deum. — Conformément à la précédente délibération, l'Académie fit chanter, le 11 du présent mois, à Saint-Germain-l'Auxerrois, un *Te Deum* en actions de grâces de l'heureux accouchement de Madame la Dauphine et de la naissance du Duc de Bourgogne.

Ce *Te Deum,* de la composition de M. de Blamont, fut

exécuté avec beaucoup de goût et de zèle par Mʳˢ de la Musique du Roi.

Le produit du cinquième de la Capitation ne s'étant pas trouvé à beaucoup près suffisant pour fournir à cette dépense, on a été obligé de donner moitié, et Mʳˢ les Amateurs et Associés libres chacun un Louis.

En terminant la séance, il a été réglé que le service, pour le repos des âmes de Mʳˢ les Officiers et Académiciens décédés dans le courant de l'année et les précédentes, se feroit à Saint-Germain-l'Auxerrois, le samedi 6 Novembre, auquel jour se fera aussi l'assemblée.

Coypel — Galloche — Hallé — Louis de Silvestre — Restout — J. Du Mont le Rom. — Caylus — De Jullienne — Boucher — Chardin — Jeaurat — Adam l'ainé — C. De Vermont — Tocqué — Pierre — J. B. Oudry — Lemoyne fils — Coustou — Saly — P. Slodtz — J. B. Massé — Desportes — Cochin — Nattier — Vinache — L. Vassé — Lépicié.

Aujourd'hui, samedi 6ᵉ Novembre, l'Académie s'est assemblée pour les Conférences.

Le Secrétaire a continué la lecture du Catalogue raisonné des tableaux du Roy, par l'article de *Michel-Ange de Caravache*, avec un abrégé de la vie de ce maître, et celle de *Pâris Bordone* et du *Pordenon*.

Service célébré pour les morts à Saint-Germain-l'Auxerrois. — Ce matin, l'Académie a fait célébrer un service à Saint-Germain-l'Auxerrois pour le repos des âmes de MM. les Officiers et Académiciens décédés dans le courant de l'année et les précédentes.

Coypel — Galloche — Coustou — Louis de Silvestre — Restout — J. Du Mont le Rom. — Caylus — C. De Vermont — J. B. Oudry — Adam l'ainé — Lemoyne fils — Pierre —

Nattier — P Slodt₹ — G Duchange — J. B
Massé — J. C Roettiers — Chardin — L
Tocqué — Boi₹ot — Cars — Chastellain —
L. Vassé — Saly — Lépicié.

———

Aujourd'hui, samedi 27ᵉ Novembre, l'Académie s'est
assemblée à l'ordinaire.

Agrément du Sieur Vien. — Le Sieur *Joseph-Marie
Vien*, Peintre d'Histoire, natif de Montpellier, ayant fait
apporter de ses ouvrages, la Compagnie, après avoir pris
les voix à l'ordinaire et reconnu sa capacité, a agréé sa
présentation, et ledit Sieur ira chez M. *Coypel*, Directeur,
qui lui ordonnera ce qu'il doit faire pour sa réception

*Le Secrétaire notifie la mort de M. Le Normant de Tour-
nehem* — Le Secrétaire a notifié à la Compagnie la mort
de M Le Normant de Tournehem, Directeur et Ordonnateur général des Bâtimens, arrivée dans son château
d'Estiolle le vendredi 19 de ce mois, âgé d'environ 67 ans
Ce digne chef des Arts, dont la mémoire sera toujours en
vénération à l'Académie, sembloit n'avoir pour objet que de
lui procurer les avantages les plus glorieux, et, si les années
de sa régie ne se trouvent marquées sur nos registres que
par ses bienfaits, on y trouvera aussi les preuves sincères
de notre amour et de notre reconnoissance

Discours de M Coypel à ce sujet. — Le Discours, que
M *Coypel* a prononcé à cette occasion a touché extrêmement la Compagnie, et il a été ordonné qu'il seroit transcrit sur le registre à la suite de la présente délibération.

Députation à M. de Vandières (le mécredi 1ᵉʳ Décembre)
— Ensuite il a été ordonné que l'Académie iroit en députation saluer M. de Vandières, actuellement en place, et
qu'Elle le prieroit de lui continuer la même bienveillance
que son prédécesseur

La Députation sera composée de MM. *Coypel*, Directeur,

de M^{rs} les Officiers en exercice¹, et, à tour de rôle : Dans
les Anciens Recteurs, M. *de Silvestre*, dans les Recteurs,
M. *de Favanne*; dans les Adjoints à Recteurs, M. *Dumont
le Romain*; dans les Anciens Professeurs, M. *Le Clerc*;
dans les Professeurs, Mrs *Carle Vanloo* et *Boucher*; dans
les Adjoints, M. *Nattier*; dans les Conseillers, M. *Massé*,
et, dans les Académiciens, M. *Audran*.

Les députés se trouveront mécredi prochain dans la salle
de l'Académie, à 8 heures précises du matin.

*Permission accordée au Sr Baldrighi de voir poser le
modèle.* — Le Sr *Baldrighi*, Peintre Italien, pensionnaire
de M. le Duc de Parme, étant actuellement à Paris pour
étudier la Peinture, l'Académie, ayant égard à cette émi-
nente protection, a bien voulu, sans tirer à conséquence,
accorder audit Sieur la permission de voir poser le modèle
et de dessiner dans l'École tout le tems qu'il restera en
cette ville.

Présent fait à M. de Blamont. — La Compagnie, voulant
reconnoître les soins de M. De Blamont, au sujet du *Te
Deum*, d'une façon qui répondît à son goût pour les Arts
et à sa délicatesse de penser, a résolu de lui faire présent
d'un tableau, lequel sera au choix de M. *De Vermont*, son
frère, dans ceux qui ont mérité le Grand Prix.

M. Cochin le fils reçu par acclamation Académicien. —
Après quoi, M. *Coypel* a représenté que les travaux que
le Sieur *Cochin*, Agréé, a été obligé de faire pour le Roi,
et notamment son voyage en Italie avec M. de Vandières,
l'ayant empêché de fournir son morceau de réception, il se
trouve privé par là de jouir des Conférences instructives
que l'Académie fait sur les différentes parties des Arts
qu'Elle cultive; qu'il supplieroit donc la Compagnie, en

1. En marge : *Officiers en exercice* : M. *Coypel*, Directeur;
M. *Cazes*, Chancelier; M. *Galloche*, Recteur; M. *de Vermont*,
Professeur; le Secrétaire.

attendant qu'il satisfasse à ses engagemens, de lui accorder la grâce d'assister aux assemblées.

L'Académie, après avoir délibéré, a résolu que, sans tirer à conséquence, ledit Sr *Cochin*, Graveur, seroit reçu Académicien et que ses provisions lui seroient expédiées conformément à ce qui s'est pratiqué au sujet de Monsieur *Du Vivier*, aux conditions cependant de satisfaire à son morceau de réception, le plus tôt qu'i lui sera possible, et ledit Sieur prêtera serment à la prochaine assemblée.

> *Coypel — Louis de Silvestre — Galloche — Coustou — J Dumont le Rom — Caylus — De Jullienne — Mariette — Le Clerc — Carle Vanloo — Boucher — C De Vermont — Jeaurat — J B. Oudry — Adam l'ainé — Lemoyne fils — Pierre — Pigalle — Nattier — Hallé — P Slodtz — G. Duchange — J. B. Massé — Chardin — J C Roettiers — Desportes — L. Tocqué — De la Tour — De Lobel — Vinache — L Vassé — Cochin — Saly — Lépicié.*

Discours prononcé par M Coypel, au sujet de la mort de M. de Tournehem, Directeur et Ordonnateur des Bâtimens, a Messieurs de l'Académie.

« Je vous offencerois, Messieurs, si, pour exciter vos justes regrets, je croyois devoir vous rappeler aujourd'hui ce qu'a fait en notre faveur le Supérieur que nous venons de perdre. Vous ne l'avez pas oublié, Messieurs, et vous êtes incapables de l'oublier jamais

« M. de Tournehem fut l'ami des grands Artistes, et le père de ceux qui aspirent à l'honneur d'en augmenter le nombre Tout doit le pleurer ici

« La seule consolation que puisse recevoir l'Académie et que je lui annonce, c'est qu'Elle ne doit point douter que M de Vandières ne mette sa gloire à suivre les traces d'un prédécesseur dont il respecte et chérit la mémoire Voilà quels sont ses sentimens, qu'il a bien voulu me communiquer Nous pouvons nous flatter, Messieurs, de voir longtems revivre, dans M de Vandières, ce digne chef des Arts, qu'il admiroit et qu'il pleure comme nous »

———

Aujourd'hui, samedi 4ᵉ Décembre, l'Académie s'est assemblée pour les Conférences

Rapport de la Députation à M De Vandières. — Conformément à la précédente délibération, Mʳˢ les Députés ont rapporté que mécredi dernier, 1ᵉʳ de ce mois, ils avoient été saluer M. de Vandières, Directeur et Ordonnateur des Bâtimens, et que M *Coypel*, portant la parole, l'avoit complimenté en ces termes ·

« Monsieur, — L'Académie, encore pénétrée d'une douleur, dont sans doute vous lui savez gré, vient vous rendre l'hommage qu'Elle vous doit, et vous assurer que l'unique consolation qu'Elle puisse recevoir, c'est d'être en droit de se flatter qu'Elle verra longtems revivre en vous le digne chef des Arts que vous avez pleuré comme Elle » ;

Que Monsieur de Vandières, après avoir remercié M *Coypel* de l'attention de la Compagnie, s'étoit adressé aux Députés et leur avoit dit · « Je crois, Messieurs, qu'en vous assurant que je ne m'écarterai point des principes de M de Tournehem, c'est vous prouver combien je songe aux avantages de l'Académie. »

Réception de M Charles-Nicolas Cochin le fils, natif de Paris — Ce rapport fait, M. *Cochin* le fils s'est présenté pour remercier la Compagnie de la grâce qu'Elle lui a faite à la dernière assemblée, et il a prêté le serment ordinaire entre les mains de M. *Coypel*, Écuier, Premier Peintre du Roy, Directeur et Recteur.

Lecture d'une Dissertation de M. Bourdon par M Mariette. — Après quoi, M Mariette, Associé libre, a lû un Discours de M. *Bourdon* sur le Sᵗ Étienne du *Carache*

Il ne manquoit à cette savante Dissertation, pour en faire un bon ouvrage, que de la pureté dans le style, et plus d'ordre dans la liaison des phrases. M. Mariette, sans rien déranger au fond des choses, a sçu remédier à ces deux points avec tant de goût et de précision qu'il seroit à souhaiter que tout ce qui nous reste des anciennes Conférences pût prendre une pareille forme.

Réponce de M Coypel avec un éloge de M. de Tournehem — M. *Coypel* a remercié M. Mariette, au nom de la Compagnie ; il a terminé son Discours par un éloge de M. de Tournehem, dont le contenu fait autant d'honneur à ce digne chef des Arts qu'à l'esprit et aux sentimens de l'auteur

Ensuite il a été ordonné que ce Discours seroit transcrit sur le registre, comme un monument consacré à la mémoire du grand homme que nous avons perdu

En levant le siège, on est convenu que, le dernier samedi du mois tombant sur la fête de Noel, l'assemblée seroit remise au vendredi suivant, 31 du présent.

Coypel — Restout — Galloche — Caylus — J Du Mont le Rom. — De Jullienne — Hulst — Mariette — Le Clerc — Carle Vanloo — Boucher — Adam l'ainé — E Bouchardon — G. Duchange — Nattier — Coustou — Pierre — J. B. Massé — L Tocqué — Pigalle — C. Cochin le fils — Cochin — Saly — Desportes — Tardieu — L. Vassé — Surugue le fils — Lépicié

Réponse de Monsieur Coypel, Directeur, à M Mariette

« Monsieur, — L'Académie doit vous être d'autant plus redevable du soin que vous avez pris de mettre en ordre la Dissertation de M *Bourdon*, qu'un pareil usage doit coûter beaucoup à quelqu'un qui, comme vous, n'a pas besoin de recourir aux pensées d'autrui pour dire d'excellentes choses

« Le choix que vous avez fait de cette Dissertation ne pouvoit tomber plus à propos, puisque nous y voyons

qu'en excitant l'Académie à donner des mémoires sur les
Arts qu'Elle professe, feu M de Tournehem n'a fait que
renouveller les demandes que lui fit jadis le grand Colbert.

« C'est donc avec peu de fondement que certaines gens,
dans le public, ont cru pouvoir fronder l'usage de disserter,
dans cette Académie, sur la Peinture et sur la Sculpture,
et qu'ils ont été jusqu'à dire que la Compagnie ne seroit
bientôt plus qu'une Compagnie d'Orateurs

« Nous ne nous assemblons point ici, Messieurs, pour
dessiner, modeler ou peindre, que pouvons-nous donc y
faire de plus utile, pour nous, pour la jeunesse, et même
pour le public, que nous y communiquer les réflexions que
nous devons faire sans cesse sur des arts qui en sont une
source inépuisable. Voilà sur quelles solides raisons s'ap-
puyoit feu M. de Tournehem, lorsqu'il desiroit si vivement
que les Dissertations fûssent une de nos principales occupations dans nos assemblées

« M de Tournehem se proposoit en tout l'exemple de
M Colbert Aujourd'hui, M de Vandières regarde M de
Tournehem comme le modèle qu'il doit imiter Pour juger
de ce que nous devons espèrer de M de Vandières, rappe-
lons ce qu'étoit M de Tournehem

« Plein d'amour et de zèle pour Son Auguste Maître, il
ne trouvoit de vrai plaisir qu'à se livrer, sans réserve et
sans ménagement pour lui-même, aux soins pénibles dont
il étoit chargé

« Noble dans ses idées, modeste en ses succès;

« Ferme sans dureté, compâtissant, mais sans foiblesse;

« Intègre, impartial, bienfaisant sans ostentation ,

« M de Tournehem ne connoissoit pas de satisfaction
plus touchante que de pouvoir répandre sur des gens de
mérite les grâces dont il étoit le dispensateur, et, pour être
aimé de lui, c'étoit un titre que de lui être redevable

« Il plaignoit ceux qui, faute de se bien connoître, lui
faisoient des demandes qu'il ne pouvoit leur accorder, et,
par un doux accueil, il savoit les consoler de son refus

« Je vous l'ai déjà dit, Messieurs, il fut l'ami des grands Artistes, et le père de ceux qui aspirent à en augmenter le nombre, et, si le grand Colbert revenoit au Monde, il lui envieroit sans doute la gloire d'avoir obtenu pour l'Académie la Protection de Sa Majesté.

« Ne pensons pas qu'il nous suffise de verser des larmes sur son tombeau En pareil cas, l'intérêt personnel en fait répandre du moins autant que le sincère et tendre attachement en fait couler. C'est donc par nos actions, et non par nos pleurs qu'on pourra juger des sentimens de vénération et de reconnoissance dont nous étions pénétrés pour le Bienfaiteur que la mort vient de nous enlever.

« C'est en continuant à travailler pour la gloire de cette Académie que nous saurons honorer la mémoire d'un Supérieur qui desiroit si ardemment qu'Elle se montrât digne de plus en plus des grâces qu'il lui avoit procurées, et que, par de nobles et d'utiles travaux, Elle justifiât la tendresse particulière qu'il avoit pour Elle.

« Tendresse particulière, j'ose le dire, la joye que faisoit paroître M. De Tournehem, lorsque je lui rendois compte de ce qui se faisoit ici d'avantageux pour nos Arts, ne peut se comparer qu'au ravissement du père le plus tendre quand il reçoit des témoignages favorables de la conduite de ses enfans ! Combien desiroit-il que nos Dissertations parûssent au grand jour ! Hélas ! il touchoit au moment de commencer à jouir de cette satisfaction

« Loin de nous ralentir sur nos travaux académiques, nous devons, plus que jamais, les regarder comme indispensables, nous avons lieu de compter sur vous, Monsieur, pour nous seconder dans un si juste dessein. Votre goût pour la Peinture et pour la Sculpture, votre facilité à mettre sur le papier ce que vous pensez si heureusement; le souvenir de la vivacité avec laquelle feu M. de Tournehem applaudit à notre juste choix, quand vous fûtes nommé pour remplir la place que vous occupez parmi nous, enfin votre amour pour l'Académie, tout nous flatte

que vous lui sacrifierez quelques momens d'un loisir, dont
votre bon esprit vous fait jouir »

———

Aujourd'hui, vendredi 31 Décembre, l'Académie s'est
assemblée, par convocation générale, pour la relevée du
quartier et pour la lecture des délibérations prises pendant
ce tems

Réception de M Allegrain — Le Sieur *Gabriel-Chris-
tophe Allegrain*, Sculpteur, natif de Paris, fils et petit-fils
d'Académiciens, a présenté à l'assemblée l'ouvrage qui lui
avoit été ordonné pour sa Réception, dont le sujet représente Narcisse, qu'il a exécuté en marbre de ronde-bosse,
suivant le modèle qu'il a fait voir à l'Académie et qu'Elle
a approuvé Les voix prises à l'ordinaire, la Compagnie a
reçu et reçoit ledit Sr *Allegrain* Académicien, pour avoir
séance dans les assemblées et jouir des privilèges, honneurs
et prérogatives attribués à cette qualité, en observant par
lui les Statuts et Règlemens d'icelle Académie, ce qu'il a
promis en prêtant serment entre les mains de M *Coypel*,
Écuier, Premier Peintre du Roi, Directeur et Recteur

Députation à M De Vandières — Suivant l'usage, la
Compagnie est convenue d'aller, au sujet de la nouvelle
année, saluer M De Vandières, Directeur et Ordonnateur
Général des Bâtimens. La Députation sera composée de
M. *Coypel*, Directeur, de M. *de Silvestre*, Ancien Recteur,
et de MM. les Officiers en exercice

Les différentes affaires, dont M. *Coypel* est chargé par
l'Académie, ne lui permettent pas de faire les fonctions du
Rectorat pendant le prochain Quartier, la Compagnie a
nommé, pour y suppléer, M *Restout*, Adjoint à Recteur,
ainsi que M *Pigalle*, pour exercer en son rang le mois de
Janvier, à la place de M. *Bouchardon*, Professeur, occupé
actuellement au modèle de la statue équestre du Roi

La visite des salles de l'Académie s'est faite par Mrs les

Officiers du quartier, conformément au Résultat du 29 Juillet 1747.

Mort de M. Huilliot — Le Secrétaire a notifié la mort de M *Huilliot*, Peintre de fleurs, arrivée à Paris, le 24 du présent mois, âgé de 78 ans.

Bannissement à perpétuité au sujet du nommé Leconte — Le nommé *Le Conte* banni de l'École pendant 3 mois par M *Hallé*, Adjoint en exercice, pour s'être mal comporté chez M *Falconnet*, son Maître, et l'avoir menacé de casser la figure de marbre qu'il fait pour l'Académie; la Compagnie, sur les représentations du Secrétaire, trouvant la peine infligée trop petite pour une pareille noirceur, a prononcé le bannissement à perpétuité, ce qui s'est fait à la pluralité des voix

Avant de lever le siège, il a été ordonné une quête pour des œuvres charitables, ainsi qu'il se pratique à pareil jour — Quête · 112 liv 16 s.; plus 5 liv

Prix du Quartier

1er Prix, *Watteau*, P

2e Prix, *Brenet*, S.

3e Prix, *Pigalle*, S

Coypel — Galloche — C De Vermont — Louis de Silvestre — Restout — J. Du Mont le Rom — De Jullienne — Hulst — Mariette — Carle Vanloo — Boucher — Jeaurat — J. B Oudry — Adam l'aîné — Pierre — Pigalle — Lemoyne fils — Coustou — P Slodtz — Nattier — Aved — Hallé — G Duchange — Desportes — De la Tour — Cochin — J. B. Massé — Cars — Surugue — Droüais — Frontier — Masse — L. Vassé — Delobel — Vinache — Saly — Cochin le fils — Surugue le fils — Allegrain — Lépicié

ANNÉE 1752.

Aujourd'hui, samedi 8ᵉ Janvier, l'Académie s'est assemblée par convocation générale.

Seconde lecture de l'article de l'Albane — Le Secrétaire, qui travaille à mettre en ordre les matériaux qui doivent composer le second volume du Catalogue raisonné des tableaux du Roi, a fait une seconde lecture de l'article de l'*Albane*, avec l'abrégé de la vie de ce Maître.

Il a aussi lû les lettres de Mʳˢ *Nattoire* et *Dandré-Bardon* au sujet de la nouvelle année.

Rapport au sujet d'un Aspirant Peintre. — Il a été décidé, en conséquence du rapport favorable de Mʳˢ les Commissaires, que l'Aspirant Peintre, proposé le 26 Septembre 1750, pourroit se présenter à la fin du mois

La Compagnie a nommé M *Restout*, Adjoint à Recteur en exercice, et le Secrétaire, pour aller visiter M *Le Moine* le père, que son grand âge et ses infirmités privent de se trouver aux assemblées.

Bannissement pour trois mois de dix Élèves. — Sur les plaintes de Mʳˢ les Officiers en exercice, les nommés *Bézué* et autres, s'étant atroupés dans la Place du Louvre et manqué de respect au Roi, en criant et chantant avec indécence, au bas des fenêtres de l'Académie, pendant l'exercice du modèle, la Compagnie, voulant donner un exemple et réprimer un pareil désordre, a banni de l École, pour trois mois, dix des plus coupables.

Coypel — Caylus — Louis de Silvestre —

Restout — Mariette — Hulst — Pigalle —
C. De Vermont — Jeaurat — J B. Oudry —
Adam l'aîné — Lemoyne fils — E. Bouchar-
don — Coustou — Pierre — Nattier — P.
Slodtz — J B. Massé — Chardin — L. Toc-
qué — Aved — De la Tour — Cars — L
Vassé — Allegrain — Cochin — Silvestre —
Saly — Surugue le fils — Lépicié.

———

Aujourd'hui, samedi 29ᵉ Janvier, l'Académie s'est assemblée à l'ordinaire.

Raport de la Députation à M. le Directeur Général. — Conformément à la délibération du 31 Décembre dernier, Mʳˢ les Députés ont raporté que, le lundi 10ᵉ du présent, ils s'étoient rendus chez Monsieur de Vandières, Directeur et Ordonnateur général des Bâtimens, pour le saluer au sujet de la nouvelle année, que M *Coypel*, portant la parole, l'avoit complimenté, au nom de la Compagnie, et que sa réponse avoit été aussi polie que favorable

Agrément du Sieur Le Lorrain. — Ensuite le Sieur *Louis Le Lorrain*, Peintre d'Histoire, natif de Paris, ayant fait aporter de ses ouvrages, l'Académie, après avoir pris les voix à l'ordinaire, a agréé sa présentation, et ledit Sieur ira chez M *Coypel* Directeur, qui lui ordonnera ce qu'il doit faire pour sa réception.

Le Secrétaire a terminé la séance par la lecture des lettres de compliments de M *Vanloo* d'Espagne et de M *de La Datte*

Avant de lever le siège, M *Le Moine* le fils a remercié la Compagnie de la visite qu'Elle à fait faire à M. son père au sujet de la nouvelle année

Louis de Silvestre — Restout — Pigalle —
Galloche — J Du Mont le Rom — Caylus
— De Jullienne — Hulst — Le Clerc — Wa-
telet — Mariette — Boucher — C De Ver-

mont — Jeaurat — J B Oudry — Adam
l'aîné — Lemoyne fils — E Bouchardon —
Coustou — Nattier — P Slodtz — G Du-
change — J. B. Massé — Chardin — Hallé
— L Tocqué — Geuslain — Droüais — Co-
chin — Surugue le fils — Saly — L Vassé —
Allegrain — Lépicié.

———————

Aujourd'hui, samedi 5e Février, l'Académie s'est assemblée pour les Conférences.

Lecture du Catalogue raisonné des tableaux du Roi. —
Le Secrétaire a lu, pour la seconde fois, l'article du *Guide*,
avec l'abrégé de la vie de ce Maître.

Ensuite il a rendu compte qu'il avoit répondu à toutes
les lettres écrites à la Compagnie au sujet de la nouvelle
année

Coypel — Restout — J B Oudry — J. Du
Mont le Rom — Caylus — Le Cher de Valo-
ry — Mariette — Adam l'aîné — C De Ver-
mont — Coustou — Pierre — Nattier — P.
Slodtz — Hallé — G Duchange — Surugue
le fils — Saly — C Cochin le fils — J B
Massé — Lépicié.

———————

Aujourd'hui, samedi 26e Février, l'Académie s'est assemblée à l'ordinaire

Le Secrétaire notifie la mort de M De Troy, lettre de
M. Natoire à ce sujet Né a Paris en 1679, mort à Rome
le 26 Janvier 1753, il étoit âgé de 73 ans — En ouvrant
la séance, le Secrétaire a notifié la mort de M *De Troy*,
arrivée à Rome le 26 Janvier dernier, et il a lu, à ce sujet,
une lettre de M *Nattoire*, adressée à la Compagnie, dans
laquelle, après avoir déploré la perte de ce grand homme
et semé quelques fleurs sur son tombeau, il ajoute qu'il

profite de cette occasion, toute triste qu'elle est, pour renouveller à l'Académie les assurances de son respect et de son attachement.

Le Secrétaire a été chargé de lui répondre

Lecture d'une Épitre de M de Boisfranc. — Ce qui a été suivi, avec l'agrément de la Compagnie, de la lecture d'une Épitre en vers de M. *de Boisfranc*, Architecte de Sa Majesté, sur le tableau de Suzanne de feu M *Coypel*, Premier Peintre du Roy.

Aspirant Sculpteur proposé. — M. *Bouchardon* ayant proposé un Aspirant Sculpteur, la Compagnie a choisi, pour en examiner les ouvrages et en faire rapport à la prochaine assemblée, M *de Silvestre*, Ancien Recteur, M *Restout*, Adjoint à Recteur, et Mrs *Adam* et *Le Moyne*, Professeurs

Députation à M Galloche malade — En levant le siège, il a été résolu que M. *Restout* et le Secrétaire iroient visiter M. *Galloche*, qui est malade

> *Coypel — Restout — J. B. Oudry — J. Du Mont le Rom — Caylus — Mariette — De Jullienne — Hulst — Carle Vanloo — Watelet — C. De Vermont — Adam l'ainé — Lemoyne fils — E Bouchardon — Coustou — Pigalle — Nattier — P. Slodtz — Hallé — J B. Massé — J C Roëttiers — Desportes — L Vassé — Saly — Daullé — Lépicié*

Lecture d'un mémoire de M. Cochin le fils. — Aujourd'hui, samedi 4ᵉ Mars, l'Académie s'étant assemblée pour les Conférences, M. *Cochin* le fils a lu un Discours, dans lequel, après avoir remercié la Compagnie de la grâce qu'Elle lui a faite de l'admettre au rang d'Académicien avant d'avoir satisfait à ses engagemens, il lui détaille, en peu de mots, tout ce qui a paru mériter les observations de Monsieur de Vandières, pendant le cours de son voyage d'Italie ; voyage, continue-t-il, d'autant plus avantageux à l'Académie que M. le Directeur-Général, né avec un goût naturel pour les arts, a perfectionné ce goût par la réflexion et par l'expérience. De là M. *Cochin* expose, avec modestie, ce qu'il pense lui-même sur la marche qu'il croit que les Élèves doivent tenir pour étudier efficacement les grands Maîtres, et, sans s'écarter de son but, il donne un précis des différens ouvrages qui ont occasionné ses remarques, soit pour le dessein, soit pour la couleur, ce qui fait sentir, indépendamment de toute instruction, avec quelle réserve il faut prononcer sur les productions des arts, qui sont des choses de sentiment et non pas des objets de discussion.

L'Académie a été extrèmement satisfaite de ce Mémoire, et le Discours prononcé à ce sujet par M. *Coypel*, Directeur, sera couché sur le registre à la suite de la présente délibération.

Commissaires nommés pour l'examen du compte de 1751. — Après quoi, on a résolu que, le vendredi 24e de ce mois, à cause de la fête de l'Annonciation qui tombe sur le samedi, Mrs les Directeur, Anciens Recteurs, Recteurs, Adjoints à Recteurs, Professeur en exercice, et, à tour de rôle, dans les Anciens Professeurs M. *Le Clerc*, dans les Professeurs M. *Boucher*, dans les Adjoints M. *Nattier*, dans les conseillers M. *Massé* et le Secrétaire, et, dans les Académiciens, M. *Boizot*, s'assembleront, à neuf heures précises du matin, pour régler le rôle de la Capitation et arrêter les comptes de 1751.

Rapport des Commissaires pour un Aspirant Sculpteur. — Le rapport des Commissaires, nommés pour examiner les ouvrages d'un Aspirant Sculpteur, s'étant trouvé favorable, il a été décidé en conséquence que ledit Aspirant pourroit se présenter à la prochaine assemblée.

Bannissement levé du nommé Le Conte. — Cet arrangement pris, le nommé *Le Conte*, banni à perpétuité de l'École le 31 Décembre dernier, a obtenu grâce de la Compagnie, à la prière de M. *Falconnet*, son Maître.

Coypel — Louis de Silvestre — Restout —
Carle Vanloo — J. Du Mont le Rom — Cay-
lus — De Jullienne — Mariette — Hulst —
Le Ch^er de Valory — Le Clerc — Boucher —
C. De Vermont — Jeaurat — J. B Oudry —
Adam l'ainé — Le Moyne fils — Coustou —
Pierre — Nattier — P Slodtz — Hallé — G
Duchange — L. Tocqué — De la Tour — J B
Massé — Boizot — C. Cochin le fils — Vi-
nache — Cochin — L. Vassé — Saly — Alle-
grain — Lépicié.

Réponse au Discours de M Cochin sur l'utilité du voyage
d'Italie, par Monsieur Coypel, Directeur

Du samedi 4e Mars 1752

« Quand nous ne serions pas, Monsieur, aussi persuadez
que nous le sommes de l'utilité du voyage d'Italie pour
les Artistes et pour les Amateurs, l'ouvrage que vous venez
de nous lire suffiroit pour nous en convaincre.

« Convenons cependant que, pour se rendre un tel voyage
parfaitement avantageux, il faut, comme vous, Monsieur,
s'être préparé dès longtems, par de solides reflexions, à
bien voir les chef-d'œuvres divers qui décorent l'Italie, car
enfin ce n'est pas une chose facile que de bien voir. Nombre
de ceux qui parcourent ce beau pays, y portent peu de
connoissance et beaucoup de prévention, qui souvent est
la seule chose qu'ils en rapportent Combien de gens n'ont
fait que regarder ce qu'ils croyent avoir bien vû !

« Ce n'est point, par exemple, avoir bien vû les ouvrages
de *Raphael*, que de les avoir regardez sans une attention
particulière. Les Amateurs ou les Artistes qui en usent
ainsi, courent risque de n'en avoir apperçu que les imperfections qu'on peut reprocher, au premier coup d'œil, à ce
Prince de la Peinture.

« Nous venons de reconnoître avec plaisir, Monsieur, que vous n'avez rien vu sans un sérieux examen, et que vous avez cherché dans les grands Maîtres, sans aucune prévention, ce qui dans chacun d'eux est digne d'admiration.

« L'élévation des idées de *Raphaël*, la noblesse et la variété de ses caractères, la force, la pureté, l'élégance de son dessein ne vous ont point rendu insensible aux beautez des ouvrages du *Titien*, quoique d'un genre différent ; la manière fière et terrible de *Michel-Ange* n'a point empêché que vous n'ayez été vivement touché des grâces naïves du *Corrège* ; les *Caraches* ne vous ont point éloigné de la justice due à *Paul Véronèse* ; ainsi du reste.

« Jeunes élèves, c'est ainsi qu'il faut voir, si vous voulez un jour faire un digne usage des grâces auxquelles vous aspirez.

« Oui, Monsieur, ce que nous venons d'entendre est pour eux une utile leçon, et nous ne pouvons trop vous exhorter à poursuivre ce que vous avez si bien commencé.

« En effet, combien nous avons vû d'Élèves revenir d'Italie tels qu'ils y étoient allez, parce qu'ils n'y avoient employé le pinceau que pour exécuter, sans même consulter la nature, des idées qu'ils avoient conçues à Paris chez leurs Maîtres !

« Un Élève qu'on envoye en Italie, sans manquer à la reconnoissance qu'il doit au Maître qui prit soin de l'instruire, doit perdre de vue la manière qu'il a contractée et doit chercher, autant qu'il le peut, à s'en former une qui ne ressemble à aucune autre. Il y parviendra en puisant avec choix dans toutes les merveilleuses sources qui s'offrent à lui de toutes parts.

« *Raphaël*, frappé des pures et majestueuses beautez des statues et des bas-reliefs antiques, ne crut pas que les obligations qu'il avoit au *Pérugin* pûssent s'opposer à la noble idée qu'il avoit de se former un goût plus épuré, plus mâle, plus élevé, en étudiant ces miracles de l'art.

N'en usa-t-il pas de même en voyant les ouvrages du grand homme dont il excitoit déjà la jalousie?

« Je ne dis pas pour cela qu'il ne soit pas permis à un Élève de faire, dans l'étude des grands Maîtres, un choix relatif au genre de peinture qu'il embrasse Au contraire, je suis persuadé qu'il est absolument nécessaire d'en user ainsi Celui qui se voue aux sujets galants perdroit son tems, si j'ose le dire, en copiant soigneusement les ouvrages de *Jules Romain* Tel, qui voudroit consacrer son pinceau à représenter des actions fières et terribles, ne trouveroit point dans l'*Albane* ce qu'il doit chercher Ainsi des autres, mais ce qu'on ne peut trop éviter, c'est de s'enthousiasmer de la manière d'un Maître, quelque grand qu'il puisse être, au point de ne pouvoir plus regarder les productions des autres qu'avec froideur La couleur du *Titien* ou de *Paul Véronèse* transporte un jeune homme et lui fait negliger d'étudier *le Guide*, sans penser que, s'il pouvoit joindre aux grâces et à la noblesse du *Guide* la couleur du *Titien* et de *Paul Véronèse*, il seroit plus parfait que le *Titien*, *Paul Véronèse* et le *Guide*

« Mais cette matière, que n'épuiseroit pas une longue dissertation, me conduiroit trop loin, je me hàte de revenir à vous, Monsieur

« Du caractère dont vous êtes, vous avez dù être bien satisfait de trouver une si heureuse occasion de mettre au jour les sentimens que vous avez pour Monsieur de Vandières, et que vous lui devez. Autant votre cœur à dû s'épanouir en nous parlant des soins qu'il a pris dans son voyage pour le rendre utile aux arts en perfectionnant le goût qu'il a pour eux, autant nous avons resenti de plaisir en vous écoutant Ne craignez pas que nous ayons pû vous soupçonner d'adulation Le favorable accueil que Monsieur De Vandières fait aux illustres membres de cette Academie ne nous permet pas d'imaginer que vous ayez même songé à prêter aucun ornement aux vérités que vous dites à ce sujet. Quelle consolation pour nous de voir revivre en sa personne celui que nous n'oublierons jamais !

« Le temps s'efforceroit en vain d'effacer Monsieur de Tournehem de notre souvenir; Monsieur de Vandières nous le représente trop parfaitement pour que l'Académie puisse ne pas conserver vivement la mémoire de l'un, ayant le bonheur d'avoir l'autre pour Supérieur.

« L'amitié que Monsieur de Vandières a pour vous, Monsieur, est encore pour nous une preuve satisfaisante de la justice qu'il sait rendre aux mœurs ainsi qu'aux talens. »

———

Aujourd'hui, vendredi 24e Mars, l'Académie s'est assemblée par convocation générale pour la lecture des délibérations du quartier, l'arrêté du Compte de 1751 et le rôle de la Capitation de 1752, réglé dans le comité du matin.

Reddition des Comptes. — Mrs les Directeur, Anciens Recteurs, Recteurs, Adjoints à Recteurs et Officiers nommez pour régler la répartition de la Capitation et pour examiner et arrêter les comptes de l'année 1751, s'étant assemblés le matin dans la salle de l'Académie, le Sieur Reydelet, Concierge et Receveur, chargé, par délibération du 1er Décembre 1736, de recevoir la Capitation des Officiers et Académiciens, et autorisé, par la même délibération, à recevoir de Mrs les Trésoriers des Bâtimens du Roi les sommes accordées par Sa Majesté à l'Académie pour son entretien, a présenté l'état de la Recette et Dépense par lui faites, durant le cours de l'année 1751, suivant les ordres de Mrs les Directeur et Recteurs. L'examen en ayant été fait, ainsi que des quittances et mémoires, la Recette s'est trouvée monter à la somme de 7,315 liv. et la Dépense à celle de 7,236 liv. 15 s. Partant la Recette excède la Dépense de 78 liv. 5 s. Lequel compte s'étant trouvé juste, il a été approuvé, et ledit sr Reydelet déchargé par lesdits Directeur et Recteurs et Officiers, et la décharge dudit Sieur confirmée et signée par l'Académie.

Agrément du S' Dumont, Sculpteur — Le Sieur *Edme Dumont*, Sculpteur, natif de Paris, fils de feu M *Dumont*, Adjoint à Professeur, ayant fait apporter de ses ouvrages, la Compagnie, après avoir pris les voix à l'ordinaire et reconnu sa capacité, a agréé sa présentation, et lui a ordonné d'exécuter en marbre, pour sa Réception, un modèle qu'il a fait voir, représentant Milon qui essaye ses forces

Accordé un an pour l'exécution dudit morceau, et ledit Sieur *Dumont*, conformément à l'usage, a pris séance après son agrément, comme fils d'Officier.

Aspirant Graveur proposé — Après quoi, le Secrétaire ayant proposé un Aspirant Graveur, la Compagnie a nommé, pour en examiner les ouvrages et en faire le rapport à la prochaine assemblée, M. *Galloche*, Recteur, M *Dumont le Romain*, Adjoint à Recteur, et Mrs *Duchange* et *Massé*, Conseillers.

Mémoire remis par M De Silvestre — Ensuite M *de Silvestre*, Ancien Recteur, a remis au Secrétaire, pour en faire lecture, un memoire, signé de M le Comte de Loss, Ambass[ade]ur[1] de Sa Majesté Polonoise, tendant à consulter l'Académie sur les usages de la gravure, par rapport aux planches que les particuliers font graver, lequel mémoire contient treize articles.

Lecture faite de ce Mémoire et Commissaires nommés pour l'examiner — Lecture faite de ce Mémoire, M *de Silvestre* a prié l'Académie de choisir des Commissaires pour examiner ledit Mémoire et donner, sur chaque article, une reponse décisive.

En conséquence, la Compagnie a nommé à cet effet tous les Graveurs de son Corps, sçavoir : M *Duchange*, M. *Massé*, le Secrétaire, M. *Audran*, M *de Larmessin*, *Cochin* père et fils, M *Moireau*, M *Daullé*, M *Le Bas*, et

---

1. Il y avait d'abord *du Sieur Le Loss, Agent.* On lit en marge « Approuvé la rature de cinq mots et le changement fait en conséquence »

M. *Tardieu*, lesquels Commissaires s'assembleront, dans l'Académie, au jour indiqué par le Professeur en exercice, pour conférer ensemble et donner leur décision sur tous les articles énoncés dans le mémoire. Ce fait, ils en rendront compte à l'assemblée suivante.

Visite des Salles. — Suivant le résultat du 29 Juillet 1747, la visite des salles de l'Académie s'est fait par Mrs les Officiers en exercice.

Estampes présentées. — M. *Moireau*, Graveur et Académicien, a présenté à l'assemblée deux épreuves d'une planche qu'il a gravée d'après *Vovremens,* ayant pour titre : « Cavaliers du Manège. » L'examen fait, la Compagnie a aprouvé ladite planche, pour faire jouir l'exposant des privilèges accordés à l'Académie par l'Arrest du Conseil d'État du 28 Juin 1714.

Députation à M. Duchange, malade. — En terminant la séance, la Compagnie a nommé M. *Roetiers* et le Secrétaire pour aller visiter M. *Duchange*, qui est incommodé, et il a été réglé que, le 1er samedi du mois prochain tombant sur le Samedi Saint, l'assemblée seroit remise à huitaine.

> *Coypel — Carle Vanloo — Restout — J. Du Mont le Rom. — Caylus — De Jullienne — Hulst — Mariette — Louis de Silvestre — Boucher — C. De Vermont — J. B. Oudry — Adam l'ainé — Le Moyne fils — E. Bouchardon — Coustou — Nattier — Hallé — Pierre — Pigalle — J. B. Massé — J. C. Roëttiers — Chardin — L. Tocqué — Desportes — De la Tour — Aved — Le Sueur — Vinache — Saly — Daullé — Surugue le fils — Lépicié.*

Aujourd'hui, samedi 8e Avril, l'Académie s'est assemblée à l'ordinaire pour les Conférences.

*La Compagnie accorde au fils de M. Gabriel la grâce
d'entrer avec M^rs les professeurs dans l'École du Modèle*
— En ouvrant la séance, le Secrétaire, après avoir fait,
de la part de M. *Coypel*, ses excuses de ce qu'il ne pouvoit
pas se trouver à l'assemblée, a lu une lettre qui lui a été
écrite par M *Gabriel*, dans laquelle il le prie de recom-
mander à M^rs les Professeurs son fils, qui est en état de
dessiner à l'Académie.

La Compagnie, ayant égard à la prière de M *Gabriel* et
à la recommandation de M *Coypel*, a décidé que, sans tirer
à conséquence, le fils de M *Gabriel* entreroit avec M^rs les
Professeurs et verroit poser le modèle.

*Rapport des Commissaires au sujet du Mémoire présenté
par M de Silvestre* — Relativement à la délibération du
24e Mars dernier, le Secrétaire a fait rapport que le mercredi suivant, 29 du même mois, M^rs les Commissaires
s'étant assemblés en comité dans l'Académie, ils avoient
procédé à l'examen du Mémoire sur les usages de la gravure, présente par M *de Silvestre* et signé par M Le Comte
de Loss, Ambassadeur de S M le Roi de Pologne, Électeur de Saxe, qu'après en avoir discute les treize articles
avec l'attention la plus scrupuleuse, ils y avoient joint leurs
décisions en marge, qu'ils soumettoient aux lumières de
l'Academie

Approbation des décisions des Commissaires — La Compagnie, après avoir entendu une seconde lecture dudit
Mémoire, et les réponses y jointes, les a aprouvées comme
conformes à l'usage et à l'équité, et Elle a ordonne que la
minute en resteroit à l'Académie, que le contenu seroit
couché sur le registre à la suite de la présente deliberation,
et que copie en seroit delivrée par le Secrétaire à M *de
Silvestre.*

Élèves admis pour concourir aux Grands Prix — La
Compagnie, après avoir vu les épreuves faites par les Étudians pour concourir aux Grands Prix, a choisi, pour y être
admis, les nommés *Corrège, St-Aubin, Monnet, Fragon-*

nard et *Perronet*, pour la Peinture, et les nommés *Duhez*, *Brenet* et *Dupré* pour la Sculpture.

Rapport favorable pour un Aspirant Graveur. — Le rapport des Commissaires nommés pour examiner les ouvrages d'un Aspirant Graveur s'étant trouvé favorable, il a été décidé en conséquence que ledit Aspirant pourroit se présenter à la fin du mois.

M. Nattier nommé pour exercer à la place de M. Boucher. — L'Académie a nommé M. *Nattier*, Adjoint, pour exercer à son rang le présent mois à la place de M. *Boucher*, Professeur, qui a prié la Compagnie de l'en dispenser.

> *Coypel — Nattier — Louis de Silvestre —*
> *Restout — Caylus — De Jullienne — Mariette*
> *— Boucher — Coustou — Pigalle — P. Slodtz*
> *— J. C. Roëttiers — Pierre — G. Duchange*
> *— L. Tocqué — Cars — L. Vassé — Saly —*
> *Cochin le fils — Vinache — Surugue le fils —*
> *J. B. Massé — De L'Armessin — Lépicié.*

Mémoire à consulter, présenté à l'Académie Royale de Peinture et de Sculpture par M. de Silvestre, lequel Mémoire est signé par M. le Comte de Loss, Ambassadeur de Sa Majesté le Roi de Pologne, Électeur de Saxe, près le Roi T. C.

Article 1er.

L'on demande s'il est permis à un Graveur de faire tirer plusieurs centaines d'exemplaires d'une planche finie, avant que de la rendre à celui qui a ordonnné la gravure ?
— *Non*[1].

2e. — Dans le cas où la convention faite avec le Graveur fixeroit le nombre des épreuves qui seroient promises au

---

[1]. L'avis des Commissaires est en marge sous le titre : *Réponses*. Nous le mettons à la suite des articles en caractère italique.

Graveur, ne fûssent que la quantité de deux, lui est-il permis d'en faire tirer davantage à son profit, à l'insçu du propriétaire de l'ouvrage ?

— *Non*

3º — Qu'un Graveur, pour s'excuser des impressions furtives, dise que l'ouvrage n'étoit pas fini, ce fait peut-il passer pour certain, lorsque ladite impression s'est faite depuis qu'une Compagnie aussi éclairée que l'Académie Royale de Peinture et de Sculpture avoit reconnu l'ouvrage parfait et, en conséquence, agréé son auteur comme capable de devenir un de ses Membres ?

— *S'il étoit prouvé que, sur les sentimens des Académiciens, l'Artiste eût fait des changemens considérables, ces changemens ne pourroient pas l'avoir engagé à plus d'une quarantaine d'épreuves*

4º — Un ouvrage ne doit-il être regardé comme parfait qu'autant qu'il seroit impossible d'y trouver à desirer ? Au contraire, n'est-ce pas un des caractères essentiels des ouvrages des hommes d'être susceptibles de mieux ?

En effet, n'entend-t'on pas tous les jours dire aux Artistes, en parlant des anciens célèbres Peintres d'Italie et de France, que l'un manquoit du côté de la couleur, l'autre du côté de la correction du dessein ; l'autre n'a point les effets de lumière heureux, etc , sans que pour cela aucun desdits Peintres ne soient regardés avec admiration par ceux qui en parlent ainsi ?

— *Cette question a paru inutile, attendû qu'elle n'a aucun rapport avec les usages de la Gravure.*

5º — Est-ce un prétexte recevable, de la part d'un Artiste, pour excuser l'impression de six cents exemplaires qu'il a fait faire depuis son Agrément à l'Académie et avant que son ouvrage soit livré, que de dire qu'il ne se conduit pas suivant les usages des autres Graveurs ?

— *Ce prétexte n'est pas recevable*

Peut-il être donc nécessaire à un habile homme de faire imprimer de suite pendant plusieurs jours, et même des semaines entières, d'un ouvrage, de quelque conséquence que ce soit, pour voir le degré où est le travail ?

— *Non.*

6e. — A combien à peu près, pour le plus, peut-on faire monter la totalité des épreuves nécessaires à un Graveur pour conduire un ouvrage depuis son commencement jusqu'à sa fin ?

— *Cinquante ou soixante ordinairement, pour les grands ouvrages ; cent épreuves, au plus fort, même en comprenant le cas énoncé dans la réponse à l'article 3.*

7e. — Dans le cas où l'ouvrage auroit été rectifié dans quelque chose, est-ce un motif pour en faire imprimer de suite, pendant plusieurs semaines, le nombre de six cents épreuves ?

— *Non.*

Quel est là-dessus l'usage, et combien à peu près est-il besoin de faire tirer d'épreuves de suite pour connoître si l'on a réparé ce qui manquoit audit ouvrage ?

— *En cecy les usages peuvent varier. Néanmoins il ne peut pas être nécessaire d'en faire tirer plus que douze de suite, et ce nombre même, répété plusieurs fois, doit toujours entrer dans celui des cent épreuves énoncé dans la réponse à l'article 6.*

8e. — Des épreuves non finies d'une planche peuvent-elles être bonnes à vendre ou à faire des présents à des personnes que l'on considère, et surtout en y joignant la dépense d'un cadre et de sa glace ?

— *Arbitraire.*

9e. — Est-il permis à un Graveur de faire des présents ou de vendre des épreuves finies qu'il auroit légitimement, et ce avant que celui à qui est l'ouvrage les ait lui-même mis au jour ?

— *Non ; à moins que le propriétaire n'y consente.*

10ᵉ — Peut-on regarder comme des epreuves deffectueuses toutes celles dont les défauts sont recommandables
par un coup de crayon noir, ou de plume, qui remplit les
blancs causés par le manque d'impression ?

— *Non*

11ᵉ — Ces petits défauts, presqu'inévitables dans les
grands ouvrages, exigent-ils une nouvelle impression
d'autres estampes, lorsqu'il n'est question simplement que
reconnoître le degre où en est l'ouvrage ?

— *Cet article n'est pas clair*

12ᵉ — Un Imprimeur peut-il, en y donnant des soins
extraordinaires, faire d'une planche affoiblie par l'impression, quelques épreuves aussi parfaites et d'un ton aussi
ferme que lorsque la planche etoit neuve ?

— *Non.*

13ᵉ — Enfin, doit-il être question entre le Graveur et
l'Imprimeur d'un prix fixe pour chaque cent d'impression
d'un ouvrage dont il n'auroit besoin que des épreuves à
faire, pour conduire le travail jusqu'à sa fin ?

— *Ce n'est pas l'usage.*

                 Signé J A C de Loss

Nous, soussignés, Commissaires nommes par la déliberation du 24ᵉ Mars dernier, en exécution des ordres de
l'Académie Royale de Peinture et de Sculpture, certifions
qu'après un meur examen, nous avons, suivant nos
lumières et notre conscience, dit vérité sur les treize articles
énoncés dans le Mémoire cy dessus En foi de quoi nous
avons signé et fait parapher par M *Lépicié*, l'un de nous,
et Secrétaire de l'Académie, chacune des réponses mises
en marge.

Fait à Paris, au Louvre, l'assemblée tenante, le samedi
8 Avril 1752

Et ont signé *Duchange*, 50 au plus, *Audran*, 25 au plus;
Lépicié, Massé, De Larmessin, L Surugue, J Moyreau

J. Daullé ; Cars ; Tardieu ; Le Bas ; Cochin ; Cochin fils et
Surugue fils.

———

Aujourd'hui, samedi 29 Avril, l'Académie s'est assemblée à l'ordinaire.

Mort de M. de Favanne, Recteur en quartier. — En ouvrant la séance, le Secrétaire a notifié la mort de M. *de Favanne*, Recteur de quartier, arrivée le 27 du présent, âgé d'environ 83 ans.

Cette notification faite, il a été réglé que M. *Dumont le Romain*, Adjoint à Recteur, en continueroit l'exercice ; que l'on ne procéderoit à remplir cette place qu'à la dernière assemblée du mois prochain, et que le premier mois du quartier seroit payé à la succession de M. *de Favanne*.

Agrément du Sr Galimard, Graveur. — Le Sieur *Claude-Olivier Galimard*, Graveur, natif de Paris, ayant fait apporter de ses ouvrages, la Compagnie, après avoir pris les voix à l'ordinaire et reconnu sa capacité, a agréé sa présentation, et ledit Sieur ira chez M. le Directeur, qui lui ordonnera ce qu'il doit faire pour sa réception [1].

Aspirant proposé. — Ensuite de cet agrément, M. *Parrocel*, Professeur, a proposé à l'Académie un Aspirant Peintre dans le genre historique, et Elle a choisi, pour en examiner les ouvrages et en faire le rapport à la prochaine assemblée, M. *Galloche*, Recteur, M. *Restout*, Adjoint à Recteur, et Mrs *Carle Vanloo* et *Pierre*, Professeurs.

M. *Galloche* présent a remercié la Compagnie de la visite qu'Elle lui a fait faire au sujet de sa maladie.

Avant de lever le siège, l'Académie a nommé M. *Slodtz*, Adjoint, pour exercer à son rang le mois de May prochain à la place de M. *Nattoire*, Professeur, qui est à Rome.

> *Coypel — Nattier — Louis de Silvestre —*
> *Galloche — Restout — Caylus — De Jullienne*

1. En marge : « *Noa.* Il a gravé le portrait de M. *de Silvestre* et celui de M. *Le Moine* le père. »

— Mariette — J. Du Mont le Rom — Le Clerc — Carle Vanloo — C De Vermont — Jeaurat — J B. Oudry — Adam l'aîné — Lemoyne fils — C Parrocel — E Bouchardon — Coustou — Pierre — Pigalle — P Slodtz — Hallé — G Duchange — J B Massé — L Tocqué — Aved — Desportes — Cochin — Surugue le fils — Allegrain — L Vassé — Saly — Vinache — Lépicié

Aujourd'hui, samedi 6ᵉ May, l'Académie s'est assemblée pour les Conférences

Seconde lecture de l'article des Carrache — Le Secrétaire les a ouvertes par une seconde lecture de l'article des *Carraches*, avec l'abrégé de la vie de ces Maîtres, ce qui doit entrer dans le 2ᵉ volume du Catalogue raisonné des tableaux de Sa Majesté.

Assemblée indiquée pour la première scéance de M le Directeur Général — Ensuite M. *Coypel* a fait part à la Compagnie que M le Directeur général des Bâtimens viendroit prendre séance mécredi prochain, qu'il y auroit à ce sujet une assemblée extraordinaire et que M Mariette, Associé-Libre, y feroit lecture d'une Dissertation de M *Bourdon* sur la lumière.

Députation pour aller voir M. Vanloo — M Slodtz et le Secrétaire ont été nommés pour aller visiter M Vanloo qui est malade

Coypel — J Du Mont le Rom. — Louis de Silvestre — P Slodtz — Caylus — Hulst — Calvière — Mariette — Le Clerc — Boucher — C De Vermont — Jeaurat — Adam l'aîné — E Bouchardon — Pierre — Pigalle — Nattier — Coustou — Hallé — G Duchange — Frontier — L. Vassé — Saly — J. B Massé — Surugue le fils — Lépicié.

Première séance de M. le Directeur Général des Bâti-mens. — Aujourd'hui, mécredi 10° May, l'Académie s'étant assemblée extraordinairement, Monsieur de Vandières, Directeur et Ordonnateur général des Bâtimens, est venu pour la première fois y présider en cette qualité.

M. *Coypel* et Mrs les Officiers en exercice, ayant été le recevoir, l'ont conduit à la place d'honneur, où, après avoir été complimenté par le Secrétaire au nom de la Compagnie sur la joie qu'Elle ressentoit de sa présence, et sur ce qu'Elle avoit à espérer de son goût éclairé pour les arts

Compliment fait par le Secrétaire au nom de la Compagnie [1] — « Monsieur, je ne troublerai point la joie que la Compagnie ressent aujourd'hui de vous voir à sa tête, en rappelant le triste souvenir de la perte de M de Tournehem Elle est avantageusement réparée par l'espérance que nous avons de vous posséder longtems. D ailleurs la conformité de vos vües avec celles de votre illustre prédécesseur pour le progrès des arts nous devient, Monsieur, un double motif de consolation

« Votre goût naturel, épuré par l'examen réfléchi que vous avez fait des différens chef-d'œuvres que Rome et l'Italie ont offert à vos yeux, animera l'émulation des artistes qui composent l'Académie

« Sous vos auspices, ils se flattent de partager avec vous, Monsieur, l'honneur d'approcher du Trône, et de mériter un coup d'œil favorable de leur Souverain »

M le Directeur général y a répondu avec cette politesse qui lui est propre, et dans des termes qui annoncent sa bienveillance particulière pour l'Académie.

Ensuite, M Mariette, Associé Libre, a lu une Dissertation de M. *Bourdon* sur la lumière, avec l'historique d'une autre Conférence sur la manière de dessiner l'antique avec facilité et précision.

Ces deux Conférences, que M Mariette a mises dans un

---

1 Le Compliment est transcrit en marge.

nouvel ordre, ont fait beaucoup de plaisir à la Compagnie.
L'intérest qu'Elle prend à la mémoire de M. *Bourdon* lui
rend précieux tout ce qui peut le faire connoître du côté
de la pensée et du sentiment, et tel est objet des deux Discours Le premier decouvre cet esprit inventif et créateur
qui le suivoit dans toutes ses opérations , et le second deve-
loppe les excellentes qualités de son cœur par le soin qu'il
prenoit pour la discipline de l'École

Cette lecture faite, il a été arrêté que M. *Coypel* et
M^{rs} les Officiers en exercice iroient en Députation remercier M. le Directeur général de l'honneur qu'il a fait
aujourd'hui à l'Académie — *En marge* La Deputation à
M. le Directeur général s'est faite le lendemain, jour de
l'Ascension

N^{oa} — Il a été décidé à cette assemblée par M. le Directeur général qu'il n'y auroit point de Salon cette année

> *Vandières — Coypel — J. Du Mont le Rom*
> *— P. Slodtz — Louis de Silvestre — Caylus*
> *— Galloche — Mariette — Restout — Hulst*
> *— De Jullienne — Boucher — C. De Vermont*
> *— Jeaurat — Adam l'ainé — Lemoyne fils —*
> *Nattier — Watelet — Coustou — E. Bouchar-*
> *don — Pierre — Pigalle — Sarrau — J. B.*
> *Massé — L. Tocqué — J. C. Roettiers — Char-*
> *din — Desportes — Aved — L. Vassé — Alle-*
> *grain — Cochin — Frontier — Daullé —*
> *Drouais — Vinache — Cars — Surugue le*
> *fils — Cochin le fils — Saly — Lépicié*

———

Aujourd'hui, samedi 27e May, l'Académie a convoqué
une assemblée générale pour remplir, par mutation, la
place de Recteur, vacante par le deceds de M. *de Favanne.*

Mutation d'Officiers — Conformément à la délibération
du 29 Avril dernier, et relativement à celle du 28 Septembre 1743, la Compagnie, après avoir délibéré et pris

les voix par scrutin, M *Restout*, Adjoint à Recteur, a monté au grade de Recteur, M. *Carle Vanloo*, Professeur, a été élu Adjoint à Recteur, M. *Pigalle*, Adjoint, a remplacé M *Vanloo* dans la place de Professeur, et M. *Saly*, Académicien, a été nommé Adjoint à Professeur

Mort de M Parrocel, Professeur; né le 6 May 1688, mort le 24 May 1752 — Ces elections faites, le Secrétaire a notifié la mort de M *Parrocel*, Professeur, arrivée, dans son logement des Gobelins, le 24 de ce mois, âgé de 64 ans ou environ.

Ensuite de ce rapport, et le scrutin repris, M. *Nattier* a été élu Professeur et M *Frontier* Adjoint

M *Carle Varloo* a témoigné à la Compagnie la reconnoissance qu'il avoit de l'intérest qu'Elle a pris à sa maladie, et de la visite qu'Elle lui a fait faire à cette occasion

Mort de M. de Tournière. — En terminant la séance, le Secrétaire a fait part que M *de Tournière*, Ancien Professeur, étoit mort à Caen, sa patrie, le 10 du présent, âgé de 82¹ ans 10 mois

Lettre de M Roi, Chevalier et Secretaire de l'Ordre de St Michel. — Après quoi, il a fait lecture d'une lettre qui lui a été écrite par M *Roi*, Chevalier et Secrétaire de l'Ordre de St Michel, par laquelle il le prie de présenter à l'Académie six exemplaires de l'Éloge de M. *De Troy*, avec une lettre qui accompagne son hommage

La Compagnie a été extrêmement sensible à la politesse de M. *Roi*, et Elle a chargé le Secrétaire de l'en remercier de sa part

> *Coypel — Louis de Silvestre — J Du Mont le Rom — P Slodtz — Galloche — Restout — Carle Vanloo — Caylus — De Jullienne — Hulst — Le Clerc — Boucher — C De Vermont — Jeaurat — J. B. Oudry — Adam l'ainé — Lemoyne fils — Coustou — Pierre —*

---

1 Le chiffre *82* est une correction, il y avait d'abord le chiffre *90*

Pigalle — Hallé — Nattier — Frontier —
Saly — G. Duchange — Chardin — J C.
Roettiers — J. B. Massé — L Tocqué —
Poitreau — Cochin — Aved — Desportes —
L. Vassé — Surugue le fils — Cochin le fils —
Allegrain — Lépicié

Aujourd'hui, samedi 3ᵉ Juin, l'Académie s'est assemblée pour les Conférences, le Secrétaire a dit que M. *Coypel*, qui étoit incomodé, l'avoit chargé de faire ses excuses à la Compagnie de ce qu'il ne pouvoit pas s'y trouver.

Lecture de M Galloche — Ensuite M *Galloche*, Recteur, a lu la seconde partie d'un Traité sur la Peinture, contenant les réflexions qu'il a faites sur la route que les Élèves doivent tenir depuis l'étude des Antiques jusqu'à ce qu'ils soient en état d'opérer par eux-mêmes et de peindre des tableaux de leur composition, et il termine cette importante instruction par un exposé qu'il fait de son sentiment sur *Raphael* et sur les differens Maîtres de l'École des *Caraches*.

M Hurtrelle, Nottaire, fait présent à l'Académie du portrait de son père. — M. *Slodtz*, Adjoint, a dit à l'assemblée que M. Hurtrelle, Nottaire à Paris, l'avoit prié d'offrir de sa part à l'Académie le portrait de feu M son père, Sculpteur et Adjoint à Professeur, peint par feu M *Hallé*, Recteur et Ancien Directeur Ce présent a été fort agreable à la Compagnie, qui a chargé M. *Slodtz* d'en remercier M Hurtrelle au nom de l'Académie, laquelle a aussi nommé M *Silvestre* et le Secrétaire pour aller visiter M *Coypel*.

Mⁱˢ *Pierre* et *Pigalle*, Professeurs, ont, avec l'agrément de la Compagnie et par droit d'ancienneté, choisi les mois de Mars et d'Octobre, et laissé le mois de Juillet à M *Nattier*, à commencer en 1753¹.

1. Ce paragraphe est écrit en marge

A la fin de la séance on est convenu que, le dernier samedi tombant sur la fête de Saint-Jean, l'assemblée seroit avancée d'un jour et se tiendroit le vendredi 23 du présent.

J. Du Mont le Rom. — Adam l'aîné — Louis de Silvestre — Galloche — Restout — Carle Vanloo — Caylus — De Jullienne — Hulst — Calvière — Le Ch^r de Valory — Watelet — Mariette — Boucher — C. De Vermont — Jeaurat — J. B. Oudry — Lépicié — Lemoyne fils — E. Bouchardon — Coustou — Pierre — Pigalle — Poitreau — P. Slodtz — Hallé — Saly — Frontier — Surugue le fils — G. Duchange — Chardin — Cochin — Lépicié.

———

Aujourd'hui, vendredi 23e Juin, l'Académie s'est assemblée par convocation générale, pour la relevée du quartier; les délibérations prises pendant ce tems ont été lues, ainsi qu'il est d'usage.

Mort de M. Coypel. — Le Secrétaire a notifié la mort de Messire *Charles-Antoine Coypel*, Écuyer, Premier Peintre du Roy et de Monseigneur le Duc d'Orléans, Directeur et Recteur de l'Académie, Garde des desseins du Cabinet de Sa Majesté et Censeur Royal, arrivée en son logement, aux Galeries du Louvre, le mécredi 14e Juin 1752, âgé de 58 ans. Ensuite il a dit :

Discours prononcé par le Secrétaire. — « Messieurs, je me garderai bien de chercher des expressions qui, par leur énergie, pùssent vous faire sentir la grandeur de la perte que nous déplorons aujourd'hui. Ce seroit vous connoître mal si, pour exciter vos justes et tendres regrets, je rappelois tous les avantages que M. *Coypel* a procurés à l'Académie, dans le court espace de cinq ans et demi.

« Né avec des talents distingués pour la Peinture et pour les Belles-lettres, il sçut joindre à la justesse de l'esprit la délicatesse du sentiment Tout portoit chez lui l'empreinte de la probité et de la candeur, et ses ouvrages et ses actions annonçoient chez lui l'habile homme et l'honnête homme

« Occupé des intérêts de ses confrères, il se faisoit un devoir d'oublier les siens, et le désintéressement le plus parfait fut toujours la règle de sa conduite A peine jouissions-nous du bonheur de le posséder qu'il a disparu ; mais il vivra sans cesse dans nos cœurs Immortalisons sa memoire par notre reconnoissance, c'est le seul tribut digne de lui, le seul qui puisse répondre à ses vertus et faire le plus d'honneur à notre discernement. »

Service ordonné pour M Coypel. — La Compagnie a témoigné avec unanimité combien Elle entroit dans ces sentiments, et, pour en constater la preuve, Elle a résolu que le premier samedi de Juillet, jour de l'assemblée, il seroit célebre à Saint-Germain-l'Auxerrois un service pour le repos de l'âme de M. *Coypel*, où toute la Compagnie seroit invitée par billets

Dernière assemblée du mois de Juillet indiquée pour remplir les places vacantes — Cet arrangement pris, il a été réglé que l'on ne procéderoit à remplir les places vacantes par cette mort qu'à la dernière assemblée du mois prochain

Conformément à la délibération du 29 Juillet 1747, Mrs les Officiers du quartier ont rapporté qu'ils avoient visité les salles de l'Académie et trouvé tous les effets en bon état

Jugement des Prix du quartier d'Avril :

1er Prix *Amand*, P
2e Prix · *Lépicié*, P
3e Prix *Attiret*, S

J Du Mont le Rom. — Adam l'aîné — Louis de Silvestre — Galloche — Restout — Carle Vanloo — Caylus — Hulst — Le Clerc — De Jullienne — Boucher — C De Vermont

— *Jeaurat* — *J. B Oudry* — *Lemoyne fils* —
E. Bouchardon — *Coustou* — *Nattier* — *P.
Slodtz* — *Hallé* — *Pigalle* — *Pierre* — *Saly*
— *G Duchange* — *Frontier* — *J. B Massé*
— *Aved* — *Chardin* — *L Tocqué* — *Allegrain*
— *Boizot* — *L Vassé* — *Poitreau* — *De Lettre*
— *Cochin* — *Geuslain* — *Drouais* — *Lépicié.*

Aujourd'hui, samedi 1er Juillet, l'Académie s'est assemblée pour les Conférences.

Lecture faite par M. le Comte de Caylus — M. le Comte de Caylus les a ouvertes par la lecture d'une Dissertation sur l'importance et l'étendue du *Costume,* dans laquelle, après avoir expliqué ce que nous devons entendre par ce mot, il dit que, son dessein étant de donner les moyens de réunir deux choses absolument nécessaires au Peintre, qui sont l'étude de son art et la convenance parfaite des objets qu'il représente, il croit ne pouvoir mieux faire, pour développer ses idées, que d'entrer, à cette occasion, dans un examen réfléchi, et, pour dissiper tout ce qui pourroit rétrecir le génie en l'assujetissant à des règles trop séveres, il expose aussi ce qu'il croiroit convenable d'observer ou de rejeter par rapport au *Costume* relativement à la Peinture et à la Sculpture.

La Compagnie a fort approuvé la solidité des réflexions que contient cet écrit, dont Elle a remercié unanimement M le Comte de Caylus

Dessein légué par M. Parrocel à l'Académie — Ensuite le Secrétaire a dit que M. le Directeur Général l'avoit chargé de remettre à la Compagnie un dessein de feu M. *Parrocel,* contenant la Marche de la publication de la Paix faite en 1739, et que mondit Sieur *Parrocel* a laissé par testament à l'Académie.

Ce dessein a 110 pieds de long sur 1 pied 8 pouces de haut, il est collé sur toile et dessiné au crayon noir et à la plume

Service célébré pour M Coypel — Ce matin, l'Académie a fait celébrer à Saint-Germain-l'Auxerrois un service pour le repos de l'âme de feu M. *Coypel*, Écuyer, Premier Peintre du Roy, Directeur et Recteur

> *Louis de Silvestre — Galloche — Restout — Pierre — J Du Mont le Rom — Carle Vanloo — Jullienne — Hulst — Le Ch^{er} de Valory — Le Clerc — Mariette — C. De Vermont — Jeaurat — J B Oudry — Adam l'ainé — E Bouchardon — Coustou — Pigalle — Nattier — Saly — P. Slodtz — G. Duchange — Frontier — L. Tocqué — J. B Massé — Poitreau — Chardin — Aved — L. Vassé — Cars — Daullé — Allegrain — Droüais — Lépicié.*

———

Aujourd'hui, samedi 29 Juillet, l'Académie s'est assemblée, par convocation générale, pour remplir les places vacantes par la mort de M *Coypel*, Directeur et Recteur

Élection d'un Directeur et promotion d'Officiers. — La Compagnie ayant pris les voix par scrutin, M *de Silvestre*, ancien Recteur, a été élu Directeur ; M. *Dumont le Romain*, Adjoint à Recteur, a monte au grade de Recteur, M *Boucher*, Professeur, a été fait Adjoint à Recteur, M *Dandré-Bardon*, Adjoint, a remplacé M *Boucher* dans le rang de Professeur [1], et M. *Allegrain*, Académicien, a été nommé Adjoint

M *Nattier* a présenté à l'assemblée deux épreuves d'une planche gravée d'après lui

L'examen fait, la Compagnie a approuvé ladite planche pour faire jouir l'exposant des Privilèges accordés à l'Académie par l'Arrest du Conseil d'État du 28 Juin 1714 — *En marge* Cette planche, gravée par le nommé *Aubert*, représente un Amant qui verse du vin à sa Maîtresse

———

1. En marge « M. *Dandré-Bardon*, de retour à Paris, après une longue absence dans sa patrie, a été élu Professeur »

M *Moireau* a aussi présenté deux épreuves d'une planche gravée d'après *Vovremens*, aiant pour titre · « Occupations champêtres », que la Compagnie a approuvé de même

Lettre de M. Nattoire au sujet de la mort de M Coypel — En terminant la séance, le Secrétaire a lu une lettre de M. *Nattoire*, adressée à la Compagnie au sujet de la mort de M *Coypel*, et dont le contenu fait l'éloge des sentimens de l'un et de l'autre

M *de Silvestre*, en prenant rang comme Directeur, a remercié l'assemblée avec cette noble franchise qui lui est propre, et dans les termes les plus intéressans pour la Compagnie, par rapport à la charge dont il a été honoré.

> *Louis de Silvestre — Cazes — Restout — Boucher — Pierre — J. Du Mont le Rom. — Caylus — Hulst — Carle Vanloo — Watelet — De Jullienne — Le Ch^{er} de Valory — J. B Oudry — Le Clerc — C De Vermont — Jeaurat — Adam l'aîné — Lemoyne fils — E Bouchardon — Coustou — Pigalle — Nattier — Dandré Bardon — P Slodtz — Frontier — Hallé — Saly — G. Duchange — Chardin — J. B Massé — L. Tocqué — Aved — Allegrain — Desportes — Cochin — Boizot — Poitreau — Cars — Daullé — Lépicié*

M. Desportes fait lecture de la Vie de M Coypel — Aujourd'hui, samedi 5e Aoust, l'Académie s'étant assemblée pour les Conférences, M. *Desportes* a lu la vie de *Charles Coypel*, Ecuyer, Premier Peintre du Roy, Directeur et Recteur, écrite avec cette effusion de cœur qui n'appartient qu'au sentiment, et dans laquelle l auteur, sans s'écarter des droits de la vérité, n'oublie rien de ce qui peut faire connoître le Peintre distingué, l'homme de lettres et le parfait honnête homme, trois points qui caractérisoient feu M *Coypel*, et qui rendront pour toujours sa perte sensible à l'Académie

La Compagnie a témoigné à M *Desportes* combien Elle étoit satisfaite de son ouvrage et combien elle applaudissoit au zèle qu'il a eu d'honorer aussi promptement la mémoire de son ami particulier, et de ce chef respectable.

Ensuite il a été arrêté que le samedi, 19ᵉ du présent, l'Académie s'assembleroit pour voir les tableaux et bas-reliefs faits par les Élèves pour les Grands Prix, lesquels seront exposés à l'ordinaire le jour de Sᵗ Louis

M. Béryer, *Lieutenant-Général de Police*, *révoque la nomination de M Coustou pour allumer les lanternes* — Après quoi le Secrétaire a rapporté que, M. *Coustou* ayant été nommé pour allumer les lanternes, il avoit été, par ordre de M. de Vandières, en conférer avec M. Béryer, Lieutenant-Général de police ; que ce Magistrat, pour le maintien des Privilèges de l'Académie et par amour pour les Arts, avoit révoqué cette nomination La Compagnie a ordonné que ce rapport seroit couché sur le Registre et Elle a chargé M *Coustou* et le Secrétaire d'en aller remercier M. Berryer au nom de l'Academie.

Ancien règlement remis a vigueur au sujet des préten- dans aux places d'Adjoints à Professeurs — L'égalité des voix à la dernière assemblée pour laisser la place d'Adjoint en réserve, ou pour la remplir, ayant obligé M. le Direc- teur d'user du droit, attaché à sa dignité, de determiner, en pareille circonstance, par une seconde voix le sentiment qui penche à la douceur, il propose maintenant, pour évi- ter une semblable alternative si le cas se présentoit à l'ave- nir, de remettre en vigueur les anciens Statuts et Règle- mens qui portent que tous les prétendans aux charges d'Adjoints à Professeurs seront tenus de dessiner ou de modeler dans l'école plusieurs figures, et que, le jour qu'il sera question de disposer desdites places, ils seront encore tenus de faire apporter des ouvrages nouvellement faits, afin que l'Académie puisse décider et choisir par la voie du concours.

Cette proposition a passé unanimement, et il a été resolu que l'on s'y conformeroit doresnavant.

Louis de Silvestre — Le Moyne fils — Restout — J. Du Mont le Rom — Carle Vanloo — Boucher — Caylus — De Boze — Hulst — Watelet — Mariette — Le Clerc — C. De Vermont — J B Oudry — Adam l'aîné — Coustou — Allegrain — Pierre — Pigalle — P Slodtz — Nattier — Dandré-Bardon — Hallé — Saly — G Duchange — Chardin — L Tocqué — J. B Massé — Boizot — Lépicié.

———

Aujourd'hui, samedi 19ᵉ Aoust, l'Académie s'est assemblée extraordinairement pour voir les tableaux et bas-reliefs faits par les Élèves pour les Grands-Prix. Après les avoir vus, Elle a décidé que ces ouvrages seront exposés pour le public le jour de Sᵗ Louis et jugez le dernier samedi, 26 du présent, par Mʳˢ les Officiers et Académiciens, lesquels ne donneront leurs suffrages que le jour de l'assemblée, conformément aux précédentes délibérations, ce qui sera marqué sur les billets de convocation.

Rapport de la Députation à M de Vandières pour lui présenter M de Silvestre, élu Directeur — Ensuite le Secrétaire a rapporté que mécredi dernier Mʳˢ les Officiers en exercice avoient été présenter Monsieur le nouveau Directeur à M. de Vandières, que l'accueil avoit été très favorable et qu'il avoit dit à M *de Silvestre*, en lui adressant la parole, que l'Académie ne pouvoit faire un meilleure choix ny qui lui fût plus agréable.

M Le Moine fait présent du buste de M Parrocel — M *Le Moine*, le fils, Professeur, a fait présent à la Compagnie d'un buste en terre cuite qu'il a fait de feu M *Parrocel* et que son ami lui a rendu par testament

L'Académie a remercié M *Le Moine* de ce portrait,

recommandable par l'excellent homme qu'il représente, par le mérite distingué de l'ouvrage et par les preuves que l'auteur donne, à ce sujet, de son zèle et de son attachement pour la Compagnie

    Louis de Silvestre — Lemoyne fils — Galloche — Restout — J Du Mont le Rom. — Boucher — Caylus — Hulst — Le Clerc — Nattier — C De Vermont — Jeaurat — Adam l'aîné — Coustou — Pigalle — P. Slodtz — Dandré-Bardon — Hallé — Saly — Frontier — Guay — Allegrain — J. B Massé — L. Vassé — Drouais — Cochin — Lépicié

———

Aujourd'hui, samedi 26ᵉ Aoust, l'Académie s'est assemblée, par convocation générale, pour juger les Grands-Prix faits par ses Élèves sur deux sujets tirés de l'Ancien Testament, dont l'un représente la réconciliation de David et d'Absalon et l'autre Jeroboam qui sacrifie aux idoles (Liv II et III des Rois)

Agrément et réception de M. Vénevault, Peintre en miniature. — Avant d'y procéder, le Sieur *Nicolas Vénevault*, natif de Dijon, Peintre en miniature, a présenté à l'assemblée plusieurs morceaux dans ce genre, et la Compagnie, qui a trouvé que lesdits ouvrages réunissoient la belle exécution et la partie du génie, a agréé sa présentation, conséquemment à cette dernière partie. Ensuite, à la pluralité des voix et sans que cela puisse servir d'exemple à l'avenir, l'Académie a reçu, dans la même séance, ledit Sieur Académicien, pour jouir des privilèges, honneurs et prérogatives attachés à cette qualité, en observant par lui les Statuts et Règlemens d'icelle Académie, ce qu'il a promis en prêtant serment entre les mains de M *de Silvestre*, Directeur

La Compagnie a accepté, pour la réception de M *Véne-*

vault, deux morceaux représentants la formation d'Ève et la chûte d'Adam.

En marge . Sur le billet de convocation, il y avoit encore la présentation d'un Aspirant Peintre dans le genre des fêtes galantes, lequel a été refusé par le scrutin (*Voir p* 333)

Jugement des Grands-Prix — Cette affaire terminée, la Compagnie aiant recueilli et fait compter par les Commissaires les suffrages pour le jugement des Grands-Prix,

Le Sieur *Fragonard*, qui a fait le tableau marqué D, s'est trouvé mériter le Premier Prix de Peinture ;

Le Sieur *Brenet*, qui a fait le bas-relief marqué B, le Premier Prix de Sculpture,

Le Sieur *Monet*, qui a fait le tableau marqué F, a aussi été juger mériter le Second de Peinture,

Et le Sr *Duhez*, qui a fait le bas-relief marqué A, le Second de Sculpture

Délibération pour faire chanter le « Te Deum » pour la convalescence de M le Dauphin — Avant de lever le siège, la Compagnie, toujours attentive à ce qui peut marquer son zèle et son attachement respectueux pour le Roy, la Reine et leur auguste famille, a résolu de faire chanter à St-Germain-l'Auxerrois une Messe solennelle et le *Te Deum* en actions de grâces de la convalescence de M le Dauphin

Le jour et l'heure seront indiqués sur le billet d'invitation

Louis de Silvestre — Cazes — Lemoyne fils — Galloche — Restout — J Du Mont le Rom — Carle Vanloo — Boucher — De Jullienne — Caylus — Hulst — Le Ch^er de Valory — Watelet — Le Clerc — C De Vermont — Adam l'aîné — E Bouchardon — Jeaurat — Coustou — Pierre — Pigalle — Nattier — Dandré-Bardon — P Slodtz — Hallé — Saly — Chardin — J B Massé — Frontier — Allegrain — Aved — Geuslain — Desportes

— *Daullé* — *Cochin* — *Masse* — *Boizot* — *L
Vassé* — *Vénevault* — *Lépicié*

---

*Séance de M. le Directeur-Général pour la Distribution
des Grands-Prix à cinq heures précises* — Aujourd'hui,
samedi 2e Septembre, l'Académie s'est assemblée par convocation générale, comme étant un jour indiqué par M. de
Vandières, Directeur et ordonnateur général des Bâtimens,
pour faire la distribution des Grands-Prix de 1751

Lecture de M. Watelet, Associé-Libre — M. Watelet,
Associé-Libre, a ouvert la séance par la lecture du 1er chant
d'un Poème qu'il a fait sur la Peinture

Ensuite Monsieur le Directeur-Général a fait la distribution des Grands-Prix de 1751, savoir :

Le 1er Prix de Peinture au Sieur *Deshayes*

Le 1er Prix de Sculpture au Sieur *Auvray*

Le 2e Prix de Peinture au Sieur *Corrège*.

Le 2e Prix de Sculpture au Sieur *Duhez*[1].

M. de Vandières a aussi distribué les petits Prix du quartier de Janvier 1751, jusques y compris celui d'Octobre de
la même année.

Députation pour aller remercier M le Directeur Général
— L'assemblée finie, Monsieur le Directeur Général a été
reconduit avec le même ordre qu'à son arrivée, et il a été
décidé que M. *de Silvestre* et Mrs les Officiers en exercice
iroient en Deputation le remercier de l'honneur qu'il a fait
aujourd'hui à l'Académie — La Députation s'est faite le
lendemain dimanche 3e

Te Deum chanté pour la convalescence de M le Dauphin
— Ce matin la Compagnie a fait chanter à St-Germain-
l'Auxerrois un *Te Deum*, pour l'heureuse convalescence
de Monsieur le Dauphin

Louis de Silvestre — *Galloche* — *Restout*

---

1 Corrigé a côté en *D'Huez*.

— J Dumont le Rom. — Carle Vanloo — Adam l'aîné — Lemoyne fils — Pierre — Pigalle — P. Slodtz — L Tocqué — Allegrain — Chardin — Aved — Cochin — Geuslain — L. Vassé — Boizot — Lépicié.

––––––––

Aujourd'hui, samedi 30ᵉ Septembre, l'Académie s'est assemblée par convocation générale pour la relevée du quartier

Les délibérations prises pendant ce tems ont été lûes, ainsi qu'il est d'usage.

Réception du Sr Bachelier, Peintre de fleurs — Le Sieur *Jean-Jacques Bachelier*, natif de Paris, Peintre de fleurs, a présenté à l'Académie le tableau qui lui avoit été ordonné pour sa réception, dont le sujet représente un médaillon du Roy, orné d'une guirlande de fleurs et d'autres attributs relatifs aux Arts Les voix prises à l'ordinaire, l'Académie a reçu et reçoit ledit Sieur *Bachelier* Académicien, pour avoir séance dans les assemblées et jouir des privilèges, honneurs et prérogatives attribués à ladite qualité, en observant par lui les Statuts et Règlemens d'icelle Académie, ce qu'il a promis en prêtant serment entre les mains de Monsieur *de Silvestre*, Écuyer, Premier Peintre du Roy de Pologne, Directeur et Ancien Recteur

Arrangement pris pour le Sieur Porlier — Le Secrétaire a dit à l'assemblée que, Monsieur le Directeur Général s'intéressant au Sr *Porlier*, Peintre dans le genre des fêtes galantes, il avoit témoigné que l'Académie lui feroit plaisir si elle pouvoit le soustraire à la Maîtrise

Sur cette proposition, la Compagnie, sans déroger au jugement qu'Elle a porté précédemment sur les ouvrages dudit Sieur, et sans avoir recours aux formalités ordinaires, a résolu que, pour montrer à Monsieur le Directeur Général sa respectueuse déférence, Elle mettroit le Sieur *Porlier* au nombre des Agréés, en attendant qu'il puisse acqué-

rir le mérite requis pour être reçu Académicien, ce qui a
passé avec la clause « Sans tirer à conséquence. »

Après quoi, le Secrétaire a fait lecture d'une lettre qui
lui a été écrite à ce sujet par M le Directeur Général, et
dont le contenu sera couché sur le registre à la suite de la
présente délibération

Suivant l'arrêté du 29 Juillet 1747, Mrs les Officiers de
quartier ont fait la visite des salles de l'Académie et ont
trouvé tous les effets en bon état

Mort de M Courtin — En terminant la séance, le Secrétaire a notifié la mort de M *Courtin*, Peintre d'Histoire et
Académicien, arrivée à Paris, le 26 Aoust dernier, âgé de

> *Louis de Silvestre — Galloche — Restout
> — J. Du Mont le Rom. — Carle Vanloo —
> De Jullienne — Le Clerc — C De Vermont
> — J B Oudry — Adam l'ainé — Lemoyne
> fils — Pierre — Pigalle — Nattier — Frontier — Allegrain — Chardin — L Tocqué —
> Aved — Desportes — De la Tour — Cochin
> — Geuslain — L Vassé — Cars — Daullé —
> Boizot — Lépicié*

*Lettre de Monsieur le Directeur Général écrite au Secrétaire au sujet du Sr Porlier, Peintre dans le genre des
fêtes galantes.*

« A Paris, le 22 Septembre 1752

« La grâce que la Compagnie a bien voulu faire, Monsieur, au Sr *Porlier* à ma recommandation, de le soustraire
à la Maîtrise de St-Luc m'engage à lui en faire mon remercîment; mais assurez-la en même tems que j'ai été ravy de
la clause *sans tirer à conséquence*, qu'Elle y a joint, et que
j'applaudiray toujours à la plus scrupuleuse sévérité dont
elle usera dans les Réceptions Ce sera un moyen d'aviver
le désir de l'étude parmy les Élèves, et de les engager de
s'y appliquer très sérieusement

« Je suis, Monsieur, votre très humble et très obéissant serviteur,

« *Signé* : Vandières.

« *M. Lépicié.* »

———

Aujourd'hui, samedi 7e Octobre, l'Académie s'est assemblée pour les Conférences.

Procès-verbal dressé au sujet du tableau du St-Michel de Raphaël. — Sur le rapport de Mrs les Commissaires nommés à l'effet d'examiner le tableau du St Michel de *Raphaël* placé à Versailles, en constater l'état et décider si le moyen dont s'est servi le Sr Picault pour transporter sur toile les tableaux *d'André del Sarte* et de *Vander Meulen* pouvoit être employé pour prévenir la ruine du St Michel ; il est dit :

« Qu'après avoir examiné, avec l'attention la plus scrupuleuse, l'état présent dudit tableau, ils avoient trouvé, dans sa totalité, de petites parties sans nombre prêtes à se détacher ;

« Que de plus il y avoit beaucoup de repeints dans la figure de l'Archange, et dans celle du Démon ;

« Qu'ils étoient d'avis que, pour empêcher l'entier dépérissement de ce tableau, il fût remis audit Sr Picault, qui, au secret d'enlever la couleur de dessus le bois et le transporter sur la toile, joignoit celui d'ôter les repeints sans altérer le travail original. »

Ledit Sr Picault ayant achevé son opération a, par ordre de M. de Vandières, Directeur et Ordonnateur Général des Bâtimens, fait apporter à l'Académie le tableau transporté sur la toile, avec le panneau sur lequel il étoit peint, qui s'est trouvé piqué de vers dans toutes ses parties.

La Compagnie, après avoir examiné ledit tableau, a jugé que l'opération avoit été faite avec tout le succès qu'on pouvoit se promettre des talens et de l'attention dudit Sieur Picault ; que le secret d'ôter les repeints reproduisoit aux

yeux le trait et la couleur primitives, et que, par la nouvelle découverte dudit Sieur, les ouvrages des anciens
Maîtres seroient garantis de l'outrage des années et repren-
droient une nouvelle vie par un secret auquel on ne pouvoit trop applaudir

Et pour donner audit Sr Picault un témoignage de sa
satisfaction, la Compagnie a ordonné à son Secrétaire de lui
délivrer copie de la présente délibération.

Permission accordée pour voir poser le Modèle — Ensuite
M. *de Silvestre* a remis au Secrétaire, pour en faire lecture,
une lettre qui lui a été écrite par M Hulin, Ministre du
Roy de Pologne, Duc de Lorraine, par laquelle ce Prince
demande à Mrs de l'Académie pour le nommé *Richard
d'Hermane*, natif de Lunéville et elève de M *Vassé*, la
permission de dessiner et de voir poser le modèle pendant
le tems qu'il restera à Paris.

La Compagnie, ayant égard à cette Auguste recommandation, a bien voulu, sans tirer à conséquence accorder
ladite permission

*Levée du 5e de la Capitation pour la dépense du Te Deum
pour la convalescence de M le Dauphin* — Il a été décidé
que, pour satisfaire à la depense du *Te Deum* chanté pour
la convalescence de Mgr le Dauphin, Mrs les Officiers et
Académiciens donneroient le cinquième de leur Capitation

> *Louis de Silvestre* — *Galloche* — *Pigalle* —
> *J Du Mont le Rom* — *J. B Oudry* — *Cay-
> lus* — *De Julienne* — *Mariette* — *Carle Van-
> loo* — *Coustou* — *Pierre* — *Adam l'ainé* —
> *Lemoyne fils* — *Nattier* — *P Slodtz* — *J B.
> Massé* — *G Duchange* — *Frontier* — *Allegrain*
> — *Aved* — *Chardin* — *Cochin* — *Lépicié.*

———   •

Aujourd'hui, vendredi 27e Octobre, l'Académie s'est
assemblée un jour plus tôt, à cause de la fête de St Simon
St Jude qui tombe sur le samedi

Seconde lecture de la vie de l'Albane. — Le Secrétaire a fait une seconde lecture de la vie de *l'Albane*, ce qui a occupé une partie de la séance

Service pour les Morts — Avant de lever le siège, il a été réglé que le service pour le repos des âmes de Mrs les Officiers et Académiciens, décédés dans le courant de l'année et les précédentes, se feroit à St-Germain-l'Auxerrois, le samedi 4 Novembre, auquel jour se fera aussi l'assemblée.

Louis de Silvestre — Galloche — Pigalle — Restout — J Du Mont le Rom — Caylus — De Jullienne — Hulst — C. De Vermont — Adam l'ainé — Lemoyne fils — Pierre — Nattier — P Slodtz — Hallé — Allegrain — J. B Massé — Aved — Cochin le fils — Lépicié

———————

Aujourd hui, samedi 4ᵉ Novembre, l'Académie s'est assemblée pour les Conférences.

Seconde lecture d'un Discours de M le Comte de Caylus sur la Peinture — Le Secrétaire a fait une seconde lecture d'un Discours de M le Comte de Caylus, ayant pour titre « Réflexions sur la Peinture, contenant les moyens qu'on croit les plus capables de développer et de fortifier le génie et le goût de ceux que la Nature a fait naître pour les Arts Cette nouvelle lecture a fait d'autant plus de plaisir à la Compagnie que les écrits solides gagnent toujours à être relus

Poême sur la Gravure par le Père Doissin, Jésuite. — Ensuite M le Comte de Caylus a dit à l'assemblée que le R P Doissin, de la Compagnie de Jésus, qui a fait un Poême latin sur la Gravure, et qu'il souhaitoit dédier à l'Académie, lui avoit écrit à ce sujet, qu'après avoir examiné l'ouvrage, il pensoit que la chose ne pourroit servir qu'à illustrer cet art et faire honneur à la Compagnie

Sur ce rapport, la Compagnie a témoigné à M le Comte de Caylus qu'elle acceptoit volontiers la Dédicace de ce Poème, et Elle l'a prié d'en faire part à l'auteur.

Estampes présentées par M Cars — M Cars, Académicien, a présenté à l'assemblée deux épreuves d'une planche qu'il a gravée d'après M. *Le Moine*, Premier Peintre du Roy, et dont le sujet représente L'enlèvement d'Europe L'examen fait, la Compagnie a approuvé ladite planche, pour faire jouir l'exposant des privilèges accordés à l'Académie par l'Arrest du Conseil d'État du 28 Juin 1714

Service pour les défunts. — Ce matin, l'Académie a fait célébrer un service à Saint-Germain-l'Auxerrois, pour le repos des âmes de M^{rs} les Officiers et Académiciens décédés dans le courant de l'année

> *Louis de Silvestre — Coustou — Restout — Caylus — Hulst — J Du Mont le Rom. — Le Clerc — C de Vermont — Adam l'ainé — Jeaurat — Pierre — E. Bouchardon — P Slodtz — Hallé — Allegrain — J B Massé — Chardin — L. Tocqué — Desportes — De Lobel — Boizot — Cars — L. Vassé — Lépicié.*

———

Aujourd'hui, samedi 25e Novembre, l'Académie s'est assemblée à l'ordinaire

Seconde lecture de la vie de Michel-Ange de Caravage — Le Secrétaire a occupé une partie de la séance par la lecture de la vie de *Michel-Ange de Caravage*

Recueil d antiquités présenté par M. le Comte de Caylus — Ensuite il a présenté à l'assemblée, de la part de M le Comte de Caylus, un ouvrage de sa composition, ayant pour titre · « Recueil d'antiquités Égyptiennes, Étrusques, Grecques et Romaines, » volume in-quarto, orné de figures.

La Compagnie a félicité M le Comte de Caylus sur l'utilité d'un pareil ouvrage et l'a remercié de sa politesse.

> *Louis de Silvestre — Galloche — Coustou*

— *J Du Mont le Rom.* — *Boucher* — *Cay-*
lus — *De Jullienne* — *Hulst* — *Mariette* —
J. B Oudry — *C. De Vermont* — *Adam*
l'aîné — *Lemoyne fils* — *Pierre* — *Nattier* —
P Slodtz — *Pigalle* — *Saly* — *Allegrain* —
De Lobel — *L Tocqué* — *Lépicié.*

Aujourd'hui, samedi 2ᵉ Décembre, l'Académie s'est assemblée pour les Conférences.

Discours de M Oudry sur la pratique de la Peinture. —
Le Secrétaire a lu, pour M *Oudry*, Professeur, un Discours qu'il a fait sur la pratique de la Peinture et ses trois
procédés principaux, savoir : *Ebaucher, peindre à fonds* et
retoucher

Ce Discours, qui prouve le zèle de l'auteur pour communiquer aux Élèves les fruits de ses réflexions, et les
mettre en état de méditer eux-mêmes sur la manœuvre la
plus certaine pour opérer avec succès, a été goûté par la
Compagnie.

M *de Silvestre*, Directeur, portant la parole, a remercié
M. *Oudry* au nom de la Compagnie.

Louis *de Silvestre* — *C. De Vermont* —
Restout — *J. Du Mont le Rom* — *Caylus* —
De Jullienne — *Hulst* — *Mariette* — *J. B*
Oudry — *Adam l'aîné* — *Lemoyne fils* —
Coustou — *Pigalle* — *Saly* — *Frontier* —
Allegrain — *J B. Massé* — *Desportes* — *De*
la Tour — *L. Vassé* — *Chardin* — *Boizot* —
Cochin fils — *Surugue le fils* — *Vénevault* —
Lépicié.

Aujourd'hui, samedi 30ᵉ Décembre, l'Académie s'est
assemblée, par convocation générale, pour la relevée du
quartier et pour la lecture des délibérations prises pendant
ce tems

Suivant l'usage, la Compagnie est convenue d'aller en

Députation, au sujet de la nouvelle année, saluer M de Vandières, Directeur et Ordonnateur général des Bâtimens, la Députation sera composée de M *de Silvestre*, Directeur, et de Mrs les Officiers en exercice

Ensuite M. *Saly*, Adjoint, a été nommé pour exercer à son rang le mois de Janvier prochain, à la place de M *Bouchardon*, Professeur, qui a représenté à l'assemblée l'impossibilité où il étoit d'en faire les fonctions, par rapport au grand modèle de la figure du Roy, auquel il travaille actuellement

Cet arrangement pris, le Secrétaire a lu une lettre de compliment de M. *Nattoire*, adressée à la Compagnie au sujet de la nouvelle année

Après quoi, il a rapporté que la visite des salles s'étoit faite par Mrs les Officiers du quartier, conformément au résultat du 29 Juillet 1747.

M. *Restout*, Recteur, et le Secrétaire ont été chargés, de la part de la Compagnie, de visiter M *Cazes* et M *Le Moine* le père, que leurs infirmités privent de se trouver aux assemblées.

M. *Moyreau*, Académicien, a présenté deux épreuves d'une planche qu'il a gravée d'après *Vovremens*, ayant pour titre . « Port de mer » L'examen fait, la Compagnie a approuvé ladite planche, pour faire jouir l'exposant des privilèges accordés à l'Académie par l'Arrest du Conseil d'État du 28 Juin 1714

En terminant la séance, il a été réglé que la prochaine assemblée seroit avancée d'un jour et se tiendroit le vendredi 5 de Janvier, à cause de la fête des Rois, qui tombe sur le samedi, ce qui a été suivi d'une quête pour des œuvres charitables, ainsi qu'il se pratique en pareil jour

Reçu ·   92 liv 10 s 6 d

plus   81 liv   »   » que M *de Silvestre*, Directeur, m'a remis ;

plus   6 liv   »   » de M Mariette.
         _____
         179 liv. 10 s. 6 d

Jugement des prix du quartier

1re Médaille du quartier de Juillet, mise en réserve et accordée au nommé *Lépicié*, P

1re Medaille du présent quartier   *Solier*, P

2e Médaille   *Pigalle*, S

3e Medaille   *Le Noir*, P

Louis de Silvestre — Galloche — J Du Mont le Rom — C. De Vermont — Restout — Carle Vanloo — Caylus — De Jullienne — Hulst — Le Clerc — Jeaurat — J B Oudry — Adam l'ainé — Lemoyne fils — E. Bouchardon — Coustou — Pierre — Pigalle — Dandré-Bardon — P. Slodtz — Hallé — Saly — Frontier — De Lettre — L Surugue — Allegrain — J B. Massé — L. Tocqué — De la Tour — Chardin — Cochin — Francisque — Drouais — Cars — Surugue le fils — Vénevault — Bachelier — Daullé — Lépicié

1753

Aujourd'hui, vendredi 5ᵉ de Janvier, l'Académie s'est assemblée par convocation générale

Lecture de l'article du Corrège. — Le Secrétaire a occupé une partie de la séance par la lecture de l'article du *Corrège*, avec l'abrégé de la vie de ce Maître.

Visite faite à M Cazes et à M Le Moine le père — M *Restout* et le Secrétaire ont rendu compte que, suivant les ordres de la Compagnie, ils avoient été visiter M *Le Moine* le père et M *Cazes*, et que ces respectables Officiers les avoient chargés d'en temoigner leur reconnoissance à l'Académie

Mʳˢ les Agréés mandés pour rendre compte de leurs ouvrages de Réception. — Sur les représentations de M le Directeur, il a été réglé que le Sʳ Reydellet feroit avertir Mʳˢ les Agréés de se trouver à l'assemblée prochaine, pour rendre compte de l'état de leurs morceaux de Réception

> *Louis de Silvestre — J Restout — Saly —*
> *Caylus — Mariette — C De Vermont —*
> *Adam l'ainé — Lemoyne fils — E Bouchar-*
> *don — Pigalle — Nattier — Hallé — P Slodtz*
> *— Dandré-Bardon — Frontier — Allegrain*
> *— J. C Roettiers — L Tocqué — L Surugue*
> *— Droüais — Le Sueur — Guay — Vénevault*
> *— Cars — Bachelier — Lépicié*

———

Aujourd'hui, samedi 27ᵉ Janvier, l'Académie s'est assemblée à l'ordinaire.

Rapport de la Députation à M. le D G au sujet de la nouvelle année. — Relativement à la délibération du 30 Décembre dernier, Mʳˢ les Députés ont rapporté que, le 8 du présent, ils avoient été saluer Monsieur de Vandières, Directeur et Ordonnateur général des Bâtimens, que M *de Silvestre*, portant la parole, l'avoit complimenté au nom de la Compagnie, et que l'audience avoit été très favorable

Lecture de la liste de Mʳˢ les Agréés et décision à ce sujet. — Ensuite le Secrétaire a lu la liste de Mʳˢ les Agréés, avec la datte de leur Agregation, et il a été décidé que la Compagnie ne manderoit, pour l'assemblée prochaine, que les sʳˢ *Verbrec, Adam le cadet, Falconet* et *Péroneau*, comme étant ceux qui sont le plus en retard

Lecture de la lettre de M de La Datte — Le Secrétaire a terminé la séance par la lecture d'une lettre de politesse adressée à la Compagnie par M *de La Datte*, au sujet de la nouvelle année

    Louis de Silvestre — Restout — Saly — Caylus — Hulst — Mariette — Adam l'aîné — Lemoyne fils — C. De Vermont — Nattier — P Slodtz — Allegrain — L Vassé — Surugue le fils — Lépicié.

Le samedi 3ᵉ Février l'Académie ne s'est pas assemblée, Monsieur le Directeur Général ayant indiqué ce jour pour aller à Versailles présenter au Roy les ouvrages des Élèves protégés

Noᵃ Le Secrétaire, qui étoit du voyage, ne pouvoit par conséquent tenir la plume à l'assemblée.

Aujourd'hui, vendredi 23ᵉ Février, l'Académie s'est

assemblée un jour plus tôt à cause de la fête de S. Mathias, qui tombe sur le samedi.

MM Les Agréés se présentent à l'assemblée Prolongation du temps accordée — Mʳˢ les Agréés, denommés dans la délibération du 27 Janvier dernier, s'etant présentés à l'assemblée pour y répondre, suivant le contenu du mandat, la Compagnie, après avoir reçu avec indulgence les excuses respectueuses qu'ils ont faites de leur retard, a bien voulu, par une grâce singulière et sans tirer à consequence, accorder

Au Sʳ *Verbrec*, Sculpteur, deux ans, attendû le travail considerable de son morceau ;

Au Sʳ *Adam le cadet*, pour la même raison, trois ans[1],

Au Sʳ *Falconnet* dix-huit mois ,

Au Sʳ *Perroneau* six mois

Esquisses approuvées — Les Sʳˢ *Châles*, *Vien* et *Le Lorrain*, Agrees, ayant fait voir les esquisses de leurs morceaux de reception, la Compagnie les a approuvées à la pluralité des voix

Accordé un an pour l'exécution desdits morceaux.

Agrément du Sʳ Parrocel — Le Sʳ *Joseph-Ignace Parrocel*, Peintre d'histoire, natif d'Avignon, a eté agréé selon les formes ordinaires, sur les différens ouvrages qu'il a présentés.

M le Directeur lui ordonnera le sujet de son morceau de réception

Noᵃ. — Sur le billet de convocation il y avoit deux Aspirans, l'un Peintre et l'autre Sculpteur, ce dernier a été refusé par le scrutin

M Louis-Michel Vanloo, Premier Peintre du Roy d'Espagne, de retour à Paris. — M *Louis-Michel Vanloo*, cy devant Premier Peintre du Roy d'Espagne, etant de retour à Paris pour s'y fixer, — il etoit parti pour Madrid à la fin de Décembre 1736, — a témoigné à l'assemblée le plai-

1. Il ne finit son morceau de réception et ne fut reçu qu'en 1762 Voir l'amusante note de Mariette dans l'*Abecedario*, I, p. 8.

sir qu'il avoit de se retrouver avec ses dignes confrères ;
l'Académie lui a rendu la réciproque avec cette effusion de
cœur qui n'appartient qu'au sentiment.

M. *Nattier* a présenté deux épreuves d'une planche qu'il
a fait graver par le Sieur *Balechou*, et dont le sujet représente le portrait de Madame Infante, Duchesse de Parme ;
l'examen fait, la Compagnie a approuvé ladite planche, pour
faire jouir l'exposant des privilèges accordés à l'Académie
par l'Arrest du Conseil d'État du 28 Juin 1714.

Lettre de M. Hutin, Académicien, à l'Académie. — Le
Secrétaire a terminé la séance par la lecture d'une lettre
de M. *Hutin*, Académicien, datée de Dresde et adressée à
la Compagnie, au sujet de la nouvelle année.

> *Louis de Silvestre — Restout — Galloche*
> *— J. B. Oudry — J. Dumont le Rom. — Bou-*
> *cher — Carle Vanloo — Caylus — Hulst —*
> *De Jullienne — Le Ch^{er} de Valory — Mariette*
> *— Le Clerc — Van-Loo — C. De Vermont —*
> *Jeaurat — Adam l'aîné — Lemoyne fils —*
> *Coustou — Pierre — Nattier — Dandré-Bar-*
> *don — P. Slodtz — Hallé — Pigalle — Saly*
> *— Frontier — Allegrain — J. B. Massé —*
> *Chardin — Aved — Desportes — Boizot —*
> *Vassé — Cochin — Lépicié.*

Aujourd'hui, samedi 3ᵉ Mars, l'Académie s'est assemblée
pour les Conférences.

En ouvrant la séance, il a été résolu que, le samedi 31 du
présent, Messieurs les Directeur, Anciens Recteurs, Recteurs, Adjoints à Recteurs, Professeurs en exercice, et, à
tour de rôle, dans les Anciens Professeurs, M. *Louis-*
Michel Vanloo ; dans les Professeurs, M. *de Vermont ;*
dans les Adjoints, M. *Paul Slodtz ;* dans les Conseillers,
M. *Roëttiers*, et, dans les Académiciens, M. *Poitreau*, s'assembleront, à neuf heures précises du matin, avec le Secré-

taire, pour régler le rôle de la Capitation de 1753, ainsi
que pour l'examen et l'arrêté du compte de 1752

La Compagnie a nommé M *Massé* et M *Aved* pour aller
visiter M. *Tocqué*, qui a été dangereusement malade

> *Restout — Adam l'aîné — Lemoyne fils —*
> *Watelet — Pierre — C De Vermont — Nat-*
> *tier — Saly — Allegrain — J B Massé —*
> *Aved — De Lobel — Cochin le fils — Lépicie.*

———

Aujourd'hui, samedi 31 Mars, l'Académie s'est assemblée
par convocation générale, pour la lecture des délibérations
du quartier et pour la ratification des affaires réglées et
arrêtées dans le comité du matin

Examen du compte de 1752 — Mrs les Directeur,
Anciens Recteurs, Recteurs, Adjoints à Recteurs, et Officiers nommez pour etablir le rôle de la capitation et pour
examiner et arrêter les comptes de l'année 1752, s'étant
assemblés le matin dans la salle de l'Académie, le Sr Reidellet, Concierge et Receveur, chargé, par délibération du
1er Décembre 1736, de recevoir la capitation des Officiers
et Académiciens, et autorisé, par la même délibération, à
recevoir de Mrs les Trésoriers des Bâtimens du Roy les
sommes accordées par Sa Majesté à l'Académie pour son
entretien, a présenté l'état de la Recette et Dépense par lui
faites durant le cours de l'année 1752, suivant les ordres
de Mrs les Directeur et Recteurs L'examen en ayant été
fait, ainsi que des quittances et mémoires, la Recette s'est
trouvée monter à la somme de 7,100 liv. 4 s et la Dépense
à celle de 6,992 liv. 2 s.; partant la Recette excède la dépense
de 108 liv 2 s Lequel compte s'étant trouvé juste, il a été
approuvé, et le Sr Reydellet déchargé par lesdits Directeur, Anciens Recteurs, Recteurs, Adjoints à Recteurs et
Officiers, à la décharge dudit Sieur, confirmée et signée par
l'Académie

Agrément du Sr Roëttiers fils — Ensuite le Sieur *Charles-*

Norbert Roèttiers, natif de Paris, fils de M *Roèttiers*, Conseiller, Graveur des Médailles du Roy et Graveur Général des Monnoyes et Chancelleries de France, ayant fait apporter de ses ouvrages en ce genre, la Compagnie a agréé sa présentation, et ledit Sieur ira chez M. le Directeur, qui lui ordonnera ce qu'il doit faire pour sa réception

Conformement à l'usage, le Sieur *Charles-Norbert Roettiers* a pris séance, après son Agrement, comme fils d'Officier.

M *Tocqué* présent à l'assemblée, a remercié la Compagnie de la visite qu'Elle lui a fait faire au sujet de sa maladie

En marge : La visite des salles s'est faite par M^rs les Officiers du quartier, conformément à l'Arrêté du 29 Juillet 1747

Prix du quartier ·

1er Prix   *Viedevele*, S
2e Prix   *Le Noir*, P
3e Prix   *Carême*, P.

> *Louis de Silvestre* — *J Dumont le Rom* — *Galloche* — *Restout* — *Pierre* — *Carle Vanloo* — *Caylus* — *De Jullienne* — *Hulst* — *Mariette* — *Jeaurat* — *C De Vermont* — *J B Oudry* — *Adam l'aîné* — *Lemoyne fils* — *Coustou* — *Pigalle* — *Nattier* — *P Slodtz* — *Dandré Bardon* — *Saly* — *Hallé* — *Frontier* — *Allegrain* — *J B Massé* — *Lépicié* — *J. C Roèttiers* — *Chardin* — *L Tocqué* — *Aved* — *Desportes* — *De la Tour* — *Vassé* — *Poitreau* — *Geuslain* — *Cochin* — *Droüais* — *Bachelier* — *Surugue le fils* — *Chastellain*

———

Lecture de M. Galloche — Aujourd'hui, samedi 7e Avril, l'Académie étant assemblée pour les Conférences, M *Gal-*

loche, Recteur en exercice, a lu la troisième partie d'un Traité qu'il a fait sur la Peinture, où il expose avec goût tout ce qu'il croit nécessaire pour étudier efficacement les ouvrages de *Raphaël* pour la composition et pour le drapé, et ceux du *Titien* et de *Rubens* pour la beauté du coloris et pour l'harmonie des tons

La lecture finie, M *de Silvestre* en a complimenté l'auteur au nom de la Compagnie, et lui a témoigné combien elle applaudissoit à ses soins pour l'avancement des Elèves

Jugement des esquisses pour les Prix — L'Académie, après avoir vû les épreuves faites par les Étudians pour concourir aux Grands-Prix, n'a jugé de capable à y être admis que les nommés *Monnet, Brenet, Saint-Aubin* et *Perronet*, pour la Peinture, et les nommés *Dupré, Dhuez, Berruer,* et *Bridan*, pour la Sculpture

> *Louis de Silvestre — Nattier — Galloche — Restout — De Jullienne — Caylus — Boucher — Mariette — C. De Vermont — J B Oudry — Adam l'aîné — Lemoyne fils — Pigalle — Dandré Bardon — Hallé — P Slodtz — Saly — J B Massé — J C Roëttiers — Allegrain — Chardin — Poitreau — L Tocqué — De la Tour — Vassé — Lépicié*

Aujourd'hui, samedi 28e Avril, l'Académie s'est assemblée à l'ordinaire

Lettre de M le Directeur Général au sujet du Salon — En ouvrant la séance, M. *de Silvestre* a communiqué à la Compagnie une lettre qu'il a reçue de M le Directeur Général et dont le Secrétaire a fait lecture, par laquelle il lui marque, dans les termes les plus capables d'encourager et d'exciter l'émulation, que, suivant l'intention du Roy, l'exposition des tableaux dans le Salon commencera le 8 Aoust prochain, pour finir le 1er Septembre suivant

L'Académie a résolu de faire tous ses efforts pour continuer de mériter la Protection dont Sa Majesté l'honore, et répondre aux vues de M. de Vandières

— *No*^a. — Il y a eu une seconde lettre de M. le Directeur Général, en datte du 31 Juillet, par laquelle il remet l'ouverture du Salon au 25 Aoust jusqu'au 25 Septembre, ladite lettre a été lue à l'assemblée du 4 Aoust

— M De Boze, Amateur, étant dangereusement malade, la Compagnie a nommé, pour l'aller visiter de sa part, M. le Comte de Caylus et M. *de Jullienne*

La Vie des Peintres Flamands présentée par M Descamps. — M *Descamps*, Peintre, membre de l'Académie des Sciences, Arts et Belles lettres de la ville de Rouen, a fait présent à la Compagnie d'un ouvrage de sa composition, contenant la vie des Peintres Flamands, 1er volume relié en veau.

L'Académie a été sensible à sa politesse, et Elle a chargé le Secrétaire de l'en remercier

M. *Moireau*, Graveur et Académicien, a présenté à l'assemblée deux épreuves d'une planche qu'il a gravée d'après *Vovremens*, ayant pour titre *L'Écurie de la Poste*, l'examen fait, la Compagnie a approuvé ladite planche, pour faire jouir l'exposant des privilèges accordés à l'Académie par l'Arrest du Conseil d'État du 28 Juin 1714

Avant de lever le siege, la Compagnie a nommé M *Allegrain* pour exercer, à son rang d'Adjoint, le mois de mai prochain, à la place de M. *Nattoire*, Professeur, qui est à Rome

> *Louis de Silvestre* — *Galloche* — *J Dumont le Rom.* — *Nattier* — *Carle Vanloo* — *Restout* — *Caylus* — *De Jullienne* — *Le Clerc* — *Jeaurat* — *Pigalle* — *Adam l'ainé* — *C De Vermont* — *Dandré-Bardon* — *P Slodtz* — *Hallé* — *Saly* — *Allegrain* — *G Duchange* — *L Tocqué* — *Poitreau* — *Cars* — *J B Massé* — *Daullé* — *Surugue le fils* — *J. Guay* — *Cochin* — *L. Vassé* — *Le Sueur* — *Lépicié*

Aujourd'hui, samedi 5ᵉ May, l'Académie s'est assemblée pour les Conférences

M Dandré-Bardon fait lecture de la vie de M Vanloo père. — M *Dandré-Bardon* les a ouvertes par la lecture de la vie qu'il a faite de *Jean-Baptiste Vanloo*, Professeur, son maître et son ami.

Cet ouvrage, où l'amitié et la reconnoissance n'ôtent rien à la vérité de ses droits, a été écouté très favorablement de la Compagnie, l'autheur y fait connoître, par un détail intéressant, le Peintre supérieur, l'excellent Maître et le grand dessinateur, qualités d'autant plus estimables qu'elles ne furent jamais séparées de celles de bon père, de bon parent et de bon ami

M. *de Silvestre*, portant la parolle, a témoigné à M. *Dandré*, au nom de l'Académie, combien Elle étoit satisfaite de son zèle et de son travail.

Rapport de la députation à M de Boze — Relativement à la dernière délibération, M le Comte de Caylus et M de Jullienne ont rapporté à l'assemblée qu'ils avoient été visiter M De Boze, mais que, comme il ne parloit à personne, ils s'étoient fait écrire

> *Louis de Silvestre — Allegrain — Restout — Caylus — Carle Vanloo — De Jullienne — Hulst — Mariette — Le Clerc — C De Vermont — Jeaurat — Adam l'aîne — Lemoyne fils — Coustou — Nattier — Dandré-Bardon — P. Slodtz — Saly — Hallé — Van-Loo — J. B. Massé — L Tocqué — J C Roëttiers — Desportes — Cochin — Drouais — Poitreau — Vassé — Lépicié*

Aujourd'hui, samedi 26ᵉ May, l'Académie s'est assemblée à l'ordinaire

Réception du Sʳ Challe, Peintre d'Histoire. — Le Sieur *Michel-Ange-Charles Challe*, Agréé, Peintre d'Histoire, a

présenté à l'assemblée le tableau en plafond qui lui avoit
été donné pour sa réception, et dont le sujet représente
une allégorie à la gloire du Roi. Les voix prises à l'ordinaire, la Compagnie a reçu et reçoit ledit Sr *Challe* Académicien, pour avoir séance dans les assemblées et jouir
des privilèges, honneurs et prérogatives attribués à cette
qualité, en observant par lui les Statuts et Règlemens
d'icelle Académie, ce qu'il a promis en prêtant serment
entre les mains de M. *de Silvestre*, Écuyer, Premier Peintre
du Roi de Pologne, Directeur et Ancien Recteur

M. Fessard, Agréé — Ensuite le Sieur *Étienne Fessard*,
Graveur, ayant fait voir de ses ouvrages, la Compagnie,
après l'observation des formalités requises à ce sujet, a
agréé sa présentation, et ledit Sr ira chez M. *de Silvestre*,
qui lui ordonnera ce qu'il doit faire pour sa reception.

Sur la nouvelle de la maladie de M le Marquis de Calvière, la Compagnie a nommé, pour aller le visiter, M *de
Jullienne* et M *Hulst*.

En marge Avant de lever le siège, il a été réglé que le
Sieur *Fessard* graveroit le portrait de M *Galloche* et celui
de M *Restout*

> *Louis de Silvestre* — *Galloche* — *Caylus* —
> *J. Dumont le Rom* — *Allegrain* — *Restout*
> — *Carle Vanloo* — *Boucher* — *De Jullienne*
> — *Hulst* — *Le Clerc* — *Van-Loo* — *Jeaurat*
> — *C De Vermont* — *J B Oudry* — *Adam
> l'aîné* — *Lemoyne fils* — *E Bouchardon* —
> *Pigalle* — *Nattier* — *Hallé* — *Dandré-Bardon*
> — *Saly* — *Frontier* — *Geuslain* — *G. Du-
> change* — *Chardin* — *L Tocqué* — *J B
> Massé* — *Aved* — *Desportes* — *De la Tour* —
> *Poitreau* — *Cochin* — *Vassé* — *Cars* — *Su-
> rugue le fils* — *Challe* — *Lépicié*

M Cochin le fils fait lecture d'une Conférence sur l'effet de la lumière — Aujourd'hui, samedi 2e Juin, l'Académie s'étant assemblée pour les Conférences, M. *Cochin* le fils a fait lecture d'un Discours *sur l'effet de la lumière*, dans lequel il pose pour principe *Que les ombres les plus fortes ne doivent point être sur les devants du tableau, qu'au contraire les ombres des objets qui sont sur le premier plan doivent être tendres et réflétées, et les ombres les plus fortes et les plus obscures doivent être aux objets qui sont sur le second plan*

Après cet exposé et les éclaircissements sur les termes qui ont paru demander quelqu'explication, l'auteur entre dans un raisonnement suivi sur le mécanisme de la lumière, déduit avec clarté ses preuves et achève d'appuyer son sentiment de l'autorité de *Paul Véronnèse* et du *Guide*

Ce Discours, utile et profond, a été approuvé de la Compagnie, qui en a fait compliment à M *Cochin*.

> *Louis de Silvestre* — *Galloche* — *Adam l'aîné* — *Restout* — *Carle Vanloo* — *Caylus* — *Boucher* — *De Jullienne* — *Hulst* — *Le Cher de Valory* — *C. De Vermont* — *Watelet* — *Mariette* — *Pierre* — *J. B. Oudry* — *Lemoyne fils* — *Dandré-Bardon* — *Hallé* — *P. Slodtz* — *Saly* — *G Duchange* — *J B Massé* — *Chardin* — *Allegrain* — *L Tocqué* — *Desportes* — *L. Vassé* — *Droüais* — *Cochin* — *Challe* — *Lépicié*

———

Aujourd'hui, samedi 30e Juin, l'Académie s'est assemblée par convocation générale, pour la relevée du quartier et pour la lecture des délibérations prises pendant ce tems

Le Directeur continué — L'article IX des Statuts portant que le Directeur sera changé tous les ans, si ce n'est que l'Académie trouve à propos de le continuer, et l'usage étant d'y procéder à pareil jour, l'affaire mise en délibération, la continuation a été unanime par le Scrutin

M. *de Silvestre* ne s'étant pas trouvé à l'assemblée pour laisser la liberté des suffrages, il a été décidé que M^rs les Officiers en exercice iroient lui faire part du résultat de la Compagnie.

La visite des salles s'est faite, conformément à l'arrête du 29 Juillet 1747.

Mort de M. Samuel Masse, Académicien. — En terminant la séance, le Secrétaire a notifié à l'Académie la mort de M. *Masse*, Peintre d'Histoire et Académicien, arrivée à Paris, le 30 du présent, âgé d'environ 82 ans.

Prix du quartier réservez. — Les desseins et les modèles des Étudians s'étant trouvés trop foibles pour mériter des Prix, M^rs les Commissaires les ont mis en réserve pour un autre quartier.

> *Galloche* — *Adam l'aîné* — *Restout* — *J. Dumont le Rom.* — *Carle Vanloo* — *Boucher* — *Caylus* — *Hulst* — *Le Clerc* — *C. de Vermont* — *Jeaurat* — *J. B. Oudry* — *Lemoyne fils* — *Nattier* — *Dandré-Bardon* — *P. Slodtz* — *Hallé* — *J. B. Massé* — *Saly* — *Cochin* — *Drouais* — *Allegrain* — *Vassé* — *Vénevault* — *Guay* — *Boizot* — *Challe* — *Lépicié*

———————

M. de Silvestre remercie la Compagnie pour la continuation dans le Directorat. — Aujourd'hui, samedi 7e Juillet, M. *de Silvestre*, Directeur, a dit à la Compagnie, en prenant séance, que, vivement touché· de l'unanimité avec laquelle Elle lui avoit continué le Directorat à la précédente assemblée, il croyoit ne pouvoir mieux répondre à la confiance dont Elle l'honoroit, qu'en l'assurant de son zele et de son attention à maintenir l'observation des Statuts et la pratique des anciens usages de l'Académie.

Discours de M. Galloche sur le coloris. — Ensuite M. *Desportes* a lu, pour M. *Galloche*, un Discours sur le

Coloris et sur l'Harmonie, dernière et quatrième partie de son Traité sur la Peinture

L'auteur, après avoir rendu compte de ses principes en Artiste et en Phisicien, termine sa Dissertation en disant que tout ce qu'il a proposé précédemment, dans les trois premières parties, n'a été que pour en venir à cette dernière, la plus difficile et la plus séduisante de la Peinture, et une de celles qui caractérise le plus le grand homme et le Peintre inspiré

Un pareil Traité, que l'on peut regarder comme le fruit des études profondes d'un Maître consommé et comme un présent essentiel fait à la jeunesse studieuse, a été approuvé généralement de l'assemblée, qui en a remercié M Galloche par un compliment de felicitation que M. de Silvestre, Directeur, lui a adressé au nom de la Compagnie

> *Louis de Silvestre — Dandré-Bardon — Galloche — Restout — Caylus — De Jullienne — Mariette — Le Clerc — J B Oudry — C De Vermont — Jeaurat — Adam l'aîné — "Coustou — Nattier — Hallé — Saly — J. B Massé — L Tocqué — Desportes — Cochin — Drouais — Poitreau — Challe — Lépicié*

———

Réception de M. Péronneau — Aujourd'hui, samedi 28e Juillet, l'Académie etant assemblée, le Sieur *Jean-Baptiste Péronneau*, de Paris, Peintre de portraits, lui a présenté ceux de M *Adam l'aîné* et *Oudry*, Professeurs, qui lui avoient été ordonnés pour ouvrages de réception. Les voix prises à l'ordinaire, la Compagnie a reçu et reçoit ledit Sieur *Péronneau* Academicien, pour avoir séance dans les assemblées et jouir des privilèges, honneurs et prérogatives attachés à cette qualité, en observant par lui les Statuts et Règlemens d'icelle Académie, ce qu'il a promis eu prêtant serment entre les mains de M. *de Silvestre*,

Écuyer, Premier Peintre du Roy de Pologne, Directeur et Ancien Recteur.

Lettre de M le Directeur Général au sujet de l'agrément du Sr Roslin, Peintre Suédois — Cette Réception faite, M *de Silvestre* a communiqué à la Compagnie une lettre de M. le Directeur Général, par laquelle il lui marque que, M de St-Contest[1] s'intéressant au Sr *Roslin*, Peintre Suédois, de la religion Luthérienne, ce Ministre demande s'il pourroit être admis à l'Académie Royale de Peinture et Sculpture, Sa Majesté voulant bien lever l'obstacle qui s'y opposeroit à cause de la différence de religion M. le Directeur Général ajoute qu'à l'égard de l'admission dudit Sieur, relativement au talent, il exhorte la Compagnie à procéder au scrutin avec toute l'exactitude possible, le mérite seul devant servir de protection.

Sur quoi la Compagnie a ordonné que la lettre de M. le Directeur Général seroit couchée sur le registre, à la suite de la présente délibération, et serviroit de décharge à l'Académie, pour ce qui se trouveroit de contraire aux anciennes Ordonnances du Roy sur le fait de Religion

Agrément du Sieur Roslin, Peintre Suédois, dans le genre des portraits — Après ce résultat, la Compagnie, qui avoit examiné, avant de siéger, plusieurs portraits du Sieur *Roslin*, ayant pris les voix selon l'usage, et reconnu sa capacité, a agréé sa présentation, comme étranger et sans tirer à conséquence

Ledit Sieur *Roslin* ira chez M *de Silvestre*, Directeur, qui lui ordonnera ce qu'il doit faire pour sa réception.

En marge Noa — Le Sr *Loir*, qui est en Angleterre, devoit faire, pour sa réception, les portraits de Mrs *de Vermont* et *Jeaurat*, mais sa longue absence a déterminé ces Mrs à demander le Sr *Roslin*, ce qui leur a été accordé

Agrément du Sr Aveline, Graveur. — Le Sr *Pierre-*

1. François-Dominique Barberie, Marquis de Saint-Contest, a été Ministre des affaires étrangères de 1751 à 1754, année de sa mort

Alexandre Aveline, de Paris, Graveur, ayant aussi fait voir de ses ouvrages, il a été agréé avec les formalités requises et le même ordre d'aller chez M. le Directeur pour ses morceaux de Réception

Lettre de Mrs les Officiers et fondateurs de la nouvelle École établie à Marseille. — Ensuite M. *Dandré-Bardon*, Professeur, a remis au Secrétaire, pour en faire lecture, une lettre, adressée à l'Académie au nom des Officiers et fondateurs d'une nouvelle École de dessein établie à Marseille, dans laquelle, après avoir rendu compte des motifs qui les ont excités à former cet établissement, ils supplient la Compagnie d'accepter leur hommage et de leur accorder sa protection.

Résultat de l'Académie à ce sujet. — Quoique cet établissement paroisse à l'Académie aussi utile pour le bien du service de la Marine que favorable pour le progrès des Arts, Elle a cependant décidé qu'Elle ne feroit réponse auxdits Officiers et fondateurs, qu'après qu'Elle auroit eu l'honneur d'en conférer avec Monsieur le Directeur Général et de recevoir les ordres à ce sujet.

Lecture d'un mémoire de M Hulst sur cette matière — M Hulst, Associé-Libre, a lu sur cette matière un Mémoire très curieux et très instructif

Le Secrétaire annonce qu'à la prochaine assemblée on nommera les Commissaires pour l'examen des ouvrages qui seront exposés au Salon. — En terminant la séance, le Secrétaire a annoncé qu'à la prochaine assemblée, on choisiroit les Commissaires pour l'examen des ouvrages qui seront exposés au Salon.

Louis de Silvestre — Dandré-Bardon — Galloche — Caylus — Restout — J. Du Mont le Rom — Carle Vanloo — Boucher — De Julienne — Hulst — Le Cher de Valory — Watelet — Mariette — Le Clerc — Van-Loo — Jeaurat — J. B. Oudry — C de Vermont — Adam l'ainé — Lemoyne fils — Coustou —

Pigalle — Nattier — Pierre — P Slodtz —
Saly — Hallé — Allegrain — G Duchange —
J B Massé — Perronneau — Cars — Cochin —
Vassé — Challe — Chardin — Aved — Lépicié.

Lettre de Monsieur le Directeur Général écrite a M. de Silvestre, au sujet de l'Agrément du Sr Roslin, Peintre Suédois.

« M. de St-Contest m'a demandé Monsieur, de faire recevoir à l'Académie de Peinture le Sr *Roslin*, Peintre Suédois, de la religion prétendue réformée. Je desire qu'il soit examiné, afin de m'assurer s'il est en état d'y être admis C'est au sentiment des artistes habiles que je m'en rapporte, et, comme ils doivent être au-dessus de toute prévention et de tout motif de partialité, je me repose sur leur sincérité et sur leurs lumières

« Quant à l'obstacle de Religion, le Roy luy fera la même grâce et donnera la même permission à l'Académie, qu'il luy a donné en faveur de M. *Lundberck*. Il ne s'agit donc que de constater le mérite de l'aspirant, par un scrutin rigoureux, dans une assemblée de l'Académie, et j'en attends le résultat pour répondre à M. de St-Contest Exhortez Mrs vos confrères à n'avoir égard qu'au talent, toute autre considération est étrangère au choix d'un Académicien Comme c'est votre estime qui doit l'élire, c'est à ses ouvrages à solliciter pour luy

« Je suis, Monsieur, votre très humble et très obéissant serviteur.

« *Signé :* VANDIÈRES

« *M Silvestre* »

———

Aujourd'hui, samedi 4ᵉ Aoust, l'Académie s'est assemblée pour les Conférences

M. Hulst, Associé-Libre, fait lecture d'un Discours sur les Directeurs de l'Académie. — M. Hulst, Associé-libre, a fait lecture d'un ouvrage ayant pour titre · *Des Directeurs*, contenant un précis de ce qui s'est passé sous chaque Directeur, depuis l'établissement de l'Académie jusqu'à présent.

Il ne falloit pas moins que le zèle et l'attachement de l'auteur pour la Compagnie, pour mettre en ordre et former une chaîne suivie de tant de faits dispersés dans nos registres et dont la réunion peut devenir d'une si grande utilité dans les mêmes affaires et les mêmes discutions qui pourront par la suite se représenter.

La Compagnie a remercié unanimement M. Hulst de cet ouvrage, aussi intéressant par la manière dont il est traité qu'instructif pour tous ceux qui aiment à connoître à fonds les différents usages de l'Académie.

Assemblée réglée pour l'examen des ouvrages qui seront exposés au Salon. — Avant cette lecture, il a été réglé que, conformément aux intentions du Roy, il y auroit, le samedi 18 du présent, à trois heures, une assemblée particulière, pour examiner les ouvrages qui seront exposés dans le Salon, et, en conséquence, on a nommé par la voie du sort, indépendamment de M le Directeur, de Mrs les Officiers en exercice, de Mrs les Recteurs et Adjoints à Recteurs, qui sont de tous les jugemens, M *Le Clerc*, Ancien Professeur, Mrs *Oudry, Coustou, Pierre, Pigalle, Nattier* et *Dandré-Bardon*, Professeurs; Mrs *Slodtz, Hallé* et *Allegrain*, Adjoints à Professeurs, et Mrs *Duchange* et *de la Tour*, Conseillers

Autre assemblée pour voir les tableaux et bas-reliefs des Élèves pour les Grands-Prix — Il a été aussi arrêté que, le jeudi 23 suivant, la Compagnie s'assembleroit pour voir les tableaux et bas-reliefs faits par les Élèves pour les Grands Prix, lesquels seront exposés à l'ordinaire le jour de St Louis

M. Saly, Adjoint à Professeur, prend congé de la Compagnie. — M. *Saly*, qui va à Copenhague pour y faire la statue en bronze du Roy de Danemarck, a pris congé de la Compagnie et lui a témoigné, dans les termes les plus touchans, le regret qu'il avoit de la quitter. L'Académie, touchée de ce sentiment, lui a souhaité un heureux voyage et tout le bonheur que mérite sa sagesse et ses talens

Louis de Silvestre — Lemoyne fils — J Du Mont le Rom — Caylus — De Jullienne — Restout — Hulst — Le Ch^{er} de Valory — Mariette — Le Clerc — C. De Vermont — Jeaurat — J B Oudry — Adam l'aîné — Nattier — Hallé — Dandré-Bardon — Saly — J B Massé — J C. Roëttiers — L. Tocqué — Allegrain — Chardin — Aved — Desportes — Droüais — Cochin — Challe — Vénevault — Perronneau — Lépicié

———

Examen des ouvrages qui doivent être exposés au Salon. — Aujourd'hui, samedi 18e Aoust, l'Académie s'étant assemblée extraordinairement pour examiner les ouvrages qui seront exposés au Salon, Elle y a procédé, conformément aux ordres du Roy et aux délibérations précédentes

M de Silvestre rend compte à la Compagnie qu'il a fait part à M le Directeur Général de la lettre de Mrs de Marseille — M. *de Silvestre* a rendu compte à la Compagnie que, le jeudi 9 de ce mois, il avoit, avec M. *Dandré-Bardon* et le Secrétaire, demandé à M le Directeur Général ses ordres, pour répondre à la lettre de M^{rs} les Officiers et fondateurs de l'École de dessein établie à Marseille, que M le Directeur Général leur a dit qu'il approuvoit ledit établissement et qu'il s'en rapportoit à ce que la Compagnie jugeroit à propos de faire à ce sujet

La réponse approuvée — Le projet de la réponse a été lu et approuvé sur le raport du Secrétaire

Députation à M. Galloche, malade. — La Compagnie a nommé M *Restout* et M. *Hallé* pour aller visiter M. *Galloche*, qui est dangereusement malade.

*Louis de Silvestre — Lemoyne fils — Res-
tout — J Du Mont le Rom — Carle Vanloo
— J B Oudry — Coustou — Dandré-Bardon
— Hallé — Allegrain — De la Tour — Lépicié.*

———

Jugement des Prix indiqué — Aujourd'hui, Jeudi
23e Aoust, l'Académie s'est assemblée extraordinairement
pour voir les tableaux et bas-reliefs faits par les Élèves
pour les Grands-Prix, après les avoir vus, Elle a décidé
que ces ouvrages seront exposés, pour le public, le jour de
St Louis, et jugez le vendredi, 31 du présent, par Mrs les
Officiers et Académiciens, lesquels ne donneront leurs
suffrages que le jour de l'assemblée, conformément aux
precédentes délibérations, ce qui sera marqué sur les billets de convocation

Réception de M. Vernet. — Le Sieur *Joseph Vernet*,
Peintre de Marines et de Paysages, natif d'Avignon, a présenté à l'assemblée le tableau qui lui avoit été ordonné pour
sa Réception et dont le sujet représente une marine, païsage
et soleil couchant Les voix prises à l'ordinaire, la Compagnie a reçu et reçoit ledit Sieur *Vernet* Academicien, pour
avoir séance dans les assemblées et jouir des privilèges,
honneurs et prérogatives attribués à ladite qualité, en
observant par lui les Statuts et Règlemens d'icelle Académie, ce qu'il a promis en prêtant serment entre les mains
de M *de Silvestre*, Écuyer, Premier Peintre du Roy de
Pologne Électeur de Saxe, Directeur et Ancien Recteur

Agrément du St De La Rue, Peintre de Batailles — Le
Sr *Philbert-Benoît de La Rue*, natif de Paris, Peintre
d'Histoire dans le genre des Batailles, ayant fait apporter
de ses ouvrages, la Compagnie, après avoir pris les voix
selon l'usage et reconnu sa capacité, a agréé sa présentation, et ledit Sieur ira chez M. le Directeur, qui lui ordonnera ce qu'il doit faire pour sa Réception

Agrément du Sr Rouquet, Peintre en émail — Ensuite M *de Silvestre* a dit qu'à l'égard de l'obstacle d'admettre à l'Académie, par rapport à la différence de religion, le Sr *Rouquet*, de Genève, Peintre en émail, M le Directeur Général lui avoit promis un ordre du Roy pour lever cette difficulté

Sur quoi la Compagnie, qui avoit reconnu, avant de siéger, le talent dudit Sr *Rouquet* dans ce genre, a agréé sa presentation, comme étranger et sans tirer à conséquence.

Le sujet de son morceau de Réception lui sera donné par M *de Silvestre*.

No. — L'ordre du Roy, pour M *Rouquet* et pour M. *Roslin*, n'a ete envoyé que le 11 Février 1754.

Present d'une pendule fait par M Jullienne — M de Jullienne, zélé pour tout ce qui peut contribuer au bon ordre de l'Académie et à la décence de ses assemblées, lui a fait présent d'une pendule d'une nouvelle invention, dont le mouvement est perpétuel Cet acte de générosité, si digne de la façon de penser de ce respectable Amateur, a mérité la reconnoissance unanime de la Compagnie

No^a — Le jour de St Louis, ouverture du Salon, M. *de Silvestre*, M *le Moine*, Professeur en exercice, et le Secrétaire furent, le matin à dix heures, chez M le Directeur Général pour lui en faire part et lui demander le jour qu'il voudroit bien l'honorer de sa présence M le Directeur General en fixera le jour au lendemain Dimanche 26 Aoust à midi

Louis de Silvestre — Lemoyne fils — Restout — Caylus — Dandré-Bardon — J. Du Mont le Rom. — Carle Vanloo — Hallé — Nattier — Boucher — Hulst — Watelet — Le Clerc — Saly — J B Massé — Desportes — C. De Vermont — Jeaurat — Pigalle — Van-Loo — Aved — Adam l'aîné — De la Tour — Venevault — E. Bouchardon — Coustou — Pierre — G. Duchange — L Tocqué —

Droüais — Cochin — Vernet — Cochin fils —
M. A. Challe — Perronneau — Daullé —
Lépicié.

———

Aujourd'hui, vendredi 31e Aoust, l'Académie s'est assemblée par convocation générale, pour juger les Grands-Prix faits par les Élèves sur deux sujets tirés de l'Ancien Testament, dont l'un représente Nabucodonosor qui ordonne le massacre des enfants de Sédécias, Roi de Jérusalem, et lui fait ensuite crever les yeux, et l'autre David qui livre aux Gabaonites les enfans de Saül pour être crucifiez sur la montagne de Gabaon.

Jugement des Grands-Prix. — La Compagnie ayant fait l'ouverture des boetes qui avoient été exposées pour le jugement des Grands-Prix, les voix prises et comptées à l'ordinaire,

Le Sieur *Monet*, qui a fait le tableau marqué E, s'est trouvé mériter le premier Prix de Peinture,

Le Sieur *d'Huez*, qui a fait le bas-relief marqué B, le premier Prix de Sculpture;

Le Sieur *Saint-Aubin*, qui a fait le tableau marqué F, a aussi été juger mériter le second de Peinture,

Et le Sieur *Bridan*, qui a fait le bas-relief marqué D, le second de Sculpture.

La Compagnie récompense le nommé Béruer, Sculpteur, dont le bas-relief a concouru pour le second Prix — Et, à l'égard du nommé *Béruer*, qui a concouru pour le second Prix de Sculpture, la Compagnie a été si satisfaite de son bas-relief qu'Elle a bien voulu, pour l'encourager, lui accorder, à la pluralité des voix, une première médaille d'argent.

Résultat pour prendre le jour de M le Directeur Général pour la distribution des Grands-Prix de 1752 — Ensuite il a été décidé que, pour la distribution des Grands-Prix de 1752, M. *de Silvestre* prendroit le jour de M le Directeur Général en lui rendant compte du présent jugement

Assemblée remise à huitaine — En terminant la séance, il a été résolu que, ne se trouvant point d'intervalle entre cette assemblée et la première de Septembre, elle seroit remise au vendredi 7, à cause de la fête de la Nativité de la Vierge qui tombe sur le samedi

> *Louis de Silvestre — Lemoyne fils — Caylus*
> *— Restout — J Du Mont le Rom — Carle*
> *Vanloo — Boucher — De Jullienne — Hulst*
> *— C De Vermont — Jeaurat — J. B Oudry*
> *— Adam l'ainé — Coustou — Pierre — Pi*
> *galle — J C. Roettiers — Nattier — Dandré-*
> *Bardon — Van-Loo — J B Massé — De La*
> *Tour — P. Slodtz — Hallé — G Duchange*
> *— Chaufourier — Droüais — Cochin — Alle*
> *grain — Vassé — Perronneau — Poitreau —*
> *Daullé — Vernet — Boizot — Chastellain —*
> *M. A Challe — Vénevault — Vinache — Lépicié.*

Le vendredi 7e Septembre, l'Académie s'est assemblée, par convocation générale, comme étant un jour choisi par Monsieur de Vandières, Directeur et Ordonnateur Général des Bâtimens, pour faire la distribution des Grands Prix de 1752.

Lecture de M. Watelet — M Watelet, Associé-libre, a ouvert la séance par la lecture du premier et du second chant d'un Poeme qu'il a fait sur la Peinture. Ces deux chants, dont le 1er avoit déjà été lû l'année précédente, ont reçu des applaudissemens unanimes et bien mérités

Distribution des Grands-Prix par M. le Directeur Général. — Ensuite Monsieur le Directeur Général a fait la distribution des Grands-Prix de 1752, sçavoir

Le 1er Prix de Peinture au Sieur *Fragonard*,

Le 1er Prix de Sculpture au Sieur *Brenet;*

Le 2ᵉ Prix de Peinture au Sieur *Monet*,

Le 2ᵉ Prix de Sculpture au Sieur *D'Huez*

Monsieur de Vandières a aussi distribué les petits Prix du quartier de Janvier 1752 jusques et y compris celui d'Octobre de la même année.

L'assemblée finie, Monsieur le Directeur Général a été reconduit avec le même ordre qu'à son arrivée, et il a été décidé que M *de Silvestre* et Mʳˢ les Officiers en exercice iroient en députation le remercier de l'honneur qu'il a fait aujourd'hui à l'Académie.

En marge La Députation s'est faite le lendemain 8ᵉ jour de la Nativité de la Vierge.

Le même jour est né, à trois heures après-midi, M. le Duc d'Aquitaine[1].

> *Louis de Silvestre — Jeaurat — Caylus — J Du Mont le Rom — Restout — Carle Van-loo — Hulst — Boucher — De Jullienne — Watelet — J B Oudry — C De Vermont — Adam l'aîné — Lemoyne fils — Pierre — Nattier — P. Slodtz — J. C. Roëttiers — J. B Massé — De la Tour — Lépicié.*

Lecture des délibérations du quartier — Aujourd'hui, vendredi 28ᵉ Septembre, l'Académie s'est assemblée, par convocation générale, pour la relevée du quartier et pour la lecture des délibérations prises pendant ce tems.

Notification de la mort de M. de Boze, Amateur, arrivée à Paris, le 10 du présent mois. — Le Secrétaire, après avoir notifié la mort de M De Boze, Amateur, a dit que, conformément à la délibération du 26 Aoust 1747, M. Hulst montoit à son rang dans la classe de Mʳˢ les Amateurs, et que la place qu'il occupoit dans celle de Mʳˢ les Associés-libres devenoit vacante par cette mutation.

1 Frère aîné de Louis XVI, mort le 22 fevrier 1754.

Première Élection d'un Associé-Libre honoraire par voie de scrutin et non par acclamation — L'affaire mise en délibération, la Compagnie a élu Associé-Libre, par voie de scrutin, M. le Comte de Vence, aussi distingué par sa naissance que recommandable par son amour pour les arts.

M. le Comte de Caylus et M. Hulst ont bien voulu se charger de lui faire part de cette nomination au nom de l'Académie.

Nouveau concours indiqué par ordre de M. le Directeur Général pour remplir une place d'Élève protégé. — M. de *La Rue*, Peintre de Bataille et Agréé, ayant quitté l'École pour travailler aux conquêtes du Roy, M. *de Silvestre* a dit, de la part de M. le Directeur Général, que, pour remplir cette place d'Elève protégé qui devient vacante, il y auroit un nouveau concours qui ne regarderoit que les Étudians Peintres

(En marge) No^a. — L'ordre par écrit est du 30 Septembre.

En conséquence la Compagnie a décidé que les prétendans feroient leurs Esquisses dans l'Académie lundi prochain, que le sujet leur en seroit donné sur le champ par M. *de Silvestre*, et que lesdites Esquisses seroient jugées à la première assemblée.

Lecture d'une lettre de remerciement de M^{rs} de l'École de Marseille — En terminant la séance, le Secrétaire a fait lecture d'une lettre de remerciment de M^{rs} les Officiers et fondateurs de la nouvelle École de Marseille en réponse de celle qui leur a été écrite par l'Académie.

— Suivant l'arrêté du 29 Juillet 1747, M^{rs} les Officiers du quartier ont fait la visite des salles

Jugements des Prix des deux quartiers,

à l'exception d'une 1re médaille, donnée au Sr *Bérué* par délibération du 31 Août dernier ·

1re médaille   *Caron*, S

Deux secondes   *Taraval*, P , et *Parelle*, P

Deux troisièmes   *Verbrec*, S., et *Saussay*, P.

*Louis de Silvestre — Jeaurat — Caylus —
J. Du Mont le Rom — Restout — Hulst —
Carle Vanloo — Desportes — Watelet — Chardin — Boucher — C De Vermont — Aved —
J. B. Oudry — Adam l'aîné — Lemoyne fils
— Pierre — Nattier — Dandré-Bardon —
J. B. Massé — P. Slodtz — Allegrain — Surugue le fils — J. C. Roëttiers — Vassé —
Vénevault — De la Tour — Droüais — Poitreau — Cars — Lépicié.*

Aujourd'hui, samedi 6e Octobre, l'Académie s'est assemblée pour les Conférences.

En prenant place, M le Comte de Vence[1], Maréchal des Camps et Armées du Roy, Colonel Lieutenant du Régiment Royal Infanterie Italienne Corse, nommé, par la délibération précédente, Associé-libre, a remercié et pris rang en cette qualité

Lecture faite par M le Comte de Caylus sur l'étude des Têtes — Ensuite M. le Comte de Caylus, à qui rien n'échappe des choses relatives à l'instruction des Élèves, a lu un Discours sur l'étude des têtes, dans lequel il fait part à la Compagnie de quelques idées qui lui sont venues pour engager les jeunes Étudians, qui concourent aux petits Prix de quartier, à exécuter, indépendamment de leurs desseins et modèles, une Tête particulière, où ils tacheroient de rendre une expression, ce qui les formeroit par degrés à cette belle partie de la peinture et de la Sculpture qui est la connoissance de l'effet des passions

L'Académie a goûté cette proposition, et Elle a résolu d'en ordonner la pratique.

Jugement des esquisses du nouveau concours. — Les esquisses faites par cinq Étudians Peintres pour être admis

1. En marge : « Messire Claude-Alexandre de Villeneuve, Comte de Vence »

au nouveau concours ayant été vues, la Compagnie a donné la préférence, comme plus capables, aux nommés *St.-Aubin*, *Brenet* et *Renou*.

Lesdits Élèves exécuteront le sujet de leurs esquisses, qui est le moment que Laban cherche ses Idoles.

Approbation donnée au Sr Loriot pour son secret de fixer le Pastel. — Le Sr Loriot, qui a trouvé le secret de fixer la Peinture au pastel, sans toucher dans le mat et sans en ôter ny la fleur ny la fraîcheur des couleurs, s'est présenté à l'assemblée et lui en a montré différentes épreuves. L'examen fait, la Compagnie a jugé ce secret d'autant plus utile que, sans la moindre altération, il semble devoir perpétuer la durée des ouvrages au pastel et des desseins, que de plus l'Académie atteste que, de toutes les tentatives qui ont pu être faites jusqu'ici pour découvrir un pareil secret, il n'en est venu, à sa connoissance, aucune qui puisse entrer en comparaison avec la réussite dudit Sieur Loriot, qui paroît tendre au degré de perfection que l'on a toujours paru souhaiter. En conséquence de quoi, la Compagnie a chargé le Secrétaire de lui délivrer un extrait de la présente délibération comme un témoignage de l'estime qu'Elle fait de l'excellence de sa découverte.

Louis de Silvestre — J. Du Mont le Rom — Pigalle — Galloche — Restout — Carle Vanloo — Boucher — Caylus — De Jullienne — Hulst — Watelet — Mariette — Vence — Le Clerc — C. De Vermont — Jeaurat — J. B. Oudry — Adam l'aîné — Lemoyne fils — Coustou — Pierre — Nattier — Dandré-Bardon — P. Slodtz — Hallé — G. Duchange — J. B. Massé — L. Tocqué — Chardin — De la Tour — M. A. Challe — L. Vassé — Vénevault — Cochin fils — Cochin — Lépicié

———

Aujourd'hui, samedi 27e Octobre, l'Académie s'est assemblée à l'ordinaire.

Approbation donnée à M. Galloche pour son Traité de peinture. — M. *Galloche*, Recteur, étant dans le dessein de faire imprimer son Traité sur la Peinture, a prié l'Académie de lui accorder son Approbation La Compagnie, qui a extrêmement goûté cet ouvrage, dans les differentes lectures que l'auteur en a faites, a jugé que l'impression en seroit aussi agréable au public que profitable pour ceux qui aiment et qui cultivent cet art[1]

Service indiqué pour les défunts — Il a été réglé que, le premier samedi du mois prochain tombant sur la fête de St Marcel, l'assemblée seroit remise à huitaine, auquel jour se fera aussi, à St-Germain-l'Auxerrois, le service pour le repos des âmes de Mrs les Officiers et Académiciens décédés dans le courant de l'année et les précédentes

> *Louis de Silvestre — J. Du Mont le Rom. — Pigalle — Galloche — Restout — Carle Vanloo — Caylus — Boucher — Hulst — Vence — Jeaurat — J B Oudry — Adam l'ainé — Coustou — Pierre — Allegrain — L Tocqué — Nattier — Aved — Droüais — Vénevault — Cochin — M A. Challe — Cochin le fils — Lépicié — Cochin le fils* (seconde signature).

Aujourd'hui, samedi 10e Novembre, l'Académie s'est assemblée pour les Conferences

Discours de M le Comte de Caylus sur la peinture des Anciens — M. le Comte de Caylus les a ouvertes par la lecture d'une Dissertation sur la Peinture des Anciens, dans laquelle, après avoir exposé ce que Pline en rapporte, il fait là-dessus toutes les réflexions qui peuvent tendre à éclaircir le texte de cet auteur

La Compagnie a remercié M le Comte de Caylus de cet ouvrage, aussi profond qu'intéressant

[1] Le Traité de *Galloche* ne paraît pas avoir été imprimé.

Service célébré pour les défunts — Conformément à la dernière délibération, le service pour les défunts a été célébré ce matin à St-Germain-l'Auxerrois

> *Louis de Silvestre — J Du Mont le Rom.*
> *— Coustou — Caylus — De Julienne — L'abbé de Lowendal — Vence — C De Vermont*
> *— Adam l'aîné — Pierre — Nattier — Dandré-Bardon — P Slodtz — Hallé — Allegrain*
> *— Droüais — G. Duchange — L. Tocqué —*
> *J. B Massé — Desportes — M A Challe —*
> *Cochin — Vénevault — Lépicié*

Aujourd'hui, samedi 24ᵉ Novembre, l'Académie s'est assemblée à l'ordinaire.

Réception du Sᵣ Alexandre Roslin, Luthérien, Peintre de Portraits, natif de Malmoe en Scanie[1] — Le Sieur *Roslin*, Suédois, natif de Malmoe en Scanie, Peintre de Portraits, a présenté ceux de Mᵣˢ *de Vermont* et *Jeaurat*, Professeurs, qui lui avoient été ordonnés pour ouvrage de Réception. Les voix prises à l'ordinaire, la Compagnie a reçu et reçoit ledit Sᵣ *Roslin* Académicien, quoique de la religion Luthérienne, et cela sans tirer à conséquence, conformément à l'ordre du Roy qui sera inséré sur le Registre, et ledit Sieur a prêté serment entre les mains de M *de Silvestre*, Écuyer, Premier Peintre du Roi de Pologne, Directeur et Ancien Recteur.

Lettre de Mᵣˢ les fondateurs de la nouvelle École de dessein à Marseille avec l'envoy de leurs Statuts et desseins d'Élèves — M. *Dandré-Bardon*, Professeur, a remis au Secretaire, pour en faire lecture, une lettre de Mᵣˢ les fondateurs de la nouvelle École de dessein établie à Marseille,

----

1 *En marge :* « L'ordre du Roi pour le Sᵣ *Roslin* et le Sᵣ *Rouquet* n'a été envoyé que le 11 février 1754, quoique promis verbalement par M. le Directeur Général des le 18 Aoust précédent Voyez del[ibćration] du 23 février 1754 »

dans laquelle ils font part de leurs Statuts, qu'ils ont rédi-
gés, et sur lesquels ils prient l'Académie d'y ajouter ou de
retrancher ce qu'Elle jugera à propos. Ils supplient en
même tems la Compagnie de jetter les yeux sur les bas-
reliefs et desseins qu'ils prennent la liberté de lui présenter, de considérer, non le mérite de l'ouvrage, mais la
bonne volonté des Élèves et de vouloir bien les aider par
des modèles qui puissent les mettre en état de former leur
goût, et de répondre mieux, par la suite, à l'honneur d'une
correspondance si distinguée

*L'Académie approuve leurs Statuts et leur fait don d'une
douzaine d'academies* — L'Académie, après avoir délibéré,
et fait l'examen des Statuts de ladite École, les a approuvés,
comme ne renfermant rien que de très sage et de très utile
pour l'avancement des Arts dans cette Province, et le bien
du service de la Marine

Ensuite il a été réglé qu'il seroit fait choix d'une douzaine d'académies de M^rs les Officiers, et dont on feroit
présent à M^rs les fondateurs, la Compagnie ayant remarqué avec plaisir que les Elèves de ladite École de Marseille
sont dans la voie d'étudier avec succès

Estampes présentées par M Nattier — M *Nattier*, Professeur, a présenté à l'assemblée deux épreuves d'une
planche, gravée d'après un de ses portraits, représentant
celui de Madame Victoire ; l'examen fait, la Compagnie a
approuvé ladite planche pour faire jouir l'exposant des privileges accordés à l'Académie par l'Arrest du Conseil d'État
du 28 Juin 1714

*Ordre au Secrétaire de coucher la lettre de M^rs les fon-
dateurs de l'École de Marseille sur le registre* — La lettre
de M^rs les fondateurs de l'Ecole de dessein à Marseille sera
couchée sur le registre à la suite de la présente délibération.

*Louis de Silvestre — Coustou — J Du
Mont le Rom — Galloche — Restout — Cay-
lus — Carle Vanloo — Boucher — Hulst —
Le Ch^er de Valory — Watelet — Vence —*

C De Vermont — Van-Loo — Jeaurat —
J. B Oudry — Adam l'ainé — Lemoyne fils
— Droüais — Pierre — P Slodtz — Nattier
— Hallé — Allegrain — Dandré-Bardon —
J. B Massé — J C. Roettiers — Aved —
Cochin — M A Challe — Vénevault — Per-
roneau — Roslin, Suédois — Lépicié

*Lettre de Messieurs les fondateurs et Associés de l'École
Académique de dessein établie à Marseille*

« Messieurs, — Votre bonté pour notre École Acade-
mique nous fait espérer que vous ne désaprouverés pas la
liberté que nous prenons en vous adressant nos Statuts et
Règlemens Nous nous conformerons à ce que vous nous
ferez l'honneur d'en ordonner, ne desirant rien plus que
de suivre les lois que vous daigneres nous prescrire, en
nous mettant sous votre Protection. Nous sentons, Messieurs, que, pour mériter telles faveurs, nos talens sont
trop bornés, vous verrés, par quelques desseins, que nous
joignons à nos Statuts, combien nous sommes éloignés du
vrai et le besoin extrême d'être vis-à-vis des bonnes choses,
ce qui nous porte à vous prier, Messieurs, de nous accorder quelques-uns de vos desseins pour former notre goût
en nous mettant sous les yeux de si précieux modeles
notre reconnoissance sera sans bornes. étant avec beaucoup
de respect,

« Messieurs, vos très humbles et très obéissans serviteurs,
les associés de l'Ecole Académique de dessein de Marseille

« *Signé* KAPELLER, fondateur, Secretaire perpétuel

« A Messieurs de l'Académie Royale de Peinture et de
Sculpture à Paris.

« A Marseille, le 26ᵉ Octobre 1753 »

*Copie de la lettre de Monsieur de Vandières, Directeur et
Ordonnateur Géneral des Bâtimens, à M de Silvestre,
Directeur de l'Académie*

« J'ay rendu compte au Roy, Messieurs, du desir que

l'Académie de Peinture avoit d'agréer au nombre de ses
Membres les Srs *Rouquet*, Peintre en émail, et *Roslin* pour
les portraits à l'huile, et en même tems des obstacles qui
s'y opposoient, le S *Rouquet* étant de la religion prétendue
reformée et le Sr *Roslin* de la Luthérienne. En considération de leurs rares talents et de leur merite reconnu, Sa
Majesté veut bien permettre à l'Académie de les recevoir,
sans néantmoins tirer à conséquence Je suis, Monsieur,
votre très humble et très obéissant serviteur.

« *Signé* Vandières

« M. *Silvestre.* »

————

Aujourd'hui, samedi 1er Décembre, l'Académie s'est
assemblée pour les Conférences

*Lecture d'une Dissertation historique de M Hulst sur
les Recteurs* — M Hulst, Amateur, a occupé la séance
par la lecture d'une Dissertation historique sur les Recteurs, dans laquelle, après avoir établi les droits de cette
charge, ses fonctions et les soins qu'elle exige pour l'exercice du Quartier et la police de l'École, il développe, d'une
manière intéressante et précise, ce qui s'est passe sous les
différents Rectorats, et particulièrement sous celui de
M. *Le Brun*, dont il éclaire les vues secrètes dans ce qu'il
proposoit ou faisoit proposer de sa part aux assemblées,
ses menées relatives à son intérêt personnel, et généralement tout ce qui peut faire connoître l'homme, et le grand
homme

Il ne faut qu'aimer l'Académie, pour sentir l'utilité de
ce travail et combien il a dû coûter à l'auteur de recherches
et de discutions épineuses. Aussi la Compagnie a-t-elle
témoigné à M. Hulst l'estime qu'elle faisoit de cet ouvrage
et la reconnoissance qu'elle en avoit.

En marge . En cette assemblée le Sr *Loriot* a raporté le
pastel de Mademoiselle *Rosalba Carriera* fixé, et a fait
voir de nouvelles epreuves, qui ont été approuvées comme

les premières. — *Nota*   On s'est même aperçu d'un nouveau mérite dudit secret, c'est que les taches de moisissure disparoissent et qu'il fait revivre les couleurs qui ont changé

> *Louis de Silvestre — J Du Mont le Rom — Restout — C. De Vermont — Caylus — De Jullienne — Hulst — De Lowendal — Le Ch^er de Valory — Watelet — Mariette — Vence — Van-Loo — Jeaurat — J. B Oudry — Adam l'ainé — Coustou — Pierre — Pigalle — Nattier — Dandré-Bardon — P. Slodtz — Hallé — J. B. Massé — Allegrain — L Tocqué — Droüais — Chardin — M. A. Challe — Vénevault — Surugue le fils — Cochin — Perroneau — Roslin, Suédois — Lépicié.*

———

Lecture des délibérations du Quartier — Aujourd'hui, samedi 29e Décembre, l'Académie s'est assemblée par convocation générale, pour la relevée du Quartier et pour la lecture des délibérations prises pendant ce tems.

Agrément du Sr Gillet, Sculpteur. — Le Sr *Nicolas-François Gillet*, Sculpteur, natif de Metz, ayant fait apporter de ses ouvrages, la Compagnie a agreé sa présentation selon la forme ordinaire, et ledit Sieur ira chez M *de Silvestre* qui lui donnera le sujet de son morceau de réception

Jugement des tableaux du Concours pour remplir une place vacante d'Élève protégé — L'Académie, après avoir vû les tableaux faits par les Étudians pour remplir une place vacante d'Élève protégé, a résolu de procéder au jugement et, les boetes exposées à ce sujet ayant été ouvertes, les voix prises et comptées par les Commissaires, le Sieur *Brenet*, qui a fait le tableau marque D, s'est trouvé mériter ladite place d'Élève protégé. — M^rs les Académiciens ont donné leurs sufrages comme pour les Grands-Prix

Députation à M. le Directeur Général — Suivant l'usage, la Compagnie est convenue d'aller en députation, au sujet de la nouvelle année, saluer M de Vandières, Directeur et

Ordonnateur Géneral des Bâtimens La Députation sera composée de M *de Silvestre*, Directeur, et de Mʳˢ les Officiers en exercice

M Paul Slodtz, Adjoint à Professeur, nommé pour exercer le mois de Janvier à la place de M Bouchardon, Professeur — Cet arrangement pris, M. *Paul Slodtz*, Adjoint, a été nommé pour exercer à son rang le mois de Janvier prochain, à la place de M *Bouchardon*, Professeur, qui a représenté à l'assemblée l'impossibilite où il étoit de quitter la figure équestre du Roy

Lettre écrite par M Schmid pour demander le portrait de M Desjardins, peint par M Rigaud. — Ensuite le Secrétaire a fait lecture d'une lettre de M *Schmidt*, Graveur et Académicien, dattée de Berlin, par laquelle il témoigne à la Compagnie que, ne trouvant en Prusse aucun tableau qui puisse échauffer son génie et entretenir son talent, il prie l'Académie de lui prêter le portrait de M *Desjardins* peint par M *Rigaud*

Sur cette proposition, la Compagnie a chargé le Secrétaire de lui mander que deux raisons l'empêchoient de lui octroyer sa demande, la premiere qu'il ne lui étoit pas convenable de se dessaisir des morceaux de réception, et la seconde qu'Elle ne vouloit pas s'exposer aux difficultés et aux risques du transport.

Lettres de Mʳˢ Nattoire et Nonnotte au sujet de la nouvelle année, autre lettre de Mʳˢ les Associés de l'École de Marseille — Le Secrétaire a aussi lû les lettres de compliment de Mʳˢ *Nattoire* et *Nonnotte* au sujet du nouvel an, et une autre de remerciement et de politesse de Mʳˢ les Associez de l'École de Marseille, pour l'approbation de leurs Statuts, le don de douze académies, et le renouvellement d'année

Règlement pour le jugement des petits Prix de Quartier — Il a été réglé que les petits Prix du Quartier se jugeroient par le scrutin comme les Grands Prix, suivant l'ancien usage

Jugement des Prix du quartier

1re Médaille   *La Fue*, P
2e Médaille   *Murat*, S.
3e Médaille . *Chardin*, P

Députation à Mrs Cazes et Le Moyne le père — M Restout et le Secrétaire ont été chargés, de la part de la Compagnie, de visiter M *Cazes* et M *Le Moine* le père, hors d'état, l'un et l'autre, de se trouver aux assemblées.

Rapport de la visite des salles — La visite des salles s'est faite par M^{rs} les Officiers du quartier, conformément au Resultat du 29 Juillet 1747

Avant de lever le siège, il a été ordonné une quête pour des œuvres charitables, ainsi qu'il se pratique à pareil jour.

Quête faite .

	118 l.	14 s
Plus	12	—
Plus	48	—
	178 l	14 s

Louis de Silvestre — J Du Mont le Rom — C De Vermont — Carle Vanloo — Caylus — Restout — Boucher — De Jullienne — Hulst — L'abbé de Lowendal — Le Clerc — Vence — Van-Loo — Jeaurat — J. B Oudry — Adam l'ainé — Lemoyne fils — E Bouchardon — Coustou — Pigalle — Nattier — Dandré-Bardon — P Slodtz — Hallé — G. Duchange — J B Massé — Allegrain — Chardin — L Tocqué — Aved — De la Tour — De Lettre — Drouais — Antoine Lebel — Cochin — Perronneau — M A. Challe — L. Vassé — Surugue le fils — Vénevault — J Guay — Daullé — Roslin, Suédois — Lépicié

ANNÉE 1754

Aujourd'hui, samedi 5ᵉ de Janvier, l'Académie s'est
assemblée par convocation générale

*Rapport de la Députation à M. le Directeur Général et
de la visite faite à MM Cazes et Le Moyne père.* — Relativement à la délibération du 29 Décembre dernier, Mʳˢ les
Députés ont rapporté que, ce matin, ils avoient été saluer
M. de Vandières, Directeur et Ordonnateur Général des
Bâtiments, que M *de Silvestre*, portant la parole, l'avoit
complimenté au nom de la Compagnie, et que M de Vandières avoit repondu qu'il ne perdroit aucune occasion de
donner à l'Académie des preuves de son estime et de la
considération particulière qu'il avoit pour Elle

M *Restout* et le Secrétaire ont aussi rendu compte que,
suivant la même délibération, ils avoient été visiter
M *Cazes* et M *Le Moine* le père, et ces dignes Officiers
les avoient chargez d'assurer la Compagnie de leur vive
reconnoissance

Esquisse du Sʳ de la Rue, Peintre de batailles, approuvée.
— Le Sʳ *de La Rue*, Agréé, Peintre de Batailles, ayant fait
voir l'esquisse de son morceau de Réception, elle a été
approuvée à la pluralité des voix Accordé un an pour
l'exécution de ce morceau

*Lecture d'une Dissertation de M Desportes sur l'étude
des sciences relatives aux Arts de Peinture et de Sculpture*
— Ensuite M. *Desportes*, Conseiller, a fait lecture d'une
Dissertation en deux parties sur l'étude des sciences relatives aux Arts de Peinture et de Sculpture

L'auteur, après avoir exposé ce que les maîtres les plus attentifs pour l'instruction des jeunes Étudians ont pensé sur la manière de les conduire, et donné avec précision le plan de son ouvrage, entre en matière et fait connoître, dans la première partie, la nécessité indispensable de s'appliquer à l'étude de la Géométrie, de la Perspective, de l'Architecture et de l'Anatomie. Dans la seconde, il a parlé de l'histoire, des antiquités, de la Fable, de la Poësie et des connoissances générales que l'Artiste en doit avoir, s'il veut travailler avec succès, et, dans l'une et l'autre de ces deux parties, on reconnoit avec plaisir l'homme d'esprit et de goût, et l'Académicien zélé pour l'avancement des Élèves.

M. *de Silvestre*, Directeur, a remercié M. *Desportes* et lui a témoigné combien la Compagnie étoit satisfaite de son ouvrage.

Règlement remis en force pour les lettres de protection. — M. *Restout*, Recteur en exercice, ayant représenté que plusieurs jeunes gens venoient dessiner d'après le modèle sans être en état d'en profiter, et otoient par conséquent des places qui pouvoient être mieux employées, il a été ordonné, pour prévenir un pareil abus et conformément à l'ancien usage, que les billets de protection seroient signez indépendamment de celui qui protège, du Recteur en quartier et du Professeur en mois, ce que tous les trois ne feroient qu'après avoir vû des desseins de l'Étudiant, et il a été ajouté que lesdits billets seroient renouvellés tous les trois mois.

Lettre de M. Frontier. — Le Secrétaire a terminé la séance par la lecture d'une lettre de M. *Frontier* au sujet de la nouvelle année.

Louis de Silvestre — Restout — Carle Van-loo — Caylus — P. Slodtz — Hulst — Mariette — Van-Loo — J. B. Oudry — C. De Vermont — Adam l'ainé — Coustou — Pigalle — Nattier — Dandré-Bardon — Hallé — L.

> *Tocqué — Allegrain — J B Massé — J. C
> Roettiers — Desportes — De la Tour — Poi-
> treau — Delobel — Vénevault — Cochin —
> Perronneau — Surugue le fils — M. A. C.
> Challe — Roslin, Suédois — Lépicié.*

Aujourd'hui, samedi 26ᵉ Janvier, l'Académie s'est assemblée à l'ordinaire

*Lecture des Statuts Le Secrétaire rend compte qu'il a
répondu a toutes les lettres écrites à la Compagnie Lecture
d'une lettre de M Saly* — Le Secrétaire, après avoir fait
la lecture des Statuts, a rendu compte qu'il avoit répondu
à toutes les lettres de complimens, pour la nouvelle année,
écrites à la Compagnie; [il] a lu celle de M. *Saly*, sur le
même sujet et dans laquelle il fait part de l'accueil favorable qu'il a reçu à la Cour de Danemarc.

Ensuite on est convenu que, le premier samedi du mois
prochain tombant sur la fête de la Purification, l'assemblée
seroit remise à huitaine

> *Louis de Silvestre — Restout — Galloche —
> P Slodtz — J. Du Mont le Rom — Carle
> Vanloo — Hulst — Mariette — Jeaurat — C
> De Vermont — Adam l'ainé — Coustou —
> Nattier — Dandré-Bardon — Hallé — J B.
> Massé — Allegrain — L. Tocqué — Vénevault
> — Cochin — Roslin, Suédois — M A Challe
> — Lépicié*

Aujourd'hui, samedi 9ᵉ Fevrier, et conformément à la
dernière délibération, l'Académie s'est assemblée pour les
Conférences

*Lecture de M Dandré-Bardon, Professeur, sur la manière
de poser le modèle et de le dessiner* — M Dandré-Bardon,
Professeur, les a ouvertes par la lecture d'un Discours qu'il

a fait pour l'École Académique de dessein établie à Marseille, dans lequel, après avoir donné en peu de mots l'historique de cette ville, et fait connaître son antiquité et la célébrité dans les sciences et les belles-lettres, il expose avec ordre ce qu'il pense, par rapport à cette École, sur la manière de poser le modèle et de le dessiner, de la difficulté de l'un et de l'autre, des attentions réciproques de la part des Professeurs et des Élèves ; en un mot de tout ce qui peut contribuer à perfectionner cette étude, la baze et le principe de tous les Arts. L'auteur s'adresse ensuite à la Compagnie, lui soumet ses idées, et la prie, pour le bien général, de lui en dire son sentiment, comme une nouvelle preuve des bontés qu'Elle a pour une Société naissante, qui a l'honneur d'être sous sa protection.

M. *de Silvestre*, Directeur, portant la parolle au nom de la Compagnie, a dit à M. *Dandré* que son Discours renfermoit des préceptes si judicieux que l'Académie approuvoit non seulement son ouvrage, mais qu'Elle estimoit infiniment le zèle qui le lui avoit fait faire.

M. *Dandré-Bardon, Directeur perpétuel de l'École Académique de Marseille, sous l'autorité de l'Académie et avec son agrément.* — Après quoi, M. *Dandré-Bardon*, aïant fait part à l'assemblée des Lettres de Directeur perpétuel de l'École Académique de Marseille que cette Société lui a données, pour se conformer à l'article II du Règlement de 1676, fait pour l'établissement des Écoles Académiques de Peinture et de Sculpture dans les Villes du Royaume, où elles seront jugées nécessaires, la Compagnie a approuvé le susdit titre en faveur de M. *Dandré-Bardon* et l'a commis pour faire observer dans ladite École Académique de Marseille la discipline de l'Académie Royale et pour y faire suivre les préceptes et manières d'enseigner qui y sont résolus.

Louis de Silvestre — Restout — Caylus — J. B. Oudry — De Voyer d'Argenson — Carle Vanloo — Hulst — Vence — C. De Vermont

— Adam l'aîné — Dandré-Bardon — Hallé —
P. Slodtz — Allegrain — J B. Massé — De
la Tour — Roslin, Suédois — M A. Challe
— Surugue le fils — Cochin — Cochin le fils
— Vénevault — Lépicié.

Aujourd'hui, samedi 23ᵉ Février, l'Académie s'est assemblée à l'ordinaire

Ordre du Roy pour la Réception des Sʳˢ Rouquet et Roslin par rapport à l'obstacle de religion (Voyez la délibération du 24 Novembre 1753, après la copie de la lettre de Mʳˢ de Marseille) — Le Secretaire a fait lecture d'une lettre de M de Vandières, Directeur et Ordonnateur Général des Bâtimens, écrite à M *de Silvestre*, contenant l'ordre du Roi de recevoir de l'Académie le Sʳ *Rouquet*, Peintre en émail, et le Sʳ *Roslin*, Suédois, Peintre de portraits à l'huile, l'un de la Religion prétendue réformée et l'autre de la Luthérienne, et cela sans tirer à conséquence, laquelle lettre sera transcrite sur le registre à la suite de la déliberation du 24 Novembre 1753.

Députation a M de Silvestre — M *de Silvestre* étant indisposé, la Compagnie a nommé, pour aller le visiter de sa part, Mʳˢ les Officiers en exercice

Restout — J B. Oudry — Caylus — De
Jullienne — Carle Vanloo — Hallé — C. De
Vermont — P. Slodtz — Surugue le fils —
Perronneau — Roslin, Suédois — Vénevault
— Lepicié

Aujourd'hui, samedi 2ᵉ Mars, l'Académie s'est assemblee pour les Conférences

En ouvrant la seance, M. *de Silvestre* a remercié la Compagnie de la visite qu'Elle lui a fait faire au sujet de son indisposition

*Commissaires nommés pour la reddition des comptes
de 1753* — Ensuite il a été résolu que, le samedi 30 du
présent, M^rs les Directeurs, Anciens Recteurs, Recteurs,
Adjoints à Recteurs, Professeur en exercice et, à tour
de rôle dans les Anciens Professeurs, M Le Clerc, dans
les Professeurs, M. *Jeaurat*, dans les Adjoints, M *Hallé;*
dans les Conseillers, M *Chardin* et le Secrétaire et, dans
les Académiciens, M. *Chastelain*, s'assembleront à neuf
heures précises du matin, pour régler le rôle de la Capitation de 1754, ainsi que pour l'examen et l'arrêté du
Compte de 1753

Lecture de M. le Comte de Caylus — Cet arrangement
pris, M le Comte de Caylus, qui avoit fait part, dans l'assemblée du 10 Novembre dernier, du commencement d'un
Mémoire sur la Peinture des Anciens, en a continué la
lecture Cette suite a paru d'autant plus intéressante à la
Compagnie que l'auteur y éclaircit plusieurs passages de
Pline et qu'il y rend compte, avec une critique aimable,
de ce qu'il pense lui-même et de ce qu'il croit que l'on doit
penser sur le mérite des Peintres Grecs, ce qui, joint à
l'historique de leurs personnes et de leurs ouvrages, rend
cette partie extrêmement curieuse

M *de Silvestre* a remercié M de Caylus au nom de
l'Académie et lui a témoigné combien Elle étoit sensible
aux soins qu'il se donnoit pour faire connoître le mérite
de la Peinture et la distinction honorable qu'Elle avoit eue
dans tous les tems chez les peuples policés.

Lettre de remercimens de M^rs de l'École de Marseille. —
En terminant la séance, le Secrétaire a fait lecture d'une
lettre de remerciement de M^rs les Associés fondateurs de
l'École Académique de Marseille, sur l'avis que leur a donné
M. *Dandré-Bardon*, Directeur perpétuel de cette École,
des desseins dont la Compagnie leur fait présent

Députation a Mrs Hulst et Galloche. — Avant de lever
le siège, Mrs *Restout* et *Oudry* ont été nommés pour aller
visiter, de la part de l'Académie, M Hulst, Amateur, qui a

été dangereusement malade Mrs *Jeaurat* et *Hallé* ont été
chargés de la même attention pour M. *Galloche.*

> *Louis de Silvestre — Restout — Carle Van-*
> *loo — Caylus — Pierre — Boucher — De*
> *Jullienne — Le Ch^er de Valory — Watelet*
> *— Vence — Jeaurat — C De Vermont — J B*
> *Oudry — Adam l'aîné — Coustou — Pigalle*
> *— Nattier — Dandré-Bardon — Hallé — Alle-*
> *grain — J. B. Massé — J C Roëttiers —*
> *Desportes — L. Tocqué — Drouais — Vassé*
> *— Roslin, Suédois — M A Challe — Cochin*
> *— Vénevault — Lépicié*

Aujourd'hui, samedi 30e Mars, l'Académie s'est assemblée, par convocation générale, pour la lecture des délibérations du quartier et pour la ratification des affaires
réglées et arrêtées dans le comité du matin

Reddition des Comptes — M^rs les Directeur, Anciens
Recteurs, Recteurs, Adjoints à Recteurs et Officiers, nommés pour établir le rôle de la Capitation et pour examiner
et arrêter les comptes de l'année 1753, s'étant assemblés le
matin dans la salle de l'Académie, le Sieur Reidellet, Concierge et Receveur, chargé, par délibération du 1er Décembre 1736, de recevoir la Capitation des Officiers et Académiciens, et autorisé, par la même délibération, à recevoir
de M^rs les Trésoriers des Bâtimens du Roy les sommes
accordées par Sa Majesté à l'Académie pour son entretien,
a présenté l'état de la Recette et Dépense par lui faites
durant le cours de l'année 1753, suivant les ordres de M^rs les
Directeur et Recteurs L'examen en ayant été fait, ainsi
que des quittances et mémoires, la Recette s'est trouvée
monter à 6,551 liv 16 s , et la Dépense à 6,169 liv 13 s ,
et partant la Recette excède la dépense 383 liv. 3 s., lequel
compte s'étant trouvé juste, il a été approuvé et le Sieur
Reidellet déchargé par lesdits Directeur, Anciens Recteurs,

Recteurs et Officiers, et la décharge dudit Sieur confirmée
et signée par l'Académie.

Réception de M. Vien, Peintre d'Histoire. — Ensuite le
Sieur *Joseph-Marie Vien*, Peintre d'Histoire, natif de
Montpellier, a présenté à l'assemblée le tableau qui lui
avoit été ordonné pour sa réception, dont le sujet représente Icare à qui son père Dedale attache des aisles Les
voix prises à l'ordinaire, la Compagnie a reçu et reçoit
ledit Sr *Vien* Académicien, pour avoir séance dans les
assemblées et jouir des privilèges, honneurs et prérogatives attribués à cette qualité, à la charge par lui d'observer les Statuts et Règlemens de l'Académie, ce qu'il a
promis en prêtant serment entre les mains de M *de Silvestre*, Écuyer, Premier Peintre du Roy de Pologne, Directeur et Ancien Recteur

La visite des Salles s'est faite conformément au résultat
du 29 Juillet 1747.

Jugement des Prix du quartier

1re Médaille   *Taraval*, P.
2e Médaille   *Du Rameau*, P
3e Medaille   *Restout*, P

> *Louis de Silvestre* — *Restout* — *J. Dumont
> le Rom* — *Pierre* — *De Jullienne* — *Caylus*
> — *Carle Vanloo* — *Boucher* — *Mariette* —
> *Le Clerc* — *Vence* — *Jeaurat* — *Van-Loo* —
> *C De Vermont* — *Adam l'aîné* — *Lemoyne
> fils* — *Pigalle* — *Dandré-Bardon* — *P. Slodtz*
> — *G Duchange* — *Hallé* — *Desportes* —
> *Drouais* — *J B Massé* — *J C Roettiers* —
> *Aved* — *Cochin* — *Boizot* — *Poitreau* — *M. A
> Challe* — *Vassé* — *Vénevault* — *Cochin le fils*
> — *Vien* — *Roslin, Suédois* — *Surugue le fils*
> — *Lépicié*

Aujourd'hui, samedi 6e Avril, l'Académie s'est assemblée pour les Conférences

Henri Hulst, Honoraire Amateur, mort le 5e Avril 1754[1] — En ouvrant la séance, le Secrétaire a notifié la mort de M. Hulst, Amateur, arrivée à Paris, le vendredi 5e du présent, âgé d'environ 69 ans La Compagnie a été vivement touchée de la perte de ce digne confrère, recommandable par l'utilité de ses travaux pour l'Académie, et par son zele infatigable pour tout ce qui pouvoit tendre à maintenir l'observation de nos usages et la discipline de l'École

Assemblée indiquée pour l'élection d'un Associé-libre. — Cette mort faisant monter M. le Marquis de Calvière au rang d'Amateur, la Compagnie disposera par la voie du scrutin, à la prochaine assemblee, de la place d'Associé-Libre, vacante par ladite mutation

Jugement des épreuves pour les grands-prix. — L'Académie, après avoir vu les épreuves faites par les Étudians pour concourir aux Grands-Prix, n'a jugé de capable à y être admis que les nommés *St-Aubin, Chardin, Celoni, Jolain* et *Du Rameau*, pour la Peinture, et les nommés *Bridan, Berruer, Le Comte* et *Sigis* pour la Sculpture

M. *Galloche*, présent à l'assemblée, a remercié la Compagnie de la visite qu'Elle lui a fait faire au sujet de sa maladie

Louis de Silvestre — Galloche — Nattier — Restout — J Du Mont le Rom — Carle Van-loo — Caylus — Boucher — De Jullienne — Le Cher de Valory — Mariette — Vence — Le Clerc — Jeaurat — Adam l'ainé — Dandré-Bardon — Pierre — P Slodtz — Hallé — Chardin — De la Tour — Poitreau — Cochin — M. A Challe — Delobel — Vassé — Vien

1 « Henri Van-Hulst, natif de Delf, ville des Pais-bas, et la 3e de Hollande, né le 24 Décembre 1684, mourut à Paris, le 5 Avril 1754, âgé de 69 ans 4 mois 11 jours M Helvétius le père, Médecin Hollandois, l'amena en France, en 1708 »

— Vénevault — Surugue le fils — Roslin, Suédois — Lépicié.

———

Aujourd'hui, samedi 27ᵉ Avril, l'Académie s'est assemblée à l'ordinaire.

Élection de M. de La Live de Jully à la Place d'Associé libre — Conformément à la précédente délibération, le Secrétaire ayant proposé l'élection d'un Associé-Libre, la Compagnie a rempli cette place, par la voie du scrutin, en faveur de M de La Live de Jully.

Mʳˢ *Carle Vanloo* et *Nattier* ont été chargés de lui en faire part au nom de l'Académie

M Hallé nommé pour exercer le mois de May — Ensuite la Compagnie a nommé M. *Hallé*, Adjoint, pour exercer à son rang le mois de May prochain, à la place de M. *Nattoire* qui est à Rome

Louis de Silvestre — Galloche — Nattier — Restout — J. Du Mont le Rom — Caylus — Carle Vanloo — Boucher — De Julienne — Le Chᵉʳ de Valory — Watelet — De Voyer d'Argenson — Mariette — Vence — Le Clerc — Van Loo — C De Vermont — Jeaurat — Adam l'aîné — Lemoyne fils — Coustou — Pierre — Pigalle — Dandré-Bardon — P Slodtz — Hallé — G. Duchange — J. B. Massé — J. C. Roettiers — Aved — Desportes — De la Tour — Cochin — Drouais — Roslin, Suédois — M A Challe — Vien — Venevault — Vassé — Daullé — Lépicié

———————

M. de La Live de Jully prend séance en qualité d'Associé libre. — Le samedi 4ᵉ May, l'Académie étant assemblée, M de La Live de Jully, nommé par la délibération précédente Associé-libre, a remercié et pris rang en cette qualité

Lecture de M le Comte de Caylus sur la Peinture des Anciens — Ensuite M. le Comte de Caylus a continué la lecture de son Mémoire sur la Peinture des Anciens, Mémoire toujours instructif et tendant toujours à ménager le tems des Artistes, en leur procurant sans peine, par des traits lumineux, tout ce qui peut se trouver d'utile pour le talent dans les écrits de Pline. C'est même en suivant les inspirations de cet amour décidé pour la perfection de l'art, que l'auteur a fondé un Prix annuel à l'Académie des belles-lettres, d'une médaille d'or de 500 liv , destiné à couronner celui qui aura le mieux travaillé à éclaircir les monuments de la belle Antiquité , travail analogue à toutes les parties de la Peinture qui regardent le *Costume*, et si nécessaire par conséquent pour donner aux tableaux, indépendamment du mérite de l'exécution, celui d'intéresser le savant et l'homme d'esprit.

M. *de Silvestre* a fait, au nom de la Compagnie, à M. le Comte de Caylus un double compliment de félicitation, l'un, sur l'utilité de l'ouvrage lu, et l'autre sur cette belle fondation.

En marge   Le mardi 14ᵉ May, à deux heures de relevée, M. *de Silvestre*, M. *Vanloo*, M *Boucher*, M *Pierre* et le Secrétaire se sont transportés au Luxembour, pour examiner et constater, suivant l'ordre de M. De Vandières, en date du 25 Septembre 1753, le dommage et la réparation des tableaux de la Galerie de Rubens.

Le procès-verbal a été dressé et envoyé à M le Directeur Général, le 20ᵉ de ce mois.

Le double est conservé dans les papiers de l'Académie, avec l'ordre de M. le Directeur Général.

La veuve Godefroy et le Sʳ Colins ont été chargez de cette restauration.

> *Louis de Silvestre* — *Restout* — *Hallé* —
> J *Dumont le Rom* — *Boucher* — *Carle*
> *Vanloo* — *Caylus* — *De Jullienne* — *Vence*
> — *Mariette* — *Le Chᵉʳ de Valory* — *La Lue*

*de Jully — Le Clerc — Van Loo — C. De
Vermont — Jeaurat — J. B. Oudry — Adam
l'aîné — Coustou — Pigalle — Nattier —
Allegrain — Dandré-Bardon — P. Slodtz —
J. B. Massé — J. C. Roëttiers — L. Tocqué
— Cochin — Poitreau — Boizot — Vassé —
Vien — M. A. Challe — Roslin, Suédois —
Lépicié.*

———

*Le Secrétaire rend compte qu'il a retiré tous les papiers
concernant l'Académie qui se sont trouvés sous les scellés
de M. Hulst.* — Le samedi 25 May, l'Académie s'étant
assemblée à l'ordinaire, le Secrétaire a rendu compte qu'il
avoit retiré tous les papiers qui pouvoient concerner l'Académie et qui se sont trouvés sous les scellés de feu
M. Hulst, Amateur honoraire.

En marge : L'agrégation d'un Peintre d'Histoire qui
étoit indiquée sur le billet n'a point eu lieu. La Compagnie, sans aller au scrutin, a conseillé à l'Artiste de faire
autre chose.

*Louis de Silvestre — Hallé — Restout —
J. Du Mont le Rom. — Boucher — Caylus
— De Julienne — Watelet — Vence — Le
Clerc — C. De Vermont — Jeaurat — Adam
l'aîné — Coustou — Pigalle — Nattier —
Dandré-Bardon — P. Slodtz — Allegrain —
J. B. Massé — J. C. Roëttiers — Aved —
Desportes — De la Tour — Vassé — Véne-
vault — M. A. Challe — Surugue le fils —
Alex. Roslin, Suédois — Lépicié.*

———

Le samedi 1er Juin, l'Académie s'est assemblée pour les
Conférences.

M. le comte de Caylus fait lecture d'un mémoire sur les

Sculpteurs Grecs — Il faut aimer véritablement l'Académie et les Artistes pour se livrer sans relâche à des travaux qui ne tendent qu'à la gloire de l'une et à l'instruction des autres, et c'est ce que fait continuellement M le comte de Caylus, qui, non content d'avoir donné, dans differents Mémoires, tout ce que Pline a rapporté des Peintres célebres de l'Antiquité, entreprend encore de nous remettre sous les yeux les ouvrages et les chefs-d'œuvres des anciens Sculpteurs, ouvrages plus durables que ceux de la Peinture et qui ont servi et serviront toujours de règle pour la justesse des proportions et l'élégance des belles formes

M *de Silvestre*, Directeur, portant la parole au nom de l'Académie, a remercié M le Comte de Caylus de ce nouveau travail, qui ne fait pas moins d'honneur à son goût qu'à son attachement pour la Compagnie

A la fin de la séance on est convenu que, la fête de St Pierre tombant sur le dernier samedi du mois, l'assemblee seroit avancée d'un jour et se tiendroit le vendredi 28 du présent.

Louis de Silvestre — Adam l'ainé — J. Du Mont le Rom. — Caylus — Carle Vanloo — Boucher — De Jullienne — Vence — C De Vermont — Jeaurat — Lemoyne fils — Coustou — Pigalle — Nattier — Dandré-Bardon — P Slodtz — Hallé — J. B Massé — Desportes — Poitreau — Cochin — Roslin, Suédois — Vien — Vénevault — Surugue le fils — Vassé — Lemoyne fils[1] — Chardin — L. Tocqué — Lépicié

———

Le vendredi 28e Juin, l'Académie s'est assemblée, par convocation générale, pour la relevée du quartier et pour la lecture des déliberations prises pendant ce tems

1 Seconde signature, suivie de celle de Coustou, qui a été effacée

Réception de M Dupuis, Graveur. — Le Sieur *Nicolas Dupuis*, Graveur et Agréé, à qui il avoit été ordonné pour sa réception le portrait de M de Tournehem, l'a présenté à l'assemblée, ainsi que la planche et cent épreuves Les voix comptées à l'ordinaire, la Compagnie a reçu et reçoit ledit Sieur *Dupuis* Académicien, pour avoir séance dans les assemblées et jouir des privilèges, honneurs et prérogatives attribués à cette qualité, en observant par lui les Statuts et Règlemens de l'Académie, ce qu'il a promis en prêtant serment entre les mains de M *Galloche*, Recteur en quartier, occupant le siège en l'absence de M. *de Silvestre,* Directeur

M de Silvestre continué dans le Directorat par le Scrutin. — L'article IX des Statuts portant que le Directeur sera changé tous les ans, si ce n'est que l'Académie trouve à propos de le continuer, et, l'usage étant d'y procéder à pareil jour, l'affaire mise en délibération, la continuation a été unanime par le Scrutin.

M *de Silvestre* ne s'étant pas trouvé à l'assemblée pour laisser la liberté des suffrages, il a été décidé que Mrs les Officiers en exercice iroient lui faire part du Résultat de la Compagnie.

Députation à M le Directeur Général pour la mort de son père — Il a été aussi résolu que les mêmes Officiers iroient, au nom de l'Académie, complimenter M. de Vandières, Directeur et Ordonnateur Général des Bâtimens, sur la mort de M. son père

Lettre de M Blondel, Architecte, avec l'envoi d'un Discours sur l'étude de l'Architecture — Cet arrangement pris, le Secrétaire a fait lecture d'une lettre de M *Blondel,* Architecte, par laquelle il adresse à l'Académie un discours qu'il a prononcé publiquement le 15 de ce mois sur la nécessité de l'étude de l'Architecture, et il supplie en même tems la Compagnie d'examiner son ouvrage et de l'aider de ses lumières et de ses conseils

M. Hallé nommé pour l'aller remercier — L'Académie

a été très sensible à sa politesse, et Elle a chargé M. *Hallé*
de l'en remercier

Prix de quartier mis en réserve — Les desseins et les
modèles des Étudians s'étant trouvez trop foibles pour
mériter des Prix, Mrs les Commissaires les ont mis en
réserve pour un autre quartier (Voir 31 Août)

Visite des salles — La visite des salles s'est faite conformément à l'arrêté du 29 Juillet 1747

*Mort de M. Cazes, Ancien Directeur, Chancelier et Rec-
teur.* — En finissant la séance, le Secretaire a notifié la
mort de M Cazes, Ancien Directeur, Chancelier et Recteur, arrivée à Paris le 25 du present, âgé d'environ 79 ans.

*Assemblée indiquée pour remplir les places vacantes par
cette mort* — Sur cette notification, il a été résolu que
l'on procéderoit à remplir les places vacantes par cette
mort à la prochaine assemblée.

> *Galloche — Adam l'aîné — Restout — J*
> *Du Mont le Rom — Carle Vanloo — Caylus*
> *— Boucher — Le Chel de Valory — Van*
> *Loo — La Live de Jully — Vence — Surugue*
> *le fils — C. De Vermont — Jeaurat — J. B.*
> *Oudry — Vien — Coustou — Pierre — Pi-*
> *galle — Nattier — Dandré-Bardon — P*
> *Slodtz — Allegrain — Hallé — G. Duchange*
> *— J B Massé — Aved — Poitreau —*
> *Droüais — Lesueur — Cochin — Vasé —*
> *N. Dupuis — Vénevault — Roslin, Suédois —*
> *Lépicié.*

———

Mutation par la mort de M Cazes — Aujourd'hui,
samedi 6e de Juillet, l'Académie s'est assemblée, par convocation générale, pour remplir les places vacantes par la
mort de M Cazes, Chancelier et Recteur.

*M De Silvestre remercie la Compagnie d'avoir été con-
tinué dans le Directorat* — En ouvrant la séance, M. de

Silvestre, continué Directeur dans l'assemblée précédente, a remercié la Compagnie de l'honneur qu'Elle lui avoit fait, dans des termes qui font connoitre combien il est digne de cette flatteuse distinction.

Élections des Officiers. — Ensuite l'Académie, après avoir délibéré et pris les voix par Scrutin, M. *Galloche*, Recteur, a été élu Chancelier, M. *Carle Vanloo* a remplacé M *Cazes* dans la dignité de Recteur; M *Colin de Vermont,* Professeur, a monté au rang d'Adjoint à Recteur; M *Paul Slodtz*, Adjoint, a été fait Professeur, et M *Vien*, Académicien, a été nommé Adjoint à Professeur

M. Vanloo, Premier Peintre du Roy d'Espagne, nommé, à la pluralité des voix, Ancien Recteur — Ces élections faites, la Compagnie, voulant donner à M *Vanloo*, Premier Peintre du Roy d'Espagne, une preuve particulière de son estime, l'a fait passer, à la pluralité des voix, du grade d'Ancien Professeur à celui d'Ancien Recteur

Députation à M Allegrain malade — L'Académie a nommé M *Pigalle* et *Paul Slodtz* pour aller visiter M. Allegrain qui est dangereusement malade.

Mort de M Cochin le père, Graveur — En levant le siège, le Secrétaire a notifié la mort de M *Cochin le père*, Graveur et Academicien, arrivée aux Galleries du Louvre, le 5 du présent, âgé de 66 ans

> *Louis de Silvestre — Galloche — J. Du*
> *Mont le Rom. — Dandré-Bardon — Restout*
> *— Caylus — Boucher — Carle Vanloo —*
> *C de Vermont — Vence — Le Ch^er de Valory*
> *— La Live de Jully — Jeaurat — Adam l'aîné*
> *— J B Oudry — Coustou — Pigalle — P*
> *Slodtz — Hallé — Vien — G. Duchange —*
> *J. B. Massé — Chardin — Aved — J C*
> *Roëttiers — Cars — Desportes — De la Tour*
> *— Vassé — Poitreau — Surugue le fils —*
> *J Moyreau — Droüais — M A Challe —*
> *Vénevault — Roslin, Suédois — Lépicié*

Le samedi 27 Juillet, l'Académie s'est assemblée à l'ordinaire.

M Vanloo d'Espagne prend séance en qualité d'Ancien Recteur — M Vanloo, Premier Peintre du Roy d'Espagne, Chevalier de l'Ordre de St Michel, nommé à la dernière séance, a remercié et pris rang en cette qualité.

Mort de M. l'abbé de Lowendal — Ensuite le Secrétaire a notifié la mort de M l'abbé de Lowendal, Associé libre, décedé à l'hôtel du Doyenné de St Marcel, le 12e Juillet dernier, âgé d'environ 60 ans

En marge Ulric Frédéric de Lowendal, Abbé commendataire de La Cour-Dieu, Doyen du Chapitre de St Marcel, frère aîné de M. le Maréchal de Lowendal.

La Compagnie a résolu de ne proceder à remplir cette place vacante qu'à la dernière assemblée du mois prochain

M *Le Moyne*, Professeur au mois d'Aoust, étant actuellement en Bretagne, M. *Vien*, Adjoint, a été désigné pour en faire les fonctions

> *Louis de Silvestre — Boucher — J. Du Mont le Rom — C De Vermont — Dandré-Bardon — Caylus — Calvière — De Jullienne — Vence —Van Loo — Restout —J B Oudry — La Live de Jully — Jeaurat — Coustou — Pigalle — Nattier — P. Slodtz — Vien — G Duchange — Chardin — J. B Massé — Poitreau — Vénevault — Cars — Roslin le Suédois — Pierre — Lépicié*

Lecture de la vie de Gérard Edelinck — Le samedi 3e Aoust, l'Académie étant assemblée pour les Conférences, le Secrétaire a lu la vie de M *Gerard Edelinck*, Graveur et Conseiller, faite par M de La Contamine avec une Épitre dédicatoire à la Compagnie[1].

1. A la suite, on lit cette ligne sous les surcharges mises pour l'effacer · « L'Académie a trouvé cet ouvrage intéressant, à quelques

Il a été arrêté que, le jeudi 22 du présent, la Compagnie s'assembleroit pour voir les tableaux et bas reliefs faits par les Élèves pour les Grands Prix, lesquels seront exposés à l'ordinaire le jour de St Louis

> *J Du Mont le Rom. — Vien — Galloche — Van Loo — Restout — C. De Vermont — Caylus — Le Chr de Valory — Vence — La Live de Jully — Jeaurat — J B Oudry — Adam l'aîné — Pigalle — Dandré-Bardon — Hallé — G. Duchange — Chardin — J. B Massé — Aved — Desportes — Poitreau — Vénevault — Cochin — Surugue le fils — Vassé — Roslin, Suédois — M. A Challe — Lépicié*

———

Le jeudi 22e Aoust, l'Académie s'est assemblée extraordinairement pour voir les tableaux et bas-reliefs faits par les Élèves pour les Grands Prix Après les avoir vûs, Elle a décidé que ces ouvrages seront exposés, pour le public, le jour de St Louis, et jugez le samedi 31 du présent par Mrs les Officiers et Académiciens, lesquels ne donneront leurs suffrages que le jour de l'assemblée, conformément aux précédentes délibérations, ce qui sera marque sur les billets de convocation

M *Allegrain* a remercié la Compagnie de la visite qu'Elle lui a fait faire au sujet de sa maladie

> *Louis de Silvestre — Galloche — J Du Mont le Rom. — Restout — Vien — Van Loo — Carle Vanloo — De Jullienne — Jeaurat — C de Vermont — Adam l'aîné — Pigalle — Dandré-Bardon — P Slodtz — Hallé — Allegrain — Lépicié — J. B Massé — J C. Roëttiers — Aved — Chardin — Desportes —*

changemens près. » A la fin du procès-verbal . « Approuvé la rature d'une ligne et d'un mot »

De la Tour — Vassé — Cochin — Cars —
Roslin, Suédois

Aujourd'hui, samedi 31ᵉ Aoust, l'Académie s'est assemblée, par convocation génerale, pour juger les Grands Prix faits par les Élèves sur deux sujets tirés de l'Ancien et du Nouveau Testament, dont l'un représente Mathatias, l'autre le Massacre des innocents

Élection de M Bergeret à la place d'Associé Libre — Avant d'y proceder, et relativement à la déliberation du 27 Juillet dernier, le Secrétaire ayant proposé l'Élection d'un Associé Libre, la Compagnie a rempli cette place, par la voie du Scrutin, en faveur de M. Bergeret, Receveur Général de Finances.

Mʳˢ *Dumont le Romain* et *Boucher* ont été chargez de lui en faire part au nom de l'Academie

Réception de M Falconnet, Sculpteur — Après quoi le Sʳ *Étienne Falconnet*, Sculpteur, natif de Paris, a présenté à l'assemblée, pour son ouvrage de Réception, la figure de Milon le Crotoniate, qu'il a exécutée en marbre de ronde-bosse, suivant le modèle qu'il a fait voir à l'Académie et qu'Elle a approuvé. Les voix prises à l'ordinaire, la Compagnie a reçu et reçoit ledit Sieur *Falconnet* Académicien, pour avoir séance dans les assemblées, et jouir des privilèges, honneurs et prérogatives attribués à cette qualité, en observant par lui les Statuts et Règlemens d'icelle Academie, ce qu'il a promis en prêtant serment entre les mains de Monsieur *de Silvestre*, Écuyer, Premier Peintre du Roy de Pologne, Directeur et Ancien Recteur.

Agrément de M Juliard, Peintre de Paysages — Le Sieur *Jacques-Nicolas Juliard*, Peintre de Paysage, natif de Paris, ayant fait apporter de ses ouvrages, la Compagnie, après les formalités requises à ce sujet, a agréé sa présentation, et ledit Sieur ira chez M *de Silvestre*, qui lui ordonnera ce qu'il doit faire pour sa réception

Jugement des Grands Prix — Ensuite, la Compagnie ayant receuilli et fait compter par les Commissaires les suffrages pour le jugement des Grands Prix,

Le Sieur *Chardin*, qui a fait le tableau marqué D, s'est trouvé mériter le premier Prix de Peinture,

Le Sieur *Bridan*, qui a fait le bas-relief marqué K, le premier de Sculpture,

Le Sieur *Jollain*, qui a fait le tableau marqué B, a aussi été jugé mériter le second de Peinture, et le Sieur *Bérué*, qui a fait le bas-relief marqué L, le second de Sculpture

Médaille donnée aux deux concourans aux Grands Prix de Sculpture — Et, à l'égard des nommes *Sigis* et *Le Comte*, qui ont aussi concouru pour les Grands Prix de Sculpture, la Compagnie a été si satisfaite de leurs bas-reliefs qu'Elle a bien voulu, pour les encourager, leur accorder, savoir · à *Sigis* une première Médaille d'argent, et à *Le Comte* une seconde

Le Sieur *Moneau*, Graveur et Académicien, a présenté à l'assemblée deux épreuves d'une planche qu'il a gravée d'après *Vovremens*, ayant pour titre . « Le quartier des Vivandiers » L'examen fait, la Compagnie a approuvé ladite planche pour faire jouir l'exposant des privilèges accordes à l'Académie par l'Arrêt du Conseil d'État du 28 Juin 1714

En terminant la seance, il a été décidé que, pour la distribution des Grands Prix de 1753, M. *de Silvestre* prendroit le jour de M. le Directeur Général en lui rendant compte du présent jugement

Louis de Silvestre — J Du Mont le Rom — Van Loo — Caylus — Vien — Restout — Carle Vanloo — Boucher — C. De Vermont — La Live de Jully — Le Clerc — Jeaurat — J B Oudry — Adam l'ainé — Coustou — Pigalle — Nattier — Dandré-Bardon — P Slodtz — Hallé — Allegrain — J B Massé — J C Roettiers — Poitreau — Chardin —

*L. Tocqué — Aved — Desportes — De la
Tour — L. Surugue — Sue — M A Challe
— J. Moyreau — Surugue le fils — Vassé —
Cars — Roslin, Suédois — Falconnet — Le
Bas — Lépicié.*

Aujourd'hui, samedi 7ᵉ Septembre, l'Académie s'est
assemblée, par convocation générale, comme étant un jour
indiqué par Monsieur de Vandières, Directeur et Ordonnateur Général des Bâtimens, pour faire la distribution
des Grands Prix de 1753

M. Bergeret, Associé-libre, prend séance — En ouvrant
la séance, M. Bergeret, élu Associé-libre dans l'assemblée
précédente, a remercié et pris rang en cette qualité

*M Watelet lit le 3ᵉ chant d'un poeme qu'il fait sur la
Peinture* — Ensuite M. Watelet, aussi Associé-libre, a lû
le 3ᵉ chant d'un poeme qu'il fait sur la Peinture.

Ce troisième chant a réuni les suffrages de toute la
Compagnie, et l'auteur en a été complimenté en particulier par M. de Vandières

*Distribution des Grands Prix par M. le Directeur Géné-
ral.* — Cette lecture faite, Monsieur le Directeur Général
a fait la distribution des Grands Prix de 1753, savoir

Le 1ᵉʳ Prix de Peinture au Sʳ *Monet;*

Le 1ᵉʳ Prix de Sculpture au Sʳ *D'Huez,*

Le 2ᵉ Prix de Peinture au Sʳ *St Aubin,*

Le 2ᵉ Prix de Sculpture au Sʳ *Bridan*

Monsieur de Vandières a aussi distribué les petits Prix
du Quartier de Janvier 1753, jusques et y compris celui
d'Octobre de la même année

*Députation pour aller remercier M le Directeur Géné-
ral* — L'assemblée finie, Monsieur le Directeur Général a
été reconduit avec le même ordre qu'à son arrivée, et il a
été décidé que M. *de Silvestre* et Mʳˢ les Officiers en exercice iroient, en Députation, le remercier de l'honneur

qu'il a fait aujourd'hui à l'Académie — *En marge* La
Députation s'est faite le lendemain, à 10 heures du matin,
8ᵉ Septembre.

> *Louis de Silvestre — Caylus — J. Du*
> *Mont le Rom. — Jeaurat — Van Loo — Res-*
> *tout — Carle Vanloo — C de Vermont — De*
> *Jullienne — La Live de Jully — Le Clerc —*
> *J B Oudry — Adam l'ainé — Coustou —*
> *Pigalle — P Slodtz — Hallé — Allegrain —*
> *Aved — Vien — Chardin — Desportes —*
> *Vassé — Cochin — Alex. Roslin le Suédois*
> *— Lépicié.*

———

Ce jour d'hui, samedi 28ᵉ Septembre, l'Académie s'est
assemblée, par convocation générale, pour la relevée du
Quartier et pour la lecture des délibérations prises pendant
ce tems.

Agrément du Sʳ La Grenée, Peintre d'Histoire. — Le
Sieur *Louis-Jean-François La Grenée*, de Paris, Peintre
d'Histoire, ayant fait apporter de ses ouvrages, la Compagnie, après avoir pris les voix à l'ordinaire et reconnu sa
capacité, a agréé sa présentation, et ledit Sieur ira chez
M. *de Silvestre*, Directeur, qui lui donnera le sujet de son
morceau de réception.

Visite des Salles. — Suivant l'arrêté du 29 Juillet 1747,
Mʳˢ les Officiers du Quartier ont fait la visite des Salles

Lettre écrite de la part du Magistrat et Conseil d'Utrect.
— En terminant la séance, le Secrétaire a fait lecture
d'une lettre de M. de Limiers, écrite de la part du Magistrat et Conseil d'Utrect, et adressée à Mʳˢ les Professeurs,
par laquelle ils les informent qu'ayant résolu d'établir une
Académie, ils ont jugé ne pouvoir suivre de meilleurs
règles que celles qui sont contenues dans les Statuts de
l'Académie Royale de Peinture et de Sculpture, qu'en conséquence, et pour y parvenir, ils prient instamment la Compagnie de vouloir bien les leur communiquer.

Sur cet exposé, la Compagnie, qui ne veut laisser échaper aucune occasion de contribuer au bien public et à l'avancement des Arts, a chargé le Secretaire de leur envoyer un exemplaire des Statuts, avec une lettre de félicitation et d'encouragement

> *Louis de Silvestre — Caylus — J. Du Mont le Rom. — Jeaurat — Van Loo — Restout — Carle Vanloo — C. de Vermont — La Live de Jully — Le Clerc — J. B Oudry — Adam l'ainé — Coustou — Pigalle — Nattier — P. Slodtz — Hallé — Allegrain — Vien — Chardin — Aved — Desportes — Droüais — Poitreau — M A Challe — Alex. Roslin le Suédois — Daullé — Vassé — Cochin — Lépicie.*

Lecture de la vie de Claude Mellan, Graveur, par M. Mariette — Le samedi 5e Octobre, l'Académie étant assemblée pour les Conférences, M. Mariette, Associé libre, les a ouvertes par la lecture de la vie de *Claude Mellan*, celèbre Graveur, aussi recommandable par la partie du génie, que par sa manière simple et spirituelle de conduire son burin, et de peindre les objets avec une seule taille

Cet ouvrage, rempli d'anecdotes intéressantes pour la personne de l'Artiste et de réflexions très utiles pour la gravure en général, a mérité de l'autheur l'approbation et la reconnoissance de la Compagnie.

> *Louis de Silvestre — Caylus — Galloche — Carle Vanloo — Pigalle — Mariette — La Live de Jully — Adam l'ainé — Bergeret — Hallé — C De Vermont — Allegrain — Vien — G. Duchange — J B Massé — Chardin — Silvestre — Cochin — M A.*

Challe — Vénevault — Alex. Roslin, Suédois
— Lépicié

———

Le samedi 26ᵉ Octobre, l'Académie s'est assemblée à l'ordinaire

Députation indiquée pour M le Marquis de Marigny. — Le Roy ayant nommé M le Marquis de Marigny Directeur Général des Bâtimens, la Compagnie a décide que M *de Silvestre* et Mʳˢ les Officiers en exercice iroient, au nom de l'Académie, lui en faire compliment, à son retour de Fontainebleau.

Liste de l'École académique de Marseille — M *Dandré-Bardon*, Directeur perpétuel de l'École de dessein etablie à Marseille, a présenté à l'assemblée la liste de cette Société naissante, que la Compagnie a bien voulu prendre sous sa protection

Service pour les deffunts — Ensuite on est convenu que, le premier samedi du mois prochain tombant sur la fête des trépassez, l'assemblée seroit remise à huitaine, auquel jour se fera aussi, à Sᵗ Germain-l'Auxerrois, le service pour le repos des âmes de Mʳˢ les Officiers et Académiciens decédés dans le courant de l'année et les précédentes.

Louis de Silvestre — Galloche — Pigalle — Restout — Caylus — Mariette — Adam l'aîné — C de Vermont — Coustou — Nattier — Dandré-Bardon — Vien — J. B. Massé — Hallé — Poitreau — M. A Challe — Drouais — Cochin — Roslin le Suédois — Lépicié

———

Le samedi 9ᵉ Novembre, l'Académie s'est assemblée pour les Conferences.

Lecture d'un mémoire de feu M Hulst sur les Adjoints à Recteurs — Le Secrétaire a occupé la séance par la

lecture d'un Mémoire de feu M. Hulst sur les Adjoints à
Recteurs, dans lequel il rend compte de l'établissement de
ces charges, de leurs fonctions et des privilèges qui y sont
attachés

Ce detail instructif et necessaire a rappelé l'utilité des
recherches laborieuses de ce digne Confrère et a fait regretter celles dont une mort trop prompte a privé la Compagnie.

Service pour les défunts célébré à St Germain-l'Auxerrois.
— Conformément à la dernière délibération, le service pour
les défunts a été célébré ce matin à St Germain l'Auxerrois

La prochaine assemblée tombant sur la fête de St André,
il a été résolu qu'elle seroit avancée d'un jour et se tiendroit le vendredi 29 du present

> *Louis de Silvestre — Carle Vanloo —
> Caylus — Coustou — Restout — J. Du Mont
> le Rom — C. de Vermont — De Jullienne
> — Mariette — Bergeret — Le Clerc — J B
> Oudry — Nattier — Dandré-Bardon — Hallé
> — Vien — L Tocqué — Aved — Boizot —
> Poitreau — Vassé — Roslin le Suédois — M.
> A Challe — Vénevault — Lépicié.*

———

Le vendredi 29e Novembre, l'Académie s'est assemblée
à l'ordinaire

Réception de M. Valade, peintre de portraits. — Le Sieur
Jean Valade, natif de Poitiers, Peintre de Portraits, a présenté à l'assemblée celui de M *de Silvestre*, Directeur, et
celui de M *Le Moine*, Professeur, qui lui avoient été
ordonnés pour ouvrage de réception. Les voix prises à
l'ordinaire, la Compagnie a reçu et reçoit ledit sieur *Valade*
Académicien, pour avoir séance dans les assemblées et
jouir des privilèges, honneurs et prérogatives attribués à
cette qualité, en observant par lui les Statuts et Règlemens
d'icelle Académie, ce qu'il a promis en prêtant serment

entre les mains de M. *de Silvestre*, Écuyer, Premier Peintre du Roy de Pologne, Directeur et Ancien Recteur

Agrément du Sr Châles, Sculpteur — Ensuite, le Sieur *Simon Châles*, de Paris, Sculpteur, ayant fait apporter de ses ouvrages, la Compagnie, après les formalités requises à ce sujet, a agréé sa présentation et lui a permis, à la pluralité des voix, sans cependant tirer à conséquence, d'exécuter en marbre, pour sa réception, le modèle d'une Nayade qu'il a montré. Accordé deux ans pour l'exécution de ce morceau

L'esquisse de M de La Grenée approuvée. — L'esquisse, que le Sieur *de La Grenée*, Peintre et Agréé, a fait voir du sujet de son morceau de réception representant l'enlevement de Dejanire, a été approuvée à la pluralité des voix, et la Compagnie lui a accordé un an pour l'exécuter

Rapport de la Députation à M le Marquis de Marigny. — L'Académie s'est acquittée, le samedi 16 du présent, de la Députation à M le Marquis de Marigny, Directeur et Ordonnateur Géneral des Bâtimens, indiquée dans la délibération du 26 Octobre dernier

Confirmation de la délibération du 5e Aoust 1752 concernant le concours des Adjoints à Professeurs — Sur les représentations du Secrétaire, la Compagnie, s'étant fait lire le Résultat du 5e Aoust 1752, concernant le concours des ouvrages des Académiciens pour parvenir au grade d'Adjoint à Professeur, a confirmé de nouveau ce Resultat et a résolu de le suivre à la rigueur, sans toutefois qu'il puisse avoir lieu pour monter aux places de Professeurs

Louis de Silvestre — Carle Vanloo — Galloche — Coustou — Van Loo — Restout — J Du Mont le Rom. — Hallé — Caylus — C De Vermont — De Jullienne — Mariette — Vence — Adam l'aîné — Jeaurat — Lalive de Jully — Pigalle — Nattier — Dandre-Bardon — E Bouchardon — Chardin — P Slodtz — Bergeret — Allegrain — Vien —

Desportes — M A. Challe — Boucher —
J C. Roettiers — L Tocqué — De La
Tour — J B Massé — Vénevault — J
Guay — Lépicié — Cars — Roslin le Sué-
dois — Vassé

Du Samedi 7ᵉ Décembre 1754.

Mort de M Vinache, Sculpteur et Académicien — L'Academie étant assemblée pour les Conférences, le Secrétaire
a notifié la mort de M *Vinache*, Sculpteur et Académicien,
arrivée à Paris le dimanche 1ᵉʳ Décembre 1754, âgé d'environ 58 ans

Ensuite on est convenu que, le dernier samedi du mois
tombant sur la fête des Innocents, l'Assemblee seroit remise
au mardi suivant, 31 du present

Carle Vanloo — Galloche — Nattier —
Van Loo — Caylus — Restout — Mariette —
Le Chᵉʳ de Valory — Coustou — Pigalle —
Dandré-Bardon — P Slodtz — J B Massé
— Vénevault — Surugue le fils — C De
Vermont — Vien — Falconet — Surugue le
fils (seconde signature). — Valade — Perron-
neau — Boizot — Roslin le Suédois — Lépicié

Du Mardi 31 Décembre 1754

L'Académie s'est assemblée, par convocation générale,
pour la relevée du Quartier et pour la lecture des délibérations prises pendant ce tems.

Députation à M le marquis de Marigny — Suivant
l'usage, la Compagnie a résolu de députer à M le Marquis
de Marigny, Directeur et Ordonnateur Général des Bâtimens, pour le complimenter au sujet de la nouvelle année.

La Députation sera composée de M. *de Sylvestre,*

Directeur, et de MM les Officiers en exercice Le jour, indiqué par M De Marigny, sera le vendredi 3e de Janvier, entre onze heures et midi.

M Hallé, Adjoint, nommé pour remplacer M Bouchardon — Cet arrangement pris, M. *Hallé*, Adjoint, a été nommé pour exercer à son rang le mois de Janvier prochain, à la place de M *Bouchardon*, Professeur, qui a prié la Compagnie de l'en dispenser

M. Le Moine le fils fait présent du monument de Rennes, gravé par M Dupuis — M *Le Moine*, de retour de Rennes, où il a été poser le monument en bronze qu'il a fait pour cette Capitale, représentant le Roy, la Déesse de la Santé et la Bretagne, après avoir rendu compte à la Compagnie des honneurs qu'il y avoit reçus et de la gratification de 50,000 l, qui lui avoit été accordée par Mrs les États, a fait présent de l'estampe de ce monument, gravée par M *Dupuis*, Academicien.

L'Académie, qui a pris beaucoup de part à cet événement, en a félicité M *Le Moine*, ainsi que de la grâce que le Roy lui a faite d'augmenter sa pension

Lecture [des lettres] de M. Saly et de Mrs de Marseille. — Ensuite il a été lu deux lettres de complimens sur le renouvellement d'année, l'une de M *Saly* et l'autre de Mrs les Associés et fondateurs de l'École Académique de dessein de Marseille M *Saly* ajoute par apostille que S. M Danoise l'a nommé Directeur de son Académie Royale de Peinture, Sculpture et Architecture

Estampes présentées par M. Surugue — M *Surugue* a présenté deux épreuves de deux planches qu'il a gravées d'après *Rimbrand*, ayant pour titre « Le philosophe en méditation » et « Le philosophe en contemplation, » que la Compagnie a approuvées, ainsi que celle de M. *Moireau*, représentant « Le depart des Cavaliers ».

M. *Restout* et le Secrétaire ont été chargés, à l'occasion du nouvel an, de visiter M *Le Moine* le père, que ses infirmités ne permettent pas de se trouver aux Assemblées.

*Présent fait de plusieurs exemplaires d'une brochure par
un amateur inconnu* — Après quoi, le Secrétaire a fait
lecture de l'Épitre d'une brochure adressée à la Compagnie
par un amateur inconnu et dont il fait présent de plusieurs
exemplaires à l'Académie, la brochure a pour titre :
« Nouveaux sujets de peinture et de sculpture. »

La visite des salles s'est faite par Mrs les Officiers de
Quartier, conformément au Résultat du 29 Juillet 1747

Avant de lever le siege, il a été ordonné une quête pour
des œuvres charitables, ainsi qu'il se pratique à pareil jour

Première quête   80 l 9 s

      Plus 24 l.   M Watelet.

Jugement des prix de quartier .

Première Médaille . *Pigalle, S*
Seconde Médaille   *Le Brun, S*
Troisième Médaille   *Verchoot, P.*

*Louis de Silvestre — Galloche — Caylus —
Carle Vanloo — Chardin — Boucher — Nat-
tier — Restout — Jeaurat — Le Cher de
Valory — C de Vermont — J. B Oudry — De
Julienne — J. B Massé — Lalive — Pierre —
Adam l'aîné — Lemoyne fils — Coustou —
Pigalle — Hallé — P Slodtz — Allegrain —
Vien — Dandré-Bardon — L. Tocqué —
Poitreau — De Lettre — Cars — M. A.
Challe — Vénevault — Vassé — Lépicié*

1755

Le samedi 4ᵉ Janvier, l'Académie a fait l'ouverture de ses
assemblées.

Rapport de la Députation a M le Directeur Général. —
En prenant scance, Mʳˢ les Députes ont rendu compte
qu'hier matin ils avoient eu une audiance très favorable de
M le Marquis de Marigny, Directeur et Ordonnateur
Général des Bâtimens, et que M. *de Silvestre*, portant la
parole, l'avoit complimenté au nom de la Compagnie

*Lecture des lettres de Mʳˢ Nattoire, Frontier et Non-
notte Second volume de la Vie des Peintres Flamands,
Allemands et Hollandois, présenté de la part de M. Descamps* — Le Secrétaire, après avoir lu les lettres de complimens de Mʳˢ *Nattoire, Frontier* et *Nonnotte,* a présenté,
de la part de M *Descamps*, Peintre et Membre de l'Academie des Sciences, Arts et Belles-lettres de la Ville de
Rouen, le second volume d'un ouvrage qu'il a fait sur la
vie des Peintres Flamands, Allemands et Hollandois.

La Compagnie a charge le Secrétaire de l'en remercier

*Restout — Van Loo — Carle Vanloo —
Caylus — Mariette — C. De Vermont —
Lalive — Adam l'aîné — Lemoyne fils —
Coustou — Pigalle — Danaré-Bardon —
P. Slodtz — Vien — Aved — De la Tour —
Vassé — Falconet — M A Challe — Roslin
le Suédois — Watelet — Surugue le fils —
Hallé — Cars — Chardin — Lépicié*

———

Mort de M Lépicié, Secrétaire et Historiographe.
M. Cochin est élu Secrétaire et Historiographe — Le
samedy 25ᵉ Janvier, l'Académie s'est assemblée, par convocation générale, pour procéder à remplir la place de Secrétaire et Historiographe, vacante par le décès de Mⁱ *Bernard*
Lépicié, mort le 17ᵉ Janvier, âgé de cinquante-six ans et
quelques mois Le Sʳ *Charles Nicolas Cochin* a été élu à
la pluralité des voix

Députation à M Oudri, malade — Ensuitte, la Compagnie étant informée que Monsieur *Oudri* étoit dangereusement malade, a nommé Mʳ *Pigalle* et Mʳ *d'André-Bardon*
pour lui faire visite de sa part, et, comme il a été déclaré
que M *Oudri* ne pourroit point poser le modèle pendant
le mois de Février, l'Académie a nommé M *Allegrain*,
Adjoint, pour poser à sa place.

> ` *Restout* — *Hallé* — *Van Loo* — *J. du Mont*
> *le Rom* — *Carle Vanloo* — *Boucher* — *C de*
> *Vermont* — *Caylus* — *De Jullienne* — *Le*
> *Chᵉʳ de Valory* — *Watelet* — *De Voyer d'Ar-*
> *genson* — *Mariette* — *Lalive* — *Le Clerc* —
> *Bergeret* — *Adam l'ainé* — *Jeaurat* — *Le-*
> *moyne fils* — *Coustou* — *Pierre* — *Pigalle* —
> *Nattier* — *Dandré-Bardon* — *P. Slodtʒ* —
> *Allegrain* — *Vien* — *J. B. Massé* — *Chardin*
> — *J C Roettiers* — *L Tocqué* — *Aved* — *Des-*
> *portes* — *De la Tour* — *Boiʒot* — *Poitreau*
> — *Le Sueur* — *Daullé* — *Surugue le fils* —
> *J Valade* — *M A Challe* — *Vassé* — *Fal-*
> *conet* — *Vénevault* — *Roslin le Suédois* —
> *Cars* — *Droüais* — *Cochin*

Aujourd'hui, samedi 1ᵉʳ Février, l'Académie s'est assem-
blée pour les Conferences
Remerciement à l'Académie par le nouveau Secrétaire,
Éloge abrégé de feu M Lépicié — En ouvrant la séance,

le Secrétaire a remercié la Compagnie de l'honneur qu'Elle lui a fait en le choisissant pour remplir la place de Secrétaire et Historiographe ; la Compagnie a ordonné que ce Discours seroit inscrit sur le registre

Lecture d'une lettre de M Lobel — Ensuitte le Secrétaire a terminé la séance par la lecture d'une lettre de politesse adressée à la Compagnie par M *Lobel*, Académicien, au sujet de la nouvelle année

> *Restout — Allegrain — J Du Mont le Rom — Boucher — C. De Vermont — Caylus — De Jullienne — Mariette — Bergeret — Adam l'ainé — Lemoyne fils — Coustou — Pigalle — Nattier — Dandré-Bardon — Hallé — Vien — Chardin — J. C Roëttiers — Aved — Roslin le Suédois — Vassé — Vénevault — Surugue le fils — Poitreau — Cars — C. Cochin*

Remerciement à l'Académie, par M. Cochin, en conséquence de sa nomination à la place de Secrétaire et Historiographe.

« Messieurs, — Pénétré de l'affection avec laquelle toute la Compagnie s'est portée à me conférer la place de Secrétaire et Historiographe de cette Académie, je ne puis différer davantage à vous en témoigner une profonde reconnoissance Dans les premiers moments de ma nomination, il ne m'eut pas été possible de vaincre la timidité qui saisit naturellement toute personne obligée de paroistre pour la première fois au milieu de vostre respectable Compagnie

« Occupé des sentiments que doivent m'inspirer vos bontés pour moy, dont je recevois une preuve si éclatante, agité de la crainte de n'avoir pas la capacité nécessaire pour répondre dignement à ces faveurs, envisageant les devoirs d'une place qui a été remplie avec tant de distinction par M *Lépicié*, mon illustre predécesseur, je sens combien j'ay besoin que la même indulgence qui m'y a élevé me soit continuée, et particulièrement dans ces commencemens

« La perte trop récente que nous venons de faire de cet excellent Académicien, m'empêche de rappeler à votre attention toute l'étendue du mérite qui vous le rendoit cher et qui excite en vous de si justes regrets Je ne m'arresteray donc point sur les qualités qui vous le faisoient aimer, et je ne vous parlerai que de celles par lesquelles il vous étoit principalement utile ; de cette intelligence supérieure qu'il joignoit à une profonde connoissance des Statuts et Règlemens de l'Académie, et qui étoit le fruit de beaucoup d'esprit, et d'une expérience de dix-huit années, pendant lesquelles il a rempli la place que vous lui avés confiée, du talent, qu'il possédoit si parfaittement, de coucher sur vos registres les délibérations de la Compagnie d'une manière claire, nette et précise, et, ce qui est plus important encore, il étoit rempli de cet esprit de conciliation necessaire pour réunir à un seul sentiment les diverses opinions qui peuvent partager vós assemblees.

« Je ne me flatte point de pouvoir lui succéder dans ces qualités brillantes, je ne puis vous offrir, Messieurs, que ce que j'ay de commun avec luy, c'est-à-dire le zele le plus ardent pour la gloire et les interêts de l'Académie. »

———

Aujourd'hui, samedi 22 Février, l'Académie s'est assemblee à l'ordinaire.

> *Louis de Silvestre — Cochin — Restout —*
> *Allegrain — C. De Vermont — De Jullienne*
> *Adam l'ainé — Lemoyne fils — Dandré-Bardon — P Slodtz — J B Massé — Hallé —*
> *L. Tocqué.*

———

Aujourd'hui, samedi 1er Mars, l'Académie s'est assemblée pour les Conférences

Lecture d'un discours de M Dandré-Bardon sur l'His-toire, pour l'instruction des Élèves protégés du Roy. —
En ouvrant la séance, M. *Dandré-Bardon*, Professeur,
nommé par le Roy à la place de Professeur de l'École
Royale des Élèves protégés, pour l'Histoire, la Fable et la
Géographie, a fait lecture d'un Discours, où il expose et
soumet au jugement de l'Académie le plan selon lequel il
se propose d'instruire les Élèves dans ces sciences, il les
expose sous trois vues essentielles, comme *la règle des
mœurs, l'ornement de l'esprit et le flambeau des Arts.* Cette
division, simple et lumineuse, est ensuitte subdivisée par
les principales époques et les évènements les plus impor-
tants de l'Histoire

La Compagnie a approuvé ce plan et a témoigné à
M. *d'André-Bardon* combien Elle est satisfaite de le voir
revêtu de cet honorable employ, satisfaction causée par
l'estime qu'Elle a pour un si digne Membre aussi bien que
par le vif interest qu'Elle prend à tout ce qui peut contribuer à l'instruction des Élèves

Le dernier samedi du présent mois tombant sur le
samedi saint, la Compagnie a jugé à propos d'indiquer
l'assemblée pour le samedi 22 de ce mois

*Indication du Commité pour la reddition des Comptes et
la répartition de la Capitation au samedi 22 du présent
mois* — Pareillement il a été résolu que, ce même jour 22,
Messieurs le Directeur, les Anciens Recteurs, Recteurs,
Adjoints à Recteurs, Professeur en exercice, et, à tour de
rôle, dans les anciens Professeurs, M *Le Clerc;* dans les
Professeurs, M *Oudri*, dans les Adjoints à Professeurs,
M *Allegrain;* dans les Conseillers, M *Tocqué* et le Secrétaire, et, dans les Académiciens, M *Auterau*, s'assembleront, à neuf heures précises du matin, pour régler le rôle
de la Capitation de 1755, ainsi que l'examen et l'arrêté du
Compte de 1754.

Mort de M. Larmessin. — En terminant la séance, le
Secrétaire a notifié la mort de M *Larmessin*, Graveur du

Cabinet du Roy et Académicien, arrivée à Paris le 28 Février, âgé d'environ 71 ans.

> *Louis de Silvestre — Galloche — Restout —*
> *Boucher — Van Loo — Pierre — Carle Van-*
> *loo — Caylus — De Jullienne — Mariette —*
> *C De Vermont — J. B Massé — Vence —*
> *Chardin — Jeaurat — Adam l'ainé — Le-*
> *moyne fils — Vassé — Coustou — J. C*
> *Roëttiers — Nattier — Dandré-Bardon —*
> *Hallé — Allegrain — P. Slodtz — L Tocqué*
> *— Aved — Desportes — Poitreau — M A.*
> *Challe — Vénevault — Falconet — Cochin*

———

Aujourd'hui, samedi 22 Mars, l'Académie s'est assemblée, par convocation générale, pour la lecture des délibérations du Quartier et pour délibérer sur les circonstances
présentes

Remerciement de M Oudri. — M. Oudri a remercié la
Compagnie de l'honneur qu'Elle lui a fait en lui envoyant
marquer l'interest qu'Elle prenoit à sa santé

Comité pour la Révision du Compte remis, scellés appo-
sés après la mort du S. Reidellet. — Le Secrétaire a
declare à la Compagnie que l'assemblée qui se devoit tenir
ce matin, pour la révision des Comptes de l'année 1754 et
pour la répartition de la Capitation, n'a pu avoir lieu à
cause de la mort du S⟨ᵗ⟩ Reydellet, Concierge et Receveur
de l'Académie, arrivée le 19 du présent mois, qu'en conséquence de cette mort, M. *de Silvestre*, Directeur, M *Res-*
tout, Recteur en quartier, M. *Pierre*, Professeur en exercice, et le Secrétaire, ont requis, au nom de la Compagnie,
Mʳˢ de la Prévoté de l'Hôtel du Roy d'opposer les scellés
chez ledit deffunt Reydellet, pour la sureté des fonds,
papiers et effets appartenant à l'Académie, qui pouvoient
être entre les mains dudit Concierge Receveur, ce qui a
été fait le même jour, 19 du présent mois, au matin

Mᵣ Chardin, Trésorier — L'Académie a jugé à propos
d'établir un Trésorier, conformément à l'article xix des
Statuts ordonnés par le Roi le 24 Décembre 1663 M *Chardin*, Conseiller, a été élu d'une voix unanime pour remplir
cette place et l'a acceptée aux termes portés dans l'article
susdit des Statuts

Pouvoir donné aux Officiers de suivre l'affaire du scellé
— L'Académie donne plein pouvoir aux Officiers qui
avoient été nommés par la délibération du 1ᵉʳ du présent
mois, pour régler le rôle de la Capitation et pour l'examen
du Compte de 1754, de continuer les suites de cette affaire
et de prendre les moiens convenables pour remédier aux
défauts du compte dudit Reydellet, s'il y en a

Lesdits Officiers s'assembleront extraordinairement, à la
réquisition de M. *de Silvestre*, Directeur, selon l'exigeance
des cas, M *de Silvestre* pourra aussi associer à ce Comité
les personnes dont il jugera les conseils nécessaires.

J B Guérin nommé Concierge, il prête serment. —
Ensuite l'Académie a nommé, à la pluralité des voix, Jean
Baptiste Guérin, pour remplir les places d'Huissier et de
Concierge, aussi longtems qu'Elle sera contente de sa fidélité et de ses services En conséquence, il a prêté serment
entre les mains de M *de Silvestre*, Directeur, de se soumettre à tous les ordres de l'Académie en général et à tous
ceux de ses Officiers en particulier, de lui garder le secret
et la fidélité, et d'avoir un soin exact des choses à lui confiées, etc

Portrait de la Reine présenté par M Nattier — M *Nattier* a présenté à l'Académie deux estampes du portrait de
la Reine, gravé, d'après le tableau original dudit Sr *Nattier*, par M *Tardieu*, Académicien Cette estampe a été
approuvée pour jouir du privilège accordé à l'Académie
par l'Arrest du Conseil d'État du 28 Juin 1714

Estampe d'après Téniers présentée par M Tardieu. —
M *Tardieu*, Académicien, a présente à la Compagnie deux
estampes dont le sujet est « le Médecin empirique, » d'après

Téniers La compagnie l'a approuvée pour jouir du susdit privilège

La lecture des délibérations remise à l'assemblée suivante

> *Louis de Silvestre — Caylus — Galloche — Pierre — Restout — Van Loo — J. Du Mont le Rom — Vence — De Jullienne — J. B. Oudry — Adam l'aîné — Carle Vanloo — Jeaurat — J C Roettiers — Chardin — L Tocqué — Aved — Coustou — Nattier — Pigalle — Dandré-Bardon — P Slodtz — Hallé — Allegrain — Vien — Desportes — De la Tour — Poitreau — Surugue père — M A. Challe — Surugue le fils — Tardieu — Cars — Vénevault — Falconet — Boizot — Vassé — Cochin*

Ici est écrit . Conté à Paris le 22 Octobre 1761 R[eçu] douze sols six d[eniers].

> Signature illisible

Aujourd'hui, samedi 5 Avril, l'Académie s'est assemblée pour les Conférences

Lecture des délibérations du quartier — Le Secrétaire a fait la lecture des délibérations du quartier précédent, qui avoit été remise à ce jour

Lecture d'un Discours de M Nonnotte — Ensuitte il a lu un Discours prononcé par M. *Nonnotte*, Académicien, lors de sa réception à la Société Royale de la Ville de Lyon le 29 Novembre 1754, et sur lequel il desire recevoir le sentiment de l'Académie Il y traitte du dessein, quant aux formes et surfaces que présente le corps humain Il fait ensuitte l'application de ses principes aux différents âges et aux différents sexes L'Académie a approuvé ce Discours et a ordonné au Secrétaire d'écrire à M *Nonnotte* pour lui en témoigner sa satisfaction.

M. Adam l'aîné, professeur, présente un livre de figures antiques. — M. *Adam*, Professeur, a présenté à la Compagnie un exemplaire d'un livre de figures antiques qu'il a fait graver.

M. Mariette et M. Jeaurat chargés de visiter M. de Jullienne. — M. *Mariette*, Associé-libre, et M. *Jeaurat*, Professeur, ont été chargés par la Compagnie de faire visite de sa part à M. de Jullienne, Amateur honoraire, qui est malade.

M. Restout et M. Carle Vanloo chargés de visiter M. Le Moine le père. — M. *Restout*, Recteur, et M. *Carle Vanloo*, aussi Recteur, sont pareillement chargés de visiter M. *Le Moine* le père, Ancien Recteur, actuellement malade.

Élèves admis à concourir aux Grands Prix. — L'Académie, après avoir vu les épreuves faittes par les Étudians pour concourir aux Grands Prix, a jugé capables d'y être admis les nommés *Nicolet, Du Rameau, Celony, Restout* et *Jollain* pour la Peinture, et les nommés *Berruer, Le Comte, Pigalle, Gois* et *Le Brun* pour la Sculpture[1].

> *Louis de Silvestre* — *P. Slodtz* — *Restout* — *Van Loo* — *Caylus* — *Carle Vanloo* — *Boucher* — *Jeaurat* — *Coustou* — *Mariette* — *Vence* — *Adam l'aîné* — *Pigalle* — *Bergeret* — *Nattier* — *Dandré-Bardon* — *Hallé* — *Allegrain* — *Vassé* — *Chardin* — *L. Tocqué* — *J. C. Roettiers* — *Desportes* — *Poitreau* — *Roslin le Suédois* — *M. A. Challe* — *Falconet* — *Surugue le fils* — *Cochin*

———

Aujourd'hui, samedi 26 Avril, l'Académie s'est assemblée à l'ordinaire.

Remerciement de M. de Jullienne. — En ouvrant la

———

1. En marge ces noms répétés en deux listes avec les accolades *Peintres, Sculpteurs.*

séance, M. de Julienne a remercié la Compagnie de la
visite qu'Elle lui a fait faire au sujet de sa maladie.

Assemblée par Commission indiquée au 3 May. —
Ensuitte, il a été arresté que M^{rs} les Officiers, nommés par
la délibération du 1er Mars, conjointement avec M le Professeur en exercice et M le Trésorier, s'assembleront le
samedi 3 May, à neuf heures du matin, pour régler le rôle
de la Capitation de l'année 1755.

*M Vien nommé pour exercer le mois de May à la place
de M Natoire, Professeur.* — L'Académie a nommé
M. *Vien,* Adjoint, pour exercer à son rang le mois de May
prochain à la place de M. *Natoire,* qui est à Rome.

> *Louis de Silvestre — Galloche — P. Slodtz*
> *— Restout — Caylus — C. de Vermont —*
> *Vence — De Jullienne — Mariette — Bergeret*
> *— Jeaurat — Adam l'aîné — Pierre — Nat-*
> *tier — Dandré-Bardon — Hallé — Allegrain*
> *— Vien — J B Massé — J C Roëttiers —*
> *Chardin — L. Tocqué — Poitreau — Des-*
> *portes — Vénevault — Falconet — Alex*
> *Roslin le Suédois — M A. Challe — C Co-*
> *chin* [1].

Aujourd'hui, samedi 3 May, l'Académie s'est assemblée
pour les Conférences et pour la ratification des affaires
reglées dans l'assemblée par Commissaires, indiquée au
matin de ce même jour

*Confirmation de l'assemblée par Commissaires tenue le
matin* — M^{rs} le Directeur, Recteurs, Anciens Recteurs,
Professeur en exercice, Trésorier, et un Officier, à tour
de rôle, dans chacune des classes de l'Académie, c'est-à-
dire des Anciens Professeurs, Professeurs, Adjoints à Pro-

1 Le verso du feuillet 108 est blanc et barré de trois traits,
avec en tête cette mention . « Passé cette page par distraction.
Cochin »

fesseur, Conseillers, conjointement avec le Secrétaire et un Académicien, aussi à tour de rôle, nommés pour établir le rôle de l'imposition et de la répartition de la Capitation de la présente année 1755, s'etant assemblés le matin de ce jour 3 May, le rôle en a été dressé et signé par lesdits sieurs Commissaires, nommés à cet effet, et déposé dans les Archives de l'Académie Copie en a été délivrée à M le Trésorier, pour par lui être pourvû au recouvrement des sommes y imposées, et à leur employ à l'acquit des droits dûs au Roy, et autres dépenses nécessaires à l'entretien de l'Académie

Mort de M Oudri — Ensuitte, le Secrétaire a notifié la mort de M *Oudry*, Professeur, arrivée à Beauvais le 30 Avril, âge de 69 ans et quelques mois.

Remis à remplir les places vacantes au mois de Juillet — L'Académie a remis de procéder à remplir les places vacantes par ce décès à la première assemblée du mois de Juillet et a décide que les Académiciens qui aspirent à la place d'Adjoint à Professeur seront tenus d'apporter de leurs ouvrages faits dans l'année, conformément à la délibération du 5 Aoûst 1752, confirmée le 29 Novembre 1754

Lecture des Anecdotes sur l'établissement de l'Académie par M Hulst — Le Secrétaire a fait lecture d'un manuscrit de feu M. Hulst, Amateur honoraire, contenant un récit détaillé de l'établissement de l'Académie Cet écrit, rempli d'anecdotes curieuses et intéressantes, est un des restes précieux qui demeurent en preuve du zèle et de l'attachement de cet illustre Amateur pour la Compagnie

Louis de Silvestre — Galloche — Vien — Van Loo — Restout — J. Du Mont le Rom. — Carle Vanloo — Boucher — C De Vermont — De Jullienne — Mariette — Pierre Jeaurat — Bergeret — Lalive — Nattier — Adam l'ainé — Dandré-Bardon — P. Slodtz — Hallé — Allegrain — Chardin — L Tocqué — Vassé — Surugue le fils — M. A. Challe — Poitreau — Cochin.

Aujourd'hui, samedi 31 May, l'Académie s'est assemblée à l'ordinaire.

Mort de M J L. Le Moine père, Sculpteur, Ancien Recteur — En ouvrant la séance, le Secrétaire a notifié la mort de M. *Jean Louis Le Moine*, Sculpteur, Ancien Recteur, arrivée dans son logement au Louvre le 4 May, âgé de 90 ans.

M L J F Lagrenée reçu. — Le Sieur *Louis Jean François La Grénée*, Peintre d'Histoire, natif de Paris, a présenté à l'assemblée le tableau qui lui avoit été ordonné, dont le sujet est l'enlèvement de Déjanire. Les voix prises à l'ordinaire, l'Académie a reçu et reçoit ledit Sr La Grenée Académicien, pour avoir séance dans les assemblées et jouir des privilèges, honneurs et prérogatives attribués à cette qualité, à la charge d'observer les Statuts et Règlemens de l'Académie, ce qu'il a promis en prêtant serment entre les mains de M *de Silvestre,* Écuyer, Premier Peintre du Roy de Pologne, Directeur et Ancien Recteur

M F H. Drouais agréé. — Le Sieur *François Hubert Drouais*, Peintre de Portraits, natif de Paris, fils de M. *Drouais*, Académicien, ayant fait apporter de ses ouvrages, la Compagnie, après avoir pris les voix à l'ordinaire et reconnu sa capacité, a agréé sa présentation, et ledit Sieur *Drouais* ira chez M le Directeur, qui lui ordonnera ce qu'il doit faire pour sa réception.

M P H. L'Archevêque agréé — Le Sieur *Pierre Hubert L'Archevêque*, Sculpteur, natif de Paris, ayant fait apporter de ses ouvrages, les voix prises à l'ordinaire, la Compagnie a agréé sa présentation, ledit Sieur ira chez M le Directeur, qui lui ordonnera le sujet de son morceau de réception

M. N. Desportes agréé. — Le Sieur *Nicolas Desportes*, Peintre dans le genre des animaux, natif de Bezanci en Champagne [1], nepveu du fameux *Desportes*, ci devant Conseiller en cette Académie, a présenté de ses ouvrages La

1. Buzancy, départ des Ardennes arrond de Vouziers.

Compagnie, après avoir procédé à l'ordinaire par la voye du scrutin, a agréé sa présentation.

> *Louis de Silvestre — Van Loo — Galloche — Vien — J Du Mont le Rom. — Carle Vanloo — Boucher — Caylus — C. De Vermont — Le Ch^{er} de Valory — Mariette — Vénevault — Bergeret — Jeaurat — Cochin — Adam l'aîné — Surugue le fils — Lemoyne — E Bouchardon — M A Challe — Coustou — Dandré-Bardon — Pierre — Pigalle — Nattier — Aved — Hallé — P. Slodtz — Allegrain — De Lagrénée — Desportes — Guay — J B. Massé — J. C Roëttiers — L Tocqué — Falconet — Chardin — Vassé — Roslin le Suédois — Cars — Drouais.*

Aujourd'hui, samedi 7 Juin, l'Académie s'est assemblée pour les Conférences.

Lecture d'un Discours de M le C de Caylus sur la nécessité des Conférences — Le Secrétaire a fait lecture d'un Discours de M. le Comte de Caylus sur la nécessité des Conférences Académiques, qui sont d'obligation par les Statuts, il en fait sentir l'utilité par les avantages que les Éleves en peuvent recevoir, et n'oublie rien pour encourager ceux que trop de timidité empêche de communiquer leurs réflections Enfin, il fait remarquer combien une suitte de Conférences donnée par l'Academie feroit honneur à ce Corps illustre en Europe, et de qui tous ceux qui aiment les Arts attendent les lumières nécessaires pour en bien juger

L'Académie a témoigné sa reconnoissance des nouvelles preuves d'un zèle éclaire que cet illustre Amateur ajoute à celles qu'il n'a cessé de donner en toute occasion

> *Louis de Silvestre — Galloche — Adam l'aîné — Restout — Vence — Lalive — Jeau-*

rat — Le Moyne — Coustou — Dandré-Bar-
don — Allegrain — J. B. Massé — Desportes
— Chardin — Aved — Falconet — Vassé —
Guay — M. A. Challe — Roslin le Suédois
— De Lagrénée — Surugue le fils — Cochin.

———

Aujourd'hui, samedi 28ᵉ Juin, l'Académie s'est assemblée, par convocation générale, pour la relevée du quartier et pour la lecture des délibérations prises pendant ce
temps.

M. de Silvestre continué Directeur. — En conséquence
de l'article IX des Statuts de 1663, où il est énoncé que le
Directeur sera changé tous les ans, si ce n'est que l'Académie trouve à propos de le continuer, l'usage étant d'y procéder à pareil jour, la continuation a été décidée unanimement par le Scrutin. M. *de Silvestre* ne s'étant pas trouvé
à l'assemblée pour laisser la liberté des suffrages, la Compagnie a chargé Mʳˢ les Officiers en exercice d'aller chez
lui lui faire part du résultat de la délibération.

M. Greuze agréé. — Le Sʳ *Jean Baptiste Greuze,* peintre
de genre particulier, natif de Tournus en Bourgogne,
ayant fait apporter de ses ouvrages, la Compagnie, après
avoir pris les voix à l'ordinaire et reconnu sa capacité, a
agréé sa présentation, et le Sieur *Greuze* ira chez M. le
Directeur, qui lui ordonnera ce qu'il doit faire pour sa
réception.

M. Flipart agréé. — Le Sieur *Jean Jacques Flipart,*
Graveur, natif de Paris, a présenté de ses ouvrages.
Les voix prises à l'ordinaire, l'Académie a agréé sa présentation et remis à l'assemblée prochaine la décision de
ce qu'il doit graver pour sa réception.

Suivant l'Arrêté du 29 Juillet 1747, Mʳˢ les Officiers en
exercice ont fait la visite des Salles.

Prix du quartier :

La première et la seconde Médaille mises en réserve.

La troisième Médaille : *Dumas,* S.

Galloche — Adam l'ainé — Van Loo — Res-
tout — J. du Mont le Rom. — Carle Vanloo
— C. de Vermont — Vence — Jeaurat — La-
live — De Voyer d'Argenson — Lemoyne —
Coustou — Pierre — Pigalle — Nattier —
Dandré-Bardon — Allegrain — Hallé — P.
Slodtz — Vien — Chardin — L. Tocqué —
Aved — Desportes — Falconet — De Lagrenée
— Poitreau — M. A. Challe — Droüais —
Le Sueur — Cars — Autreau — Tardieu —
Vénevault — Alex Roslin le Suédois — Su-
rugue le fils — Cochin.

Aujourd'huy, samedy 5 Juillet, l'Académie s'est assemblée, par convocation générale, pour remplir les places
d'Officiers, vacantes par la mort de M *Oudry*, *Professeur*.

En ouvrant la séance, M. *de Silvestre*, continué Directeur par l'assemblée précédente, a remercié la Compagnie
de l'honneur qu'Elle lui a fait en lui donnant une preuve
aussi flatteuse de son estime et de son affection.

M. Hallé monte au rang de Professeur — Les voix
ayant été prises par scrutin, M. *Hallé*, Adjoint à Professeur, est monté au rang de Professeur.

M. Falconnet est nommé Adjoint à Professeur. — Conformément au Règlement rétabli par plusieurs délibérations
précédentes, Mrs les Académiciens prétendants à la place
d'Adjoint à Professeur ayant fait apporter de leurs ouvrages,
la Compagnie, après les avoir examinés et pris les voix par
le scrutin, a nommé M. *Falconnet* Adjoint à Professeur

Il a été décidé que le Sr *Flipart*, Graveur, agréé à l'assemblée precedente, graveroit deux portraicts pour sa
réception à l'Académie, suivant l'usage ordinaire, il ira
chez M. le Directeur prendre ses ordres à ce sujet.

M Slodtz prent le mois de Février — M. *Slodtz* a
choisi le mois de Février à la place de celui d'Avril dans
lequel il professoit

*Louis de Silvestre — Galloche — J Du
Mont. le Rom — Caylus — Dandré-Bardon
— Van Loo — Restout — Boucher — Le
Clerc — C De Vermont — Jeaurat — Adam
l'aîné — Lemoyne — Bouchardon — Coustou
— Pierre — Nattier — Slodtz — Hallé —
Allegrain — Vien — Falconet — J B Massé
— L. Tocqué — Chardin — J C. Roettiers —
Cars — Desportes — Le Sueur — Boizot —
M A. Challe — De Lagrenée — Alex. Ros-
lin le Suédois — Vénevault — Cochin.*

———

Aujourd'hui, samedi 26 Juillet, l'Académie s'est assemblée à l'ordinaire.

*Exposition des tableaux ordonnée par M le D.-G. pour
cette année* — En ouvrant la séance, le Secrétaire a fait
lecture d'une lettre de Monsieur le marquis de Marigny,
Directeur et Ordonnateur Général des Bâtiments du Roy,
etc., par laquelle il avertit Messieurs de l'Académie Royale
de Peinture et de Sculpture que l'intention du Roy est
que, dans la présente année 1755 et au temps accoutumé,
il y ait exposition de leurs tableaux et modeles dans le
salon du Louvre, et qu'aussitôt après le Committe qui doit
déterminer les ouvrages qui y auront place, il en soit
informe, afin de donner ses ordres pour leur arrangement

Committé pour l'examen des tableaux ordonné par le 16.
— En conséquence, il a été réglé que, conformément aux
intentions du Roy, il y auroit le samedy 16 du mois
d'Aoust prochain, à trois heures, une assemblée particu-
liere pour examiner les ouvrages qui seront placés dans le
Salon, et on a nommé, par la voye du sort, inépendam-
ment de M le Directeur, de Mrs les Officiers en exercice,
de Mrs les Recteurs et Adjoints à Recteurs, qui sont de
tous les jugements, M. *Le Clerc*, Ancien Professeur,
M. *Jeaurat*, M. *Le Moyne*, M *Bouchardon*, M. *Pierre*,

M. *Dandré-Bardon* et M. *Hallé*, Professeurs, M *Allegrain*, M. *Vien* et M *Falconnet*, Adjoints à Professeurs, M. *Massé* et M. *Tocqué*, Conseillers

> *Louis de Silvestre — Caylus — J. Du Mont le Rom — Dandré-Bardon — Restout — C. De Vermont — Jeaurat — Adam l'aîné — Lemoyne — Pierre — Nattier — Hallé — Falconet — Allegrain — Vien — Chardin — Aved — Poitreau — De La Grénée — Alex. Roslin le Suédois — Cochin.*

Aujourd'huy, samedi 2 Aoust, l'Académie s'est assemblée pour les Conférences

Lecture d'une Dissertation de M le C de Caylus sur la gravure — M le Comte de Caylus a lû un discours sur la gravure. Cette Dissertation, aussi intéressante par la manière dont elle est écrite qu'utile par les principes qu'elle contient, a été fort agréable à la Compagnie, qui lui en a témoigné sa reconnoissance et l'a prié de continuer de lui faire part des réflexions solides que lui inspirent sa connoissance dans les Arts et son amour pour tout ce qui peut contribuer à leur avancement

Mort de M. Chastelain, Académicien — Ensuitte, le Secrétaire a notifié à la Compagnie la mort de M *Châtelain*, Académicien, Inspecteur de la Manufacture Royale des Gobelins, arrivé cejourd'huy 2 Aoust, âgé de 81 ans

> *Louis de Silvestre — Galloche — J Du Mont le Rom — Caylus — Le Moyne — Boucher — Restout — C De Vermont — Mariette — Watelet — Lalive — Le Clerc — Jeaurat — Pierre — Pigalle — Adam l'aîné — Nattier — Dandré-Bardon — P. Slodtz — Hallé — Allegrain — Vien — Falconet — J B Massé — Chardin — L. Tocqué — Aved — Desportes — Vernet — Poitreau — De Lagrenée — Vénevault — Cochin.*

Les Prix de Peinture et de Sculpture suspendus pour cette année. — Le samedi 23 Aoust, l'Académie s'est assemblée extraordinairement pour examiner les tableaux et bas-reliefs faits par les Élèves pour les Grands Prix. Après les avoir vûs, la Compagnie, les ayant trouvés trop foibles, a décidé que les Prix seroient suspendus jusques à l'année suivante et qu'ils ne seroient pas exposés en public.

M. Chardin nommé pour présider à l'arrangement des tableaux au Salon. — Ensuitte, le Secrétaire a fait lecture du Résultat de l'assemblée tenue par Committé le 16 du présent mois, par laquelle M. *Chardin*, Trésorier, a été chargé, selon l'ancien usage, de présider à l'arrangement des tableaux exposés au Salon, M. *Portail*, chargé de cet employ par Monsieur le Directeur Général des Bâtiments du Roy, n'ayant pu faire ce service pour cause de maladie.

> *Louis de Silvestre — Galloche — J. Du Mont le Rom. — Lemoyne — Caylus — Van Loo — Restout — Carle Vanloo — Boucher — C. De Vermont — De Jullienne — Vence — La Live — Bergeret — Adam l'ainé — Coustou — Pigalle — Nattier — Dandré-Bardon — Hallé — P. Slodtz — Allegrain — Vien — Falconet — J. B. Massé — J. C. Roëttiers — Aved — Droüais — De Lagrenée — Vénevault — Cochin.*

———

Aujourd'huy, samedi 30 Aoust, l'Académie s'est assemblée à l'ordinaire.

Remerciement à M. Le Moine, Professeur. — En ouvrant la séance, l'Académie a remercié M. *Le Moine*, Professeur en exercice, du soin qu'il a bien voulu prendre de restaurer lui-même une des figures Antiques de l'Académie qui étoit mutilée.

Mémoire sur la Peint. à l'encaustique par M. le C. de Caylus. — M. le Comte de Caylus a fait présent à la Com-

pagnie d'un mémoire sur la Peinture à l'encaustique et
sur la Peinture à la cire, de sa composition, où il donne
tous les détails de cette découverte et les moyens de la
mettre en œuvre. L'Académie lui en a témoigné sa reconnoissance

M Wille agréé. — Ensuitte, le Sieur *Jean Georges
Wille*, Graveur, natif de Kœnigsberg dans la Hesse, ayant
fait apporter de ses ouvrages, la Compagnie, après avoir
pris les voix à l'ordinaire et reconnu sa capacité, a agréé
sa présentation, et le Sr *Wille* irâ chez M le Directeur,
qui lui ordonnera ce qu'il doit faire pour sa réception

*Lettre de MM les Associés de l'École Académique de
Marseille.* — Le Secrétaire a fait lecture d'une lettre de
Messieurs les fondateurs et Associés de l'École Académique de dessein établie à Marseille, par laquelle ces
Messieurs présentent à l'Académie de leurs desseins. La
Compagnie, après les avoir vûs, a ordonné au Secrétaire
de répondre à ces Mrs et de leur témoigner la satisfaction
que lui causent ces fruits de leur émulation Leur lettre
sera inscritte sur le registre à la suitte de la présente délibération.

> *Louis de Silvestre — Galloche — J. Du
> Mont le Rom. — Lemoyne — Van Loo —
> Restout — Carle Vanloo — De Jullienne —
> Vence — C. De Vermont — Le Clerc —
> Jeaurat — Adam l'ainé — Coustou — Nattier
> — Dandré-Bardon — P. Slodtz — Falconet
> — Hallé — Allegrain — Vien — J B. Massé
> — L Tocqué — G. Duchange — Chardin —
> Aved — Desportes — Vénevault — De Lagre-
> née — M. A Challe — Poitreau — Perron-
> neau — Cochin.*

*Lettre de Messieurs les fondateurs de l'École Académique
de dessein, établie à Marseille, à Messieurs de l'Académie Royale de Peinture et de Sculpture à Paris.*

« Messieurs, — M. *Dandré-Bardon*, notre Directeur
perpétuel, nous fera l'honneur de vous présenter quelques
académies dessinées par quelques uns des membres de
notre École Académique, que nous lui avons fait parvenir,
non comme un tribut de la protection que vous nous avez
gratuitement accordé, mais comme un foible témoignage
de la reconnoissance que nous devons aux bontez que
vous avez pour nous. Daignez, Messieurs, nous les continuer ; nos foibles talents l'exigent et vous exposeront beaucoup mieux nos besoins que les paroles. Aussi, nous ne
les employons qu'à faire des vœux ardens pour la conservation de vos respectables personnes et la durée de vos
jours, si chers à l'État pour les progrès des Beaux-Arts,
dont vous estes les dépositaires.

« Nous sommes, avec beaucoup de respect, Messieurs,
vos très humbles et très obéissants serviteurs les Associez
de l'École Académique du dessein de Marseille.

« Kapeller, Secrétaire perpétuel de l'Acad.
« A Marseille, le 28 Juillet 1755. »
Le Secrétaire a répondu à cette lettre le 6 Septembre.

––––––––

Le samedi 6 Septembre, l'Académie s'est assemblée
pour les Conférences.

Remerciement à M. Chardin. — M. le Directeur a
remercié, au nom de la Compagnie, M. *Chardin* des soins
qu'il a bien voulu se donner pour l'arrangement des
tableaux du Salon.

*Lecture par M. Desportes d'un Discours sur la théorie et
la pratique.* — M. *Desportes*, Conseiller, a lu un Discours
sur la nécessité de joindre la théorie des règles avec une
pratique suivie, pour porter les Arts à leur plus haut dégré

de perfection. Cette dissertation a paru très judicieuse à la Compagnie, qui lui en a fait compliment.

Assemblée indiquée pour la Distribution des Prix. — Ensuitte, le Secrétaire a déclaré à la Compagnie qu'il y auroit assemblee extraordinaire le mercredi 10 du présent mois, jour indiqué par Monsieur le Directeur Général, pour faire la Distribution des Grands Prix et des Médailles du dessein de l'année 1754

> *Louis de Silvestre — Galloche — J Du Mont le Rom — Jeaurat — Caylus — Restout — C de Vermont — De Jullienne — Watelet — Vence — Adam l'ainé — Lemoyne — Pigalle — Nattier — Dandré-Bardon — J. B. Massé — Hallé — P. Slodtz — Vien — Falconet — Chardin — L. Tocqué — Poitreau — Desportes — Drouais — Silvestre — Perronneau — Vénevault — De Lagrenée — Le Sueur — Roslin le Suédois — Cochin*

———

Distribution des Prix par M de Marigny — Aujourd'huy, mercredi 10 Septembre, l'Académie s'est assemblée, par convocation générale, comme étant un jour indiqué par Monsieur le Marquis de Marigny, Directeur et Ordonnateur Général des Bâtimens du Roy, pour faire la Distribution des Grands Prix de l'annee 1754.

Les Prix distribuez. — Monsieur le Directeur Genéral a fait la Distribution des Grands Prix de 1754, scavoir

Le 1er Prix de Peinture au S. *Chardin;*

Le 1er Prix de Sculpture au S *Bridan,*

Le 2e Prix de Peinture au S *Joullain;*

Le 2e Prix de Sculpture au S *Bérué*

Monsieur le Directeur Géneral a aussi distribué les petits Prix de cette même année 1754

Lecture du Poeme de M Watelet sur la Peinture — Ensuitte, M. Watelet, Associé-libre, a lû le Poëme qu'il a fait sur la Peinture, dont il avoit lû les trois premiers Chants les années précédentes.

La Compagnie a donné les plus grands applaudissements à cet ouvrage[1].

L'assemblée finie, Monsieur le Directeur Général a été reconduit avec le même ordre qu'à son arrivée, et il a été décidé que M. *de Silvestre*, avec Mrs les Officiers en exercice, iroient en Députation le remercier de l'honneur qu'il a fait aujourd'huy à l'Académie.

En marge : La Députation s'est faitte le mardi 16 de Septembre, à 11 heures et demie du matin.

> *Louis de Silvestre — Galloche — J. Du Mont le Rom. — Dandré-Bardon — Van Loo — Restout — Carle Vanloo — C. de Vermont — Vence — Lemoyne — Coustou — Pierre — P. Slodt₅ — Hallé — Allegrain — J. B. Massé — Falconet — Vien — Chardin — De Lagrenée — J. Daullé — Roslin le Suédois — Perronneau — Cochin.*

———

Aujourd'huy, samedi 28 Septembre, l'Académie s'est assemblée, par convocation générale, pour la relevée du Quartier et la lecture des délibérations prises pendant ce temps.

Messieurs les Officiers en exercice ont fait la visite des salles.

Le Secrétaire a fait la lecture des délibérations prises pendant ce Quartier.

1. Cette mention était d'abord écrite avant celle de la distribution des Prix et commençait par : « En ouvrant la séance, M. Watelet... » Cochin a corrigé l'erreur par cette rectification : « Il y a icy une transposition ; les Prix ont été donnés avant la lecture, M. le Directeur Général l'ayant souhaitté ainsi. On doit donc lire : *En ouvrant la séance, M. le Directeur Général a fait, etc.*, et après : *Ensuitte M. Watelet, etc.* — C. »

Ensuite, il a rendu compte à la Compagnie que la Députation s'étoit faite le mardi 16 du même mois

Prix du quartier .

1re Médaille : *Nicolet*, P

2e · *Celoni*, P

3e . *Perottin*, S

Médailles réservées du quartier précédent

1re Médaille . *Verbreck*, S.

2e . *Pollet*, S.

> *Louis de Silvestre — Galloche — J. Du Mont le Rom. — Dandré-Bardon — Van Loo — Restout — Carle Vanloo — Adam l'aîné — De Jullienne — Pierre — Vence — Lemoyne — Coustou — P. Slodtz — Hallé — Allegrain — Vien — J. B. Massé — Falconet — Cars — Chardin — Vénevault — Droüais — Poitreau — De Lagrenée — J Daullé — Perronneau — Roslin le Suédois — Cochin.*

Le samedi 4 Octobre, l'Académie s'est assemblée pour les Conférences

Lecture d'une Dissertation sur la légèreté de l'outil par M le C de C. — Mr le Comte de Caylus les a ouvertes par un Discours sur la légèreté de l'outil dans l'éxécution des ouvrages. Ce Discours a été trouvé excellent par toute la Compagnie

Réglement pour laisser entrer tous les Élèves aux figures de Médailles — Ensuitte, il a été décidé que, conformément aux anciens usages, tous les Élèves seroient admis à dessiner aux figures destinées pour concourir aux Médailles.

> *Louis de Silvestre — Galloche — Carle Vanloo — Pigalle — Restout — C De Vermont — De Jullienne — Nattier — Vence —*

> *Coustou — Dandré-Bardon — P Slodt͜z —*
> *Hallé — Allegrain — Vien — Falconet — J*
> *B Massé — J C Roëttiers — Chardin —*
> *Desportes — Alex. Roslin le Suédois — De*
> *Lagrenée — Vénevault — Cochin.*

M *de Silvestre,* Directeur, absent, M. *Carle Vanloo,* Recteur en exerc , M *Pigalle,* Prof. en exerc [1]

Aujourd'huy 25 Octobre 1755, l'Académie s'est assemblée à l'ordinaire.

Lecture des Statuts — Ne s'étant présenté aucune affaire pour occuper la séance, le Secrétaire à fait la lecture des Statuts de l'Académie

Indication du service pour les défunts. — Ensuitte, il a été réglé que, le premier samedi du mois prochain tombant sur la feste de la Toussaints, l'assemblée seroit remise à huitaine, c'est à dire au samedi 8 Novembre, auquel jour sera aussi fait, à St Germain l'Auxerrois, le service pour le repos des âmes de Mrs les Officiers et Académiciens décédés dans le courant de l'année et dans les précédentes.

> *Carle Vanloo — Pigalle — Caylus — Res-*
> *tout — Bergeret — Jeaurat — Vence —*
> *Adam l'ainé — Coustou — Dandré-Bardon —*
> *P. Slodt͜z — Hallé — Allegrain — Vien —*
> *Falconet — J. B Massé — Chardin — Cars*
> *— Autreau — Vénevault — De Lagrenée —*
> *Roslin le Suédois — Cochin.*

M. *de Silvestre,* Dir — M *C. Vanloo,* Rect. — M *Coustou,* Prof.

Aujourd'huy, samedi 8 Novembre, l'Académie s'est assemblée pour les Conférences

1. A partir de ce procès-verbal, Cochin met régulierement en la marge les trois noms du Directeur, du Recteur en exercice et du Professeur en exercice. Nous mettrons cette mention en tête de chaque procès-verbal

Lecture d'un Discours de M. Restout — M *Restout*, Recteur, les a ouvertes par un Discours sur les principes de la Peinture Il y expose aux Élèves les règles auxquelles il s'assujétit en opérant et les conseils qu'il a reçus du grand *Jouvenet,* son oncle, et du célèbre M. *de Largillière* Ce Discours, excellent et instructif, a été écouste par la Compagnie avec le plus grand plaisir, et Elle lui en a témoigné sa satisfaction.

Service pour les défunts. — Conformément à la dernière délibération, le service pour les defunts a été célébré ce matin à St Germain l'Auxerrois.

> *Louis de Silvestre — Carle Vanloo — Coustou — Restout — Caylus — C. De Vermont — Vence — Bergeret — Le Clerc — Lemoyne — Nattier — Dandré-Bardon — P. Slodtz — Falconet — Hallé — Vien — J. B Massé — Chardin — Poitreau — Roslin le Suédois — Droüais — Boizot — Cars — Vénevault — Cochin*

M *de Silvestre,* Dir — M. *C Vanloo,* Rect — M. *Coustou,* Prof

Aujourd'huy, samedi 29 Novembre, l'Académie s'est assemblée à l'ordinaire

M de Machy, P d'Arch., agréé. — Le S *Pierre Antoine de Machy,* Peintre d'Architecture, natif de Paris, ayant fait apporter de ses ouvrages, la Compagnie, après avoir pris les voix par le scrutin et reconnu sa capacité, a agréé sa présentation, et le Sr *Machi* ira chez M le Directeur, qui lui ordonnera ce qu'il doit faire pour sa réception

Rapport de l'état de la succession de Reydellet — Le Secrétaire a rapporte à la Compagnie que, par l'état fait des effets de la succession de feu Reydellet, et des créanciers admis à prétendre au partage de cette succession, il résulte que les créances montent à 9,988 l. 17 s , non compris la créance de l'Académie, que les deniers de la vente des meubles de Reydellet, seuls objets actifs de sa succession, se trouvoient monter à 2,533 l. 15 s., sur laquelle somme il a déjà été consommé, pour frais d'opposition et de levée de scellés, d'inventaire et de vente, la somme de 1,215 l. 15 s. 6 d.; qu'il y auroit encore à prélever 800 l. au moins de frais, tant de l'instance de préférence poursuivie contre les créanciers que de la contribution des deniers restants, qui se trouvent réduits à environ 500 l.

Renonciation de l'Académie. — Sur quoy, l'Académie ayant consideré que, quoique la succession de Reydellet ait un compte à rendre d'où il résulteroit un reliquat, par l'effet de la contribution il n'indemniseroit pas des frais et des démarches qu'il exigeroit, — a décidé qu'Elle se désiste et abandonne toutes ses poursuites qui pourroient être faites pour demander la reddition de ce compte ou pour entrer dans cette contribution. L'Académie a aussi décidé qu'à l'égard des fournitures, faittes par quelques marchands pour le service de l'Académie sur la confiance accordée par Elle au Sr Reydellet, que l'insolvabilité de sa succession laisse à payer, l'Académie donne plein pouvoir à M. *Chardin*, Trésorier, et laisse à sa prudence les arrangements nécessaires pour y satisfaire, ayant égard à l'honneur et aux intérests de la Compagnie.

Réglement pour les fils d'Académiciens et les Élèves protégés. — Ensuitte, sur ce qu'il a été représenté que les fils d'Académiciens, qui sont appelés les premiers pour entrer dessiner d'après le modèle, restent dans la Salle de l'Hercule, tandis que les Élèves protégés, qui ne sont appelés qu'ensuite, avoient l'entrée dans le corridor; que d'ailleurs, si l'on accordoit cette même grâce aux fils d'Académiciens, cela produiroit un trop grand nombre de personnes qui pourroient troubler le Professeur dans son exercice, l'Académie a décidé que les fils d'Académiciens et les Élèves protégés resteroient dans la Salle de l'Hercule, pour y être appelés selon l'ordre de la liste.

Louis de Silvestre — Carle Vanloo — Cous-

tou — *Vanloo* — *Galloche* — *Restout* — *C.
De Vermont* — *De Jullienne* — *Mariette* —
Jeaurat — *Pierre* — *Adam l'ainé* — *Pigalle*
— *Nattier* — *Dandré-Bardon* — *P Slodtz* —
Falconet — *Hallé* — *Allegrain* — *Vien* — *J.
B Massé* — *Chardin* — *Aved* — *De la Tour*
— *Surugue le fils* — *Droüais* — *Roslin le
Suédois* — *Vénevault* — *Cochin.*

M. *de Silvestre*, Dir.—M. *Carlo Vanloo*, Rect.—M. *P. Slodtz*, Prof

Aujourd'huy, samedi 6 Décembre, l'Académie s'est assemblée pour les Conférences.

Lecture d'un manuscrit de M. Hulst — Le Secrétaire a repris la lecture d'un manuscrit de feu M Hulst, honoraire Amateur de cette Académie, intitulé : « Détails anecdotes concernant l'établissement et la restauration de l'Académie, etc »

Ensuitte, on est convenu que, le dernier samedi de ce mois tombant sur la feste de St Jean, l'assemblée seroit remise au mercredi suivant, 31 du présent.

Louis de Silvestre — *Carle Vanloo* — *P.
Slodtz* — *Restout* — *Mariette* — *Adam l'ainé*
— *Vence* — *Dandré-Bardon* — *Hallé* — *Vien*
— *Falconet* — *Poitreau* — *Roslin le Suédois*
— *De La Grénée* — *M. A. Challe* — *Cochin.*

M *de Silvestre*, Dir. — M *Carle Vanloo*, Rect —M. *Slodtz*, Prof.

Aujourd'huy, mercredy 31 Décembre, l'Académie s'est assemblée, par convocation générale, pour la relevée du quartier et pour la lecture des délibérations prises pendant ce temps

Mort de Mr d'Isle — Le Secrétaire a notifié à la Compagnie la mort de M. Jean Charles Garnier, Écuyer, Seigneur d'Isle, Controlleur général des Bâtiments, Jardins et Manufactures du Roy, Associé libre de cette Académie, arrivée en son logement à l'Orangerie des Thuilleries le 12 du présent mois, âgé d'environ 58 ans.

La Compagnie a remis l'élection à la place d'Associé libre vacante à l'assemblée suivante.

Réglement pour l'acte du jugement des Prix du Quartier. — Ensuitte, le Secrétaire a représenté à la Compagnie que l'usage où l'on a été jusqu'icy d'inscrire l'acte du jugement des Prix du Quartier sur des feuilles volantes, exposoit cet acte à être facilement perdu ; que quelques uns même ne se retrouvoient plus ; qu'ainsi il paraitroit plus convenable de suprimer cet acte et d'inscrire doresnavant ce jugement plus au long sur le registre de l'Académie, où il se trouveroit conservé avec plus de certitude. L'Académie a approuvé ce changement et a ordonné qu'il auroit lieu à l'avenir.

Prix du quartier : 1er, *Le Brun, S.;* 2e : *Heems, P.;* 3e : *Du Vivier, S.* — En conséquence, le jugement des prix du Quartier a été inscrit ainsi qu'il suit : Ce même jour, Messieurs les principaux Officiers de l'Académie, savoir : M. le Directeur, M. le Chancelier, M. le Recteur en exercice, Mrs les Professeurs ayant exercé les trois mois du Quartier, ou Mrs les Adjoints ayant fait leurs fonctions, M. le Trésorier et le Secrétaire, conjointement avec Mrs les Recteurs et Adjoints à Recteurs, étant assemblez pour adjuger les Prix qui s'accordent tous les trois mois, sur les académies des Étudiants d'après le modèle, ont jugé que le nommé *Le Brun*, S., a mérité le premier Prix, *Heems*, P., le second, et *Duvivier*, S., le troisième.

Députation à M. le Directeur Général. — Suivant l'usage, la Compagnie est convenue d'aller en Députation chez M. le Marquis de Marigny, Directeur et Ordonnateur Général des Bâtiments du Roy, etc., pour le complimenter au sujet de la nouvelle année. La Députation sera composée de M. *de Silvestre*, Directeur, et de Mrs les Officiers en exercice. Le jour indiqué par M. le Directeur Général sera le samedi 3 Janvier, entre onze heures et midi.

Lettre de M. Frontier, lettre de Mrs les Associés de l'École Acad. de Marseille — Ensuitte, il a été fait lecture de deux lettres de compliment à la Compagnie sur le renouvellement de l'année, l'une de M Frontier, Adjoint à Professeur, actuellement à Lyon, l'autre de Mrs les Associés fondateurs de l'École Académique du dessein à Marseille.

M Falconnet nommé pour professer — M. Falconet, Adjoint à Professeur, a été nommé pour exercer à son rang le mois de Janvier prochain à la place de M *Bouchardon*, qui a prié l'Académie de l'en dispenser

Quête — Il a été fait une quête pour des œuvres charitables, ainsi qu'il se pratique à pareil jour. — La quête a monté à 136 l 4 s

Estampes présentées par M. Moireau. — M. Moireau, Graveur, Académicien, a présenté à l'Académie deux estampes intitulées « Départ pour la chasse à l'oiseau, » gravée d'après le tableau de *Wouvermens*, pour obtenir le privilège

En terminant la séance, il a été décidé que, le premier samedi du mois de Janvier tombant sur la feste de Ste Geneviève, l'assemblée seroit remise au samedi suivant, 10 du même mois, et le Secrétaire a fait la lecture des délibérations du Quartier

> *Louis de Silvestre — Carle Vanloo — Galloche — Cochin — P. Slodtz — Jeaurat — Van Loo — Restout — Desportes — Mariette — Hallé — M A Challe — Surugue le fils — De Jullienne — C. De Vermont — Bergeret — Poitreau — Le Clerc — Lemoyne — Adam l'aîné — Bouchardon — Coustou — Pigalle — Nattier — Dandré-Bardon — Perronneau — De la Tour — Allegrain — Vien — Falconet — J B. Massé — Chardin — L. Tocqué — Cars.*

TABLE DU SIXIÈME VOLUME.

·

	Pages
1745.	1
1746.	21
Lettre écrite à M Orry au sujet de l'escalier de l'Académie .	29
Réponse de M Orry	30
1747.	42
Lettre de M. de Tournehem.	45
Lettre de M de Tournehem au sujet de M. Fréret et d'achat de livres .	52
Extrait du Discours de M. de Caylus sur un tableau de Titien . . .	74
Discours de M Coypel à la séance du 31 Décembre .	83
1748.	85
Discours de M. Coypel à propos de la Vie d'Antoine Watteau . . .	90
Discours de M. Coypel à propos de la vie de Trémollières . .	100
Discours de M Coypel en réponse à la Conférence de Desportes . . .	107
Lettre de M. de Tournehem au sujet de l'examen à faire des ouvrages du Salon .	108
Discours de M Coypel aux Élèves de l'Académie	116
Réponse de M Coypel au Discours de M Watelet sur la poésie dans la Peinture .	118
Réponse de M Coypel a M de Caylus sur la Vie de Lemoine . .	124
Réponse de M Coypel a Desportes sur la Vie de son père	128
Règlement au sujet des Aspirants .	134
Réponse de M Coypel au Discours de M de Caylus sur l'Amateur . . .	136
Réponse de M Coypel au Discours de Leclerc sur la perspective . . .	141
Réponse de M. Coypel a M de Caylus sur la Vie de Lesueur . .	142

Règlement au sujet de l'établissement de l'École Royale
des Élèves protégés . . 146
1749 . . 150
Réponse de M. Coypel au Discours de M Massé sur les
devoirs des Élèves 151
Règlement au sujet de l'étude des antiques . . 161
Réponse de M Coypel au discours d'Oudry sur la ma-
nière d'étudier la couleur 167
Discours du Secrétaire en présentant les deux Recueils de
M. Hulst 171
Réponse de M Coypel à Desportes sur la Vie de Lebrun 178
Réponse de M Coypel au Discours de Massé sur la néces-
sité de connoître l'Antique et l'anatomie. . . 182
1750. 191
Réponse de M. Coypel à M de Caylus sur la Vie de
Lerambert 192
Réponse de M. Coypel au même sur la Vie de Guillain 196
Réponse de M. Coypel au Discours de Tocqué sur le
Portrait 200
Réponse de M. Coypel au Discours de Massé sur le choix
des talens divers que renferme la Peinture . . . 205
Réponse de M Coypel à M de Caylus sur la Vie de Girar-
don . . . 210
Réponse de M Coypel au Discours de Galloche sur la
manière de conduire les Élèves des élémens du des-
sein à l'étude des Antiques. . 214
Lettre du Directeur Général au sujet du tableau d'André
del Sarte mis sur toile par Picault . 216
Réponse de M. Coypel à M de Caylus sur les Vies de Phi-
lippe Buyster et de Thomas Poissant . 219
Discours du Comte de Caylus au sujet du portrait de
Dufresnoy par Lebrun, dont il fait présent à l'Acadé-
mie 222
Réponse de M. Coypel . . 224
Lettre de Messieurs de la Société des arts de la ville de
Toulouse 229
Réponse de M Coypel à M. de Caylus sur les Vies de
Van Obstal et de Van Clève . . 233
Réponse de M Coypel au Discours de M de Caylus sur
la composition . . . 238
1751 . . . 247
Lettre de M de Boze sur trois articles des Statuts de
l'Académie de Toulouse . . . 248
Règlement pour l'Académie Royale de Peinture et de
Sculpture (12 Janvier 1751) 251
Réponse de M Coypel au Discours de Desportes sur la

nécessité de mettre des inscriptions au bas des tableaux. 258

Réponse de M. Coypel à M de Caylus sur la Vie de Mignard 262

Réponse de M Coypel à Watelet sur la Vie de M. de Boullongne 267

Réponse de M. Coypel à M de Caylus sur la Vie de François Perrier 271

Règlement des différentes fonctions de la place de Concierge 279

Réponse de M Coypel à M Mariette sur la Vie de Sébastien Bourdon 288

Lettre de Natoire a l'Académie 289

Éloge de M de Tournehem par M Coypel . 296

1752 301

Réponse de M. Coypel à Cochin sur l'utilité du voyage d'Italie 306

Mémoire du Comte de Loss et réponses de l'Académie sur l'affaire du Graveur Baléchou . . 313

Lettre de M de Vandières au sujet du Sieur Porlier . 334

1753 342

Lettre de M. de Vandières au sujet du Sieur Roslin, Suédois 357

Lettre des fondateurs de l'École Académique de Marseille 371

Lettre de M de Vandières au sujet du Sieur Rouquet 371

1754 376

1755 405

Remerciement de Cochin a l'Académie sur sa nomination de Secrétaire et Historiographe . . . 407

Lettre des fondateurs de l'École Académique de Marseille. 424

PUBLICATIONS

DE LA SOCIÉTÉ DE L'HISTOIRE DE L'ART FRANÇAIS.

Nouvelles Archives de l'Art français, recueil de documents inédits

1re SÉRIE.

I. Année 1872 (1re année), prix du volume pour les non-souscripteurs.   25 fr.

II Année 1873 (2e année).   20 fr.

III. Année 1874-75 (3e année)   20 fr.

IV. Année 1876 (4e annee).   15 fr.

V Année 1877 (5e année)   15 fr.

VI. Année 1878 (6e année).   15 fr

2e SÉRIE

I. Année 1879-80 (7e année), t VII.   15 fr.

II. Année 1880-81 (8e année), t. VIII.   15 fr.

III. Année 1882 (9e année), t. IX.   15 fr

IV Année 1883 (10e année), t X.   15 fr

V Année 1884 (11e année), t XI.   15 fr.

Mémoires pour servir à l'histoire des Maisons royales et Bastimens de France, par André Félibien, publiés pour la première fois d'après le manuscrit de la Bibliothèque nationale. 1 volume in-8°, 1873.   8 fr.

Proces-verbaux de l'Académie royale de peinture et de sculpture (1648-1793), publiés, avec l'autorisation de M. le Ministre de l'Instruction publique, d'après les registres originaux conservés à l'École des Beaux-Arts.

1er volume, 1648 à 1672 (1875).   10 fr.

2e volume, 1673 à 1688 (1878)   10 fr.

3e volume, 1689 à 1704 (1880)   10 fr.

4e volume, 1705 à 1725 (1881).   10 fr.

5ᵉ volume, 1726 à 1744 (1882).   10 fr.

6ᵉ volume, 1745 à 1755 (1885).   10 fr.

Nota . L'ouvrage complet formera huit ou neuf volumes Le tome VII est sous presse.

Les Comptes des Bâtiments du Roi (1528-1571), suivis de documents inédits sur les châteaux royaux et les beaux-arts au XVIᵉ siècle, recueillis et mis en ordre par le marquis Léon de Laborde, publiés par la Société de l'histoire de l'art français 2 v in-8°. 1877-1879. 25 fr

État-civil d'artistes français. Billets d'enterrement ou de décès, depuis 1823 jusqu'à nos jours, réunis et publiés par M. Hubert Lavigne 1 vol. in-8° 1881. 6 fr.

Mémoires inédits de Charles-Nicolas Cochin sur le Comte de Caylus, Bouchardon, les Slodtz, publiés d'après le manuscrit autographe par M Charles Henry. 1 vol in-8°. 1880.   8 fr.

La Stromatourgie ou de l'excellence de la manufacture des tapis, dits de Turquie, nouvellement establie en France sous la conduite de noble homme Pierre Dupont, publiée par MM A. Darcel et J Guiffrey d'après l'exemplaire de la Bibliothèque nationale, avec de nombreuses pièces inédites, recueillies dans le manuscrit des Archives. 1882.   6 fr.

État-civil des Peintres et Sculpteurs de l'Académie royale Billets d'enterrement de 1648 à 1713, publiés par M. Octave Fidière, d'après le registre conserve à l'École des Beaux-Arts. 1 vol. in-8° 1883.   6 fr.

NOTA — Ces vingt-quatre volumes seront délivrés aux nouveaux membres de la Société pour 1885, avec le *Bulletin* trimestriel (publié de 1875 à 1878 et qui ne se vend pas séparément), et la première année de la *Revue de l'Art français ancien et moderne* (1884), au prix de 240 fr.

COLLECTION

DE TRAVAUX SUR L'ART FRANÇAIS

PUBLIÉS PAR LEURS AUTEURS SOUS LE PATRONAGE
DE LA SOCIÉTÉ.

1. ACTES d'État-civil d'artistes français, peintres, graveurs, sculpteurs, architectes, extraits des registres de l'Hôtel-de-Ville de Paris, détruits dans l'incendie du 24 mai 1871, par H HER-LUISON. 1873, 1 vol. in-8°, tiré à petit nombre   20 fr
Le même ouvrage, papier de Hollande.   30 fr

2 LETTRES de noblesse et décorations accordées aux artistes en France pendant le XVIIᵉ et le XVIIIᵉ siècle, par J. J GUIFFREY. 1873, 1 vol. in-8°. (*Tirage à part a 50 exemplaires.*) *Epuisé*

3. NOTES et documents inédits sur les expositions du XVIIIᵉ siecle, recueillis et mis en ordre par J J. GUIFFREY. 1873, 1 vol. in-12, tiré à petit nombre   10 fr

4 NOTICE sur Jacques Guay, graveur sur pierres fines du roi Louis XV, documents inédits émanant de Guay et notes sur les gravures en taille-douce et en pierres fines de la marquise de Pompadour, par J -F LETURCQ 1873, 1 vol in-8° avec 12 planches, reproduisant la plupart des œuvres de Guay, tiré à 300 exemplaires   12 fr 50

5 ÉLOGE de Lancret par Balot de Sovot, accompagné du catalogue de ses tableaux et de ses estampes, de notes et de pieces inédites, le tout réuni et publié par J J GUIFFREY 1874, in-8°. Tiré à 200 exemplaires sur papier de Hollande   9 fr.

6 NOEL LE MIRE et son œuvre, suivi du catalogue raisonné de l'œuvre de son frère Louis Le Mire et de plusieurs tables, avec un portrait à l'eau-forte et des bois inédits, par Jules HÉDOU. 1875, 1 vol in-8° tiré à 300 exempl sur papier de Hollande   25 fr.
Le même ouvrage, papier Whatman, avec double épreuve du portrait et des bois (50 exemplaires)   35 fr

7. LIVRET de l Exposition du Colisée (1776), suivi de l'exposition ouverte a l'Elisee en 1797 et précédé d'une histoire du Colisée d'après les mémoires du temps, avec une table des artistes qui prirent part a ces deux expositions, complément des livrets de l'Académie royale et de l'Académie de Saint-Luc 1875, in-12
215 exemplaires sur papier vergé   3 fr
10 sur papier de Hollande   6 fr
5 sur papier de Chine.   10 fr.

8 Sébastien Le Clerc et son œuvre (1637-1714) par M. Édouard Meaume Ouvrage couronné par l'Académie de Metz 1877, grand in-8° de 338 pages, sur papier vergé de Hollande, tiré à 205 exemplaires. 18 fr.

9 La famille des Juste en Italie et en France par Anatole de Montaiglon. 1876-7, in-4° de 76 pages, sur papier de Hollande, avec 14 figures dans le texte (tirage à part de la *Gazette des Beaux-Arts* à 50 exemplaires, dont 30 seulement ont été mis en vente). *Épuisé*

10. Notice sur Jacques Neilson, entrepreneur et directeur des teintures de la manufacture royale des tapisseries des Gobelins au XVIII° siècle, par Albert Curmer 1878, in-8° (tiré à 125 exemplaires) 4 fr.

11 Jean le Prince et son œuvre (1734-1781), par Jules Hédou, ouvrage comprenant une notice biographique, le catalogue de l'œuvre de l'artiste, le secret de son procédé de gravure au lavis et de nombreux documents inédits, avec portrait à l'eau-forte par A. Gilbert 1879 1 vol in-8°, tiré à 300 exemp. sur papier de Hollande 20 fr.

Le même ouvrage, papier Whatman, avec double épreuve du portrait, tiré à 50 exemplaires 30 fr.

12 Les Orfèvres de Paris en 1700 Procès-verbaux de visites et déclarations faites en exécution de l'édit du mois de mars 1700, publiés et annotés par M J. J. Guiffrey 1879, in-8°. (Tirage à part à 100 ex du *Bulletin de l'Union centrale*.) 3 fr

13 Les Artistes Angevins, peintres, sculpteurs, maîtres d'œuvre, architectes, graveurs, musiciens, d'après les Archives Angevines, par Célestin Port 1881 In-8° de 333 p, tiré à 100 exemplaires. 15 fr

Et à 20 exemplaires sur papier de Hollande 25 fr

14. Les Sculpteurs de Lyon du XIV° au XVIII° siècle, par M. Natalis Rondot (Tirage à part sur papier de Hollande de la *Revue Lyonnaise*, à 200 exemplaires dont 100 mis en vente) Lyon et Paris, 1884, gr. in-8° 7 fr

Nota — Aux termes de l'art XVII des statuts, les membres de la Société de l'Histoire de l'Art français jouissent d'une remise de vingt pour cent sur le prix des ouvrages publiés dans cette collection, en adressant directement leurs demandes au libraire de la Société.

Imprimerie Daupeley-Gouverneur, à Nogent-le-Rotrou.

Lightning Source UK Ltd.
Milton Keynes UK
UKHW030650070520
362927UK00006B/110